管理学原理（第三版）

单宝玲　辛枫冬　主编

天津大学出版社
TIANJIN UNIVERSITY PRESS

内容提要

本书按照教育部普通高校工商管理专业核心课程教学大纲的要求，参考了国内外近年来出版的管理学的各种著作和教材，结合编者多年来从事管理学的教学体会和科研实践编写而成。本书从管理的一般理论出发，阐述了现代管理学的基本原理，着眼于基本概念和基本方法的介绍。第一部分是学习管理基础，包括第一章至第三章，主要介绍了管理和管理者的相关概念，管理理论的发展演进，探讨了影响组织绩效的管理环境因素以及管理者在管理过程中遵守一定道德规范、承担相应社会责任的必要性；第二部分是基本职能，包括第四章至第九章，首先阐述了管理者履行职能的基础——战略管理与决策（第四章），在此基础上围绕着基本职能展开，依次阐述了计划（第五章）、组织（第六章）、领导和激励（第七、八章）、控制（第九章）；第三部分是创新（第十章），主要介绍管理创新、组织创新及技术创新。

本书以管理的发展过程为线索、以管理的四大职能——计划、组织、领导、控制为重点建立概念体系和基本理论框架，突出了管理的基础内容并融合管理创新理论，力求通过系统而完整的阐述为读者展现管理理论体系的全貌，以使读者在纷繁的表象背后把握管理的本质。

图书在版编目(CIP)数据

管理学原理 / 单宝玲，辛枫冬主编. — 3版. — 天津：天津大学出版社，2016.7
ISBN 978-7-5618-5570-6

Ⅰ.①管… Ⅱ.①单… ②辛… Ⅲ.①管理学 Ⅳ.①C93

中国版本图书馆CIP数据核字(2016)第164943号

出版发行 天津大学出版社
地　　址 天津市卫津路92号天津大学内(邮编:300072)
电　　话 发行部:022-27403647
网　　址 publish.tju.edu.cn
印　　刷 天津市蓟县宏图印务有限公司
经　　销 全国各地新华书店
开　　本 185mm×260mm
印　　张 19.5
字　　数 493千
版　　次 2004年6月第1版　2010年1月第2版　2016年7月第3版
印　　次 2016年7月第1次
定　　价 39.00元

前　言

管理学是经济管理专业的一门专业基础课程，也是一门入门课程。该课程是对管理学知识的高度概括。在现代社会中，管理作为实现组织目标的一种有效手段，存在于各种社会实践中，小到学校、企业，大到国家，都离不开管理。管理学正是以研究管理的一般问题为己任，致力于总结和提炼管理工作的一般规律并努力使管理者能正确运用这些理论和方法，去有效地管理其所在的组织。当前，中国经济已经日益走向市场化和国际化，中国企业迫切需要大批熟悉现代管理理论、掌握管理知识和技能的人才，而本科教育是人才培养战略的重要环节，因此编写一本理论性和应用性相结合的教材是当前管理教学的迫切要求。

本书从指导思想、内容选择到编写形式，都力求服务于应用型人才培养的目标，力求在传授学生专业知识的同时，提高学生的实际应用能力，坚持理论与实务相结合，以培养应用能力为本。在这个变化的时代里，管理实践不断深入，管理理论也在不断地深化和发展，许多新的内容有必要在教材中体现，以使学生能够了解并掌握管理学的新进展。本书已经出版了两版，为使本教材内容常用常新，课程体系不断完善，教学效果不断提高，作者经过努力，在第二版的基础上作了修改补充，编写了本书的第三版。新版本仍然保持了原有的框架和大部分主体内容，同时尽可能地吸纳近几年来管理领域发展起来的新理论、新方法，以引导学生捕捉本学科的前沿理论。如新增了管理创新理论、管理故事、案例应用等内容，我们对这些内容进行了精心的编写，既注意当今西方理论与实践的介绍，又注意中国人文、社会和管理方面素材的阐述。高等院校教材的编写是教育界广泛关注、十分重视的工作，一部好的教材必须经过多次修改和完善，才能不断提高其质量水平。编者从事管理学的教学与研究工作30余年，在本书的编写过程中，将多年教学实践经验中的感悟融入其中，经过不懈的努力，终于编写出一部既能反映管理学的基本原理和完整内容，又能结合管理的实践活动，便于教学、深入浅出、体系清楚、实用性强的管理学教材。

本书有以下几个特色。

（1）应用性。全书在介绍管理学基本理论和原理的基础上，突出管理职能的应用性，每章设有本章学习目标、本章小结、复习思考题、管理故事以及案例应用等内容，此外还配有相应的多媒体课件，逐渐完善相关教学案例库、试题库等教学资源库的建设，以方便使用者学习参考并且更好地理解和掌握管理学理论。

（2）系统性。全书按照计划、组织、领导和控制的管理过程来展开，全面、系统地阐述了管理学的基本原理、方法及最新发展。

（3）通俗性。管理学原理作为经管类学生的专业入门基础课，承担着引发学生学习兴趣、奠定学生管理基础知识、传授学生基本管理思维和方法的任务。本书采用通俗易懂的语言来阐述管理学的有关原理和基础知识并结合具体案例，从而激发学生的学习兴趣，努力提高学生运用理论分析问题和解决问题的能力。

全书共分十章，其中第一、二、三、四、五、六、九章由单宝玲编写，第七、八、十章由辛枫冬编写。由于编者学识水平有限，错误和偏颇在所难免，不完善和不妥之处恳请广大读者批评指正。在编写本书的过程中，直接或间接地参考了大量的相关论著、教科书、文献等，在此向原作者表示感谢。本教材的出版得到了天津大学出版社的大力支持，在此深表谢意。

本书不仅适用于高等院校经济管理类专业本科生、研究生阶段教学，也适合从事管理工作的人员参考和自学使用。

编者于 2016 年 4 月

目　　录

第一章　管理与管理学

本章学习目标

- 管理的基本内涵，不同学者对管理的定义
- 管理的效率与效益之间的关系
- 管理的两重性原理及职能
- 管理者的概念及分类
- 管理者的角色及技能要求
- 管理学的研究对象及其特点

管理是一种社会实践活动，管理活动是因人们的协作劳动形式而产生的，凡是有协作劳动形式的地方就有管理，小至家庭、学校、医院、企业，大至国家、社会等，管理普遍存在于各种组织活动中。在漫长而重复的管理活动中，逐渐形成了管理思想和管理理论。管理学中的管理理论及管理方法是对管理实践工作的概括和总结，并在人们运用管理理论指导管理活动的过程中不断得到修正和完善。本章是管理学原理的导论，主要介绍管理的概念、性质、职能以及管理学的研究对象、学科体系和研究特点，同时还揭示了管理学是科学与艺术相结合的学科的显著特性，从而使读者对管理学的基本架构形成一个整体的认识。

第一节　管理概述

一、管理的基本内涵

什么是管理？从字面上看，管理有管辖、治理之意；管是“管其人”，理是“理其事”。管理活动自古有之，从原始人的集体狩猎活动到当代各种组织群体的运作，无不渗透着管理，管理已成为现代人类社会最重要的活动之一。长期以来，人们在不断的实践中逐渐认识到了管理的重要性。20 世纪以来的管理活动和管理研究热潮的显著成果，奠定了完整的管理理论体系形成的基础。在现代高速发展的经济社会里，管理具有普遍意义，每一个社会组织都需要进行决策，制订计划，协调各方面活动，处理与人有关的事务，评价群体目标的完成情

况，等等。如今，人们对管理的普遍意义已达成共识。尽管管理已渗透到了每个具体的组织之中，但迄今为止人们对管理的含义仍未取得一致的认识。从科学的角度给管理下定义，则是仁者见仁，智者见智。管理的定义是管理理论的研究基础，对管理含义的不同理解，可从西方管理理论的发展中略见一斑。管理定义的变化也反映出不同时期管理实践的特点与关注的核心要素。

科学管理的创始人、美国的弗雷德里克·W. 泰罗（Frederick W.Taylor）认为：管理就是确切地知道你要别人去干什么并使他用最好的方法去做。

经营管理理论的创始人、法国的亨利·法约尔（Henri Fayol）认为：管理就是实行计划、组织、指挥、协调和控制。

决策理论学派的代表人物、美国管理学家赫伯特·A. 西蒙（Herbert A.Simon）认为：管理就是决策。

当代管理过程学派的代表、美国管理学家哈罗德·孔茨（Harold Koontz）认为：管理就是设计一种良好环境，使人在群体里高效率地完成既定目标。

美国管理学家斯蒂芬·P. 罗宾斯（Stephen P.Robbins）认为：管理是一个协调工作活动的过程，以便能够有效率和有效果地同别人一起或者通过别人实现组织的目标。

美国著名管理思想家彼得·F. 德鲁克（Peter F.Drucker）认为：管理是一种工作，它有自己的技巧、工具和方法；管理是一种器官，是赋予组织以生命的、能动的、动态的器官；管理是一门学科，一种系统化的并到处适用的知识；同时管理也是一种文化。

这些定义，有的强调目标，有的注重过程，有的重视结果，体现了研究者们从不同的角度、不同的侧面揭示了管理的含义。孔茨在阐述“管理理论丛林”时指出：给管理下定义并不一定要很严密、完备和硬性，而明确地列出管理的特定内涵才是更为重要的事情。

为了对管理进行比较广泛的研究，而不局限于某个侧面，本书对管理含义的表述为：管理是根据组织的内外环境条件，通过计划、组织、领导、控制等一系列的活动，对组织所拥有的资源进行合理配置和有效使用，以实现组织预定目标的过程。这一定义体现了管理的以下几个基本内涵。

第一，管理的目的是实现组织的预定目标。

管理是有意识、有目的的活动，任何组织的管理都有预定的使命和目标，都力求有效地完成自己的使命和目标。管理是为实现组织目标服务的，目标完成的程度是衡量管理有效性的主要依据。管理是任何组织都不可或缺的，但绝不是独立存在的。管理不具有自己的目标，不能为管理而进行管理，而只能使管理服务于组织目标。

第二，管理是由一系列相互关联、连续进行的活动所构成的。

管理是一个过程，这个过程是由一系列相互关联、连续进行的活动所构成的，这些活动包括计划、组织、领导、控制等管理职能，管理是通过管理职能发挥作用的。任何管理都是过程的管理，这一过程指向组织既定目标的实现。

第三，管理是对组织拥有的各种资源的优化整合。

管理负责把资源转化为成果，把投入转化为产出。管理的有效性，集中体现在它善于将资源转化为组织优势，使组织以最少的资源投入，取得最大的、合乎需要的成果产出。管理的任务就是获取、开发和充分利用各种资源来确保组织目标的实现。

第四，管理是一个动态的协调过程。

管理的核心是协调人际关系，管理是针对群体的有意识的协调行为，管理是让别人与自己一道去实现既定的目标，是通过他人把工作做好，管理者对管理效用承担着重大的责任。管理的要素既包括物——劳动资料、劳动对象以及消费品，也包括人，并且只有通过人的活动才能导致物的活动。而正是通过人的活动，通过人对物的作用，通过人与人之间的相互关系，物才具有社会意义。管理者的责任是管理一个组织，而组织是人的集合，管理者的工作很大一部分就是与人打交道，管理就是管理者有意识地协调组织成员关系的行为。因此，管理者要懂得激励组织成员的工作热情，充分发挥人的积极性和创造性，这是求得组织最佳效果的最根本因素。

由于劳动日趋专业化，业务规模日益扩大，管理已经越来越重要。技术上的新发展，不断产生的新的困难和问题，人际关系的错综复杂，都向执行管理职能的管理者提出了挑战。因此，管理者需要不断完善自我。

第五，管理活动是在一定的环境条件下开展的。

管理所服务的组织是一个开放的动态系统，它不断地与外部环境相互影响、相互作用。管理是在一定的外部和内部环境中进行的，管理环境既提供了机会，也构成了威胁，管理就是要趋利避害，扬长避短，管理的方法和技巧都要随着组织内外环境的变化而变化。没有一种在任何情况下都能奏效的、通用的、万能的管理方法。审时度势、因势利导、灵活应变，对管理的成功是至关重要的。

二、管理的效率与效益

管理要有效地实现组织的预定目标，就要求组织既有效率又有效益。

效率（efficiency）是投入产出比，是在一定目标的约束下，衡量资源的利用情况和产出能力的尺度。生产一定数量的产品或服务所需要的资源投入越少，意味着组织越有效率。追求高效率要求用比较经济的方法来达到预定目标。例如，麦当劳开发了一种更高效率的平底煎锅，它不仅可以节省 30% 的用油量，而且能够加快煎炸速度。管理者的责任就是保证组织及其成员尽可能高效率地完成向消费者提供产品和服务的所有活动。

效益 (effectiveness) 是衡量组织目标的达成度，当管理者目标选择正确并得以实现时，组织是有效益的。例如，麦当劳的管理者决定开始提供早餐以吸引更多顾客，实践证明这一选择是明智的，早餐收入已经占到麦当劳总收入的 30%。如果我们通过管理所获得的产出并不是顾客所需要的，产出越多意味着效益越差，那么这种管理就是无效的管理。高绩效的组织是既有效率又有效益的组织。

效率和效益的相互关系见表 1-1。效率意味着如何把事情做对，要求选择合适的行动方法和途径，解决怎么做的问题；效益则意味着要做对的事，要求人们确定正确的目标，解决做什么的问题。斯蒂芬・罗宾斯认为：管理要使资源成本最小化，因此效率是管理极其重要的组成部分，而仅有效率是不够的，管理还必须使活动实现预定的目标，即追求活动的效益。在现实生活中，有效率却无效益的组织和以低效率来取得效益的组织并不少见。使活动实现目标并且高效率完成，这是学习管理的最终使命。

表 1-1　效率和效益的相互关系

效益＼效率	低	高
高	低效率 / 高效益 管理者目标选择正确，但不善于利用资源以实现目标 结果：产品是顾客需要的，但是因太贵顾客买不起	高效率 / 高效益 管理者目标选择正确并充分利用资源以实现目标 结果：产品是顾客需要的且质量、价格都合适
低	低效率 / 低效益 管理者目标选择错误，利用资源不充分 结果：低质量的产品并且是顾客不需要的	高效率 / 低效益 管理者目标选择不当，但资源利用充分且有效 结果：高质量的产品，但顾客不需要

三、管理的性质

管理的性质表现为管理的两重性，即：一方面具有与生产力、社会化大生产相联系的自然属性；另一方面又具有与生产关系、社会制度相联系的社会属性。

管理是社会化大生产的必然产物，管理的自然属性，是由共同劳动的社会化的性质产生的，它要求管理必须根据现代大生产的客观规律，合理地组织生产力，使组织资源得到最佳组合和合理利用，取得最大经济效益；管理又是在一定生产关系条件下进行的，必然体现出生产资料占有者指挥、监督劳动的意志，管理的社会属性，是由共同劳动所采取的社会结合方式的性质产生的，它要求管理必须体现社会制度的本质特征，不断维护和完善生产关系。

管理的两重性是相互联系、相互制约的。首先，管理的自然属性不可能孤立存在，它总是在一定的社会形式、生产关系条件下发挥作用；同时，管理的社会属性也不可能脱离管理的自然属性而存在，否则，管理的社会属性就会成为没有内容的形式。其次，管理的自然属性要求一定的组织形式和生产关系与之相适应；同样，管理的社会属性也必然对管理的科学技术等方面产生影响或制约作用。所以两者是相互联系和相互制约的。

管理两重性是马克思主义关于管理问题的基本观点，马克思在《资本论》中指出：一切规模较大的直接社会劳动或共同劳动，都或多或少地需要指挥，以协调个人的活动。管理的两重性原理是马克思主义管理理论的主要内容，学习管理两重性理论，对于我们正确认识管理的地位和作用，科学运用管理的理论与方法指导组织实践活动，不断提高管理水平，建立有中国特色的管理科学体系，具有重要的现实意义。认识和掌握管理的两重性原理，首先可以使我们分清资本主义管理和社会主义管理的共性和个性，正确地处理批判与继承、学习与独创、吸收国外管理经验与结合中国实际之间的关系，实事求是地研究和借鉴国外先进管理中有益的东西，做到兼收并蓄，古为今用，洋为中用。其次，应注意将企业管理自然属性和社会属性有机结合起来，不能割裂二者的联系。要按社会化大生产和市场经济的客观规律，努力实现管理组织高效化、管理方法科学化、管理人员专业化，不断提高企业管理的现代化水平。同时，必须体现生产资料公有制占主体地位，注意研究我国国情和企业实际，做到以我为主、博采众长，建立起具有中国特色的社会主义企业管理科学体系，促进生产力的迅速发展。

四、管理的职能

从管理的两重性可知，管理具有合理组织生产力的一般职能和维护与完善生产关系的特殊职能，整个管理过程就是这两种基本职能结合从而共同发挥作用的过程。在实践中，管理的这两种基本职能是通过一系列的具体职能来实现的，管理职能就是对管理的基本工作内容和工作过程所作的理论概括。

最早系统地提出管理的各种具体职能的，是古典管理理论的奠基人之一——法国的亨利·法约尔，他提出"五职能论"，即"管理就是实行计划、组织、指挥、协调、控制"。之后，西方不同学派的管理学者又对管理职能进行了不同的划分，有"三职能论""四职能论""六职能论""七职能论"等等。随着科学技术的进步和管理理论的发展，一些管理学家把决策、激励、用人等也作为管理职能的独立内容。尽管管理学家对管理职能的划分不同，但就其实质而言，我们认为可以归纳为：计划、组织、领导、控制四种职能活动，这也是当前管理理论中比较一致的观点。这四种职能贯穿于组织活动的各个方面，是统管全局的、综合性的职能。

（一）计划职能

计划是对未来活动如何进行的预先筹划。即所谓"谋事在先，行事在后"。人们从事一项活动之前，首先要制订计划，这是进行管理的前提。

具体来说，计划就是在对组织外部环境和内部条件分析、研究和预测的基础上，对组织未来某个时期内的业务活动进行决策，确定组织方向和目标，制定实现目标的总体规划和具体行动方案，从而为管理活动提供基本依据。

计划职能是管理的首要职能，是从现在通向未来的桥梁。计划工作的实质，是将决策目标在时间上和空间上分解到组织的各个部门和环节，是对每个单位、每个成员工作的具体安排和要求。一个好的科学的计划，应具有预见性、统一性、持续性、准确性、可行性和灵活性等特征。

（二）组织职能

组织职能就是根据已制订好的计划，把组织活动的各个要素、各个环节和各个方面，从劳动的分工和协作上，从纵横交错的相互关系上，从时间和空间的联结上，合理地组织起来，以形成一个有机整体，使组织的人、财、物、信息等资源得到最合理的配置和利用。

管理的组织职能实质上就是设计和维持一整套职位系统，使人们在从事集体活动中实现合理分工和劳动协作，以实现共同目标。具体内容包括：组织设计、人员配备、组织运行、组织变革，即组织职能的内容就是建立合理的组织机构，明确各个管理层次的职责范围和权力限度，配备符合工作岗位要求的人员，建立严格的考核制度，保证并维持组织机构的有效运转，研究并实施组织机构的调整与变革。

（三）领导职能

领导就是指利用组织赋予的权力和自身的能力去指挥和影响下属为实现组织目标而努力工作的管理活动过程。为了有效地实现业务活动的目标，不仅要设计合理的组织，把每个成员安排在适当的岗位上，还要努力促使每个成员以高昂的士气、饱满的热情投身到组织活动中去，这便是领导工作的任务。虽然管理者的任务不仅仅是领导，但有效的领导是管理成功的关键。

领导的实质体现在感召和追随上，领导是一种影响并感召人们和群体去追求某些目标的行为，个人的感召力和人们的追随意愿使一个管理者能成为领导者。有效的领导要求管理者在合理的制度环境中，利用优秀的素质，运用所具有的权力去影响和感召人们实现组织的目标。人们愿意追随那些能满足他们需要和要求的领导者，领导者也要了解组织成员的需要和要求，要懂得如何针对组织成员的需要及行为特点，采取适当的激励方式和措施，以提高和维持组织成员的工作积极性。因此，领导职能的内容就是激励、指导、引导、促进和鼓励。

（四）控制职能

控制是促使组织的活动按照计划规定的要求展开的过程，是为了保证组织按预定要求运作而进行的一系列工作。具体来说，控制职能就是根据组织内部和外部的反馈信息，按照既定的目标、计划和标准，对组织活动各方面的实际情况及其成果进行监督和检查，以便发现偏差，寻找和分析原因并及时采取纠正措施，使工作能按原计划进行或根据客观情况的变化，对计划作适当的调整，使其更符合于实际。

控制职能与计划职能是密不可分的。计划是控制的前提，控制必须以计划为依据，计划越明确、全面和具体，控制的效果也就可能越好，没有计划就不存在控制；反之，控制是实现计划的手段，没有控制工作，事先拟订的计划是不会自动实现的，控制活动为计划的实现提供保证。

控制不仅是对某时点以前的组织活动情况的检查和总结，而且可能要求某时点以后对组织的业务活动进行局部甚至全局的调整。因此，控制在整个管理活动中起着承上启下的作用。

上述四项管理职能并不是独立存在的，而是相互关联、相互制约、不可分割的一个整体。通过计划职能，明确组织的目标和方向；通过组织职能，建立实现目标的手段；通过领导职能，使个人工作与所要达到的组织目标协调一致；通过控制职能，检查计划的实施情况，保证计划的实现。从四项职能在时间方面的逻辑关系来看，它们通常按照一定的先后顺序发生，即先计划，继而组织，然后领导，最后控制，这是管理职能的总体性。但从不断持续进行的实际管理过程来看，在进行控制工作的同时，往往就开始编制新的计划或修改原计划，并进入新一轮的管理活动，这意味着管理过程是一个各职能活动周而复始的循环过程。而且由于管理工作过程的复杂性，实际的管理职能并不一定会按某种固定的模式和顺序进行，不同的组织状况下各个职能的作用程度不同；同一个组织中，各个管理层次管理职能的重点也不同。在组织的管理工作中，要根据实际情况，综合地利用这些职能，才能收到良好的效果。管理的这四种职能的运用，归根结底是为了实现组织的目标。组织管理过程与资源配置和管理职能之间的关系如图1-1所示。

随着管理理论研究的深化和客观环境对管理工作要求的变化，人们对管理职能又有了进一步的认识，提出了一些新的管理职能，或者更准确地说，是对上述四个职能的某些方面进行强调，从中分离出新的职能，其中特别值得一提的是决策、创新和协调职能。决策职能从20世纪50年代开始受到人们的特别重视，认为管理就是决策，决策贯穿于管理过程的始终，决策渗透于管理的所有职能中。管理界对于创新职能的重视始于20世纪60年代。因为当时市场正面临激剧变化，竞争在日益加强，许多企业感到不创新就难以生存下去，所以有不少管理学者主张将创新看成管理的一项新职能。创新是使组织的作业工作和管理工作都不断地有所革新、有所变化。

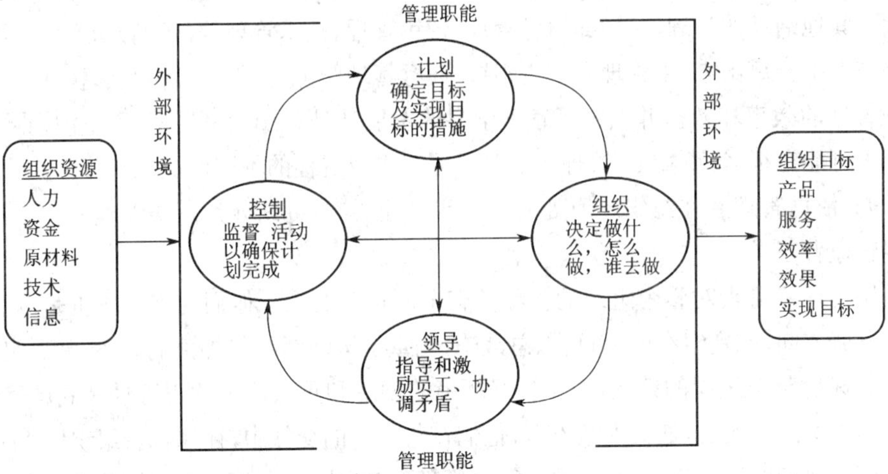

图1-1 组织管理过程与资源配置和管理职能之间的关系

第二节 管理者的角色和技能

一、管理者的概念及分类

彼得·德鲁克认为：只要西方文明本身还能生存下去，那么管理人员就始终是基本的和支配性的力量。各种组织并不会自己运转，它们需要管理者来加以管理。管理者是管理行为过程的主体。管理者的素质和工作能力是一个组织在激烈的竞争中,唯一能够拥有的有效优势。在正式组织内,管理者一般是指拥有正式职位,运用组织赋予的制度权力作出决策,负责指挥别人的活动并承担对组织实现预期目标作出贡献的责任的各类主管人员。管理者及其管理技能在组织活动中起决定性作用。

组织成员可以划分为两大类:操作人员和管理人员。前者只需履行所指派的工作任务,而无须担负起任何指示和监督的责任,这类人员往往属于组织内最低层的部分;后者则必须对其他员工作出指示及监督。所谓的“管理人员”,是指任何组织内要管理下属或有责任调动各种资源的人员。管理人员是从事全部或部分管理工作的人的总称。作为一个管理者,一定要有下级,这是区分管理者与操作者的标志。

在一个组织中之所以需要有管理者,是因为组织要发挥群体的力量,就需要有人来提出共同的目标、制定相应的行动方案,需要有人来分配各项工作和协调工作中可能出现的各类问题,需要有人来检查各项工作的进展情况、纠正可能发生的偏差。最初这些工作一小部分是由氏族首领、军事首长等负责的,而大部分则是由每一个组织成员自己负责的,导致的结果是效率和效益低下。在亚当•斯密提出劳动分工理论以后,人们认识到了劳动分工的优越性,因此当大规模生产使管理的功能得到凸显后,首先从生产劳动者中分离出了一部分专门从事生产管理的人员,然后,随着组织规模的扩大和生产经营活动的复杂化,在企业中出现了不同于其他活动的管理活动,如财务管理、营销管理、技术管理等,人们开始将各类管理活动从操作者中分离出来,由管理者负责指挥,履行管理职能,操作者负责具体执行,由此提高了组织管理的效率和效益并奠定了管理学科的发展基础。一般来说,一个组织中从事管理活动的人可能有很多,事实上,管理人员可以因工作及责任的不同而加以区分。

首先,依据管理者在组织中所处的地位或管理层次,可划分为高层管理者、中层管理者和基层管理者三类。

高层管理者是指对整个组织的管理负有全面责任的人。他们的主要职责是,规划组织未来的发展方向,制定组织的总目标、总战略,侧重于沟通组织与外部的联系,掌握组织的大政方针并评价整个组织的绩效,注重良好环境的创造和重大决策的正确性。高层管理者是组织内最高层次的人员,通常人数不多,他们在与外界的交往中,往往代表组织以“官方”的身份出现。他们的一般称谓包括董事长、总经理、首席执行官、董事会主席等等,由于各类组织所采用的称谓都不相同,所以单从称谓并不能肯定某管理者是否属于高层管理者。

中层管理者通常是指处于高层管理者和基层管理者之间的一个或若干个中间层次的管理者。他们的主要职责是,承上启下,正确领会高层的指示精神,贯彻执行高层管理者所制定的重大决策,创造性地结合本部门的工作实际,有效指挥各基层管理者开展工作,监督和协调基层管理者的工作。与高层管理者相比,中层管理者更注意日常的管理事务。

基层管理者亦称第一线管理者,也就是组织中处于最低层的管理者,这类管理者只限于督导操作者的工作,而不会指挥其他管理者。他们的主要职责是,给下属作业人员分派具体工作任务,直接指挥和监督现场作业活动,保证完成上级下达的各项计划和指令,他们主要关心的是具体任务的完成。

上述三个不同层次的管理者，虽然其工作内容和性质存在着很大的差别，但这并不意味着各级管理者的工作在本质上有什么不同，不同的只是侧重点和程度，而不是管理职能。所有的管理者，不管在哪个层次上，都要进行决策，履行计划、组织、领导、控制职能，只不过各项职能的具体内容会随着管理者地位的上升而发生变化，同时他们花在每项职能上的时间也有所不同。基层管理者主要关心的是具体工作的完成，他们直接和操作者打交道，负责具体的战术性工作，在处理问题时，往往凭借的是丰富的工作经验和熟练的技术技能。在管理的四项职能中，基层管理者领导职能的发挥与高层及中层管理者相比更为重要。而高层管理者则对组织总的长远目标和战略计划感兴趣，负责抽象的战略性工作，他们所关心的是如何制订战略计划，确定市场竞争地位，控制组织的发展状态，在处理问题时，往往依靠的是其丰富的战略思维和敏锐的洞察力。对于高层管理者而言，计划和控制职能的发挥显得更为重要。

其次，管理者还可以按其所从事管理工作的领域宽度及专业性质的不同，划分为综合管理者和专业管理者两大类。

综合管理者是指负责管理整个组织或组织中某个事业部全部活动的管理人员，也就是说，负有管理这个单位的所有责任。对于小型组织（如一个小企业）来说，可能只有一个综合管理者，那就是总经理，他要统管该组织内的包括生产、营销、人事、财务等在内的全部活动；而对于大型组织（如跨国公司）来说，可能会按产品类别或按地区设立若干个分部，此时，该公司的综合管理者就包括总经理和每个产品或地区分部的经理，每个分部的经理都要统管该分部包括生产、营销、人事、财务等在内的全部活动。

专业管理者是指仅仅负责管理组织中某一类活动或某部分活动的管理人员。根据这些管理人员所管理的专业领域性质的不同，可以具体划分为生产部门管理者、营销部门管理者、人事部门管理者、财务部门管理者以及研究开发部门管理者等，对于这些部门的管理者，可以泛称为生产经理、营销经理、人事经理、财务经理和研究开发经理等。专业管理人员所管辖的员工及指挥的活动都有一个共同的目标。对于现代组织来说，随着其规模的不断扩大和环境的日益复杂多变，将越来越多地需要专业管理人员，专业管理人员的地位也将变得越来越重要。

二、管理者的角色

管理者的角色是指处于组织中特定位置的管理者被期望完成的一系列特定任务。20世纪60年代末期，权变理论学派的代表人物——美国的明茨伯格曾对有关管理者的工作进行了研究。研究显示，管理人员日常履行多项不同但具有密切关系的工作，这些工作大致可以分为三个方面：人际关系、信息沟通、决策制定。对于管理者在一个组织中所充当的角色，明茨伯格在其1973年出版的《经理工作的性质》一书中曾有过详细的描述。具体而言，明茨伯格将管理者在通过计划、组织、领导和控制，有效利用组织资源以实现组织目标的过程中所要履行的职责简化为三个方面共十种角色，如表 1-2 所示。

表 1-2 管理者在组织中的角色

方面	角色	角色职责	作用
人际关系方面	形象代言人	作为组织的首脑发挥象征作用	外部协调
	领导者	运用组织所赋予的权力，把各种分散的因素结合成一个整体，激励群体齐心协力实现共同目标，对组织的生存和发展负有重大责任	内部协调
	联络者	代表组织建立和保持与外界其他组织之间的联系，以取得外部各方面对本组织的理解和支持，建立组织良好的形象和外部关系网络	外部协调
信息沟通方面	信息洞察者	以对外联系者和对内领导者的身份，收集和挖掘组织内外有价值的各种信息	内外协调
	信息传播者	将组织或外界的有关信息及时向下属传递，同时还要将组织内部的信息及时地向组织外部进行传递，以建立良好的社会关系和信誉	内外协调
	组织发言人	代表所在组织，向上级组织或社会公众传递本组织的有关信息	外部协调
决策制定方面	企业家	审时度势，抓住机遇，正确决策，推动企业不断发展，以适应环境的变化	内外协调
	资源分配者	根据组织工作需要进行各种组织资源的分配	内部协调
	矛盾排除者	在组织内部出现各种矛盾时，出面排除各种冲突	内部协调
	谈判者	在本组织与其他组织发生冲突时，管理者带领其队伍参加各种正式或非正式的谈判以协调纷争	内外协调

（一）人际关系方面

任何一个组织都是一个社会存在体，与周围环境有着千丝万缕的联系，这种内外之间的联系主要由组织中的管理者来承担。因此，管理者在人际关系方面充当着形象代言人、领导者和联络员的角色。管理者要经常代表组织出席一些礼仪性活动，如工程剪彩、社会捐助等，这时扮演着组织形象代言人的角色；进一步，管理者要领导和激励员工实现组织的目标，对组织的生存和发展负有重大责任，此时管理者是组织的导航者，扮演着领导者的角色；此外，管理者在组织的内外还扮演着联络者的角色，在内部要联络各部门和个人，营造融洽的人际关系和工作氛围，在外部与利益相关者和社会各界保持经常的联系，建立企业良好的形象和外部关系网络。

（二）信息沟通方面

信息对于一个组织就像血液对于人体一样重要，管理者在组织的信息沟通过程中处于中心地位。因此，管理者在信息沟通方面充当着信息洞察者、信息传播者和组织发言人的角色。作为组织的管理者，需具有洞察力，时刻关注内外部环境的变化，善于挖掘和利用对组织有价值的信息，此时管理者扮演着洞察者的角色；管理者还要保证信息在组织内外部双向顺畅地传播，要将组织的目标、计划、任务和政策、环境信息清晰地传递给中下层人员，促使中下层人员参与组织管理，同时还要将组织内部的信息及时地向组织外部进行传递，以建立良好的社会关系和信誉，即扮演着传播者的角色；组织的管理者还扮演着发言人的角色，如要定期向董事会、股东说明企业的经营和财务状况，向消费者和政府说明企业的行为和承担的社会义务。

（三）决策制定方面

在一个组织中，需要进行各种各样的决策。因此，管理者在一个组织的决策制定方面充当着企业家、资源分配者、矛盾排除者和谈判者的角色。企业家是相对于企业管理者而言的，企业的管理者需要关注环境的变化，审时度势，抓住机遇，正确决策，推动企业不断开发新的产品和创新服务，以满足市场需求；管理者还常常扮演着资源分配者的角色，决定组织的人、财、物等资源的合理分配和使用；在组织内部出现各种矛盾时，管理者作为矛盾排除者出面解决各种冲突；在本组织与外部其他组织发生冲突时，管理者作为谈判者带领其队伍参加各种正式或非正式的谈判，以协调纷争。

明茨伯格认为，三类角色各有侧重、密不可分而合于管理者一体。人际关系方面的角色产生于经理在组织中的正式权威和地位，而由此又产生出信息方面的三个角色，使管理者成为组织内部信息的重要神经中枢。而获得信息的独特地位又使管理者在组织作出重大决策时处于中心地位，使其得以担任决策方面的四个角色。因此，管理者的权力和地位决定了他必须承担起三类责任和角色。

在管理者的各种角色中，管理者对外通过形象代言人角色、联络者角色、组织发言人角色取得外界对本组织的理解和支持，对内通过领导者角色、资源分配者角色和矛盾排除者角色协调组织内部的各种资源和各项工作并通过信息洞察者角色、信息传播者角色、企业家角色、谈判者角色协调组织内外之间的关系。

管理角色理论与管理职能理论从两个维度对管理进行诠释，管理者的角色理论发展出了一个分类框架，强调的是管理过程中管理者以什么身份从事哪些管理活动，定义了管理者做什么；管理职能理论强调了组织各个层次的管理者在管理过程中都要进行共性的计划、组织、领导和控制管理活动。而管理者的角色基本上都可以归类到不同的职能里去，如资源分配角色就是计划的一部分，企业家角色也属于计划职能，人际关系的三种角色都是领导职能的组成部分，两者的角度虽有不同，但其内涵却有交叉，并且各有特色和长处，是相辅相成的。

三、管理者的技能要求

各类不同的管理者，他们的工作及工作重点各不相同。一个管理者能否在其管理岗位上发挥重要的作用或者说能否开展行之有效的管理工作，在很大程度上取决于他是否真正具备了管理所必需的相应管理技能。关于管理者应具备的基本能力，管理学家们提出了各种观点。1955 年，罗伯特·卡茨在《哈佛商业评论》上发表了《高效管理者的三大技能》一文，提出了一名管理者应具备三类管理技能，即技术技能、人际技能和思维技能。

（一）技术技能

技术技能是指使用某一专业领域内有关的工作程序、技术和知识完成组织任务的能力。这种技能要求管理人员要对组织所属的行业、组织自身、生产与销售情况以及科技发展等有一定的认识。例如，工程师、会计师、广告设计师、推销员等，他们都掌握相应领域的技术技能，所以被称作专业技术人员。对于管理者来说，虽然可以依靠有关专业技术人员来解决专门的技术问题，没有必要使自己成为精通某一领域技术的专家，但他还是需要了解并初步掌握与其管理的专业领域相关的基本技能，否则就将很难与他所主管的组织内的专业技术人员进行有效的沟通，从而也就无法对他所管辖的业务范围内的各项管理工作进行具体的指导。毋庸置疑，医院的院长不应该是对医疗过程一窍不通的人，学校的校长也不应该是对教学工作一无所知的人，工厂的生产经理更不应该是对生产工艺毫无了解的人。当然，不同层次的管理者，对于技术技能要求的程度是不相同的，相对而言，基层管理者需要技术技能的程度较高，而高层管理者则只需要对相关的技术领域有基本的认识即可。技术技能与一个人所从事的工作有关，可以通过学校的专业教育或组织内部的在职培训获得。

（二）人际技能

人际技能是指与处理人事关系有关的技能，即理解、激励组织中的各类员工或群体并与他人共事的能力。人际技能是一个人以合适的方式与人沟通的能力，这种能力当然首先包括领导能力，因为领导者必须学会同下属人员沟通并影响下属人员的行为。但是，管理者除了领导下属人员外，还要与上级领导和同级同事打交道，还得学会说服上级领导，学会同其他部门的同事紧密合作，他是贯通上级和下属的桥梁，还要扮演调停者或仲裁者的角色。因此，人际技能的内涵远比领导技能广泛。可以说，人际关系这项技能，对于高、中、低层管理者有效地开展管理工作都是非常重要的，是区分有效管理者和无效管理者的一个标尺，因为各层次的管理者都必须在与上下左右进行有效沟通的基础上，相互合作，共同完成组织的目标。人际技能可通过教育和培训获得提升，也可通过实践来培养。

（三）思维技能

思维技能是指综观全局、把握组织未来发展的能力，也就是洞察组织与环境相互影响的复杂性和减少这种复杂性的能力。在任何既定的环境中，有众多的影响因素，要了解某一事件是如何影响其他因素和怎么样受到其他因素影响的，需要有很强的思维技能，如处理竞争对手市场策略的变化、政府政策的改变、内部机构的重组等问题时都需要思维技能。具体地说，思维技能包括理解事物的相互关联性从而找出关键影响因素的能力、兼顾组织的整体目标和个人目标及协调各方面关系的能力、权衡不同方案优劣和内在风险的能力等等。显然，任何管理者都会面临一些混乱而复杂的环境，这就需要管理者具备一定的分析问题、判断问题、解决问题的能力，需要管理者快速敏捷地从混乱而复杂的环境中辨清各种因素之间的相互联系，以便抓住问题的实质，根据形势和问题果断地作出正确的决策。因此，管理人员所处的层次越高，其面临的问题越复杂、越无先例可循，就越需要思维技能。对于管理者来说，思维技能是最重要的也是最难培养的。正规的教育和培训有助于管理者发展思维技能。

总之，成功的管理者应具备较高的技术、人际、思维技能，任何一项管理技能的缺失都有可能导致管理的失败。但由于各个层次的管理者所承担的主要职责不同，因此所需三种技能的重要程度也是不同的。基层管理者最接近现场作业，具备技术技能格外重要；对于高层管理者来说，需要有理解各种事物相互关系的能力，对其而言最重要的是思维技能。由于管理者的工作对象是人，人际技能对于各个层次的管理者来说都是非常重要的。

管理者的层次、技能要求及管理职能的相互关系如图 1-2 所示。

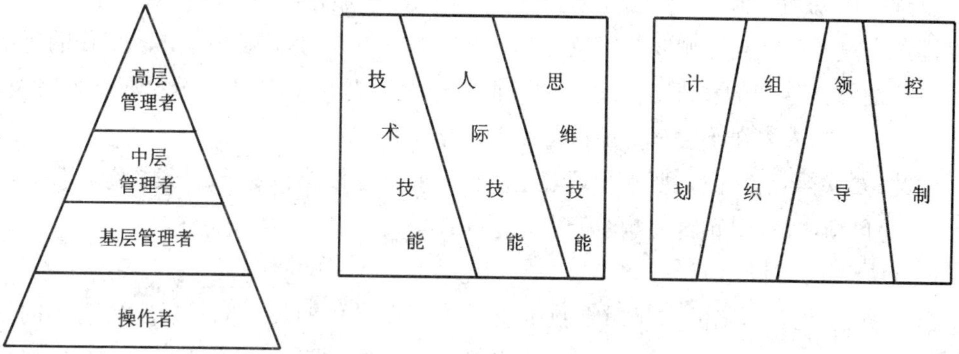

图 1-2　管理者的层次、技能要求及管理职能的相互关系

对于不同层次的管理者，虽然大都具有一定的管理知识和经验，对本身的专业也有一定认识，但是随着社会不断进步、科技不断发展，原有的知识很容易过时，因此管理人员必须不断吸收最新的管理知识，以跟上社会的发展步伐，做个跟得上时代潮流的管理者。

四、全球化环境下对管理的挑战

全球经济一体化的发展变化趋势使得众多组织面临着前所未有的激烈竞争，也对管理者提出重新思考在全球性的环境中如何提高组织绩效水平和寻找更好的组织资源的要求。全球性组织的出现使得众多组织面临更强大的竞争压力，对于处在全球竞争环境下的管理者来说，如果不进行自我调整，就会处于被动位置。全球化对企业产生的影响是巨大的，不仅使得企业面对一个更大范围的市场，从而可以给企业带来许多利益，对企业竞争优势的获得也提出了许多新的要求，同时企业组织内部员工的构成发生的改变也对管理者提出了新的挑战。概括地说，全球化环境对管理者带来的挑战主要有以下五个方面。

（一）建立竞争优势

竞争优势（competitive advantage）是一个组织凭借比竞争对手更高的效率和更好的效果生产消费者需要的产品和服务并因此超越竞争者的能力。管理者可以从效率、质量、创新以及顾客的响应度四个方面来构建竞争优势。

效率来源于组织采用的新的技术，或者是员工技能的提高。为此，组织需要通过培训员工使其适应高度自动化设备的操作需要，创造良好的组织氛围让员工充分发挥自己的能力，进而提高效率。来自全球性组织的挑战增加了企业提高产品和服务质量的压力，提高质量的一个重要推动力就是著名的全面质量管理。在全球化的背景下，企业的竞争力越来越取决于它们的速度和灵活性以及创新的能力。速度指企业能够为市场提供新产品以及提供服务的快捷性，灵活性是指企业对竞争对手以及顾客的特殊需求作出应对的难易程度。快速、灵活的企业，要求其管理者拥有卓越的计划和组织能力，对外部环境有着敏锐的洞察力，能够迅速调动资源以应对变化的环境。创新是指创造出消费者需要的新型或者改进的产品和服务，抑或开发出更好的方式进行产品的生产和提供服务。创新是社会进步的动力，也是企业竞争优势的动力来源，一个鼓励创新的企业文化对于那些需要不时应对变化的市场的企业来说尤为重要。提高对顾客的响应度成为组织非常重视的问题，由于许多工作的复杂性，使得员工通常比他们的管理者更清楚如何把工作做得更好，向员工充分授权会使得决策更为灵活。公司的未来在于发挥员工在工作中的作用。

因此，要获得竞争优势，要求管理者运用自己所有的技能和专长，开发资源，提高效率和质量，加速创新，提高对顾客的响应能力。

（二）员工的多样化

21 世纪管理者面临的一个重要挑战就是协调多样化的员工队伍以实现组织的目标。员工多样化（workforce diversity）是指员工构成的多样性，即员工队伍在性别、种族、民族、年龄、宗教信仰等方面更加多样化。员工的多样化已经对管理实践产生了重要影响。管理者们将不得不改变他们的哲学，从同样对待每个人转向承认差别和适应差别，从而确保雇员的忠诚和更高的生产率，而又不发生性别歧视。如莱维 • 斯特劳斯、休列特 • 帕卡德 (Hewlett-Packard) 和莲花开发公司 (Lotus Development) 等向他们的管理者们提供复杂的多样化的培训计划，以帮助他们更好地沟通、激励和领导。

员工多样化可以给企业带来一定的优势，对企业来说也是一个重要问题。员工多样化的潜在的竞争优势表现为以下几方面。

（1）对多样化进行有效的管理可以减少成本。对多样化进行有效的管理能够增加具有多样性的群体的工作满意度，从而减少人员流失和旷工，降低相关的成本。

（2）良好的形象。欢迎并鼓励多种员工的组织能够留住更多的优秀少数民族员工和多样化的员工，并且在进行招聘的时候，这种良好的声誉能够吸引女性和其他优秀的少数民族员工。

（3）员工多样化可能为公司带来创造性优势。多样化群体共同处理问题的时候可以得到更多具有创造性的解决方法。

越来越多的企业高层管理者意识到在企业内部鼓励员工构成多样化的重要性。如麦当劳中少数民族员工和管理者所占比例为 36% 左右，美国邮政服务公司尽管在 2002 年削减了 3% 的员工，但其员工内部构成中有 37% 的新员工是有色人种。在经济全球化背景下，员工队伍的多样性要求公司的激励政策和方法适应于多样化的群体，对员工队伍构成的多样性的重视不仅是社会责任问题，而且会牵涉严重的道德问题。对多样化进行有效的管理，将会在招聘中获得更多杰出的员工，从而获取企业竞争优势。

（三）维护不同的道德标准

道德规范（ethics）一般指的是界定正确和错误行为的准则和原则。道德准则（code of ethics）是对组织期望员工遵循的基本价值观和道德观点进行阐述的正式文件。全球化的环境带来了不同的道德标准的问题，各国的道德规范和准则有着不同的要求。比如，在组织资源的配置调整过程中，处在各个层次上的管理者都面临着降低成本同时提高绩效水平的巨大压力。压力既有来自于股东的，也有来自于社会公众的，还有的来自于外部顾客以及内部员工的要求。在管理者进行决策时，把哪一方的利益看得最重要也反映了不同的道德标准。再比如，一些采购经理可能为了减少成本而购买劣质的原材料；一些销售经理可能为了获得订单而向政府官员行贿。这些为了个人和群体获得短期收益的不道德行为，在不同的国家会受到不一样的惩罚。

环境问题是企业道德中一个不可忽视的因素。在人类生存环境越来越恶劣的今天，环境日益成为企业在全球性市场中取得成功的一个不可忽视的重要因素。企业追求绿色经济、进行绿色管理往往会为企业带来良好的声誉，从而建立起竞争优势。企业生产的产品应该是绿色的，依托绿色建立起的品牌，往往成为差异性的重要来源，这是因为越来越多的环境消费者愿意为此接受较高价格。相反，如果企业不重视环境问题，生产对环境不利的产品，最终会影响企业形象，危害企业利益。

（四）信息技术和电子商务对全球范围管理的影响

全球化的企业环境给对管理者带来的一个重大挑战是如何有效利用信息技术和电子商务。目前多数企业都广泛使用互联网、视频会议等信息技术，通过信息技术建立起公司的竞争优势。信息技术提供了更加丰富、更加有意义的信息，从而改变了管理者扮演角色的方式，也对管理者所扮演角色需要的技能提出了新的要求。信息技术和电子商务使得许多从事技术和专业工作的员工可以在家中或其他地方打开电脑就可以开展工作。这改变了传统的管理方式。一般来说，电子化企业拥有一些共同的文化特征，如非正式的工作地点、团队精神、快速及时完成项目的巨大压力以及超长的工作时间，因此，这些企业的员工管理会有一些新的要求。比如，网上闲逛（cyberloafing）会使员工容易陷入互联网而无所收获。因此，管理者要思考如何使工作变得更有意思，还需要提供正式的休息来克服单调性，需要制定清晰的指南使得员工们清楚他们应该有什么样的网上行为。

新信息技术使得各层级管理者能够方便、快捷地获得更多、更准确的信息，从而提高了计划、组织、领导和控制的能力。信息技术的运用还改写了沟通的原则。通过“命令链”来进行沟通不再对传统沟通行为产生约束。员工可以在任何时间、任何地点和任何人进行及时沟通。总的来说，信息技术的使用增强了个人准确、快速地获取信息并根据这些信息进行决策的能力，减少了企业雇佣员工的数量，保证了以低成本进行全球竞争的需要。信息技术带来的改变还不止于此，通过利用新的信息技术，显著提高了管理质量，如通过使用功能强大的新型软件程序，扩展了员工的知识和能力，使得向员工授权成为可能；也使得自我管理团队这种组织方式更为普遍，这种由员工自己负责监督自己的活动，监控自己的产品和服务质量正是通过电脑来实现的。基层管理者由过去进行指挥转变为向员工提供建议和指导，协助团队成员找到更有效完成任务的新方法和新途径。

（五）激励创新和变革

管理现在面对的是正在以前所未有的速度发生变革的环境，新的竞争者一夜之间就冒了出来，而老的竞争者会被兼并或由于跟不上市场的变化而消失。未来成功的组织将是灵活的、能够快速反应的并在新型管理者领导下的组织，这些管理者能够有效地发起大规模的和革命性的变革。对创新和变革的需要使得许多组织重新审视自己，管理者们通过取消不必要的管理层次，削减多余的职能，撤销绩效不佳的经营单位来重构他们的组织。而管理者自己也在改变其风格，他们把自己的角色从老板转变为团队领导者。越来越多的管理者发现，当他们不再是吩咐人们应该做什么，而是进行激励和指导时，他们的管理工作会变得更有效。

第三节　管理学的研究对象与特点

一、管理学的研究对象

特定的研究领域和研究对象，是一门独立学科的重要标志。管理学是一门系统地研究组织管理过程的普遍规律、基本原理和一般方法的科学。管理学是人类智慧的结晶，它集中分析与探讨了组织这一系统的管理实践活动的整个过程和客观规律，为人们提供了一套比较完整的关于组织管理的理论和方法。管理学以研究管理的一般问题为己任，以组织管理为研究对象，致力于研究管理者如何有效地管理其所在的组织。

对于不同行业、不同部门、不同性质的组织，其具体的管理方法和内容可能很不相同，由此就形成了许多专门性的管理学科，如企业管理、学校管理、行政管理、工业管理、农业管理、科技管理、财政管理、城市管理、社团管理、国民经济管理等等。这些专门性的管理学科总体上可分为两大类、四个层次。在两大类中，一类是以营利性组织或活动为研究对象，如工商企业管理；另一类是以非营利性组织或活动为研究对象，如教育管理、学校管理等。四个层次则是按研究范围来划分的：以组织个体为研究对象，研究单一组织中的管理问题，属于微观层次的管理学科，如工业企业管理学；以同一类型的多个组织组成的组织群体为研究对象，研究同一类型的多个组织作为一体情况下的管理问题，属于中观层次的管理学科，如工业经济管理学；以多个组织群体组成的组织整体为研究对象，研究在相当大的范围内将不同类型的组织群体集合成一个整体时所出现的管理问题，属于宏观层次的管理学科，如国民经济管理学；最后一个层次就是管理学，它是以所有的组织所共有的管理问题作为研究对象，研究的是组织管理的一般问题，即管理学是一门研究一般组织管理理论的科学，它所提出的管理的基本原理、基本思想和基本原则是各类管理学科的概括和总结，它是整个管理学科体系的基石。

二、管理学的特点

管理学作为一门科学，具有以下几个特点。

（一）管理是一门不精确的科学

人们通常把在给定条件下能够得到确定结果的科学称之为精确的科学，如数学，只要给出足够的条件或函数关系，按一定的法则进行演算就能得到确定的结果。管理则不然，在管理学中几乎不存在什么纯粹的定律，也不能为管理者提供解决问题的具体标准模型。管理学中所阐述的管理原则、管理方法，如决策过程、激励手段等，虽然具有一定的普遍规律性，但是非常明显，它们缺乏精确科学中的严密性。这主要是因为影响管理的因素众多，而且管理主要是与人打交道，不可控因素很多，使得人们只能借助于假定或人为的分析进行定性和定量相结合的研究。尽管如此，从科学是"正确反映客观事物本质和规律的知识体系，是建立在实践基础上并经过验证或严密的逻辑论证的关于客观世界各个领域中事物的本质特征、必然联系与运动规律的理性认识"这一概念来说，管理是一门科学，尽管不像自然科学那么精确。经过近百年的探索、总结，管理已形成了反映管理过程客观规律的理论体系，据此可以解释管理工作中过去的和现有的变化并预测未来的变化。可以用许多精确科学中所用的方法定义、分析和度量各种现象。管理可以通过科学的方法学习和研究，不同的只是其控制和解释干扰变量的能力较弱，不能像精确科学那样进行严格的实验。

正因为管理学是一门科学，所以我们能够通过学习掌握其基本原理并据以指导实践；而也正因为它是一门不精确的科学，所以在实际运用时要具体问题具体分析，不能生搬硬套。

（二）管理是一门综合性的软科学

作为实现目标的一种有效手段，管理不仅在各种组织中普遍存在，而且涉及人、财、物、信息、技术、环境的动态平衡。管理过程的复杂性、动态性和管理对象的多样化决定了管理所要借助的知识、方法和手段的多样化。因而，管理学的研究也必然涉及众多的学科，主要有哲学、经济学、社会学、心理学、生理学、人类学、伦理学、政治学、法学、数学、计算机科学、系统科学等，因此，管理学是介于社会科学与自然科学边缘的综合性科学。

管理科学的综合性决定了我们可以从各种角度出发研究管理问题；管理的复杂性和对象的多样化则要求管理者必须具有广博的知识。在工业发展的幼年时期，企业规模小，生产技术简陋，那时的管理工作比较简单，完全可以凭借个人经验来管理。随着社会经济的发展，企业的生产经营活动越来越复杂，管理者只依靠个人经验和聪明才智是远远不够的。作为一个管理者，必须博学多才，要具有系统的管理知识，要具备一定的管理素质，掌握一定的管理技术，才能从事管理这一职业，才能对各种各样的管理问题应付自如。在现代社会，管理已发展成为一种需要经过专门训练的社会职业。

管理学是研究生产经营过程中各种物质形态的人、财、物和非物质形态的信息、技术、环境等各种资源的合理组织和利用的科学，它所研究的只是合理地利用和组织这些资源的原理、战略、方案、计划和方法，而不是这些有形物质的本身。因此，管理学还是专门提供知识形态产品的软科学。

（三）管理学是一门实践性很强的应用科学

理论的作用在于指导实践。管理学是在总结管理活动的客观规律的基础上形成的，用于指导人们从事管理的实践活动。由于管理对象的复杂性和管理环境的多变性，在运用管理知识时具有较大的技巧性、创造性和灵活性，很难用规则或原理把它禁锢起来，因此管理具有很强的实践性。管理科学的实践性决定了学校是培养不出“成品”管理者的。要成为一名合格的管理者，除了要通过学习掌握管理学基本知识以外，更重要的是要在管理实践中不断地磨炼，积累管理经验，干学结合，才能真正领悟管理的真谛。

管理学是一门理论与实践密切结合的应用科学。管理学的理论与方法要通过实践来检验其有效性；同时，有效的管理理论与方法只有通过实践，才能带来实效，才能发挥其指导实际工作的作用，并在实际应用中完善管理的理论和方法。

（四）管理学是一门发展中的科学

管理学是对前人的管理实践、管理思想、管理理论的总结、扬弃和发展。割断历史，不了解前人对管理经验的理论概括与管理历史，就难以理解管理学发展的依据，也就难以把握管理学的发展趋势，更谈不上用它去指导管理实践了。管理学作为一门科学问世，已有近百年的历史，它是随着社会经济和科学技术的发展而发展的，尤其是 20 世纪 50 年代以后，管理科学的发展非常迅速，管理活动已成为一项专业性的科学工作。

管理学的建立和发展有其深刻的历史渊源。管理发展到今天，已经历了许多不同的历史发展阶段，在每一个历史发展阶段，由于历史背景不同，产生了各种管理理论，这些理论有些已经过时，有些仍在发挥作用。但总体来说，由于管理被作为一门科学来研究还不到百年，因此它还是一门非常年轻的科学，还处于不断更新、完善的大发展之中。同时，作为一门与社会经济发展紧密相连的科学，也必将随着经济的发展和科技的进步而进一步发展。

综上所述，管理学既是一门科学又是一门艺术。管理学研究管理过程中的客观规律，由一整套的原则、观点和基本概念组成，使得我们能够对具体的管理问题进行具体的分析，进而获得科学的结论。从这个意义上说，管理学是一门科学，可以学习和传授。例如通过书本的学习，将学到如何决策、如何制订计划、如何设计组织结构，掌握激励下属的方法和各种控制技术，书本将为你提供许多作为管理者要用到的管理知识和具体分析管理问题的思维方法。但管理又是一种创造性的工作，由于管理工作的对象包括组织中的人，同时管理问题和管理环境千变万化，管理学所能提供的专业手段和方法极其有限，因此管理学没有任何公理，如果有的话，那就是“具体问题具体分析”。对管理知识的运用与实践，需要有丰富的根据实际情况行事的经验和技艺。懂得管理学基本知识并不意味着在实践中能正确地运用，如果仅凭书本知识来诊断，仅仅借助原则来设计，靠背诵原理来管理，注定是要失败的。从这个角度而言，管理又是一门艺术，即利用系统化的管理科学知识并根据实际情况发挥创造性的艺术。在管理实践中，管理者要注重技术和技巧的运用和发挥。管理是一种通过其他人来完成工作的艺术。在管理实践过程中，存在着许多未知的、模糊的、活的因素，这就需要管理者在通晓管理理论的基础上，还要善于创造性地解决具体问题，在应用理论的实践中向艺术层次升华。诚然，随着现代科学技术和管理科学的发展，那些未知的和模糊的领域会越来越小，但在实际操作中，总会出现那些理论上无法度量甚至无法言传的因素，有的需要靠人的经验、感觉、魄力、权威等去解决问题，这就对管理者从事管理艺术水平的要求越来越高。艺术是美的创造与表达及其在此表达中所展示出的优良技巧和品质。在艺术领域中，想象力和个人情趣比精确度量和计算更重要。管理艺术是在实践中以个人想象力、性格及情趣为背景，应用理论创造性解决问题的结果，在具体而琐碎的操作中，依个人悟性，悟出高层次的艺术，与此同时也形成个人的管理风格。管理是科学与艺术的结合。科学和艺术并不互相排斥，而是互相补充的。管理不仅是一门科学，也是一种组织艺术。管理学，正以它广阔的发展前景和强大的生命力跻身于世界科学之林，逐渐成为社会经济发展中不可忽视的一门科学。

总之，根据管理学科的特点，认真学习管理理论知识，学习分析管理问题的思维和方法，有助于在实践中认清管理问题并提出正确的解决方案；随时将学到的知识应用于实际管理问题，则可进一步加深我们对管理知识的理解和掌握，使我们能够真正领悟管理知识；而广泛地学习各种学科的知识，则有助于我们更好地从各种角度加深对管理学的理解并提高我们解决实际管理问题的能力。因此，“熟读经书，结交高人，勤于实践，善于思考”，是学好管理的不二法门。

本章小结

管理是一种社会实践活动，凡是有协同工作的地方就有管理，管理普遍存在于各种组织活动中。管理是根据组织的内外部环境条件，通过计划、组织、领导、控制等一系列活动，整合和分配资源，以有效地实现组织预定目标的过程。管理是实现组织预定目标的一种手段，是由一系列相互关联、连续进行的计划、组织、领导及控制活动构成的，管理的核心是协调人际关系。

管理的性质表现为管理的两重性，即管理一方面具有与生产力、社会化大生产相联系的自然属性，另一方面又具有与生产关系、社会制度相联系的社会属性。既要按社会化大生产和市场经济的客观规律，不断提高企业管理的现代化水平，同时也要实事求是地研究和借鉴国外先进管理中有益的东西，做到兼收并蓄。

管理的主体是管理者。管理者可以分为高层管理者、中层管理者和基层管理者三个层次。不同层次的管理者都要执行计划、组织、领导及控制职能，但在履行这些职能时各有侧重。高层管理者侧重于长远全局性的决策，中层管理者侧重于组织协调，注重日常的管理事务，基层管理者侧重于直接指挥和监督现场作业活动。在组织中，管理者在管理活动中扮演着人际关系角色、信息沟通角色和决策制定角色。管理者在行使四项职能和扮演三类角色时，还需要具备技术技能、人际技能和思维技能。管理者需要通过实践锻炼和教育、培训等方式获得必要的知识，提高自己的管理技能。全球经济一体化的发展变化趋势使得众多组织面临着前所未有的激烈竞争，管理者也面临着多方面的挑战：构建竞争优势，员工的多样化，维护不同的道德标准，有效利用信息技术和电子商务，激励创新和变革等。

现代管理学的研究对象是研究现代管理的一般规律，它不是研究某一特殊领域的管理活动，而是研究共同的原理和共同原则，也就是以各种管理工作中普遍适用的原理和方法作为研究对象。管理学是一门不精确的、综合性的、实践性很强的并且不断发展的科学。

复习思考题

1. 什么是管理？它表现为哪几个特征？
2. 什么是管理的效率和效益？二者之间的关系如何？
3. 什么是管理的两重性原理？举例说明其现实意义。
4. 管理的职能有哪些？分别简述之。各管理职能之间有何关系？
5. 什么叫管理者？管理者在组织中的作用是什么？
6. 对组织中的管理者是如何进行分类的？
7. 不同层次的管理者在管理职能的发挥上有何差别？
8. 管理者在组织中所要充当的角色有哪些？
9. 管理者一般应该具备哪些管理技能？为什么不同层次的管理者所需技能结构是不同的？
10. 很多在学术上有杰出成就的科技工作者成为管理者后，往往并不称职，原因有哪些？
11. 管理学的研究对象和学科体系是什么？
12. 管理学的特点主要体现在哪几个方面？
13. 为什么说管理是科学与艺术的结合？你对此有何认识和体会？

管理故事

和尚分粥

从前，山上的寺庙有七个和尚，他们每天分食一大桶粥，可是每天可以分食的粥都不够。为了兼顾公平，使每个和尚都基本能吃饱，和尚们想用非暴力的方式解决分粥的难题。

一开始，他们拟定由一个小和尚负责分粥事宜。但大家很快就发现，除了小和尚每天都能吃饱，其他人总是要饿肚子，因为小和尚总是自己先吃饱，再给别人分剩下的粥。

于是，在大家的倡议下又换了一个小和尚，但这次却变成只有小和尚和主持人碗里的粥是最多最好的，其他五个人能够分到的粥就更少了。

饿得受不了的和尚们提议大家轮流主持分粥，每天轮一个。这样，一周下来，他们只有一天是饱的，就是自己分粥的那一天，其余六天都是饿肚子。

大家对这种状况不满意，于是又提议推选一个公认道德高尚的长者出来分粥。开始这位德高望重的人还能基本公平，但不久他就开始为自己和挖空心思讨好他的人多分，使整个小团体乌烟瘴气。

这种状态维持了没多长时间，和尚们就觉得不能够再持续下去了，他们决定分别组成三人的分粥委员会和四人的监督委员会，这样公平的问题基本解决了，可是由于监督委员会提出多种议案，分粥委员会又屡屡据理力争，互相攻击扯皮下来，等分粥完毕时，粥早就凉了。

最后，他们总结经验教训，想出一个办法，就是每人轮流值日分粥，但分粥的那个人要等到其他人都挑完后再拿剩下的最后一碗。令人惊奇的是，在这个制度下，7 只碗的粥每次都几乎是一样多，就像用科学仪器量过一样，这是因为每个主持分粥的人都认识到，如果 7 只碗里的粥不一样，他确定无疑将享用分量最少的那碗，从此和尚们都能够均等地吃上热粥。

接吻青蛙

美国 3M 公司是世界最富创新力的公司之一。3M 公司不仅鼓励工程师也鼓励每个人成为“产品冠军”。公司鼓励每个人关心市场需求动态，成为关心新产品构思的人，让他们做一些家庭作业，以发现开发新产品的信息与知识，公司开发的新产品销售市场在哪里及可能的销售与利益状况等。如果新产品构思得到公司的支持，就将相应地建立一个新产品开发试验组，该组由研发部门、生产部门、营销部门和法律部门等的代表组成。每组由“执行冠军”领导，他负责训练试验组并且保护试验组免受官僚主义的干涉。一旦研制出“式样健全的产品”，试验组就一直工作下去，直到将产品成功地推向市场。有些开发组经过 3 ~ 4 次的努力，才使一个新产品构思最终获得成功。3M 公司知道千万个新产品构思可能只能成功 1 ~ 2 个。一个有价值的口号是“为了发现王子，你必须与无数个青蛙接吻”。“接吻青蛙”经常意味着失败，但 3M 公司把失败和走进死胡同作为创新工作的一部分。其哲学是“如果你不想犯错误，那么什么也别干”。

案例应用

案例 1–1　节约后的致歉

如果有人能给公司带来 1 000 万美元的节约，大多数的管理人员会对此给予赞赏，除非这意味着要砍掉一个他们所喜爱的项目。但是，一位刚走出校门的年轻人却从此举中得到了深刻的教训。

从表面上看，情况似乎一清二楚。这家拥有 700 个床位的美国中西部医院门前有一个停车场，在高峰期间常常拥挤不堪，给病人及其家属带来了诸多不便。即使医院管理人员并没有那么强的道德感，光从财务方面考虑，鉴于最近有越来越多的患者另寻他处就医，从而给医院带来很大的损失，这一点也迫使医院的院长助理查尔斯想法解决问题。

查尔斯吩咐刚从大学拿到工商管理硕士（MBA）学位的莫里对这种情况作一调查并提出改进意见。他解释说，要是问题尚不严重，医院可能会设法腾出楼前的一块地方做停车用。要是问题非常严重，就要考虑建一个新的多层停车场，为此需投资 1 000 万美元。查尔斯在对莫里交代后，便到外地休假三个星期。

希望能一显身手的这位年轻人，在接受任务后进行了两周的调查，分析了停车场发出的印有停车时间标记的票据，最后发现一个不曾预料到的事实：停车场之所以拥挤，完全是因为医院的职工不顾院规将车停放在这里，而不是停在靠近高速公路的一个较不方便的宽敞的停车场。医院并不需要作 1 000 万美元的投资，它需要的只是强化已颁布的职工停车条例。

因为院长助理仍在休假中，这位年轻人便把他的发现直接在一次大型的会议上报告给了院高层经理人员。听到这条令人振奋的消息后，这些高层经理人员对莫里说了一番鼓励和感谢的话，然后要求他的部门作进一步的研究。

在院长助理返回前，一切都进展顺利。可是，这天查尔斯回来了，听说他提议的 1 000 万美元的投资项目被取消了——这使他看起来像个低能者。而且更令他难受的是，在医院白领职工中很少得到遵守的停车条例，现在得到了三令五申。不幸的莫里，在他的上司的责备下，不得不向院长助理道歉，并且又承担了寻找落实医院停车条例最有效方式的任务！

在思量了各种方案后，莫里最后向一个副总裁和几位部门负责人提议，下午 5 点钟在门前停车场会合，准备当面逮住那些违规停车的职工，并要求他们缴纳停车时间内的所有停车费。如此进行了连续两天的行动后，院门前的这块停车场在高峰期间也有一半是空的。

至于那位年轻的毕业生莫里，他不久就离开医院，在一家私人公司找到了新的工作。他离开时对曾经同窗过的一些朋友们说，自己得到了一次深刻的教训，现在明白了过度的坦诚与精明为人之间有多么大的区别。

思考题

（1）你如何评价这位 MBA 毕业生将所学管理理论应用于实践的能力？他的做法有何不妥之处？你认为妥当或者不妥当是从哪个角度分析的？

（2）如果你是莫里，你会怎么避免类似情形的发生？

（3）依你之见，要想组织中处理好人际关系，是否有必要使用权术手段？

案例 1–2　升任公司总裁后的思考

郭宁最近被一家生产机电产品的公司聘为总裁。在他准备去接任此职位的前一天晚上，他浮想联翩，回忆起他在该公司工作二十多年的情况。

他在上大学时学的是工业管理，大学毕业获得学位后就到该公司工作，最初担任液压装配单位的助理监督。他当时感到真不知道如何工作，因为他对液压装配所知甚少，可是他非常认真好学，一方面仔细阅读该单位的工作手册并努力学习有关的技术知识；另一方面监督长也主动帮助他，使他渐渐摆脱了困境，胜任了工作。经过半年多时间的努力，他已有能力独立担任液压装配的监督长工作。可是，当时公司没有提升他为监督长，而是直接提升他为装配部经理，负责包括液压装配在内的四个装配单位的领导工作。

在他当助理监督时，他主要关心的是每日的作业管理，技术性很强。而当他担任装配部经理时，他发现自己不能只关心当天的装配工作状况，他还得做好此后数周乃至数月的规划，还要完成许多报表和参加许多会议，他没有多少时间去从事他过去喜欢的技术工作。当上装配部经理不久，他就发现原有的装配工作手册已基本过时，因为公司已安装了许多新的设备，吸收了一些新的技术，他花了整整一年时间去修订工作手册，使之切合实际。在修订手册的过程中，他发现要让装配工作与整个公司的生产作业协调起来，是有很多讲究的。他还主动到几个工厂去访问，学到了许多新的工作方法，他把这些也吸收到修订的工作手册中去。由于该公司的生产工艺频繁发生变化，工作手册也不得不经常修订，郭宁对此都完成得很出色。他工作了几年后，不但自己学会了这些工作，而且还学会如何把这些工作交给助手去做，教他们如何做好，这样，他可以腾出更多时间用于规划工作和帮助他的下属工作得更好，以及花更多的时间去参加会议，批阅报告和完成向上级的工作汇报。

当他担任装配部经理 6 年之后，正好该公司负责规划工作的副总裁辞职应聘于其他公司，郭宁便主动申请担任此职。在同另外 5 名竞争者较量之后，郭宁被正式提升为规划工作副总裁。他自信拥有担任这一新职位的能力。但由于此高级职务工作的复杂性，他刚接任时仍碰到了不少麻烦。例如，他感到很难预测 1 年之后的产品需求情况。可是一个新工厂的开工乃至一个新产品的投入生产，一般都需要在数年前做好准备。而且，在新的岗位上他还要不断处理市场营销、财务、人事、生产等部门之间的关系，这些他过去都不熟悉。他在新岗位上越来越感到：职位越高，越不能仅仅按标准的工作程序进行工作。但是，他还是渐渐适应了，并作出了成绩，后来又被提升为负责生产工作的副总裁，而这一职位通常是由该公资历最深的、辈分最高的副总裁担任的。到现在，郭宁又被提升为总裁。他知道，一个人当上公司最高领导之时，应该相信自己有处理可能出现的任何情况的才能，但他也明白自己尚未达到这样的水平。因此，他不禁想到自己明天就要上任了，今后数月的情况会怎么样？他不免为此而担忧！

思考题

（1）你认为郭宁当上公司总裁后，他的管理责任与过去相比有了哪些变化，应当如何去适应这些变化？

（2）你认为郭宁要胜任公司总裁的工作，哪些管理技能是最重要的？你觉得他具有这些技能吗？试加以分析。

第二章　管理理论的发展

本章学习目标

- 中外早期的主要管理思想
- 西方管理理论产生及发展的背景
- 不同阶段的理论及其主要学派的基本观点
- 现代管理科学发展的趋势
- 管理理论的新发展
- 管理历史的价值所在

管理活动源远流长，管理实践古已有之，但形成一套比较完整的理论体系，则经历了一段漫长的历史发展过程。管理思想对管理实践中积累的经验进行总结和提炼，反过来又对管理实践起着指导和推动作用。因此，回顾管理学的形成与发展，了解一些管理的先驱者对管理理论和实践所作的贡献以及管理活动的演变与历史是必要的。管理理论演进的动力在于寻找和探索更好的组织资源利用方式，以提高组织的效率和效果。

第一节　中外早期管理思想

一、中国早期主要管理思想

中国是一个历史悠久的文明古国，有丰富的关于治理国家、发展农桑、战争攻守、教化百姓、文化礼仪等方面的典籍，以及探究天理、人性等方面的哲学著作，其中蕴含着丰富的管理思想。在中华民族的思想宝库中，管理思想占有重要的地位。尽管中国早期的管理思想没有形成一个比较完整的管理理论体系，但对于后来许多管理理论的兴起还是打下了一定的理论基础。当我们回顾中国管理思想的发展史时，我们发现，我国古代及近代的某些管理思想早已蕴含了被现代管理者公认的某些管理的原理、原则和观念，甚至可以挖掘出与现代管理相近的某些具体的管理方法来。中华文明，是人类历史上唯一没有中断过的古老文明，具有延续几千年的关于社会管理的丰富经验。中国传统管理思想，在中国传统的管理活动中具有不可忽视的地位和作用。总结这份遗产，对于发展现代管理理论，指导现代管理实践，具有十分重要的意义。学习管理思想既要从西方的管理理论中汲取营养，也要从东方的文化中寻根溯源。

(一)儒家管理思想

以孔子为代表的儒家管理哲学，其基本精神是以“人”为中心，讲“为政以德”，讲“正己正人”，在管理的载体、手段、途径方面提出了独到的见解。

关于管理的载体，儒家管理哲学的中心概念是“仁”。在《说文》《礼记·中庸》中充分表达了这种思想。“仁，亲也，从人从二”。孔子说：故为政在人，取人以身，修身以道，修道以仁。仁者，人也，亲亲为大。这就表明，儒家管理哲学把人作为管理的载体（包括管理的主体和管理的客体，即管理者和被管理者），把人以及人际关系作为自己的理论出发点。在儒家那里，管理的本质是“治人”，管理的前提是人性（善恶），管理的方式是“人治”，管理的关键是“择人”（“得人”），管理的组织原则是“人伦”，管理的最终目标是“安人”，……总之，一切都离不开“人”。

关于管理的手段，儒家强调“为政以德”，主张用道德教化的手段感化百姓，从而达到治理的目的。在《论语·为政》中，孔子提出：“道之以政，齐之以刑，民免而无耻；道之以德，齐之以礼，有耻且格。”在他看来，用道德感化百姓，感动人心，与一味惩罚相比会得到更好的效果。与此同时，儒家并不否认法治的作用。所谓“政宽则民慢，慢则纠之以猛；猛则民残，残则施之以宽。宽以济猛，猛以济宽，政是以和”（《左传·昭公二十年》），即是主张交替使用软硬手段来维持社会秩序。当然，以儒家的主旨来讲，即使是在施行法律手段的同时，也应念念不忘道德手段的配合使用。

关于管理的途径，儒家讲“为政以德”，同时也就包含着管理者自身的德行。“为政以德，譬如北辰，居其所而众星共之”（《论语·为政》），管理者要想取得“众星共之”的效果，就要从自己做起，注意个人的道德修养。所谓“修身、齐家、治国、平天下”（《礼记·大学》），从管理者的自我管理，再到家庭管理、国家管理和社会管理，层层推进，不可或缺，不能跳越。

(二)道家管理思想

以老子为代表的道家管理哲学，其基本精神是以“道”为中心，讲“道法自然”，讲“无为而治”，讲“弱者道之用”，在管理的规律、方式和艺术方面提出了独特的见解。

关于管理的规律，在《老子·二十五章》中，老子提出：“人法地，地法天，天法道，道法自然。”这里的“道”是指人类社会运行的规律。“人→地→天→自然”的循序渐进的公式，意味着人们必须按照自然规律办事，以自然为法，而不要把自己的意志强加给自然界。从管理的角度讲，要求管理者必须遵循社会管理的客观规律，一切顺其自然，才能取得良好的效果。

关于管理的方式，管理既然要按照“道”即客观规律办事，而“道常无为”（《老子·三十七章》），所以，管理者就要“处无为之事，行不言之教”（《老子·二章》）。“无”字的原意是“实有似无”，是一种不为人注意却在实际中发挥作用的行为方式。比如高速公路就相当于无为而治，高速公路对个体的控制实有似无，一方面非常有效地控制了交通秩序，另一方面又使车辆的行驶方便自如。既从总体上维持了平衡和稳定,又给个体提供了更多自主选择的机会。这就是总体的自然有序和个体自由、自主达到了统一。无为而治的管理方式,具体来说,就是通过最少的、必要的、有效的法律制度把社会干涉行为降低到最低限度,从而实现组织的自然和谐与个人自由的协调发展。

关于管理的艺术,老子指出:“反者道之动,弱者道之用”(《老子·四十章》)。这里前一句的意思是:事物向相反方向变化、发展、运动,是“道”的作用方式,即一切事物无不向其相反的方向变化,这种矛盾双方向对立面的转化,是事物运动、变化的普遍法则。而后一句是运用“反者道之动”的原理,对刚强和柔弱这对矛盾进行剖析的必然结果。弱,是柔弱;道之用,是“道”的作用性质。也可以说,“道”的作用是柔弱。老子为了证实“柔弱胜刚强”这一原理,在《老子》中列举了不少自然界生动的事例。他说:天下莫柔弱于水,而攻坚强者莫之能胜,以其无以易之。柔之胜刚,弱之胜强。(《老子·七十八章》)意思是:天下的东西,没有比水更柔弱的了。但攻坚克强的能力,没有什么东西能胜过水,因为没有东西可以代替它。柔能胜刚,弱能胜强。这里强调“弱”是道的最根本属性,“守弱”才是保持事物符合“道”的最巧妙的手段,充分展现了老子管理辩证法的精湛之处。

(三)法家管理思想

以韩非为代表的法家管理思想,以“法”为管理中心,讲“法、术、势”的结合,在管理的制度、技巧、权威方面提出了独特的见解。

关于管理的制度,就执法而言,法家主张“法治”,反对“人治”。在《韩非子·忠孝》中,韩非提出“上法而不上贤”的主张。具体地说,他认为,历史上的贤君和暴君都是很少的,绝大多数君主都属于“中人”,即只具有中等管理水平的统治者。如果实行法治,靠这些“中人”就可以把国家管理好;如果实行“人治”,则非要等“千世一出”的圣贤不可,那是不现实的。退一步说,即使是由圣贤来管理国家,也不能离开法律制度。当然,就立法而言,法家以君主为中心,说到底也是“人治”。

关于管理的技巧,法家所谓的“术”相当复杂,韩非提出的统治者所必须采用的“七术”有:“一曰众端参观,二曰必罚明威,三曰信赏尽能,四曰一听贵下,五曰疑诏诡使,六曰挟知而问,七曰倒言反事。”(《韩非子·内储说上》)这里涉及的都是君主驾驭臣下的技巧,既有管理的技术,又有管理的艺术,更有管理的权术。其中的管理权术,在道德上虽不可取,但在实际的管理活动中,都为中国历代的封建帝王所采用。

关于管理的权威,韩非认为,帝王之所以为帝王,关键在于有“势”。他指出:“势者,胜众之资也。”(《韩非子·八经》)“势”可区分为“自然之势”和“人为之势”。“自然之势”是指在既成条件下管理者对权力的运用,“人为之势”则指管理者创造条件强化自己的权威。韩非更重视“人为之势”,特别强调管理者充分发挥自己的主体作用,以保证管理措施的积极推行。

(四)兵家管理思想

以孙子为代表的中国兵家管理思想十分丰富。军事管理也是人类社会管理的一个组成部分。它们的基本原则对于任何类型的社会组织和任何类型的社会管理活动都普遍适用。

兵家思想以"谋略"为中心,讲"谋攻庙算",讲"因变制胜",讲"令文齐武",对于管理的战略、策略、方略均有一定的启发作用。

关于管理的战略,孙子强调,优秀的战争指挥员应该依靠计谋取胜,"故上兵伐谋,其次伐交,其次伐兵,其下攻城";故曰:"知己知彼,百战不殆;不知彼而知己,一胜一负;不知彼,不知己,每战必殆。"(《孙子兵法·谋攻篇》)这些重视战略筹划的思想,对于管理人员具有重要的启迪作用。

关于管理的策略,孙子指出:"水因地而制流,兵因敌而制胜。故兵无常势,水无常形;能因敌变化而取胜者,谓之神。"(《孙子兵法·虚实篇》)这种"因变制胜"的策略思想,对于管理,特别是经济管理和企业管理,是有参考价值的。

关于管理的方略,孙子提出了分级管理的原则,即:"凡治众如治寡,分数是也。"(《孙子兵法·势篇》)要使管理多数人像管理少数人一样,就要依靠组织和编制的作用。孙子又提出"令文齐武"的原则,以形成富有战斗力的组织。就是要用思想教育的手段,对部属晓之以理,动之以情。同时要用制度控制的方法,严明纪律,严肃法度。这一套方略,对于任何管理都是适用的。

二、西方早期管理思想

西方早期的管理思想指18世纪以前产生的管理思想,其管理实践和思想主要体现在指挥军队作战、治国施政和管理教会等活动之中。古巴比伦人、古埃及人和古罗马人在这些方面都有过重要贡献。

18世纪60年代开始的工业革命使西方世界不仅在工业技术上而且在社会关系上出现了巨大的变化,它加速了资本主义生产的发展。小手工业受到大机器生产的排挤,社会的基本生产组织形式迅速从以家庭为单位转向以工厂为单位。在新的社会生产组织形式下,效率和效益问题,协作劳动之间的组织和配合问题,在机器生产条件下人和机、机和机之间的协调运转问题等,使传统的军队式、教会式的管理方式和手段遇到了前所未有的挑战。许多新的管理问题需要人们去回答、去解决。在这种情况下,随着资本主义工厂制度的建立和发展,不少对管理理论的建立和发展具有重大影响的管理实践和思想应运而生。

(一)理查·阿克莱特的科学管理实践

理查·阿克莱特(Richard Arkwright)是工业革命时期的企业家。他于1769和1771年建立了英国最早使用机械的两个工厂。为了适应经济的发展,他把棉纺织业需要的各个活动的程序都集中到自己的工厂来做,从厂址的选择,到生产、机器、材料、人员和资本的协调以及工厂纪律、劳动分工等方面都进行了合理的安排,显示了他的组织、协调和计划的才能。在一个雇用了5 000名工人的大企业中,能做好组织和协调工作,说明理查·阿克莱特不愧为有效管理的先驱者。

(二)亚当·斯密的劳动分工观点和经济人观点

亚当·斯密(Adam Smith)是英国古典政治经济学家,他在1776年出版的《国民财富的性质和原因的研究》(简称《国富论》)中提出了分工理论和经济人观点,对以后的管理理论的形成具有重大影响。他认为劳动分工是提高生产率的重要因素,分工可节省工人在转换工序时所浪费的时间,提高工人技术的熟练程度;同时,还可以通过使用省力的装置与设备,使生产效率大大提高。在分工制度下所增加的经济效益,可投入发展组织及企业,以实现国家富强。并认为在经济生活中,人是逐利的"经济人",一切行为的原动力主要是利己心而不是同情心或利他主义。亚当·斯密的劳动分工观点适应了当时社会对迅速扩大劳动分工以促进工业革命发展的要求,成为资本主义管理的一条基本原理。今天我们采取的专业化分工制度,起源可追溯至200多年前亚当·斯密所提出的经济效益论。

(三)小瓦特和博尔顿的科学管理制度

小瓦特(Watt)和博尔顿(Boulton)分别是蒸汽机发明者瓦特和其合作者马修·博尔顿的儿子。1800年,他们接管了一家铸造工厂后,小瓦特就着手改革该厂的组织和管理,建立起许多管理制度:①在生产管理和销售方面,根据生产流程的要求配置机器设备、制订生产计划、制定生产作业标准、实行零部件生产标准化、研究市场动态并进行预测;②在会计的成本管理方面,建立起详细的记录和先进的监督制度;③在人事管理方面,制定工人和管理人员的培训和发展规划;④实行工作研究,并按工作研究结果确定工资的支付办法;⑤实行由职工选举的委员会来管理医疗福利费等其他福利费用的制度。

(四)欧文的人事管理

罗伯特·欧文(Robert Owen)是19世纪初英国著名的空想社会主义者。他最早注意到企业内部人力资源的重要性。针对当时工厂制度下工人劳动条件和生活水平相当低下的情况,他曾在自己的工厂中进行了一系列改革试验:如改善工作条件、缩短工作公认的工作时间、提高工资、改善生活条件、发放抚恤金等。他认为,工厂是由员工组成的,把他们有效地组织起来,使其相互合作,就能产生最大效果。欧文开创了在企业中重视人的地位和作用的先河,后人因此称他为"现代人事管理之父"。

(五)巴贝奇的作业研究和报酬制度

查尔斯·巴贝奇(Charles Babbage)是英国著名的数学家和机械工程师,出版了《论机器和制造业的经济》一书。他对管理的贡献主要有两方面。一是对工作方法的研究。他认为,一个体质较弱的人如果所使用的铲在形状、质量、大小等方面都比较适宜,那么他一定能胜过体质较强的人。因此,要提高工作效率,必须仔细研究工作方法。二是对报酬制度的研究。他主张按照对生产率贡献的大小确定工人的报酬。工人的收入应由三部分组成,即按照工作性质所确定的固定工资、按照对生产率的贡献分得的利润和为增进生产率提出建议应得的奖金。

(六)尤尔的工厂秩序和法典

安德鲁·尤尔(Andrew Ure)是英国的化学家和经济学家。1835年,他编写了《工厂哲学:或论大不列颠工厂制度的科学、道德和商业经济》一书。在该书中,他主张建立工厂手工业的秩序和工厂的必要的"纪律法典"。他认为,工人由熟练而产生的"不驯服的脾气"给整个工厂手工业造成了巨大的损害，所以必须建立“秩序”，必须建立与机器生产体系的需要和速度相适应的“纪律法典”。他认为，只有有效地实行这种“纪律法典”，才能使工人抛弃无规则的劳动习惯，使他们与整个体系的始终如一的规律性活动协调一致。尤尔可以说是第一个明确提出在工厂中建立规章制度的人。

（七）马萨诸塞车祸与所有权和管理权的分离

1841 年 10 月 15 日，在美国马萨诸塞至纽约的西部铁路上，两列客车迎头相撞，造成近 20 人伤亡。事件发生后，舆论哗然，对铁路公司老板低劣的管理工作进行了猛烈的抨击。为了平息公众的怒气，在马萨诸塞州议会的推动下，这个铁路公司不得不进行管理改革。老板交出了企业管理权，只拿红利，另聘具有管理才能的人员担任企业领导。这是历史上第一次在企业管理中实行所有权和管理权分离。这种分离对管理有重要的意义：①独立的管理职能和专业的管理人员正式得到承认。管理不仅是一种活动，还是一种职业；②随着所有权和管理权的分离，横向的管理分工开始出现，这不仅提高了管理效率，也为企业组织形式的进一步发展奠定了基础；③具有管理才能的人员掌握了管理权，直接为科学管理理论的产生创造了条件，为管理学的创立和发展准备了前提条件。

从 18 世纪末到 20 世纪初这段时间里，管理学基本上处于积累实际经验的阶段。工厂由创业者所统治，企业的业绩主要决定于这些领导者个人的经验和气质。还没有摆脱小生产经营方式的影响，尚未出现专门论述管理原理的著作。因此，这个阶段称为“经验管理阶段”。直到 19 世纪末，随着社会、经济、技术、法律等方面的发展，出现了一些科学的研究手段和方法之后，一批西方管理学者才开始用较系统的、先进的手段处理管理问题，因而开始了从经验管理向科学管理的过渡，为创立科学管理体系打下了良好的基础。美国管理学家泰罗在 1911 年出版了《科学管理原理》，标志着西方管理理论的形成。随后，西方管理理论的发展经历了古典管理理论、行为科学理论、现代管理理论三个阶段。

第二节　古典管理理论

古典管理理论盛行于 19 世纪末到 20 世纪的 30 年代，随着工业革命从英国转向欧洲大陆和美洲，在 19 世纪的最后数十年工业得到了前所未有的发展，生产规模不断扩大，同类产品急剧增加，随之而来的竞争加剧，使得如何提高劳动生产率成为企业竞争的关键，但是管理仍处于师傅带徒弟的阶段，经验和主观臆断盛行，传统的经验管理越来越不适应管理实践的需要，于是古典管理理论应运而生，它是建立在“经济人”假设基础之上的理论。所谓“经济人”假设，是在处理管理问题时，认为被管理者行为的唯一动机是经济利益。古典管理理论主要包括以“泰罗制”为代表的科学管理理论和古典组织理论，其中古典组织理论又包括法约尔的管理过程理论和马克斯·韦伯的行政组织体系理论，并且，法约尔的管理过程理论构造了现代管理理论的基本框架，该理论在古典管理理论中占据重要地位。泰罗、法约尔、韦伯试图从三个不同角度，即个人、组织和社会来解答整个资本主义社会宏观和微观的管理问题，为资本主义解决劳资关系、生产效率、社会组织等方面的问题，提供了管理思想的指导和科学理论方法，从而形成了各有特点的管理理论。

一、泰罗与科学管理理论

管理科学是实践性很强的学科，泰罗是科学管理理论的创始人。正是由于泰罗科学管理思想的产生，使管理成为了一门独立的学科，泰罗所创立的科学管理理论和方法被尊称为“泰罗制”，但科学管理并不等于“泰罗制”。为科学管理理论作出贡献的还有巴思、甘特、吉尔布雷斯夫妇、福特等，应当说，泰罗与其追随者共同创立了科学管理理论。

（一）泰罗其人

弗雷德里克·W. 泰罗（Frederick W. Taylor，1856—1915）出生于美国宾夕法尼亚州一个富裕的律师家庭，自幼才华横溢，兴趣广泛，善于思考。中学毕业考入哈佛大学法学院，因眼疾中途辍学。1875 年进入小型水泵厂当学徒工，他的大部分时间是在宾夕法尼亚州的米德维尔钢铁公司和伯利恒钢铁公司度过的。1878 年进入米德维尔钢铁公司，先后当过技工、工长、技师、总工程师；1898—1901 年受雇于伯利恒钢铁公司，从事顾问咨询工作。1901 年以后，他大部分时间从事咨询、写作、演讲和撰写管理文章，宣传他的管理主张。1906 年，泰罗担任了声誉很高的美国机械工程师协会主席。1911 年出版了《科学管理原理》一书，此著作第一次系统地把科学方法引入管理实践，标志着科学管理思想的正式形成，使管理真正成为一门科学。由于泰罗的科学管理思想深深地扎根在科学实验的基础上，为管理学的发展奠定了坚实的理论基础，对现代管理理论产生了重要影响。正因为泰罗对科学管理理论的创立和贡献，他被后人尊称为“科学管理之父”。

（二）泰罗面临的问题及其思考

泰罗开始观察管理问题，是在米德维尔工厂当工人的时候。泰罗的清教徒家庭所形成的勤俭节约观念，和许多工人在干活时磨洋工、工作效率低下的现象产生了很大的冲突。泰罗发现，当时工人中普遍存在着消极怠工现象。工人们在许多场合只干一个正常工作日活计的三分之一或二分之一。通过长期的切身观察，他认为主要是以下几个原因造成的。

（1）落后的管理。对于当时的工厂生产，管理当局不懂得用科学方法进行管理，不懂得工作程序、劳动节奏和疲劳因素对劳动生产率的影响，而工人也缺少培训，没有正确的操作方法和适用的工具，工作场地的布置也杂乱无章，这些都大大影响了劳动生产率的提高。管理当局不知道工人每天能干多少，并任意提高工作标准致使工人非常努力地干活也达不到原先的工资标准。这样一来，工人们就把工作量定在只要适当地把活干到不被解雇的程度，不会再继续提高产量。

（2）工人们存在着误解。工人们意识到努力工作，意味着更少的就业机会和更大的失业威胁。他们认为如果努力工作，那么同伴们的就业机会就会减少，或者会造成连已经有工作的工人也会失去工作，从帮助同伴的角度上说，不应该增加产量。

（3）凭经验世代相传的工作方法效率低下。

（三）泰罗对科学管理的探索

泰罗认为，解决问题的责任在于管理部门，他认为只要合理地确定工资率，进行适当的激励，便能减少工人们消极怠工的现象。但这要求首先要确定一个雇主和工人们都能接受的“合理的日工作量”，即工作定额。泰罗于1880年在米德维尔钢铁公司开始了对工人操作的动作研究和时间研究。在泰罗所进行的科学管理实验中始终依据工时研究这个基本原理。

1. 工时研究原理

工时研究分为分析阶段和建设阶段两个阶段。

1）分析阶段

（1）研究人员把工人的操作分解成若干简单的基本动作和确切顺序以及所使用的工具。

（2）对这些动作进行分析，消除一切虚假、无用动作，从而找到一种完成这项作业的“最优的工作方法”。

（3）通过对第一流工人的每一个操作动作进行观察，用秒表测算相应时间，再加上必需的休息时间和不可避免的其他延误时间，就得出完成该项工作所需要的总时间，依此制定出一个工人的“合理日工作量”，从而确定了工作定额，这就是所谓的工作定额原理，如式（2-1）所示。

合理的日工作量：$T=(A+B+C+D\cdots\cdots+M)(1+P)(1+\alpha)$ （式2-1）

其中 $A,B,\cdots\cdots M$ 为各作业环节所需要的时间；

P 为必要的准备工作停留、耽搁所占总时间的百分率；

α 为疲劳系数。

（4）把最快的动作和最合适的工具形成一个序列。就用这种包含了最快和最合适动作的新方法取代以前的落后方法。泰罗认为，通过动作研究和时间研究而确定的“合理的日工作量”，是以“科学的事实和法则”为依据的，劳资双方都必须遵守这个标准，既不允许工人利用工会的力量改变这个标准，也不允许雇主像过去那样任意确定工资率。

2）建设阶段

建立各种操作的操作方法和时间的档案，以便尽可能把它们用于其他类型的操作上。这样以后不管遇到什么样的新工作，只要从工作标准档案中找出各种最基本操作的操作方法和时间加以组合，就可以使每一种新工作都有最科学的操作方法并用这种操作方法对工人进行训练，就能提高工人的劳动生产率。

2. 三个著名试验

泰罗解决问题的方法和许多科学研究一样，都是从试验开始的。这主要反映在他的3个最有名的试验中，对提高劳动生产率有显著的效果。

（1）搬运生铁试验。伯利恒钢铁公司雇用了75名工人将12万吨生铁搬运装车，泰罗对工人的工作进行了考察，发现每个工人每天平均搬运12.5吨，工人的收入是每天1.15美元。他通过时间动作研究，制定出一套最优操作方法，然后对工人进行试验，挑选了一个身材矮小的宾夕法尼亚的荷兰人施密特，告诉他何时休息、何时工作，试验结果是施密特在第一天就很早地搬完了47.5吨，按计件工资制拿到了1.85美元。其他工人也要求学习新方法，从而大大提高了工作效率。

泰罗把这项试验归结为4点核心内容：①精心挑选工人；②诱导工人，使之了解这样做对他们没有损害，还可以得到利益；③对他们进行训练和帮助，使之获得完成既定工作量的技能；④按科学的方法去干活会节省体力。泰罗相信即使搬铁块这一纯体力劳动也是一门科学，而且这门科学还是很深奥的。

（2）铁锹试验。早先，铲掘工人是自备铲子到料厂去干活。用铲子去铲铁砂，如果每铲的质量太大，工人就容易疲劳，而去铲煤，则每铲的质量又不足。泰罗经过研究发现，当一个工人在操作中的平均负荷量大致是每铲9.5千克时，他就能实现最大的工作量。因此，他在进行试验时，就不让工人自己带铲，而是准备了8～10个不同的铲子，每种铲子只适合于铲某种特定的物料，这不仅是为了使工人的平均铲掘量达到9.5千克，也是为了使这些铁铲能适应若干的条件。为此，他建立了一间大型的工具房，里面存放着精心设计的各种工具，使得能铲任何一种物料的质量都在9.5千克。同时，他还设计了有标号的两个纸卡，一张说明工人在工具房所领的工具和该在什么地方干活，另一张说明他前一天工作的情况，也就是一份他干活的证明书，上面还记载着前一天的收入。在工人们取得白色纸卡的时候，工人就会明白一切正常，而当取得黄色纸卡的时候就意味着要加油干了，否则的话就要被调离。泰罗这项试验主要是要表明“每一项简单的动作都隐含一种科学的成分。”

为了把适合各自工作的铁铲分给600个工人，事先的计划是必不可少的。必须有人对这些工作全面负责，这样就要增加管理人员，但事实上，除去支付这些新增人员的经费后，其获得的收益仍然是很多的，据说仅此一项即为公司每年节约8万美元。泰罗这项试验提出了新的管理思想：①将试验的手段引入到经营管理领域。②计划和执行相分离。③标准化管理概念的形成。④人尽其才，物尽其用，这是提高效率的最好的办法。

（3）金属切削试验。在米德维尔公司时，泰罗为了解决工人消极怠工的问题，对金属切削进行了研究。这时他已具备了相当多的金属切削的作业知识，于是针对车床的效率问题，计划进行6个月的金属切削试验。在使用车床、钻床、刨床等机床切削金属时，无论何时都必须决定适用什么样的刀具，用多大的切削速度，以便获得最佳的金属加工效率。然而，要确定这些要素需要多达12种变量，如金属的成分、工件的直径、切削的深度、进刀量等。这项试验非常复杂和困难，原来预定的6个月实际上用了26年并花费了巨额的资金。最后，在巴思和怀特等十几名专家的帮助下，试验取得了重大进展。这项试验还得到一个重要的副产品——高速钢的发明，并取得了专利。这个试验的成果还形成了金属加工方面的工作规范。

在金属切削试验中，泰罗前后共花了26年，15万美元，写出了3万多份试验报告，最后取得了有关车床、刨床、钻床、铣床在车速、进刀、材料等方面的丰富资料，为制定用各种机床进行高速切削和精密加工的操作规程提供了科学依据。

泰罗的三项试验可以说都取得了成功,也付出了巨大的代价,但是这些试验将他的科学管理思想理论深深地扎根在科学试验的基础上,使之成为一门真正的科学。这也正是其理论能对当时社会起到巨大推动作用的原因。

(四)"泰罗制"的主要内容

泰罗的科学管理思想是以运用科学的方法提高劳动生产效率为目的的,通过上述一系列的试验和长期的管理实践,泰罗提出了一整套科学管理的理论和方法。概括起来,"泰罗制"的内容可分为 3 个方面:作业管理、组织管理和管理哲学。

1. 作业管理

1)制定工作定额

泰罗认为科学管理的中心问题是提高劳动生产率。为了挖掘工人提高劳动生产效率的潜力,就要制定出有科学依据的工作定额。

2)选择"第一流的工人"

为了提高劳动生产率,应做到能力与工作相适应。选用适合该工作的最佳人员,即挑选出愿意干并且适合干各项工作的"第一流的工人",在此基础上对他们进行科学的培训,以使其达到最高效率。

3)实施标准化管理

为使每个作业人员能确保达到一定的作业标准,就要从操作方法到材料、工具、设备和作业环境都实施标准化管理。用科学方法对工人的作业方法、工作定额、使用工具、劳动和休息时间的搭配以及设备的摆放和作业环境的布置进行分析,消除各种不合理的因素,把各种最好的因素结合起来,形成一种最好的作业方式。通过动作研究与时间研究确定最佳的、标准的作业方法。与此同时,用标准的作业方法对作业人员进行训练,并因人制宜地给他们安排最适当的职务,以使每个作业人员都能最大限度地发挥其工作能力。在确定其标准作业方法和工作量后,还必须使工具、机械、材料、环境标准化。

4)实行差别计件工资制

泰罗在 1895 年提出了"差别工资制",其主要内容是:以科学为依据制定一个标准的定额制度;按照工人是否完成定额采用不同的工资率,如果工人没有完成定额,就按低工资率付酬,为正常工资率的 80%,同时交给一黄色工票,以示警告,如不改进工作完成定额,就被撤换工作或解雇;如果工人超过了定额,则按高工资率付酬,为正常工资率的 125%;根据工人的实际表现而不是工种和职位支付酬金。其最终目的是调动工人的积极性,进而提高工作效率。

2. 组织管理

1)主张计划职能与执行职能分开

泰罗认为,劳动生产效率低的原因之一是计划职能与执行职能混合在一起,生产中的大部分工作往往都由工人负责完成,管理当局只告诉工人做什么,而不告诉工人怎样做(只有全新的工作例外)。工人凭个人的习惯、经验选择工具和决定操作方法。工作效率的高低取决于工人所采用的操作方法是否合理、所使用的工具是否合适以及工人的技术熟练程度的高低。因此,泰罗主张企业成立计划部门,负责进行调查研究,并根据调查结果确定定额和标准化的操作方法、工具,负责拟订计划并发布命令和指示。工人和工头严格执行计划,保证计划的完成。

2）实行职能工长制

为了有效地执行管理职能,提高工长的工作效率,泰罗主张对管理工作细分化,实行职能工长制。泰罗设计出8个职能工长代替原来的一个职能工长,每一个职能工长只负责一两项特定的管理职能。其中负责工作程序的、负责指令卡的、负责工时和成本的、负责纪律（劳务）的四个职能工长归计划部门,并通常以书面形式对作业现场和工人发布指令,作业现场以书面形式向计划部门报告。在作业现场（车间）设负责工作分派的、负责速度的、负责检验的、负责修理的四个职能工长。他们的任务是根据各自特定的职能,就地对工人发布命令和进行指挥。实行职能工长制使管理人员职能明确,现场车间的职能工长只需进行指挥与监督,有利于提高工作效率。但实行职能工长制,一个工人要同时接受几个职能工长的多头领导和指挥,容易引起混乱,这就破坏了统一指挥原则。因此,这种职能工长制后来没有得到推广。但是,这种职能管理的思想为以后职能部门的建立和管理专业化提供了基础。

3）在管理控制上实行例外原则

所谓例外原则,就是指企业的高级管理人员,把一般日常事务授权给下属管理人员去处理,而自己保留对例外的事项即重要事项的决策权和控制权,如重大的企业战略问题和重要的人员更替问题等。

3. 管理哲学

强调工人与雇主合作的"精神革命"。

科学管理不仅是一些原理和原则组成的管理理论,还是一种促使人们对实践进行重新审视的管理哲学。泰罗认为管理的首要目的,应该是保证雇主最大限度的富裕,以及每名工人最大限度的富裕。在双方共同利益的基础上,泰罗倡导工人、管理者双方进行一场全面的心理革命:双方不再把注意力放在盈余的分配上,应将注意力转向增加盈余的数量上,使盈余增加到如何分配盈余的争论成为不必要。当他们停止互相争夺,转向一个方向并肩前进时,他们共同努力所创造出来的盈余会大得惊人,既能够大量增加工人的工资,也能够给雇主增加利润。当然,这种想法只是一种理想,劳资矛盾的存在是一种必然。

泰罗的科学管理思想,在历史上第一次使管理从经验上升为科学。泰勒在研究过程中表现出来的讲求效率的优化思想、重视实践的实干精神、调查研究的科学方法奠定了现代管理理论的基础。但泰勒把人看成单纯追求物质利益的经济人,重视技术因素,忽略人的社会因素,这在很大程度上也限制了科学理论的发展。列宁对泰罗制作了全面而深刻的评价:资本主义在这方面的最新发明——泰罗制——也同资本主义其他一切进步的东西一样,有两个方面,一方面是资产阶级剥削的最巧妙的残酷手段,另一方面是一系列的最丰富的科学成就,即按科学方法来分析人在劳动中的机械动作,省去多余的笨拙的动作,制定最精确的工作方法，实行最完善的计划和监督制等。

(五)泰罗科学管理理论的发展

泰罗制在20世纪初得到了广泛的传播和应用，有许多泰罗理论的追随者在泰罗科学管理理论基础上，进行了大量的试验研究，他们为丰富科学管理的内容、传播科学管理的原理作出了极为重要的贡献，扩充和发展了泰罗的科学管理理论。在这群人中较为突出的有：卡尔·乔治·巴思、亨利·劳伦斯·甘特、吉尔布雷斯夫妇、亨利·福特、哈林顿·爱默森、卢埃林·库克等。

1. 卡尔·巴思

卡尔·巴思(Carl G.Barth)是泰罗在米德维尔钢铁厂的数学顾问之 。他主要是配合泰罗从事金属切削试验，发明了一种计算尺和一套公式表。由此，工人们只要知道了机器的功率和所用的切削工具，便可用这种计算尺和公式表迅速计算出某种操作的进刀和定额参数。他还从事过一些早期的疲劳研究以及确定合适的疲劳宽度时间。此外，他还曾经帮助泰罗在许多家工厂进行科学管理的试验。

2. 亨利·甘特

亨利·L. 甘特(Henry L.Gantt)是泰罗在米德维尔和伯利恒钢铁公司的长期合作者。他一生著述很多，其中影响较大的有：《工作、工资和利润》(1910年)、《工业领导》(1916年)、《工作的组织》(1919年)。甘特对科学管理理论的主要贡献可归纳为以下三个方面。①他发明了以他的名字命名的“甘特图”。甘特图是一种生产计划进度控制表，它通过对生产时间和产量的表示来控制计划和生产的进度。目前被广泛使用的计划评审法(PERT)就是在甘特图的基础上发展起来的。②他发展了泰罗的刺激性付酬制度。1910年，甘特在他的专著《工作、工资和利润》中提出了一个“计件奖励工资制”，从而全面发展了泰罗的刺激性工资制度。泰罗的刺激性工资制度是建立在计件基础上的，不按日支付有保证的工资，因此工人的收入没有最低限度的保障；而按甘特提出的新的付酬制度，工人无论完成任务与否，都可按日得到基本工资。如果工人超标准定额完成任务，可拿取资金。这种工资制度促进了管理部门同工人之间的合作。他还认为金钱不是激励工人“士气”的唯一因素，工作安全感、管理者与工人之间的互相合作关系，也是激励职工“士气”的重要因素。甘特较早地注意到了工业中的人际关系问题。③甘特还注意到职工的培训工作对提高劳动生产率的影响，认为管理部门应加强对职工的教育和培训，使他们具备较高的技术、良好的习惯和熟练的工作技能，这些都有助于提高劳动生产率。

3. 吉尔布雷斯夫妇

弗兰克·B. 吉尔布雷斯(Frank B.Gilbreth)出身于美国的一个五金商人家庭，他毕生致力于动作研究和从事科学管理运动，他是最早享有盛名的效率专家，被称为“动作研究之父”。

吉尔布雷斯对科学管理理论的主要贡献是他从事的时间和动作研究以及他创造的计时轨迹摄影技术。他的砌砖试验在管理学上也广为流传。他在当砌砖工时，就开始研究采用什么姿势砌砖最舒适，最省力，动作最少；用什么样的工具、怎样安排原材料和工作点的位置，可以避免过多地弯腰，过多地来回走动等等。经过一段时间的试验，他设计出了一套砌砖的标准作业方法，使原来18个动作简化为5个，大大提高了工作效率，从原来每小时砌砖

120 块增加到 350 块，砌砖工人也不像以前那么疲劳了。

吉尔布雷斯所从事的时间和动作研究对于提高劳动生产率有显著的贡献。他从事时间和动作研究主要采用了两种技术。一种技术是将全部手工劳动分解为 17 个基本动作，即"基本分解动作"研究，人们把这种方法用他的名字倒过来拼写加以命名："斯雷布尔吉"。这 17 个分解动作主要是：接近、移动、抓住、放到位置、解开、放手、检验、操作、放到身前、寻找、选择、计划、平衡性耽搁、休息。在研究工人操作时，就要分析哪些动作是必要的，哪些动作是多余的，哪些耽搁是可以避免的，哪些动作是可以改变的或用设备来代替的。经过这样的严格检查、分析和改进之后，剩下的动作就结合起来，形成一个新的工作方法。通过新的工作方法，可以实现用最少的劳动取得最大的工作成果。另一种技术，是用影片记录和分析工人操作的动作，即"计时轨迹摄影"技术。吉尔布雷斯让工人在一个带长秒针的大面盘钟的背景前操作，摄影机把工人的动作记录下来，这样不仅可以确定基本动作，还可确定这些动作所需要的时间，以便进行分析研究。他对工人操作中手的动作，也作了典型的研究。他用小电灯泡缀在劳动者的手上，并使灯泡每隔一定时间开闭一次，这样不仅得到了双手动作的连贯记录，而且也有了时间记录。这种"计时轨迹摄影"技术后来被广泛应用。

吉尔布雷斯的妻子莉莲・莫勒・吉尔布雷斯（Lillian Moller Gilbreth）出生于一个德国糖厂主家庭。她除了协助丈夫吉尔布雷斯进行动作研究和时间研究外，她的《管理心理学》也对人的工作行为进行了意义重大的探索。在管理学文献中，该书是对了解工业中人的因素所作出的最早贡献，具有重要的学术地位。吉尔布雷斯在工作中能注意到人的因素，很大程度上是受他妻子的影响。吉尔布雷斯夫妇合写的著作有《疲劳研究》（1919 年）、《时间研究》（1920 年）。

4. 亨利·福特

亨利·福特（Henry Ford）与泰罗同时代，是为科学管理理论建立和发展作出贡献的重要人物之一。福特于 1908 年生产出 T 型汽车，接着建立起一个世界性的销售组织，销售耐用、可靠、便宜的汽车，但马上出现了持续的供不应求的情况。为了扩大生产能力，提高企业的竞争力，他在泰罗的单工序动作研究的基础上，进行了如何提高整个生产过程生产率的研究。他规定了各个工序的生产时间，创造了第一条流水生产线——汽车流水生产线，从而提高了整个企业的生产效率。福特实行的"生产线制度"，后来被称为"福特制"，它代表的是大规模生产方式，其基本内容和主要特点在于，把科学管理原理应用于生产，在生产标准化即产品标准化、作业标准化的基础上，利用高速传送装置，使生产过程流水线化，使流水线上各道工序的工人的各种作业在时间上协调起来，并由传送装置的速度决定工人每天所完成的作业和产品数量，最大限度地提高工人的劳动强度。这种制度具体表现为：①把机器和操作人员按详细规划的作业顺序排列；②每个工人被指定只进行一种高度专业化的工作。生产线制度的效果立竿见影，制造出一辆车的时间从 1908 年的 12 小时 8 分钟，降到了 1913 年的 2 小时 35 分钟，1914 年又降到 1 小时 33 分钟。"福特制"对提高生产力起了很大作用。

此外，福特还进行了大量标准化方面的工作，主要包括：①工厂专业化，通过专门的工厂和车间制备不同的零件；②产品系列化，减少产品的类型，实行大批量的加工生产；③零件规格化，规定零件的规格标准，以提高零件互换性；④作业专门化，要求各工种的工人反复进行同一种简单的作业；⑤机器、工具专门化并实行自动化，以提高生产效率。

综上所述，以泰罗为代表人物的科学管理理论具有适应当时生产力发展要求的性质。它的生命力主要在于开辟了管理从经验转向科学的局面，这在管理理论发展史上具有划时代的意义。实践证明，科学管理原理对提高美国劳动生产率，以至于使之超过西欧国家，具有显著的促进作用。该理论本身也为美国和其他西方国家管理理论和管理方法的发展奠定了基础。但是，在特定历史条件下产生的科学管理理论也不免有其自身的局限性。首先，它是建立在"经济人"假说基础之上的。认为人们工作的唯一动机就是经济利益，在当时的历史条件下，没能注意到社会因素对管理的影响，只把人当作机器一样对待，这显然违背了人性。正由于泰罗视野较为狭窄，再加上他特殊的经历，使他只能局限于工厂车间一级的范围来研究劳动组织与生产管理问题，局限于作业管理的范围，而不可能涉及组织全面发展和组织目标的管理问题。尽管泰罗的追随者们在后来的研究中，在某种程度上注意到了人的因素和组织原则问题，但由于当时所处的时代背景和他们视野的局限性，使这些研究只是零星散布，难成系统。但不可否认，科学管理原理为后来西方管理理论的发展奠定了理论和人才方面的基础。

二、亨利·法约尔的管理过程理论

亨利·法约尔（Henri Fayol）是欧洲一位杰出的经营管理思想家，是法国的工业家和管理学先驱。亨利·法约尔最早提出了经营与管理的区别，指出管理活动是企业经营活动的一个重要组成部分并明确划分了管理的职能，使管理活动形成了一个完整的管理过程，因此，人们习惯将他的理论称为"管理过程理论"。这同时也标志着一般管理理论的形成。也由于他在管理理论发展史上独树一帜，他被称为"现代经营管理之父"。

亨利·法约尔出生于法国一个小资产阶级家庭，1860年从矿业学校毕业，从1866年开始一直担任高级管理职务。他除了对大企业的管理有亲身实践和研究之外，还在法国的邮政机关、烟草专卖事业部门做过调查和研究工作，还担任过法国陆军大学和海军学校的管理教授。因此，他的管理理论是以一个整体的大企业为研究对象的，并且涉及工商企业、军队机关、宗教团体、慈善团体等的管理问题。亨利·法约尔一生著作很多，其内容包括采矿、地质、教育和管理等等，其中较有影响的著作有：《论管理的一般原则》（1908年）、《工业管理和一般管理》（1916年）、《管理职能在事业经营中的重要性》（1917年）、《论工业的积极管理》（1918年）、《国家在管理上的无能——邮政与电讯》（1921年）、《国家管理理论》（1923年）。

亨利·法约尔的管理过程理论与泰罗的科学管理不同。尽管他们生活在同一时代，但由于各自的经历不同，使他们观察管理问题的角度大不相同。泰罗作为一个技术工程师，一直从事基层的管理工作，他只能自下而上地观察管理问题，这就决定了他只能把研究的重点放在直接生产过程中的作业管理上；而亨利·法约尔几乎终生担任公司的高层管理者，这使他有自上而下观察管理问题的基础，考虑任何管理也总是从高层管理者的角度出发，最关心的是企业整体管理效率的提高。因此，他一直从大型企业的整体角度研究管理体制问题，并把组织理论作为他的重要研究方向。

亨利·法约尔的管理过程理论的主要贡献在于他首次提出了管理的职能，并确立了管理的基本原则。1900 年，亨利·法约尔在国际采矿和冶金大会上，宣读了一篇阐明自己管理思想的论文。在这篇论文中，他提出了管理的职能及其重要性。1908 年，他在另一篇论文中，提出了管理的十四条“一般原则”。他在 1916 年出版的代表作《工业管理和一般管理》一书中论述了经营与管理的区别，正式提出了管理职能，全面阐述了十四条管理原则。亨利·法约尔的管理过程理论的主要内容可以归纳为下述几项。

（一）经营和管理的区别

亨利·法约尔第一次明确区分了经营和管理的概念。他认为，经营是指导或引导一个组织趋向某一既定目标，它的内涵中包括了管理。从企业角度出发，经营活动都可分为如下 6 个方面的活动内容。

（1）技术活动（生产、制造、加工）。

（2）商业活动（购买、销售、交换）。

（3）财务活动（筹集和最适当地利用资本）。

（4）安全活动（保护财产和人员）。

（5）会计活动（财产清点、资产负债表、成本、统计等）。

（6）管理活动（计划、组织、指挥、协调和控制）。

亨利·法约尔指出，不论企业是大是小、是复杂还是简单，这六种活动总是存在的，它们之间相互联系、相互配合，共同组成一个有机系统来实现企业生存与发展的目的。亨利·法约尔先将企业的共性摆出来，然后指出前五种活动都不负责制订企业的总经营计划，不负责组织，不负责协调各方面的力量和行动，而这些至关重要的职能应属于管理，管理活动是经营活动中的一种。为了突出管理的实质，亨利·法约尔又进一步将管理的要素划分为计划、组织、指挥、协调和控制。管理和经营活动之间的关系如图 2-1 所示。

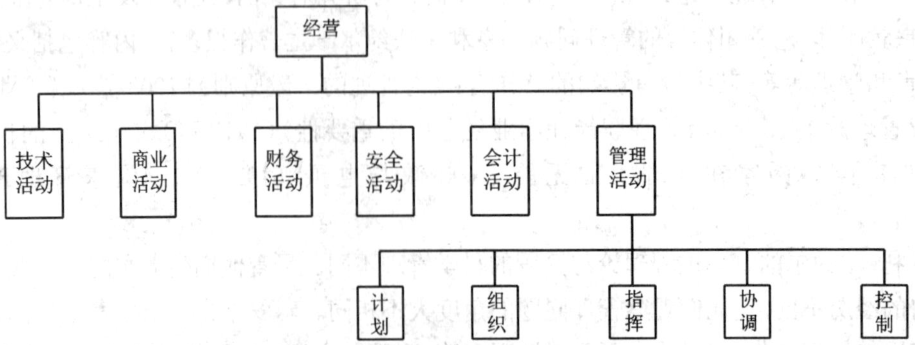

图 2-1　管理与经营活动之间的关系

(二)管理的五项职能

管理活动处于六种基本活动的核心地位。法约尔认为管理是普遍的一种单独活动,有自己的一套知识体系,由五项职能构成,即计划、组织、指导、协调和控制,管理就是通过完成各种职能来实现目标的一个过程。

(1)计划职能,是指预见未来和设计行动方案,使组织机构达到目标。

(2)组织职能,是指为组织机构达到预定目标提供所需一切条件的活动。

(3)指导职能,是对下属人员给予指导,使组织的各项活动相互协调、相互配合。

(4)协调职能,是使组织内的资源与活动能够相互配合。

(5)控制职能,就是保证实际工作与计划拟定的标准相符合。

(三)十四条管理原则

法约尔认为管理存在于一切有组织的人类活动中,管理上的成功不完全取决于个人的管理能力,更重要的是要灵活地贯彻管理的一系列原则。法约尔根据自己的管理经验提出了十四条管理原则,其内容如下。

1. 劳动分工

劳动分工是实行劳动专业化,它对提高劳动生产率有很大作用。劳动分工的目的是要在同样努力的条件下得到更好的效果。这种分工不仅限于技术工作,也运用于管理工作,它使职能专业化的权力分散并适合于一切领域。

2. 权力与责任

权力就是指挥和要求别人服从的能力。应将管理者由职务或地位而产生的权力同他个人凭自己的智慧、博学、经验等形成的权力相区分。一个好的管理者,常常是后者补充前者。权力与责任相互统一,互为结果,有权必有责。

3. 纪律

纪律实际上是领导者同下属人员之间在服从、勤勉、积极、举止和尊重方面所达成的一种协议。组织内所有成员通过各方所达成的协议对自己在组织内的行为进行控制。严明、公正的纪律是任何组织都不可缺少的要素,没有纪律,任何组织都无法兴旺发达。

4. 统一指挥

统一指挥就是指无论什么行动,每一个下属只应接受并服从一个上级的命令。不能多头指挥,这是一条普遍的永久性原则。如果破坏了这一原则,那将出现混乱,一事无成。

5. 统一领导

健全的组织应实行统一领导,即对于同一目的的全部活动,只有一个领导人和一项计划。这是统一行动、协调力量和一致努力的必要条件。正如一个身子不能有两个脑袋一样,社会组织也不能有两个领导。

6. 个人利益服从整体利益

整体利益大于个人利益的总和,个人利益不能超越整体利益。当两者不一致时,管理者必须想办法使其一致起来。

7. 人员的报酬

付酬的目的是使职工更有价值观念并激发他们的热情。但报酬必须公平合理,尽可能使劳企双方均达到满意。对工作成绩与工作效率优良者应有奖励,但不能超过某一限度,否则将会出现副作用。

8. 适当的集权与分权

统一指挥原则意味着集中领导,而分权可提高下属的积极性。集中和分权作为一种管理制度并没有好坏之分,只是两者适用的组织不同。权力集中或分散的程度要根据组织的性质、规模、人员素质等特点来决定。

9. 等级制度

又称级层原则,等级或级层即从组织的最高权力机构直至最低层管理人员的领导系列。这既是执行权力的线路,也是信息传递的渠道。它通过沿途各点传递最高管理人员发出的或反馈给最高管理人员的一切信息(包括命令、指示、报告)。一般情况下不要轻易地违反它,但在特殊情况下,为了克服由于统一指挥而产生的信息传递失误,法约尔提出了“跳板”原则。

10. 秩序

任何组织都应强调秩序,没有秩序,工作将会杂乱无章。因此,要求组织内的人、财、物都应在其相应的位置,各得其法,各得其用。

11. 公平

公平是组织的管理人员处理人际关系的一条道德价值准则。管理人员应以亲切、友好、公正的态度严格执行规章制度。

12. 人员的稳定

应保持组织内人员的稳定。如果人员不断变动,工作将无法得到良好的效果。因此要努力做到有秩序地安排和补充人员。

13. 首创精神

管理人员不仅应具有首创精神,还要在不违背职权和纪律的情况下,鼓励和发挥下属的首创精神。

14. 团结精神

要保持和维护每一个集体中团结、协作、融洽的关系,特别是人与人之间的关系。全体人员的和谐团结是组织活动的巨大力量。

法约尔的管理过程理论是西方管理思想和理论发展史上的一个里程碑,特别是管理职能的划分及统一指挥、统一领导、等级制度等管理原则,对后来管理理论的发展具有非常深远的影响。他跳出了泰罗以实践为基础研究管理原理的局限,在理论上第一次努力将管理的要素和管理的原则系统地加以概括,勾勒出了管理理论的基本框架,为推广管理学教育奠定了基础,使管理具有一般的科学性和普遍性。英国管理学家厄威克在《管理备要》一书中说:“亨利·法约尔是直到本世纪(20世纪)上半叶为止,欧洲贡献给管理运动最杰出的人物。”

三、韦伯的行政组织理论

马克斯·韦伯(Max Weber)出生于德国一个有着广泛社会和政治联系的富裕家庭,他学识渊博,对社会学、宗教、经济学和政治学都有着浓厚的兴趣,是德国著名的社会学家。韦伯毕生从事学术研究,曾担任过大学教授、主编、政府顾问和作家,对经济、社会和管理思想的发展均有贡献。他在管理理论方面的研究主要集中在组织理论方面,提出了所谓的“官僚”理想行政组织体系。韦伯官僚组织理论产生的历史背景正是德国企业从小规模世袭管理,到大规模专业管理转变的关键时期,他反对当时盛行的封建制和世袭制,他的代表作《社会和经济组织的理论》是这一理论的集中反映。因为他对古典组织理论的杰出贡献,他被称为“组织理论之父”。

韦伯组织理论的核心是,行政组织机构的活动是通过“公职”或职位而不是通过个人或“世袭”地位来管理的,这样的行政组织机构对于任何组织形式来说都是“理想的”。所谓“理想的”并不是最合乎需要的,而是指组织的“纯粹形态”,在实践中出现的可能是各种组织形态的结合和混合。这个理想的行政组织机构只是便于进行理论分析的一种标准模式。在分析组织形式的过程中,韦伯分析了作为组织管理基础的权力。权力可分为合法合理的权力、传统的权力、个人魅力型的权力。合法合理的权力是由依照一定法律而建立的一套等级制度赋予的,对这种权力的服从就等于对确认的职务或地位的权力的服从,对这种权力的服从是绝对的,没有普通百姓和领袖官员之分;传统的权力是由历史沿袭下来的惯例、习俗而规定的权力,对这种权力的服从是服从于统治者,因为他具有沿袭下来的神圣不可侵犯的权力地位;个人魅力型的权力是以对某人的英雄主义或模范品质的忠诚、热爱与崇拜为依据而规定的权力,对这种权力的服从是由于追随者对领袖人物的权力的信仰和信任。

理想的行政组织理论的实质在于以科学确定的、法定的制度规范作为组织协作行为的基本约束机制,依靠外在于个人的、合理合法的理性权威实施管理。

韦伯的理想行政组织特征归纳为以下几个方面。

(一)实行任务分工

组织成员之间有明确的任务分工。在将任务分配给组织中的各个成员或各个职位的基础上,还要对组织中各个成员或各个职位规定明确的职责并赋予对等的权力,并使之合法化。

(二)自上而下的等级系统

按照一定的权力等级使组织中的各种职务和职位形成责权分明、层层控制的等级系统。在这个系统中,各级管理人员不仅要对上级负责,而且也要对自己的下级负责;下级必须服从上级的命令,必须接受上级的控制与监督。

(三)人员的任用

通过正式考试或教育训练,公正地选拔组织成员,使之与相应的职务相称。组织内对职务的任免要讲究一定的程序。除了按规定必须通过选举产生公职外，官员是上级委任而不是选举的。

（四）职业管理人员

实行管理人员专职化。组织内部的管理人员不是他所管理单位的所有者，而只是其中的工作人员，他们按期拿固定薪金，组织内有明文规定的升迁制度，按照年资、工作成绩或两者综合考虑升迁。但是否升迁，完全由上级决定，下级没有发言权，以免破坏指挥体系。通过这种制度，在组织的成员中培养集体精神，鼓励成员忠于组织而不是忠于某个人。

（五）组织中成员之间的关系

这种关系是工作与职位的关系，是一种不受个人情感影响的关系，完全以理性准则为指导。这种公正不倚的态度，不仅在组织内部人际关系中存在，而且也适用于组织同顾客之间的关系。

（六）遵守规则和制度

组织内的任何人都必须严格遵守共同的规则和制度。这些规则和制度是不受个人情感影响而在任何情况下都适用的。管理人员在实施管理时，不可滥用职权，权力要受到严格的限制，要服从有关制度的规定。

韦伯认为，这种高度结构化的、正式的、非人格化的理想行政组织体系可使组织表现出高度的理性化，其成员的工作行为也能达到预期的效果，组织目标也能顺利地达成。这种组织形式运转效率最高，在精确性、稳定性、纪律性和可靠性等方面都优于其他形式，它便于管理人员的指挥并有利于管理人员预测工作的结果，能适用于各种行政管理工作及当时日益增多的各种大型组织，如教会、国家机构、军队、政党、经济组织和社会团体，对现代社会的复杂组织来说是最“理想”的。韦伯这种强调规则、强调能力、强调知识的行政组织理论为社会发展提供了一种高效率、合乎理性的管理体制。韦伯所设计的理想行政组织体系的组织结构勾勒出了后来组织结构理论发展的基本框架。这一理论对泰罗、法约尔的理论是一种补充，对后来的管理学家特别是组织理论家产生了很大影响。

第三节　行为科学理论

以泰罗、法约尔为代表的古典管理理论注重强调管理的科学性、纪律性，对管理中人的因素和作用没有足够重视。行为科学思想起源于20世纪20年代末期，是西方管理思想和理论第二个发展阶段的标志。它将人类学、社会学、心理学和经济学等知识综合起来，主要研究人们在工作中的行为以及这些行为产生的原因，以协调组织内部人际关系，达到提高工作效率的目的。它推翻了古典管理理论的“经济人”假说的研究前提，将管理的重点转向管理中最积极、最活跃的因素——人。通常学术界将行为科学理论划分为两个发展时期、三大部分内容：第一个发展时期以梅奥的人际关系学说为代表，第二个发展时期的重点是研究动机和激励理论、领导效能理论；三大部分内容是人际关系理论、激励理论和领导效能理论。

这些管理理论的共同特点是：力图克服科学管理理论的弱点，从社会学、心理学、人类学的角度出发，强调人的需要、人的相互关系对生产经营活动的影响。

从20世纪20年代美国推行科学管理的实践来看，一方面，泰罗制在使生产率大幅度提高的同时，也使工人的劳动变得异常紧张、单调和劳累，因而引起了工人的强烈不满，并导致工人的怠工、罢工以及劳资关系日益紧张；另一方面，随着经济的发展和科学的进步，有着较高文化水平和技术水平的工人逐渐占据了主导地位，体力劳动也逐渐让位于脑力劳动，也使得西方的资产阶级感到单纯用古典管理理论和方法已不能有效控制工人以达到提高生产率和利润的目的。这使得对新的管理思想、管理理论和管理方法的寻求和探索成为必要。与此同时，人的积极性对提高劳动生产率的影响和作用逐渐在生产实践中显示出来，并引起了许多企业管理学者和实业家的重视，但是对其进行专门的、系统的研究，进而形成一种较为完整的全新的管理理论则始于20世纪20年代美国哈佛大学心理学家梅奥等人所进行的著名的霍桑试验。学者们认为霍桑的研究对管理思想的演变方向有显著的影响。

一、梅奥与霍桑试验

行为科学来源于梅奥以及霍桑试验对人性的探索。乔治·埃尔顿·梅奥（George Elton Mayo）原籍澳大利亚，后移居美国，在美国哈佛大学任教，曾从事过哲学、医学和工业心理学方面的研究。人际关系学说形成于著名的霍桑试验。1924—1932年，美国全国科学委员会在西方电气公司霍桑工厂进行了一项研究，其内容是劳动条件的变化对工人劳动效率的影响，在开始阶段的试验结果并未找到二者之间的一致关系。梅奥推测：影响劳动生产率的变动的原因并不是物质条件的变化，而是其他方面的因素。社会心理学因素可能是影响生产效率变动的主要原因。梅奥因此于1927年被邀请参加霍桑工厂研究，一直持续到1932年，经过长达几年的试验和研究，梅奥的假设基本得到证实。

霍桑试验是在美国西方电气公司的霍桑工厂进行的一系列试验。霍桑工厂是一个制造电话交换机的工厂，具有较完善的娱乐设施、医疗制度和养老金制度，但工人们仍然有强烈的不满情绪，生产效率很低。为找出原因，美国国家研究委员会组织研究小组开展试验研究，以寻求提高劳动生产率的途径。整个试验前后共分四个阶段，后面三个阶段的试验是在梅奥的主持下进行的。

第一阶段：工场照明试验。

试验目的是研究照明强度对生产效率产生的影响。试验将工人分成两组：一组是试验组，先后改变工场的照明强度，另一组是参照组，照明强度维持不变。试验结果显示，两组都在不断地提高产量，说明工场照明只是影响生产效率的一种因素，而且是一种不太重要的因素。生产效率与某种未知因素有关，试验结果使人感到有些迷惑不解，因此有许多人都退出了试验。

第二阶段：继电器装配试验。

这个试验也称“福利试验”，试验目的是为了能够找到更有效地影响职工积极性的因素。通过对工作条件、工作时间、劳动条件、工资等因素的改变，来观测它们对工作效率的影响。经过两年多的试验发现，不管福利待遇如何改变（包括工资支付办法的改变、优惠措施的增减、休息时间的增减等），都不影响产量的持续上升。导致生产效率上升的主要原因如下：①女工们觉得受到重视以及成为试验参与者的新鲜感。②更宽松友好的监管风格。工人与研究组建立了良好的感情，心情舒畅。③女工们之间增加了接触和了解，增进了感情，形成了团结互助的集体，增加了工作的积极性。

第三阶段：访谈试验。

在改变照明和福利条件的试验之后，研究者们已经明确意识到，工作环境中的人的因素比物质因素对工人积极性的影响更大，于是又开展了访谈试验，试图通过访谈寻找影响效率的因素。研究人员对工厂中的两万名左右的职工进行了访谈。访谈试验的最初想法是要工人就管理当局的规划和政策、工头的态度和工作条件等问题作出回答，但工人更想谈一些提纲以外的问题。于是研究者不再规定谈话的内容而让工人随意谈自己关心的事情，研究者不进行任何道德说教和劝说，也不表达自己的情绪和立场，只是详细地记录工人的不满和意见。这项持续了两年多的试验并没有给工人解决任何具体问题，却使产量大幅度提高。研究者分析认为，工人的不满情绪发泄后感到心情舒畅，从而提高士气，产量自然提高。同时，研究人员认识到，工人对个人问题的关注会影响到工作的效率，所以管理人员应该了解工人的这些问题，关心他们，这样能够促进人际关系的改善和职工士气的提高。应对主管进行培训，新型的主管应该更加以人为本、关心下属。

第四阶段：群体试验。

这是一项关于工人群体的试验，其目的是要证实在以上的试验中研究人员似乎感觉到在工人当中存在着一种非正式的组织，而且这种非正式的组织对工人的态度有着极其重要的影响。为观察社会因素对工人行为的影响，梅奥等人在群体试验中选择 14 名男工人在单独的房间里从事绕线、焊接和检验工作。对这个班组实行集体计件工资制度，企图提高员工工作效率。但观察的结果发现产量只保持在中等水平上，每个工人的日产量平均都差不多，这个班组为了维护他们群体的利益，自发地形成了一些规范，约定谁也不能干得太多，突出自己；谁也不能干得太少，影响全组的产量，并且约法三章，不准向管理当局告密，如有人违反这些规定，轻则挖苦谩骂，重则拳打脚踢。进一步调查发现，工人们之所以维持中等水平的产量，原因是担心产量提高，管理当局会改变现行奖励制度；产量提高会导致部分工人失业；保护同伴不受到惩罚。这一试验表明，为了维护班组内部的团结，工人可以放弃物质利益的引诱，由此提出“非正式群体”的概念，认为在正式的组织中存在着非正式组织，这种组织有自己的特殊的行为规范，对人的行为起着调节和控制作用，有自然形成的领袖人物，非正式组织对成员有较强的约束力，甚至超过经济上的刺激。

二、人际关系学说

从 1924 年到 1932 年，霍桑试验持续了 9 年，1933 年梅奥在试验结果的基础上发表了他的代表作《工业文明中人的问题》，对试验进行了总结。1945年又发表了《工业文明中的社会问题》，创立了人际关系理论。其观点主要表现在以下几个方面。

（一）“社会人”观点

古典管理理论认为人是“经济人”，人是为了经济利益而工作的，因此金钱是刺激工人积极性的唯一动力。而霍桑试验表明，经济因素只是第二位的东西，社会交往、他人认可、归属某一社会群体等社会心理因素才是决定人的工作积极性的第一位的因素。梅奥认为：工人是“社会人”，而不是科学管理理论所描述的“经济人”。霍桑试验证明了金钱刺激并不是激发人们工作热情的唯一动力，工人并不是仅仅追求金钱收入，他们还追求人与人之间的友情、安全感、归属感和受人尊重等。工人是具有复杂需要的“社会人”，影响工人工作效率的各种因素中，除了经济方面的因素外，还有社会心理方面的因素。这一结论与古典管理理论的“经济人”假说形成对立，它开始把人们的注意力转向研究管理中的社会因素，这应该是霍桑试验最有意义的结论。

（二）士气的观点

以泰罗的科学管理理论为代表的传统管理理论认为，工作效率取决于科学合理的工作方法和好的工作条件，所以管理者应该关注动作分析、工具设计、条件改善、制度管理等。而霍桑试验表明，员工的工作态度与士气是影响工作效率的关键因素。通过霍桑试验，梅奥认识到：工作条件、工资报酬并不是决定工作效率高低的首要因素，首要的是员工的士气，而员工的士气又同其满足感有关。员工的满足程度越高，士气也就越高，生产效率也就越高。士气，也就是员工的满意感等心理需要的满足才是提高工作效率的基础，工作方法、工作条件之类的物理因素只是第二位的东西。

（三）非正式组织的观点

以泰罗的科学管理理论为代表的传统管理理论认为，必须建立严格完善的管理体系，尽可能避免工人在工作场合中的非工作性接触，因为其不仅不产生经济效益，而且会降低工作效率。而霍桑试验表明，在官方规定的正式工作群体之中还存在着自发产生的非正式组织。非正式组织有着自己的规范和维持规范的方法，其作用是使工人免受内部成员疏忽、使工人免受管理人员的干涉，对成员的影响比正式组织要大，因此管理者要重视和积极引导非正式组织。非正式组织和正式组织相互依存，对生产效率的提高有很大影响。梅奥认为，人们通过正式组织共同为实现组织目标而工作的过程中，必然会产生一定的人际关系并产生某种共同的感情，这必将导致一种非正规形式，但由于彼此感情的交流或利害关系而自然形成具有特定行为规范的非正式组织。在正式组织中，以效率逻辑为其行动标准，为提高效率，组织各成员之间保持着形式上的协作。在非正式组织中，则以感情逻辑为行动标准。一般来说，管理人员的逻辑多为效率逻辑，而感情逻辑则可以认为是工人的逻辑。非正式组织的存在有利于激发员工士气，便于员工彼此沟通，创造和谐的组织气氛。但如果管理不好，非正式组织可能集体抵制上级的政策或目标。这就要求管理者要充分认识非正式组织的作用，注意协调正式组织的效率逻辑与非正式组织的感情逻辑之间的矛盾，创造良好的工作环境，提高工作效率。

(四)人际关系型领导者的观点

以泰罗的科学管理理论为代表的传统管理理论认为,管理者就是规范的制定者和监督执行者。而霍桑试验表明,要提高生产率,就要提高员工的士气,而提高员工的士气就要努力提高员工的满足程度。这要求新型管理者应通过满足员工复杂的需要来激励工人。所以,新型的管理人员应该认真地分析员工的需要,不仅解决工人生产技术或物质生活方面的问题,还要掌握他们的心理状态,了解他们的思想情绪,以便采取相应的措施,这样才能适时、充分地激励工人,达到提高劳动生产率的目的。新型管理者不仅应是经济技术上的专家,而且还要善于处理人际关系。管理者要学会采用新型的领导方法,提高员工的满足感和士气。例如,实行上下级意见的交流,允许下级向上级提意见;邀请员工参加决策;改善职工福利制度等等。因此,管理者要采用新型的领导方法,善于创造良好的人际关系,提高员工的满足感和士气,以达到提高生产效率的目的。

霍桑试验第一次把管理研究的视角从物的因素上转到人的因素上来,梅奥在霍桑试验的基础上所创立的人际关系理论,不仅在理论上对古典管理理论作了修正和补充,创立了管理研究的新理论,还为现代行为科学的发展奠定了基础,而且对管理实践产生了深远的影响。

在梅奥等人的开创性研究之后,更多的学者投身于这方面的研究,研究主要集中在四个领域:有关人的需要、动机和激励的问题;有关"人性"假设的问题;组织中的群体行为问题,包括群体的文化、行为方式和行为特点等;企业管理中的领导行为问题。代表性的理论有马斯洛的需要层次理论、赫茨伯格的双因素理论、麦格雷戈的X-Y理论、亚当斯的公平理论等等。1949年在美国芝加哥大学召开的组织中人类行为的理论研讨会上,"行为科学"正式定名。20世纪50年代以后,行为科学得到了迅速发展,其研究涉及众多领域,内容丰富,在管理科学领域独树一帜,成为现代管理理论中的一个重要流派。理论的研究和发展反过来促进了企业管理人员重视人的因素,强调人力资源的开发,注意改善企业内部人际关系,注意使组织的需要和成员的需要协调一致。

综上所述,人际关系理论开创了管理中重视人的因素的时代,在西方管理思想和管理理论的发展史上具有跨时代的意义,它纠正、补充和发展了古典管理理论,将社会学、心理学应用于分析管理问题,为以后对管理的研究开辟了新的视角,对管理实践的影响和改革意义深远。但应该认识到,人际关系理论在特定的历史条件下形成,也有其自身的局限性。它只能作为一种管理的哲学,因为只能依靠组织内的人际关系的协调而不具备其他方面的管理条件,也不可能提高组织效率。因此,人际关系学说,过分地强调"社会人"假设和工人士气对提高组织效率的作用,有些失之偏颇。有人还批评霍桑试验中所使用的研究方法欠科学化等等。但这些都不能否认人际关系理论对管理思想和管理理论的重要贡献。现代社会组织的管理,仍然很重视以人际关系理论为指导的思想。

第四节　现代管理理论丛林

现代管理理论的形成标志着西方管理理论进入了第三个发展阶段。它是在第二次世界大战后,随着社会生产力以及社会学、系统科学、电子计算机技术在管理领域中日益广泛的应用而逐渐形成的。人们对管理理论普遍重视起来,不仅管理学家在研究管理问题,而且一些心理学家、社会学家、人类学家、经济学家、生物学家、哲学家、数学家等也在从各自不同的背景、不同的角度,用不同的方法对管理理论进行研究,因而呈现出管理学派林立的局面。美国管理学家哈罗德·孔茨(Harold koontz)1961 年 12 月发表于美国《管理学杂志》上的文章,把这种局面称之为“管理理论的丛林”,由此来形容管理理论领域中对管理问题的观点和结论莫衷一是,众说纷纭,管理理论已发展成为盘根错节、枝繁叶茂的“热带丛林”。人们通常所说的西方现代管理理论不是一种管理理论,而是对各种不同管理学派理论的统称。

与古典管理理论“经济人”假设和行为科学“社会人”假设的前提不同,西方现代管理理论是建立在“决策人”假设的基础上的。“决策人”假设认为人是决策的主体,但由于个人所掌握信息的局限,限制了人们进行正确决策的能力。但人们可能通过重复决策加快学习过程。在这一假设基础上,现代管理理论的各学派大多都以决策作为管理的主题展开研究。为了克服个人决策的局限性,现代管理理论主张使用大量数学模型定量描述和评价管理活动,而且可以使用电子计算机作为管理的主要技术手段。

现代管理理论的学派很多,但纵观各学派主要观点,国内外多数学者同意划分为六个大学派,它们分别是:社会系统学派、决策理论学派、经验主义学派、权变理论学派、管理科学学派、系统管理学派。这六大学派的划分,主要便于在理论上对它们进行归纳和研究,但这并不意味着这六个学派是彼此独立、截然分开的。它们在历史的渊源和论述的内容上都是彼此交叉、融合的,各个学派之间相互影响、相互渗透,又各自有自己的研究特色,这就构成了西方现代管理理论的丛林。

一、社会系统学派

社会系统学派的代表人物是美国的管理学家切斯特·I. 巴纳德(Chester I.Barnard)。巴纳德使用社会的、系统的观点分析管理问题,在管理理论丛林中独树一帜 。巴纳德将社会学的概念用于管理上,在组织的性质和理论方面作出了杰出的贡献。巴纳德的代表作有《经理的职能》(1938 年)。他在该书中详细论述了自己的组织理论。他的主要著作还有《领导的性质》(1940 年)、《组织和管理》(1948 年)等。

社会系统学派的主要内容可以归纳为以下几个方面。

(一)组织是一个协作系统

巴纳德认为,组织不是集团而是一个系统,而且是社会协作系统的一部分。一个协作系统是由个人组成的,但个人只有在一定的相互作用的社会关系下同他人协作才能发挥作用。个人可以根据自己的目标决定和选择参加哪一个协作系统。系统的协调存在“协作效用”

和“协作效率”。协作效用是针对协作系统而言的，如果一个正式的协作系统能够顺利实现系统的目标，则称该系统具有协作效用。而协作效率是针对组织中的个人而言的，在实现正式协作系统的目标过程中，个人是否得到满足是衡量一个系统是否具有协作效率的标准。系统的协作效率和协作效用是相互联系的统一体，具有协作效率的系统，一定具有协作效用，但具有协作效用的系统不一定具有协作效率。而正是系统的协作效率吸引着人们去选择加入这一系统并为之作出贡献。通过协作效用和协作效率这两个概念将正式组织中的行为个体的需要同组织的目标联系起来。只有在组织目标的实现过程中体现个人目标的实现，才能保证系统的运转效率。

(二)正式组织的基本要素

任何正式组织都包含三个基本要素：协作意愿、共同目标、信息沟通。

1. 协作意愿

协作意愿是指组织成员对组织目标作出贡献的意愿。某个人有协作意愿，意味着实行自我克制，交出个人行为的控制权，让组织进行控制。若无协作意愿，就无法把个人的努力与组织目标一致起来，也无法使个人的目标持久下去，组织目标再好也将无法达成。个人协作意愿总体上的组织结果是个人努力的凝聚。

协作意愿的强度变化范围是无限广大的，从消极怠工到投入全部身心力量都有可能。一般地说，协作意愿的强度与组织规模成反比。对于同一个人，其协作意愿的强度也不是恒久的、固定不变的，而是随着时间和外界条件的变化经常变化着的。因此组织内持有强烈协作意愿的人数与持有较弱协作意愿的人数也是经常变动的。组织内协作意愿的总和是不稳定的。

巴纳德认为，一个人决定加入某一组织而不是加入其他组织取决于他从这个组织中获得的个人满足程度的大小，即协作意愿强度是由他将自己向组织提供的服务与他从组织中获得的利益或报偿相比较而决定的。个人向组织提供的服务和贡献的时间是个人由于协作而造成的牺牲，而个人在协作中从组织得到的利益或报偿是指组织为了补偿个人的牺牲而提供的各种刺激，即诱因，包括物质的(金钱的)、社会的(威望、权力、参与决策等)。如果某人感到他所付出的牺牲大于或等于他的报偿时，他的协作意愿就不强，甚至要脱离该组织。但是巴纳德也提出，衡量牺牲和报偿的尺度并非客观的，它是由个人主观意志决定的。例如，有人关心物质报偿，有人则关心社会报偿。为此，组织为了获得成员的协作意愿，应在实现组织目标的过程中努力为成员提供各种满足的机会，同时还应通过说服影响或改变成员的主观态度。如何找到提供给个人的各种诱因与组织能够获得的成员努力之间的平衡，是维持组织生存发展的重要条件。

2. 共同目标

这是正式组织的第二个基本要素，是协作意愿的必要前提。协作意愿若没有协作的目的是不能发展起来的。组织要求个人提供的行为必须是有方向性的行为，如果没有协作的目的，组织成员就不知道他们应作怎样的努力，他们也不知道协作的结果将使他们得到哪些满足，于是就不能从组织成员中诱导出协作意愿来。而有了共同的目标，就可以统一决策，统一组织中各成员的行动，从而产生协作意愿。任何正式组织都有共同目标，不管这种目标是明文规定的，还是隐含着的。

巴纳德强调个人目标与组织共同目标要相互协调，他认为，个人目标与组织共同目标是时常不一致的，个人之所以愿意为实现组织的共同目标而努力工作，是因为他期望在实现组织共同目标的过程中能够使他的个人目标得到满足。巴纳德指出，组织成员对组织共同目标的理解，可分为协作性理解和个人性理解两种情况。协作性理解是指组织成员脱离个人立场而站在组织整体利益的立场上客观地理解组织的共同目标，而个人性理解则指组织成员站在个人立场上主观地理解组织的共同目标。这两种不同的理解经常会发生矛盾，尤其当组织共同目标复杂、抽象时更是如此。这就要求管理人员要协调个人目标与组织共同目标之间的矛盾，使组织目标与个人目标相一致。组织的共同目标不仅要得到各组织成员的理解，而且必须被他们所接受，否则无法对行为起指导作用，无法成为激励的力量。关于组织共同目标，巴纳德还强调指出，组织共同目标不是一成不变的，它还应随着组织的发展和环境的改变而随时调整。

3. 信息沟通

这是巴纳德提出的组织生存和发展的第三个基本因素。个人协作意愿和组织共同目标只有通过信息沟通才能联系和统一起来。没有组织内部信息沟通，将无法统一和协调组织成员为实现组织目标而采取的合理的行动。故此，组织内信息沟通是组织成员理解共同目标、相互沟通、协同工作的条件，是实现组织目标的基础。

巴纳德还制定了组织中信息沟通的 7 条准则：①要有明确的信息沟通渠道；②要让组织成员了解组织信息沟通渠道；③信息沟通渠道应尽可能直接或简短快捷；④信息沟通路线要完整，以减少信息沟通的矛盾；⑤组织信息沟通的中心应是各级管理人员，有效的信息沟通要求由称职的管理人员保证；⑥当组织执行职能时，信息沟通的路线不能中断；⑦信息沟通应具有权威性。

（三）关于组织中的非正式组织

巴纳德在分析正式组织与个人的协调关系时，还注意到了非正式组织的存在。他认为非正式组织是不属于正式组织的，是不受正式组织管理的个人间相互联系和相互作用的集体的总和。人与人之间长期的社会性接触和影响会形成具有一定趋同性的心理状态和心理倾向，并给这些个人的心理状态和行为方式赋予一定的组织化、体系化、类型化特征。非正式组织没有正式组织机构，通常也并不具有自觉的共同目标。它产生于同工作有关的联系并由此形成一定的观念、习惯和准则，它同正式组织常常互相创造条件。巴纳德是第一位从理论上论述非正式组织特征的西方学者。

非正式组织的存在对正式组织有不利影响，也有积极影响，其积极影响主要表现在以下三个方面：①非正式组织通过对协作意愿的调节，能维持正式组织内部的安定团结；②非正式组织可以就一些正式组织难以确定的事情、意见及建议等交换意见，有利于解决一些在正式渠道不便提出的问题与争议；③非正式组织能抵制正式组织的某些不利影响，以维持个人的感情和个人的自尊心。

（四）管理者的职能与权力

巴纳德认为管理者在组织中的作用和职能是：①努力建立和维持一个信息联系的系统；②协调组织成员的行动，包括采取适当的激励方式、成员的选聘和训练等；③规定并解释组织的目标并努力协调组织成员个人目标与组织目标之间的矛盾。

巴纳德还指出，管理者的权威并不是来自上级的授予，而是来自由下而上的认可。管理者权威的大小和指挥权力的有无，取决于下级人员接受其命令的程度。他认为单凭职权发号施令是不足取的，重要的是应取得部属的同意、支持和合作。这是管理者有效行使其职能的前提。为了保证管理者权威的树立，必须满足如下条件：①个人能够明确理解所传达的命令；②接受者认为命令同他们所了解或期望的组织目标是一致的；③命令能体现组织的个人利益；④接受者在精神上和体力上能遵守这个命令。巴纳德还进一步提出，命令被接受有两种原因，一是因为命令者具有一定的级别和地位，而不管命令者的个人能力如何，这是正式的权威或地位的权威；二是因为下级对命令者个人能力的尊重和信任，巴纳德称之为“领导的权威”。

巴纳德在论及管理者职能的同时也强调了管理人员的职能并不是孤立存在的，而是一个有机整体中的组成要素。这是因为协作系统中的各个部门是相互依存和相互影响的，当组织共同目标分解到各个具体部门时，管理人员在执行管理职能时必须考虑到它对其他部门的影响。因此，管理人员的基本职能是了解和掌握组织的整体及其有关的整个形势，将组织内部的各个部门协调起来，并使组织与其外在环境相适应。

巴纳德组织理论涉及的理论问题极其广泛，它对后来的决策理论学派、系统管理学派等的形成产生了重要影响，是现代管理学最有影响、最具代表性的学派之一。

二、决策理论学派

决策理论学派的主要代表人物是美国的赫伯特·A. 西蒙（Herbert A.Simon）。西蒙倡导的决策理论，是以社会系统理论为基础，吸收古典管理理论、行为科学和计算机科学等的内容而发展起来的一门边缘学科。由于他在决策理论方面的突出贡献，他被授予 1978 年度诺贝尔经济学奖。他的主要著作有《管理行为》《公共管理》《人的模型》《组织》《管理决策的新科学》《经济学与行为科学中的决策理论》等。

决策理论学派的主要内容可以归纳为以下几个方面。

（一）管理就是决策

该理论认为，管理的全过程就是一个完整的决策过程，即决策贯穿于管理的全过程，管理就是决策。决策是一个复杂的、循环往复的过程，组织的全部管理活动的中心就是决策。制订计划是决策；在两个以上的备择方案中选择一个，也是决策；组织的设计、部门化方式的选择、决策权限的分配等，是组织上的决策问题；实际成绩同计划的比较、控制手段的选择等，是控制上的决策问题。所以，决策贯穿于管理的各个方面和全部过程。管理就是决策。

（二）决策阶段的划分

西蒙将一个完整的决策过程划分为三个主要阶段。

（1）搜集情报阶段。搜集组织所处环境中的有关经济、技术、社会等方面的情报和组织内部的有关情报，加以分析，以便为拟订和选择计划提供依据。

（2）拟订计划阶段。以组织所需解决的问题为目标，依据第一阶段所搜集到的情报，拟订出各种可能的备选方案。

（3）选定计划阶段。根据当时的情况和对未来发展的预测，从各个备选计划中选定一个实施计划。

需要强调的是，上述三个阶段中的每一个阶段本身都是一个复杂的决策过程。例如在第一阶段，面对大量的情报，就要加以分析，决定取舍，其中就有决策。在第二阶段，决策的性质更为明显。所以绝不能认为只有第三阶段才是决策。

在决策过程中，西蒙等人特别强调信息联系的作用。信息联系是一种双向过程，它包括从组织的各个部分向决策中心的传递，也包括从决策中心向各个部分的传递。也就是说，决策传递过程向上、向下并“水平地”贯穿于整个组织。

信息传递途径又可分为正式渠道和非正式渠道两种。所谓正式渠道包括等级线路（直线信息联系）和职能线路（水平或参谋信息联系），如通知、指示、会议传达布置和各种交流以及情报组织搜集。非正式的信息渠道虽是正式的信息渠道的补充，但却有着特殊的机能。事实上，决策时利用的情报大部分是由非正式信息渠道传递的。西蒙认为，在信息联系的整个过程（包括信息的设计、传递和接受）中，存在着各种各样的障碍因素，如决策专门化产生的错误和偏见，阶层地位的差异造成的伪装和歪曲，地理位置上的差距带来的联系上的困难，对情报的偏向性产生的自我庇护，其他工作压力造成的拖延等等。为了克服这些障碍因素，西蒙主张在组织中成立一个特别的“信息联系服务中心”，以收集、传递和贮存各种情报。同时，西蒙还特别重视利用会议作为信息联系的手段。

（三）决策准则的重新确立

该理论认为，传统决策的“最优化”准则是一种超现实的理想境界。主张用“令人满意的准则”去代替传统的“最优化原则”。

西蒙认为，由于组织受到不断变动的外界环境的影响，搜集到决策所需要的全部资料是困难的，而要列出所有可能的行动方案就更加困难。况且人的知识和能力也是有限的，所以在制定决策时，很难求得最佳方案。出于经济方面的考虑，人们也往往不去追求它，而是根据令人满意的准则进行决策。具体地说，就是制定出一套令人满意的标准，只要达到或超过了这个标准，就是可行方案。这种看法，提示了决策在环境与人的认识能力交互作用中的复杂性。

（四）程序化决策与非程序化决策的划分

西蒙把一个组织的全部活动分为两类。一类是例行活动，这是一些重复出现的例行公事，如订货、材料出入等。有关这类活动的决策是经常反复的，而且有一定的结构。因此，可以建立一定的程序，当这类活动重复出现时予以应用，不必每次都作新的决策。这类决策叫作程序化的决策。另一类是非例行活动，这类活动不是重复出现的，也不能用对待例行公事的办法来处理。如新产品的开发、企业的多元化经营、新工厂的建设等。有关这类活动的决策是新出现的，不是程序化的，这类决策叫作非程序化决策。

此外，决策理论还从决策性质的角度出发，划分出了确定型决策、风险型决策和非确定型决策。决策理论关于决策类型的划分为研究决策技术和方法奠定了基础。

（五）决策制约着组织机构的设置

西蒙认为，一个企业的组织机构的建立必须同决策过程联系起来考虑，所以他反对传统管理理论提出的部门化原则。西蒙提出，一个组织划分为各个单位，必须以所要作出的决策类型为依据，而评价一个机构的主要标准就是它对行为的影响。

决策理论学派将一个组织分为三层机构：高层从事非程序化决策，包括组织的设计与再设计，确定组织目标和目的；中层机构一般从事程序化决策，如管理生产系统和分配系统日常工作，但也不排除从事非程序化决策；基层机构则直接从事程序化决策，如取得原料、制造产品和储存运输等日常工作。至于实际生产中产生的问题应由哪一管理层制定决策，这要视问题的性质、发生频率及确定性程序来决定。西蒙认为，决策过程中电子计算机技术等先进工具的运用并不会改变上述三层机构的划分，而只会使之更加明确清楚。虽然其具体形态可能同现在的组织机构有重大差别，但未来的组织机构仍将是等级制的。

一个组织中集权和分权的问题也不能脱离决策过程而孤立地存在。有关整个组织的决策必须是集权的。鉴于个人的认识、情报来源、能力、知识、经验等方面的限制，下级人员可能不如高层领导那样能够作出更适合于整个系统的决策。各级管理人员的决策要同他们的情报来源和职能相适应。同时，由于一个组织内决策过程本身的性质以及个人的认识能力的局限，在作出重大新决策时，必须实行适当的分权，即由各个单位和各个等级的经理人员参与决策，特别是在探求各种不同方案、进行各种不同方案的比较时，更应如此。

关于直线人员和参谋人员的关系问题，也应从决策过程的观点来看。古典管理理论为了维护指挥的统一性，坚持只有直线指挥人员才有权作出决策，参谋人员不能直接作出决策。但是，如果这一原则贯彻到底，可能导致在有些领域中能够胜任的人不能作出决策，而不能胜任的人却来作出决策。为了解决这一矛盾，西蒙提出两条建议：①“狭义的统一指挥”，即一个人可以接受来自几个上级的命令，当这些命令发生冲突时，他只服从其中一个上级的命令；②“权力的分工”，即每一个单位在某一特定的领域内具有全权，可以发出必须服从的命令。这两条可以单独使用或合并使用。

（六）决策的技术和方法

根据决策的不同类型，可以有不同的决策技术和方法。

程序化决策的传统技术包括：习惯、标准操作规程、组织机构。其中组织机构规定了组织成员所负责的决策范围、组织内各部门的决策标准、组织信息沟通渠道和信息责任单位。

程序化决策的现代技术包括运筹学和电子数据处理等。

非程序化决策的传统技术包括判断、直觉、创造性、经验、经理人员的选择和训练、设立专门从事非程序化决策部门。非程序化决策的现代技术包括决策者的培训、探索式电子计算机程序的设计和运用等。

此外，决策理论还从决策性质的角度探讨了确定型决策、风险型决策、非确定型决策及其决策技术以及决策中的思维过程和人工智能的研究，提出了所谓“目标—手段分析法”的新决策技术，并设计出了“通用问题解算机”。关于以人类思维过程为依据的决策技术还有“强”方法，如应用数学模型和电子计算机技术解决问题；“弱”方法，指各种充分发挥专家集体智慧的方法，如德尔菲法、提喻法、头脑风暴法、列名小组法、方案前提分析法等，还有“撞试”法、“探索”法、“爬山”法等。

决策理论的提出大大丰富了西方现代管理理论的内容。它适应了社会生产力发展的需要，特别是适应了大型垄断企业的经营管理和跨国公司急剧扩张的需要。比起其他管理理论学派，决策理论的视角更为广阔，研究更加全面深入。但它过分地强调了决策在管理活动中的地位，这成为一些西方学者批评这一学派的焦点。

三、经验主义学派

经验主义学派的代表人物有彼得·F. 德鲁克（Peter F.Drucker）、艾尔弗雷德·P. 斯隆（Alfred P.Sloan）、欧内斯特 · 戴尔（Ernest Dale）等。德鲁克的代表著作有《管理的实践》（1954年）、《卓有成效的管理者》（1966年）、《管理：任务、责任、实践》（1973年）。戴尔的主要著作有《伟大的组织者》（1960年）、《组织中的参谋工作》（1960年，与厄威克合著）、《企业管理的理论与实践》。

经验主义学派认为，管理学就是研究管理经验。通过研究管理实践中成功的经验和失败的教训，经过反复学习和实践自然就能领会和应用最有效的管理方法。因此，这一学派的最主要特色是注意理论研究与实践的结合。它重点分析成功管理者实际管理的经验并加以概括，总结出他们成功经验中具有的共性东西，然后使之系统化、合理化，并据此向管理人员提供实际建议。

经验主义学派理论在内容上主要涉及了以下几个方面的管理问题。

（一）明确了管理的性质和任务

经验主义学派认为，管理是研究对人进行管理的技能和知识的一个独立领域。德鲁克不赞成在普遍意义上理解“管理”的概念。他认为管理只同生产商品和提供各种经济服务的工商企业有关，管理学则是管理工商企业的理论和实际的原理、原则的集合。而管理的技巧、能力、经验是不能移植并应用到其他机构中去的。这一观点说明，在德鲁克看来，管理的性质、管理的方式方法都取决于具体的管理活动的特征，他强调了管理的实践性。

德鲁克在总结和归纳管理的任务时，认为管理的基本任务有两个。

1. 合理配置资源

合理配置资源、充分利用资源特别是人力资源是组织内管理者的主要职责。为此，他提出企业的管理者应依据企业本身的需要而创设新的工作，并经常增加和变更原有工作的内容，使工作丰富化，使职工在工作过程中得到满足并具有成就感。他强调，对人的管理要特别注意观察和体会“人们心理上的多变反应”。

2. 协调组织的当前利益和长远利益

企业管理者在作出每一项决策和采取每一项行动时，首先应该考虑当前的经济利益。但考虑当前利益并不意味着就应忽视组织的长远利益，反之亦然。应协调二者之间的矛盾，以求得适度的平衡。他以企业为例子，认为企业的目的并不是为了赚取眼前利润，而在于开辟市场，扩大顾客群。因此，并不是企业的利润越大越好。有时，管理者应舍得放弃一些当前利益，而求得企业长远利益的存在和发展。如果将上述两项管理的任务具体化，则任何管理者共同的管理任务就是：①树立目标并确定达到目标的手段，使所有有关人员都了解组织目标及其实现手段；②为实现目标进行组织工作；③建立适宜的奖酬制度，使之起到鼓励职工的作用；④加强组织内的信息沟通和联系；⑤分析工作成果，并确定考核和评价工作的标准；⑥为职工创造成长和发展的机会。

经验主义学派认为，管理是特殊的工作，因而需要一些特殊的技能。其中包括作出有效的决策，在组织内部和外部进行信息联系，正确运用控制与衡量，正确运用分析工具。他们指出，虽然没有一个管理人员能掌握所有这些技能，但每一个管理人员都必须对这些基本的管理技能有所了解。

（二）提出了目标管理的思想

德鲁克最早提出了“目标管理”的思想，经后人补充和发展，形成了至今仍被管理界所重视和使用的目标管理模式。德鲁克指出：所谓“目标管理”就是一个组织中的上级和下级管理人员共同制定一个目标；该目标应同每个人的工作成果相联系，通过确立目标，规定他们的主要职责范围；并用这些目标作为经营一个单位和评价每一个成员贡献的标准。德鲁克的目标管理思想的主要内容有三个。

1. 明确目标的性质

德鲁克将企业的目标分为战略性目标、策略性目标以及方案和任务。一般来说，战略性目标和高级策略目标关系到企业的成败，它由最高管理部门制定；中级策略目标由中层管理部门制定；初级策略目标由基层管理部门制定；方案和任务由一般职工制定。可见，组织目标的确定既有管理人员参与，也有一般职工参与，这一点体现了目标管理的中心思想，即将组织目标分解到每个人。

2. 指出了目标管理成功的先决条件

德鲁克提出了如下六个条件：高层管理部门不应只限于目标管理计划的制订，而且要参加高级策略目标的制定；下级也应参加目标的制定并为其实现担负一定的责任；要有充分的情报资料；各级管理人员对实现目标的手段都应有一定程度的控制权；对由于实行目标管理而带来的风险予以激励;对职工要有充分的信心。

3. 划分了目标管理的三个阶段

德鲁克认为,实施目标管理的整个过程是由三个阶段组成的。

第一阶段是确定目标。在这一阶段需要确定组织整体目标、各级管理部门的目标以及组织成员的个人目标。确定目标的过程又包括具体的五个步骤:①准备工作;②由组织最高管理层确定组织的整体目标;③确定各级管理层的目标;④各级管理人员提出各种建议,相互讨论并修改;⑤对各项目标和评价标准达成协议。

第二阶段是目标管理的具体实施。在这一阶段,组织目标体系的实现主要依赖组织成员的自我控制和自我管理来完成。

第三阶段是检查和评价工作绩效。主要是通过把取得的工作成果同原来确定的目标相比较,找出差异,分析形成差异的原因,并将分析的结果应用于下一个时期的目标管理。

(三)概括了企业管理的组织机构

1975年,德鲁克发表了《今日管理组织的新样板》一文。在文中,他将西方企业的组织机构概括为以下五种类型:①集权的职能式结构;②分权的"联邦式"结构,这是由美国通用汽车公司的斯隆首创而被德鲁克所推荐的"联邦制",或称为"事业部制";③规则—目标结构,即矩阵结构,这种管理的组织结构是由经验主义学派提出的;④模拟性分权管理结构,这种管理的组织结构也是由经验主义学派提出的;⑤系统结构,这种组织结构以系统科学为指导,用整体观点组织企业的全部工作。在上述这几种组织结构中,经验主义学派认为,并不能决定哪一种组织结构最佳,应根据各企业的生产性质、特殊条件和管理人员的特点确定自己的组织结构。

(四)主张使用比较方法研究和概括企业管理经验

经验主义学派一般强调从企业管理的实际经验出发,而不是从一般原理出发进行研究,强调用比较的方法研究和概括管理经验。戴尔特别强调研究管理问题应使用比较的方法。他认为,不存在普遍适用于管理的原则,究竟如何提高管理的效率,管理者应从管理的实际出发,通过比较的方法研究和概括成功企业管理的经验,并发现和总结这些成功企业管理的共同特点,从而归纳出一般性的结论,用于指导类似的管理实践。他认为管理知识的真正源泉就是大公司中成功管理者的经验,主要是他们非凡的个性和杰出的才能,而这些正是任何管理理论都难以完整描述的内容。

经验主义学派的方法可以说在管理理论的丛林中较具特色。但他们受到了许多管理学家的批评。著名管理学家孔茨在他的《管理学》一书中指出:没有人能否认对过去的管理经验或过去的管理工作"是怎样做的"进行分析的重要性。未来情况与过去完全相同是不可能的。确实,过多地依赖于过去的经验,依赖历史上已经解决的那些问题的原始素材,肯定是危险的。其理由很简单,一种在过去认为是"正确"的方法,可能远不适合于未来情况。这段话说明,由于管理环境一直处于变化之中,过多地依赖未经提炼的实践经验和历史来解决现在和将来的管理问题是无法满足需要的。

四、权变理论学派

权变理论的主要代表人物是美国的弗雷德·卢桑斯（Fred Luthans）和亨利·明茨伯格（Henry Mintzberg）。卢桑斯的主要著作有：《权变管理理论：走出丛林的道路》（1973 年）、《管理导论：一种权变学说》（1976 年）。

权变一词译自英文 Contingency，通常指偶然事件或偶然性。权变理论的主要意思是权宜应变。因此，该理论又被称为“情景管理理论”“形势管理论”和“情况决定论”。权变管理理论的核心是，在现实中不存在一成不变、普遍适用的理想化的管理理论和方法，管理应随机应变，即采用什么样的管理理论、方法及技术应取决于组织的环境。

学术界一般认为，卢桑斯的“如果—就要”关系理论是权变理论的思想基础。卢桑斯将现存的管理理论划分为四种学派，即管理过程学派（法约尔）、计量学派（或称管理科学学派）、行为科学学派和系统管理学派。他将自己的理论视为对上述理论的发展。他的管理理论重点突出了将管理与环境妥善结合起来并使管理理论更贴近管理实践的观点。

卢桑斯使用了函数关系管理，与组织环境联系起来。他将环境作为自变量，而将管理作为因变量，认为权变管理就是依据环境自变量和管理因变量之间的函数关系来确定一种最有效的管理方式。他解释说，这种函数关系不应是因果关系，而是“如果—就要”的关系，即如果某种环境存在或发生，就要采用某种相应的管理思想、管理方法和技术，以有效地实现组织目标。卢桑斯进一步解释了他的“如果—就要”函数中环境自变量和管理因变量各自的内容。他认为环境自变量包括外部环境和内部环境两个方面，一般将内部环境的变量视为“如果—就要”函数中的因变量，因为它们受外部环境变量的直接影响，但有些情况下，它也可以是自变量。组织的外部环境包括宏观环境与微观环境，它们都存在于组织之外，管理上难以直接控制。因此，它们作为“如果—就要”函数关系中的自变量存在。

卢桑斯分别就他所归纳的四个理论学派解释管理因变量的内容。他认为管理过程学派的管理因变量包括计划、组织、指挥、沟通和控制；管理科学学派的管理因变量包括决策模式、计量模型和计算方法等；行为科学学派的管理因变量包括学习、行为的改变、激励方式与手段、领导风格、团体动力、组织环境与发展等；系统管理学派的管理因变量包括一般系统论、系统设计与分析、管理信息系统等。上述各学派的管理因变量还可以进一步划分。如计划还可细分为预测、战略计划、战术计划；运筹学还可以细分为线性规划、经济订货模式、等候模式、模拟模式等。卢桑斯认为，管理过程学派、管理科学学派、行为科学学派和系统管理学派的管理观念和技术，都是权变的管理因变量，权变理论学派与上述四个学派并不是对立的，它是对上述四个学派的发展。

但是，卢桑斯本人也承认，在他的“如果—就要”函数中，联结起环境与管理的函数关系，即权变关系的确定是十分困难而复杂的。他认为，即使一种权变关系在经验上得到了证实，它也只不过是确定和贯彻管理行动中所需要的很多个输入中的一个输入。在实际管理活动中，不存在普遍适应的函数关系。但我们认为，权变关系的确定并不是卢桑斯权变管理理论的核心内容，即使不能确定这一函数关系是什么，我们也可从卢桑斯的“如果—就要”

理论中理解和把握权变管理的基本思想。

五、管理科学学派

学术界对管理科学的形成时代有比较一致的看法，认为它产生于20世纪20至30年代，但却难以确认第一个把数学应用于管理理论的学者是谁。因此，一般认为管理科学的代表人物是一支庞大的学者群。

管理科学学派又被称为管理数量学派或管理计量学派，这些别称体现了管理科学学派的主要特色。这一学派认为，管理是制定和运用数学模型与程序的系统，即用数学符号和数学关系式表示计划、组织和控制等活动，通过定量分析，为选择最优方案提供数量上的依据，以实现组织的目标。因此，他们认为，管理学就是制定用于管理决策的数学和统计模式，并将这些模式通过电子计算机应用于管理实践中的科学。

管理科学学派与泰罗的科学管理理论有着较密切的联系，有人认为它是科学管理理论的继续和发展，二者都试图摒弃凭经验、凭直觉、凭主观判断进行管理，主张采用科学的方法进行管理。但管理科学学派已不限于作业管理、操作方法的研究范围，而是扩展到整个组织的管理，它要求使用现代的科学技术对管理进行整体性、系统性、全面性的研究。具体来说，管理科学具有以下几个主要特征。

（一）以最小的投入获得最大的产出

管理科学学派强调，以经济效果的好坏来作为生产和经营管理各项活动的评价标准，要求所采用的行动方案能用最小的成本完成最大的效益。

（二）将数学应用到组织管理上去

将数学应用到组织管理中所采取的方式是模拟模式，即通过建立一种数学模型，评价可供选择的行动方案的优劣，使用数学模型分析管理问题。

（三）在管理中应用电子计算机技术

管理科学将数学应用到组织管理中是以电子计算机技术作为其实现手段的。电子计算机是管理科学所应用的最主要的先进工具。管理的问题纷繁复杂，用数学模型描述并进行定量的计算和分析需要电子计算机技术。否则，如果只凭借手工或机械运算，则不仅不能及时准确地算出结果，提出决策的量的依据，而且有些问题根本不可能进行研究。管理科学学派运用电子计算机存储定量分析和描述管理问题所需的数据，加快了运算的速度。因此，人们一般认为电子计算机的出现和应用是管理科学形成的物质基础之一。

（四）将系统观念引进管理方法之中

运用系统观念分析管理问题并在系统观念指导下，应用科学和数学方法解决管理问题，这是科学管理学派的又一大特征。系统观点在管理科学中的应用体现为：①将管理活动或管理问题视为一个系统；②确定系统的目标，包括系统的最终目标和中间性目标，并规定为实现目标所需作的工作；③研究组成管理问题（被认为是一个系统）的各个部分之间的相互关系和影响，而且注重协调各个部分（各子系统）的目标与系统整体目标的关系；④探讨实现总体目标及与其相联系的各个局部任务的可供选择的方案;⑤在各种备选方案中,选出最优方案;⑥组织实施最优方案。

管理科学学派的出现,标志着管理从定性阶段转到定量阶段,它将数学、统计学、系统学、技术科学等自然科学和社会科学结合起来应用于管理的研究,在解决实际管理问题方面取得了明显的成效。20 世纪 60 年代,管理科学在理论上的发展先于它在实际方面的应用发展。从 20 世纪 70 年代开始,管理科学发展的重点则开始转向实际应用方面,它大大促进了管理过程的定量化和科学化。但管理科学学派也有其明显的局限性:一方面,由于管理是一种复杂的系统动态活动,它所涉及的学科领域极其复杂,因此,它在任何情况下都包含着定性的因素,这就说明管理科学学派将所有的管理问题全部数量化的主张,是不符合实际情况的,是不可能的;另一方面,在进行管理决策时,对备选方案的选择也不能单纯依赖定量方法。上述局限性的存在说明,管理科学只能是管理者从事管理实践的一种手段和工具。

六、系统管理学派

系统管理学派的代表人物是弗里蒙特·E. 卡斯特(Fremont E.Kast)和杰伊·福莱斯特(J.W.Forrester)。卡斯特与他人合作发表了《系统理论与管理》(1963 年)和《组织与管理:系统方法与权变方法》(1970 年),比较全面地论述了系统管理理论。福莱斯特于 1956 年提出了有关工业动态学的概念,并于 1961 年出版了《工业动态学》一书。

系统管理学派理论的主要内容如下。

(一)卡斯特等人的系统理论

该理论的倡导者认为,系统管理的内容应包括系统哲学、系统管理和系统分析三个方面。系统哲学是基于系统观念的一种思想方法,它强调系统是一种有组织的综合整体,强调各个组成部分之间的关系。系统管理是一种管理方式,它把企业作为一个系统进行设计和经营,使企业的各个部分、各种资源按照系统的要求进行组织和运行。系统分析是解决问题或决策的方法和技术,它包括对一个问题的认识、确定有关的变量、分析和综合各种因素,确定一个最优的解决方法或行动计划。

卡斯特等人以企业为例研究系统管理的模型。他们将企业的经营系统划分为三个子系统,即战略子系统、协调子系统和作业子系统。提出系统哲学主要适用于战略子系统(即经营的最高层)。这个子系统依据系统的概念,经过深思熟虑,把组织和环境联系起来,设计全面的系统和计划,使组织和环境一体化。系统管理主要适用于协调子系统。这个系统从重实效的观点出发,采用综合的方法,强调相互关系,协调组织内部的各项活动,使它们一体化。系统分析主要适用于作业子系统。这个子系统依据最优化理论,制定模式,以达到有效用地和有效率地利用各类资源,实现既定的目标。当然,这并不是说,系统的观念对于作业子系统是不重要的,也不等于说战略子系统从来不用系统分析。他们重点分析了企业系统的特征,并提出以下几个方面的看法。

1. 企业目标的实现过程是一个系统的输入转化为输出的过程

卡斯特等人认为，企业是由人、资金、物资、能源、信息等组成的综合体。将企业的各种资源（人、财、物等）作为投入输入企业系统，经过生产过程，转化为输出。这就形成了企业系统运转的基本模式，如图 2-2 所示。

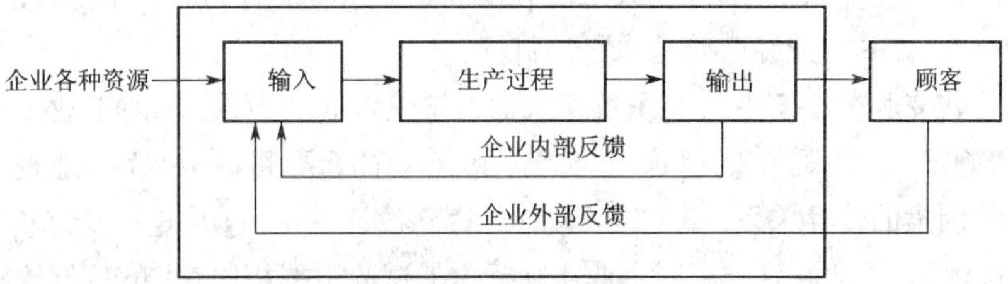

图 2-2　企业系统模型

通过企业系统模型的描述可以看出，卡斯特等人较为强调企业系统是一个闭路反馈系统。他们指出，为使系统正常运转，必须将有关系统输出的信息反馈给输入端，而且将企业外部环境的有关信息也反馈给输入端，通过系统信息反馈改变和制约系统的转换过程。

2. 企业是一个开放系统，它同周围环境之间存在着动态的相互作用

卡斯特等人认为，企业不仅是一个系统，而且是一个开放系统。所谓“开放系统”主要是指该系统同周围环境之间存在着动态的相互作用。认识到企业的外部环境对企业目标的影响，这正是系统学派与前述一些管理理论的主要区别。以往的理论比较重视企业内部作业的管理研究，而对组织外部环境注意不够。他们认为，企业的外部环境包括顾客、竞争对手、劳工组织、供应者、政府等，企业的外部环境对企业系统的影响体现在企业不仅从外部环境中取得系统输入的来源，而且从外部环境中取得信息用于系统的外部反馈，从而影响着系统的运转。而企业的输出又往往以具体形式的产品和服务返回外部环境之中。由此可见，企业系统与其外部环境存在着相互作用，它既受环境影响，也影响着环境，在与环境的相互影响中求得动态的适应和平衡。

3. 企业内部子系统的划分

卡斯特等人将企业系统进一步划分为各个子系统。划分企业子系统的方法大体有以下两种。

（1）依据子系统的作用，可将企业系统划分为如下子系统：①传感子系统，用来度量和传感企业系统内部和周围环境的变化；②信息处理子系统，如会计和数据处理子系统；③决策子系统，接受输入的信息，作出决策并传达下去；④加工子系统，利用信息、能源和物资来完成一定的生产任务；⑤控制子系统，保证企业活动按原计划进行，通过反馈获知偏差并纠正它们；⑥记忆和存储信息子系统，可采用记录、手册、工艺规程、电子计算机程序等形式。

（2）按子系统的内容，可将企业系统划分为目标子系统、技术子系统、工作子系统、结构子系统、人际社会子系统、外界因素子系统等。

此外，还可按子系统的职能等划分企业系统。

（二）福莱斯特的工业动态系统理论

工业动态学是一种研究工业系统活动的计量方法。它所研究的是工业系统的行为，以显示工业企业的政策、决策、结构和延误以及这些因素之间的相互关系及其对企业成长与稳定的影响。它以自动控制理论为基础，以电子计算机等先进技术手段为工具，设计出了一种叫“动态”的程序设计系统，通过模式来研究工业企业系统的行为和各个变数的变化情况，以实现改进决策、提高企业经营管理水平的目标。

福莱斯特建立和分析工业动态系统模式的方法包含 6 个步骤：①对工业企业的具体情况进行分析，确定工业管理中的问题，并明确所要实现的重要目标；②系统地表达企业系统特有的各主要因素的依存关系；③建立“动态”程序设计系统；④用电子计算机对这个“动态”系统进行运算，并把运算结果同企业实际行为的试验数据相比较；⑤依据比较结果对模式进行修改，以保证动态模式同企业行为尽可能一致；⑥运用模式确定各个参数最适宜的变化范围，以便改进企业行为，并把这些变化从计算机语言翻译成现实生活中的通用语言，以供管理者利用。福莱斯特还进一步指明，工业动态系统模式方法的应用有四个前提，即情报反馈理论、决策过程的研究、复杂系统的模式试验、电子计算机作为一种数学模式模拟真实过程的工具。

福莱斯特不仅分析了工业动态系统，而且将这种方法拓展到其他方面，如建立整个社会的动态系统模式。他认为，整个社会的动态系统模式有助于更好地理解和处理复杂的社会经济复合系统中的问题。

系统管理理论并未得到广泛的运用。它的主要局限性表现在理论本身抽象，实际操作性较差。但该理论在管理理论丛林中的地位并不能因此而被否定。该理论所体现出的系统管理思想对实际的管理有一定的参考价值。

第五节　管理研究发展的新趋势

随着社会化大生产的发展，社会生产日趋复杂，社会环境变幻莫测，组织与环境联系日益紧密，管理所涉及的因素日益增多、日趋复杂，组织（尤其是企业）间竞争日趋激烈，管理研究也出现了许多变化。

一、管理科学研究的发展趋势

纵观世界管理学发展的潮流，可以看出有以下几个明显的发展趋势。

第一，传统的以“定量化”为主的管理学研究方法开始与信息技术和行为科学相结合，用定性和定量相结合的方法寻求在现实中令人满意的决策方案。

第二，随着知识经济的发展、经济全球化和买方市场的形成，以人为本的管理理论蓬勃发展，其中包括群体决策与群体行为管理、人力资源管理、服务管理和跨文化管理等。

第三，在 21 世纪，企业所处的环境正在发生巨大的变化，市场竞争日趋激烈，需求偏好日益多样化，企业竞争的焦点也逐渐由产品、技术等硬件转移到信息、策略和知识等软件上。在新的形势下，企业管理理论正在发生深刻的变化，如伴随企业重组革命出现了精细生产（LP）、敏捷制造（AM）、并行工程（CE）等新概念和新思想，运作和战略管理向柔性发展，虚拟企业和虚拟组织开始兴起，合作竞争日益得到提倡。

第四，用复杂性科学的方法探索管理问题的研究成为热点。20世纪80年代兴起的复杂性科学为管理学的研究开辟了新的视野，即运用复杂性科学的方法从组织内部各要素的相互作用及组织与环境的相互作用中寻找组织发展进化的动因及规律，以使组织能适应社会、经济及科技的迅速发展而取得良好的绩效。国内外已在经济复杂系统、军事复杂系统、灾害管理复杂系统等的研究中取得了重大进展。

第五，创新管理、人口、资源、环境协调发展与管理等问题的研究，正向更深、更广的方向进行。

二、管理理论的新发展

20世纪90年代以来，随着经济全球化，知识经济的发展以及网络技术的普及，管理研究也发生了深刻的变革。管理在组织、方法和理念上呈现出新的发展趋势。

（一）公司再造

在高度竞争的环境下，当企业对自己的经营宗旨和方针进行重新评估时就会有再造。管理者不停地想办法激发员工和自己的潜力。越来越多的理论家力劝管理者们应重新考虑他们已经习惯的标准化组织结构。美国人迈克尔·哈默 (Michael Hammer) 和詹姆斯·钱皮 (James Champy) 提出的“再造公司”的观念大受欢迎。他们于1994年出版了一本著作，名为《公司再造》。该书一出版便引起管理学界和企业界的高度重视，迅速流传开来。

哈默与钱比督促管理者重新思考组织的运作体系，勇敢地改变那些影响效率的机制。他们认为，工业革命两百多年以来，亚当·斯密的分工理论始终主宰着当今社会中的一切组织，大部分的企业都建立在效率低下的功能组织上。但在今天的信息社会中，企业不再仅仅单纯追求庞大和复杂，而是必须极其高效地运转。今后的企业必须以大量的信息交流为基础，管理也必须是富有创造力和综合性的、灵活而迅速的。公司再造是根据信息社会的要求，彻底改变企业的本质，抛开分工的旧包袱，将硬生生拆开的组织架构，如生产、营销、人力资源、财务、管理信息等部门，按照作业流程，重新组装回去。显然这样一种重新组装，是对过去组织赖以运作的体系与程序的一种革命。这种革命将是美国企业恢复竞争力的唯一希望，也是面向未来的唯一选择。福特汽车公司在取得日本马自达公司的25%股权之后，经过观察，福特的主管阶层发现，马自达公司物资采购部门全部的财务会计工作，竟然只用了5个人来包办，而福特汽车公司却用了500多人，与马自达公司区区5个人相比，有天壤之别。就算福特公司借助办公室自动化，降低了两成的人事费用，仍旧无法和马自达公司精简的人事相提并论。根本的不同之处在于两者作业流程的不同，因此修正这种流程就成为提高企业效率的根本。然而修正流程不能仅从财务部门做起，而要从整个企业的流程改革着手。

流程的改革建立在信息技术高度发展的今天，这是因为信息技术的发展使得效率不一定产生于分工，而有可能产生于整合之中。事实上，现代组织面临的各种管理问题已经很难将其确立为一个专业性的问题，因而将其交给一个分工性的职能部门处理已经不妥，也难使其有效处理此类问题。为了针对某一类问题而特设部门进行专门负责处理，则使得本来已经膨胀了的组织机构更加繁多，这又会使管理成本上升，协调困难，效率降低。在信息技术发达的今天，人们已经准备了对综合性问题进行整合性处理的方案，这也就是流程革命可以进行的基础。

由于信息技术的运用、管理思想的转变，未来公司的组织形式将不再是传统的金字塔型，取而代之的是高效适应性网络型组织形式。在网络型组织中，工作主要由一些比较固定的、由具有不同专业知识的员工组成的跨职能工作组完成，并由一些临时性的应急小组负责解决一些特殊问题和满足顾客的临时需要；决策将尽可能由低层做起，依靠技术手段、丰富的信息足以使知识型员工不必再等上层管理者的指示就可作出自己的判断；按照客户的具体要求量体裁衣式的生产、特种服务的提供以及即时生产技术将取代以前的批量流水线作业，生产过程将变成公司、供货商与买主之间同时互动的过程；非正式组织将在网络组织中发挥主导作用，权威的建立更大程度上取决于个人的专长和创造性而不是正式职位；这种结构的最大特点在于它能充分发挥个人的能力，并赋予组织以快速反应的能力。

（二）学习型组织

在当今社会，管理者所面对的组织环境正在发生着翻天覆地的变化，信息、知识、智慧取代土地、机器、资本等成为新组织成功运营的基础。这正如世界管理大师德鲁克在1988年所预见的：未来的典型企业将是以知识为基础的，一个由大量的根据同事、客户和上级的反馈信息进行自主决策、自我管理的各类专家构成的组织。这样的组织要求每个成员都要对信息和知识负责，使其不但知道自己正在做什么和应该怎么做，而且还清楚自己为什么要这样做并能评价自己做得怎么样。无疑，这种以信息和知识为基础的组织要求其每一个成员都要有意识并有成效地进行学习，以提高适应变化和进行创新的能力。

学习型组织是指通过培养整个组织的学习气氛，充分发挥组织成员的创造性思维能力而建立起来的一种有机的、高度弹性的、扁平化的、符合人性的能持续发展的组织。这种组织具有持续学习的能力，具有高于个人绩效总和的绩效。面对急速变化的外界环境，无论是管理学家还是企业家都认识到，必须用一种全新的思想和观念去培育健全的组织体系，并通过不断地组织学习，建立一种新型的组织模式，才能使企业保持持续的发展。学习型组织是通过自我超越、改善心智模式、建立共同远景、团队学习和系统思考等五项修炼使企业成为一个充满活力和创造精神的、有着旺盛生命力的组织。

学习型组织的理念是美国麻省理工学院教授彼得·圣吉在1992年出版的《第五项修炼：学习型组织的艺术与实践》这部书中提出的。彼得·圣吉以全新的视野来考察人类群体危机最根本的症结所在，认为我们片面和局部的思考方式及由此所产生的行动，造成了目前割裂而破碎的世界，为此需要突破线性思考的方式，排除个人及群体的学习障碍，重新就管理的价值观念、管理的方式方法进行革新。他认为，今后最成功的企业将是那些建立在学习型组织基础上的企业。正如壳牌石油公司企划部主任德格所说的：唯一持久的竞争优势，或许是比你的竞争对手学习得更快的能力。

彼得·圣吉提出了学习型组织的五项修炼，认为这五项修炼是学习型组织的技能，使企业成为一个充满活力和创造精神的、有着旺盛生命力的组织。

第一项修炼：自我超越。“自我超越”的修炼是学习不断深入并加深个人的真正愿望，集中精力，培养耐心，并客观地观察现实。它是学习型组织的精神基础。自我超越需要不断认识自己，认识外界的变化，不断地赋予自己新的奋斗目标，并由此超越过去，超越自己，迎接未来。

第二项修炼：改善心智模式。“心智模式”是指根深蒂固于每个人或组织之中的思想方式和行为模式，它影响关于人或组织如何了解这个世界以及如何采取行动的许多假设、成见，甚或是图像、印象。个人与组织往往不了解自己的心智模式，故而对自己的一些行为无法认识和把握。第二项修炼就是要把镜子转向自己，先修炼自己的心智模式。

第三项修炼：建立共同愿景。如果有任何一项理念能够一直在组织中鼓舞人心，凝聚一群人，那么这个组织就有了一个共同的愿景，就能够长久不衰。如国际商用机器公司的“服务”、宝丽来公司的“立即摄影”、福特汽车公司的“提供大众公共运输”、苹果电脑公司的“提供大众强大的计算能力”等，都是为组织确立共同努力的愿景。第三项修炼就是要求组织能够在今天与未来的环境中寻找和建立这样一种愿景。

第四项修炼：团队学习。团队学习的有效性不仅在于团队整体会产生出色的成果，而且在于其个别成员学习的速度也比其他人的学习速度快。团队学习的修炼从“深度汇谈”开始。“深度汇谈”是一个团队的所有成员，推出心中的假设，从而实现真正一起思考的能力。“深度汇谈”的修炼也包括找出有碍学习的互动模式。

第五项修炼：系统思考。组织与人类其他活动一样是一个系统，受到各种细微且息息相关的行动的牵连而彼此影响着，这种影响往往要经年累月才完全展现出来。我们作为群体的一部分，置身其中而想要看清整体的变化，非常困难。因此第五项修炼是要让人与组织形成系统观察、系统思考的能力，并以此来观察世界，从而决定我们正确的行动。

（三）精益生产

精益生产（lean production）是 1985 年美国麻省理工学院国际汽车项目花费了 5 年时间，耗资 500 万美元，对日本等国汽车工业的生产管理方式进行调查研究后总结出来的生产方式，在日本称为丰田生产方式。其中“精”表示精良、少而精，不投入多余的生产要素，只是在适当的时间生产必要数量的市场急需产品（或下道工序急需的产品）；“益”表示所有经营活动都要有益有效，具有经济效益。精益生产就是及时制造，消灭故障，消除一切浪费，零缺陷、零库存。

精益生产的核心思想主要包括以下几个方面。

1. 追求零库存

高库存是大量生产方式的特征之一。由于设备运行的不稳定、工序安排的不合理、较高的废品率和生产的不均衡等原因，常常出现供货不及时的现象，库存被看作必不可少的“缓冲剂”。但精益生产则认为库存提高了经营的成本，同时也掩盖了企业的问题。因此，精益生产是一种追求无库存生产，或使库存达到极小的生产系统，为此开发了包括“看板”在内的一系列具体方式，并逐渐形成了一套独具特色的生产经营体系。

2. 追求快速反应，即快速应对市场的变化

为了快速应对市场的变化，精益生产者开发出了细胞生产、固定变动生产等布局及生产编程方法。

3. 企业内外环境的和谐统一

精益生产方式成功的关键是把企业的内部活动和外部的市场（顾客）需求和谐地统一于企业的发展目标。

4. 人本位主义

精益生产强调人力资源的重要性，把员工的智慧和创造力视为企业的宝贵财富和未来发展的原动力，充分尊重员工，重视培训，倡导共同协作。

精益生产既是一种以最大限度地减少企业生产所占用的资源和降低企业管理和运营成本为主要目标的生产方式，同时它又是一种理念，一种文化。实施精益生产就是决心追求完美的历程，也是追求卓越的过程。

（四）知识管理

21 世纪是知识经济时代。知识经济的主要标志是以美国微软公司总裁比尔·盖茨为代表的软件知识产业的兴起。盖茨的主要产品是软盘及软盘中包含的知识，正是这些知识的广泛应用打开了计算机应用的大门，微软公司的产值已超过美国三大汽车公司产值的总和。知识经济的到来促进着知识管理理论与实践的发展。知识管理代表着一系列新的管理方法和管理思想。美国加州大学教授保罗·罗默提出了“新经济增长理论”，认为知识是一个重要的生产要素，它可以提高投资的收益。由于知识比其他生产要素具有更高的生产率和创造性，成为企业增强竞争力的最重要的战略性资源。对知识的开发和管理也就成为企业竞争优势的最重要来源。

知识管理是指企业采取一定的管理方式和方法，促进知识的生产、获取、存储、传递和应用，并通过对知识资源的有效管理和利用，来创造新价值和增强竞争优势的持续的管理创新活动。从知识管理的内容来看，主要包括以下三方面：①知识的生产与创新，主要是指产生新知识的过程；②知识的储存、传播、扩散、共享、反馈等，这一过程主要是知识在不同主体及不同载体间的转换，一般不涉及新的知识的产生；③知识的运用，指应用知识去解决实践中的问题。

本章小结

管理实践古已有之。管理思想对管理实践中积累的经验进行总结和提炼,反过来又对管理实践起着指导和推动作用。研究管理的历史有助于理解今天的管理理论和实践。中国早期的管理思想没有形成一个比较完整的管理理论体系,但对于以后许多管理理论的兴起还是打下了一定的理论基础。西方早期的管理思想和管理实践主要体现在指挥军队作战、治国施政和管理教会等活动之中。

18世纪后期,随着资本主义生产的发展,古典管理理论开辟了管理理论的新纪元,奠定了现代管理理论的基础。泰罗的科学管理理论、法约尔的一般管理理论和韦伯的理想的行政组织理论,构成了古典管理理论的框架。泰罗认为管理的主要目的是应该使雇主实现最大限度的富裕,同时也使每个雇员实现最大限度的富裕,管理目标是采用最佳管理模式使工人最大限度地发挥积极性。法约尔认为管理是普遍的一种单独活动,由计划、组织、指导、协调和控制五项职能构成,管理是通过完成各种职能来实现目标的一个过程,达到目标的最优方法是十四条管理原则。韦伯的行政管理理论指出,行政组织的内在要求是稳定、严密、有效、精确,采取的最优方法是科层制。古典管理理论由泰罗、法约尔、韦伯试图从三个不同角度,即个人、组织和社会来解答整个资本主义社会宏观和微观的管理问题,为资本主义解决劳资关系、生产效率、社会组织等方面的问题,提供了管理思想的指导和科学理论方法。

由于古典管理理论对管理中人的因素和作用没有足够重视,20世纪20年代梅奥等人进行的霍桑试验对管理思想的演变方向有显著的影响。霍桑试验引起了对组织中人的因素的重视,以此为基础形成的新的管理思想,后人称之为“人际关系学说”,是行为科学的早期理论。在梅奥等人的开创性研究之后,西方从事人际关系—行为科学研究的专家学者大量涌现,出现了许多理论,如马斯洛的需要层次理论,双因素理论,麦格雷戈的X-Y理论,亚当斯的公平理论等等。

二战以后,来自不同学科的专家学者以及实际工作者在前人的理论与实践经验的基础上,结合自己的专业知识,去研究管理问题,形成了多种管理学派。孔茨形象地称之为“管理理论的丛林”,并作了归纳与分析,概括成11个有代表性的学派,包括:管理过程学派、经验管理学派、人际关系学派、群体行为学派、社会协作系统学派、社会技术系统学派、决策理论学派、系统学派、数学学派、权变理论学派、经理角色学派。

随着科学技术的进步和知识经济的到来,管理的新思想不断涌现,管理理论充满生机与发展活力,如企业流程再造、学习型组织、精益生产、知识管理等。

复习思考题

1. 中国早期有哪些优秀的管理思想?你怎样看待中国早期管理思想?
2. 西方管理理论的形成和发展过程是怎样的?
3. 泰罗的科学管理理论的主要内容有哪些?为什么说泰罗是“科学管理之父”?

4. 法约尔管理过程理论的内容是什么？

5. 马克斯•韦伯对古典组织理论的主要贡献是什么？

6. 梅奥人际关系学说的主要论点有哪些？

7. 孔茨提出的"管理理论丛林"是什么意思？它涉及哪些主要学派？

8. 现代管理理论各主要学派的代表人物及其主要观点是什么？

9. 简述学习型组织的五项修炼。

管理故事

一个味道的麦当劳

"麦当劳不仅仅是一家餐厅"，这是麦当劳经营理念的精髓所在。它卖的可能是最简单的产品，但却拥有最精密的管理流程，正是因为管理流程的成功复制，保证了全球的质量和速度能够一致。在全球企业中，麦当劳可能最懂得"简单就是力量"的道理了。而麦当劳的经营理念正是所谓的"3S 主义"，即简单化 (simplification)、标准化 (standardization)、专业化 (specialization)。

对于麦当劳而言，其每一片汉堡肉的厚度、质量都是一定的，即便是生产 10 000 个汉堡都是相同的品质。前麦当劳亚太、中东及非洲地区副总裁马子义博士对记者说，他痛恨那个说麦当劳"全世界都是一个味道"的人。作为负责供应链管理的副总裁，"一个味道"给他造成了很大麻烦，"中国和美国的牛吃的东西不一样"，味道怎么可能一样。麦当劳偏偏就是要做成"一个味道"。他发觉将中国的瘦牛肉和澳洲的肥牛肉进行一定的配比，味道有点像美国的一般牛肉。又比如为炸制出符合质量要求的薯条，麦当劳要求供应商提供的土豆要有较长的果形，芽眼不能太深，同时淀粉和糖分的含量必须控制在一定范围之内，而且，麦当劳对薯条的规格都有量化的要求，长度为 5 英寸的要达到 20% 左右，3~5 英寸的达到 50% 左右，3 英寸以下的比例在 20%~30% 之间。而中国的土豆一般都是拳头大小，做成薯条明显不符合长度标准。为此早在 1983 年，麦当劳便来中国培育适合的马铃薯苗，而麦当劳在国内第一家店到 1990 年才开张。

在麦当劳"一个味道"的背后，是其严格的标准化流程操作。即便是刷大便池和小便池，也分为严格的四步流程，首先是拿清水刷，然后是用清洁液刷，然后是用消毒液消毒，然后再用清水刷，甚至连消毒粉使用的温度都有严格的规定。以汉堡中的生菜为例，在麦当劳的《全面供应链管理》手册中，规定从源头步骤选土开始，详细记录地段和土壤的资料，其后的每一环节——养土、选种、播种、种植、灌溉、施肥、防虫也一一详细记录，再加上完善的产品回收计划，包括定期模拟测试，万一有问题发生，可用最短的时间有效找到每一片菜的来源并及时解决。麦当劳的标准化除了体现在食品加工上以外，还体现在其他方面。麦当劳有专用的餐厅厨房设备供应商、餐厅桌椅供应商、冷气设备和制冰机器供应商、专用招牌供应商等等，他们都应麦当劳的要求在中国设厂。

杰克·韦尔奇的公司再造

20 世纪 80 年代,管理学界有一个著名的理论叫“公司再造”,至今仍在工商界广为流传并不断地运用于企业实践中。而在 20 世纪 80 年代初期,美国通用电气(GE)公司在杰克·韦尔奇的带领下,已率先进入了这一流程变革中,并取得了令人瞩目的成绩。韦尔奇执掌 GE 之初,就已敏锐地预感到世界经济将发生巨大变化,大胆面对新事物进行了比工商业界其他任何人都更为迅速有力的变革。他所提出的组织改造与缩编的改革方法,是现代企业改造的首创性方法。他把经理们带进了这个我们仍生活在其中的新世界里,同时,也给其他的企业家们展示了一种着手进行任何变革的方法。

对于一个庞大的企业而言,最大的困扰莫过于速度问题,即人们常说的“大企业病”。它的症状是官僚主义盛行,行动迟缓,应变能力差。GE 公司也不能幸免。而要改变这一状况,小打小闹的变革只能是隔靴搔痒,必须进行全面而深入的变革。韦尔奇在 GE 变革过程中一开始采取的就是一种革命性的手法,不是渐变。用韦尔奇自己的话说:“如果你现在正在操纵一只非常大的船,那么你如果对它的方向舵仅仅作很小的调整,整个船发生的变化不会很大。如果你采取的动作不够大的话,人们就不会对你发出的号令采取任何反应,而且会出现很多的抵触、反对变革的声音。我们需要的正是大刀阔斧的变革,一举打败所有反对改革的人,把这些有抵触心理的人淹没在汪洋大海之中。”

在 GE 公司彻底的改造中,一个最大阻力来自公司本身。通用电气公司有一套著名的公司指南,每一位经理都配备了这厚厚的五大册蓝皮书。这套由包括彼得·德鲁克在内的美国最优秀的企业思想家们撰写成的书,确实是一项令人敬畏的成就,它无疑成了管理者思考的武器,但它遗留给通用电气公司的痼疾比其他任何公司都要明显。对于通用电气公司的经理人员而言,书中的要旨明白无误,令人沮丧:你不必思考,那些比你更聪明的人已经为你思考好了。韦尔奇果断地烧掉了这些公司指南,从开始改革的那一天起,他毫不含糊地给公司经理们下达指示:你拥有这些企业,要对它们负起责任,不要依赖公司总部,要与官僚作风作斗争,要讨厌它,踢开它,制服它。

如果说上述激烈的言辞让公司员工们震惊,那么接下来的行动更让他们震惊。由于引起“大企业病”的一个重要原因是管理层次过多,员工思想僵化,创新不足,韦尔奇从大幅裁员、压缩行政管理层入手,企图通过一系列新流程和新措施,把 GE 公司中的管理层次尽量减少,从而提高企业运作速度,让大公司具有小公司那样的灵活性和创造性。他先后将通用公司员工人数由 41.2 万人精简为 22.9 万人,撤销了几个经理层,包括当初琼斯设置的一个高级经理层。在韦尔奇初掌通用公司时,通用公司的每个事业部皆设有 9 ~ 11 个人事阶层,但时至今日,已降为 4 ~ 6 个。一时间,“中子杰克”的恶名一度浮出水面,但 5 年之后,其他公司也纷纷意识到经济出现了十字关头的局面,像美国电报电话公司(AT & T)、国际商用机器公司(IBM)等,他们随之也开始进行裁员调整的工作,然而此时 GE 公司早已走在了前面。

在企业改造中,韦尔奇赋予通用电气公司一个新使命:成为全球最有价值的公司。这个意义深远的宗旨转变不仅为公司重新确定了方向，而且如此大胆（通用电气公司当时排名第十），以致当时令人们感到震惊。作为新计划的核心，韦尔奇宣布通用电气公司的每一项业务必须在同行业中位居第一或第二，这是自我评估的另一个彻底变革，据说韦尔奇对公司任何一项业务位居第二都不热衷。他大刀阔斧地对公司业务进行重组，在就任的头两年里购进 118 项新业务，进行企业收购，同时出售了 71 项业务，其主旨是让通用电气公司退出没有竞争优势的业务领域，力求在全球性竞争中保持领先的市场地位。它出售的最大业务是犹他国际公司（Utah International），这家澳大利亚矿业设备公司曾是雷吉·琼斯收购的最大公司。

接下来，韦尔奇进行了企业再造中最艰苦最复杂的工作，即企业文化和价值观再造。企业文化与价值观是企业管理中最模糊的领域，也是迄今为止最具挑战性的一环。它关系到如何指导组织行为，有难以言传的价值和意义。正式的权力在这方面不太使得上劲，团队合作才是关键所在。这项工作的艰巨，即使是革命性的领导者，通常也会将改革文化放在最后阶段。但是文化一日未变，改革转型便一日未完成。甚至当最剧烈的技术和政治改革已经被人遗忘时，企业文化可能还在指导组织行为模式。

为此，他倡导了著名的群策群力活动。在活动中，所有部门的员工与其上司聚在一起召开“全体员工大会”，提出问题或有关部门如何运作得更好的建议，80% 的建议必须当场得到一定的答复。这是一场真正的公司文化革命。正如通用电气公司飞机发动机部门的一位电工对《财富》杂志所说的：“20 年来别人一直要求你闭上嘴巴，这时有人让你毫无顾忌地大胆说话，你一定会畅所欲言的。”长期推行的群策群力活动耗费了通用电气公司的大量时间和金钱，但是更重要的效果是教导了公司员工有权利大胆说话，他们的意见应被认真对待。鼓动员工提出好建议与贯彻执行建议等一系列变革无疑引导了当代企业管理潮流，GE 公司从中获益不小。韦尔奇可以自豪地告诉人们，通用电气向丰田学习了资产管理，向沃尔玛学习了对市场的快速反应，而这一切都是群策群力的结果。这些方法足以使公司的新理念转变成员工可以接受的习惯，而当习惯养成时，企业文化也已经改变了。

通用电气的成功，在很大程度上归功于公司总裁杰克·韦尔奇独到的经营管理方法。韦尔奇在极短的时间里，使这个历史悠久但老态龙钟、日渐衰落的企业面目一新，爆发出强大的活力。通用电气的成功是韦尔奇致力于企业变革的组织战略的结果，这是保证通用电气持续发展、不断创新、跟上时代步伐的动力所在。

案例应用

案例 2-1　海尔精密塑胶事业部的流程改进

1）“分时段送料”的要求

在青岛海尔工业园，为洗衣机事业部供应物料的精密塑胶事业部与洗衣机事业部只隔一条马路，很近。自从推进“T-1”送料以来，从每天的总数上看，物料在当天送齐，似乎真的没什么问题。

但最近推进看单流程时，问题出来了，按照分时段送料的要求，每小时都有具体的送料数量，结果发现经常不能做到分时段送料，影响了事业部的预算，损失不少！

每天看总数时看不见的损失，在每小时分开算时，都暴露出来了！

2)把“30分钟”压缩成了“3分钟”

精密塑胶事业部市场经理徐航开始找问题。他开着一辆送货车，开始细致地测算车辆每跑一个来回的时间。

来来回回跑了几趟，信息都测算出来了：精密塑胶事业部与洗衣机事业部之间相距700米；送料的小车来回一趟要8分钟；装货、卸货要费时30分钟……一计算：按这个时间，正好能在每个时段“卡着点”准时送到，但很难“卡”准，稍有闪失就会迟到！

徐航接着发现：以前车辆装货要费时30分钟，是因为物料每次要分别从精密塑料事业部三楼的几个临时周转区，用电梯送到一楼再装车，如果电梯繁忙，车辆就空等着。

于是，徐航改变了一个流程：生产线的物料下线后，随即集中放到一楼的“T-2”区，车辆到后能马上装车。结果发现：以前要30分钟的装车过程，现在只要3分钟！

3)“以前有90%的损失被掩盖了！”

“30分钟的活儿，其实只要3分钟就能干完！以前有90%的损失我们没有看见！”徐航说，“是看单流程暴露了我们以前没看见的损失！”

现在，徐航还在进一步测量工人装车的操作动作。他说：“还可以把时间进一步压缩。”

思考题

(1)徐航的做法体现了哪些管理思想？

(2)若将海尔洗衣机事业部与为其供料的精密塑胶事业部看作一个系统的两个构成部分，你能用系统模型描绘出徐航采取措施前后该物料从生产至送抵目的地的基本流程吗？该流程的变化主要体现在哪些方面？

(3)从精密塑胶事业部的角度看，徐航的做法改进了哪些方面的绩效指标？

案例2-2 管理理论真能解决实际问题吗？

海伦、汉克、乔、萨利四个人都是美国西南金属制品公司的管理人员。海伦和乔负责产品销售，汉克和萨利负责生产。他们刚参加过某大学举办的为期两天的管理培训班。在培训班里，他们主要学习了权变理论、系统理论和一些有关职工激励方面的内容。他们对所学的理论有不同的看法，现在正展开激烈的争论。

乔首先说：“我认为系统理论对于像我们这样的公司是很有用的。例如，如果生产工人偷工减料或做手脚，或者原材料价格上涨，就会影响到我们的产品销售。系统理论中讲的环境影响与我们公司的情况也很相似。我的意思是，在目前这种经济环境中，一个公司会受到环境的极大影响。在油价暴涨时期，我们还能控制自己的公司。现在呢？我们要想想在销售方面每前进一步，都要经过艰苦的奋斗。这方面的艰苦，你们大概都深有体会吧！”

萨利插话说：“你的意思我已经知道了。我们的确有过艰苦的时期，但是我不认为这与系统理论有什么必然的内在联系。我们曾在这种经济系统中受到过伤害。当然，你可以认为这与系统理论是一致的。但是，我并不认为我们就有采用系统理论的必要。我的意思是，如果每个东西都是一个系统，而且所有的系统都能对另一个系统产生影响，我们又怎么能预见到这些影响所带来的后果呢？所以，我认为权变理论对我们更适用。如果你说事物都是相互依存的，系统理论又能帮我们什么忙呢？”

海伦对他们这样的讨论持有不同的看法。他说：“对系统理论，我还没有很好地考虑。但是，我认为权变理论对我们是很有用的。虽然我们以前也经常采用权变理论，但是我没有认识到自己是在运用权变理论。例如，我有一些家庭主妇顾客，她们常和我谈论关于孩子和如何度过周末之类的话题。从她们的谈话中，我就知道她们要采购哪些东西了。顾客不希望我们‘逼’他们去买他们不需要的东西。我认为，如果我们花上一两个小时与他们自由交谈，肯定会扩大我们的销售量。但是，我也碰到一些截然不同的顾客，他们一定要我向他们推荐产品，要我替他们在购物中做主。这些人也经常到我这里来走走，但不是闲谈，而是做生意。因此，你们可以看到，我每天都在运用权变理论来应对不同的顾客。为了适应形势，我经常在改变销售方式和风格。许多销售人员都是这样做的。”

汉克显得有些激动地插话说：“我不懂这些被大肆宣传的理论是什么东西。但是，关于系统理论和权变理论问题，我同意萨利的观点。教授们都把自己的理论吹得天花乱坠，使他们的理论听起来很好，但是他们的理论无助于我们的管理实际。对于培训班上讲的激励要素问题，我也不同意。我认为，泰罗在很久以前就对激励问题有了正确的论述。要激励工人，就是要根据他们所做的工作付给他们报酬。如果工人什么都没有做，就用不着付任何报酬。你们和我一样清楚，人们只是为钱工作，钱就是最好的激励。”

思考题

（1）你同意哪个人的意见？他们的观点有什么不同？

（2）如果你是海伦，你如何使萨利信服系统理论？

（3）你认为汉克关于激励问题的看法怎样？他的观点属于哪一种管理理论的观点？

第三章　管理环境

本章学习目标

- 管理环境的含义及构成
- 组织的一般环境及任务环境的因素
- 管理道德的内涵及其影响因素
- 改善管理道德行为的途径
- 社会责任的内涵
- 两种不同的社会责任观
- SA8000 基本内容

任何一个组织都是一个社会实体,它的运行不可能脱离整个社会而独立进行,总与社会的方方面面有着千丝万缕的联系。环境是组织生存和发展的土壤,它既为组织活动提供必要的条件,又对组织活动起着制约作用。研究管理环境的目的就是要通过对环境变化的观察来把握其变化趋势,做到充分利用环境给予的发展机会,避开和化解环境变化所带来的威胁,加强组织决策的针对性,提高管理效率。

第一节　管理环境概述

一、管理环境的含义及构成

在管理活动中,一个组织的绩效,不仅取决于管理者的努力,而且会受到存在于组织内部和外部的各种力量和条件因素的影响。我们将这些存在于一个组织内部和外部的影响组织业绩的各种力量和条件因素的总和称为管理环境。管理环境的特点及其变化影响着组织活动的方向、内容和方式选择。管理环境因素根据其存在于组织内部还是外部,可以分为组织外部环境和组织内部环境两大类。组织外部环境还可以根据其对组织业绩影响方式的不同,进一步划分为一般环境和任务环境。

一般环境又称宏观环境或社会大环境,是指对某一特定社会中所有企业或其他组织都有广泛影响的环境因素,如国家的政治、法律、经济、科学技术、社会文化等。这些环境因素的影响通常是泛指的，一般都不是只涉及某一个具体的组织，不直接影响组织的经营决策。正因为如此，这些因素对某一特定组织有什么样的影响及有多大的影响都不一定很清楚，但这并不意味着组织可以忽视这些因素，有时宏观环境因素的改变，有可能对组织产生某种重大的影响，甚至关系着组织的生死存亡。

任务环境又称微观环境或直接环境，指的是与实现组织目标直接相关的那些外部环境因素，比较典型的包括资源供应者、顾客、竞争者、社会公众等。这些环境因素对组织服务其顾客的能力构成直接的影响。管理者通常将更多的注意力集中于组织的微观环境，因为它与宏观环境相比，更能直接地给组织提供有用的信息，更易被管理人员所识别，并且宏观环境的改变对组织的影响往往要通过微观环境对组织产生的作用力表现出来。与一般环境因素相比，这些因素对组织影响更频繁、更直接，对一个特定的组织而言，任务环境是特定的，并随构成因素的变化而变化，它将直接增加或减少组织的效益。

一般来说，组织内部环境由组织文化和组织经营条件两大部分组成。组织文化是指处于一定社会文化背景下的组织，在长期的发展过程中逐步生成和发展起来的日趋稳定的独特的价值观，以及以此为核心而形成的行为规范、道德准则、群体意识、风俗习惯等。组织经营条件是指组织所拥有的各种经营资源、能力和知识，包括人员素质、资金实力、科研力量、专利技术和信誉等。组织文化决定了在该组织中什么是被认可的、什么是被反对的；经营条件则直接影响着组织能够做什么、不能够做什么，以及能够做到何种程度。它们不仅影响组织目标的制定，而且还将直接影响该组织管理者的管理决策和管理行为，从而对最终的组织绩效产生影响。

管理环境的构成如图 3-1 所示。

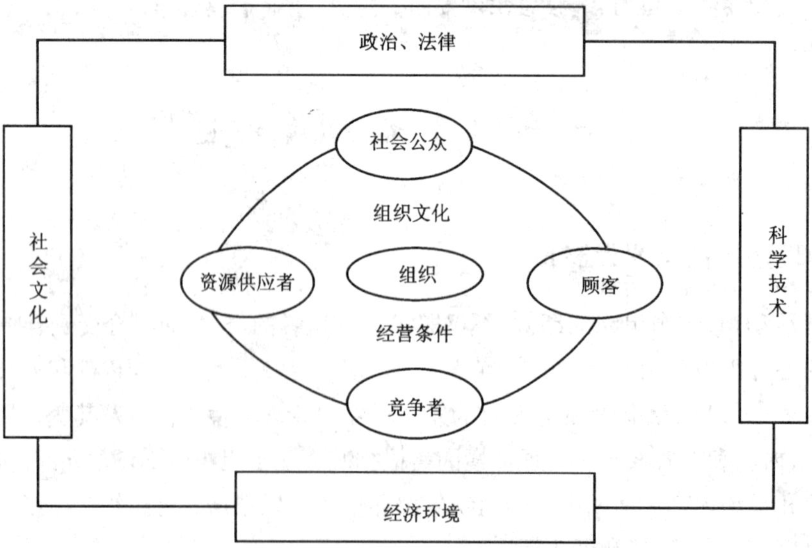

图 3-1　管理环境的构成

二、组织的外部环境

组织是一个与外界保持密切联系的开放系统，是从属于社会大系统的一个子系统，它需要与外界环境不断地进行各种资源和信息的交换，其运行和发展不可避免地受到种种环境力量的影响。任何管理活动都是在特定的环境中展开的，管理是一种综合性的系统活动，外部环境是组织生存和发展的物质条件的综合体，管理的成功与失败取决于管理的外部环境。

管理人员之所以关注外部环境，是由于外部环境具有不确定性，这种不确定性威胁着一个组织的成败，增加了管理人员规划和决策的难度，影响管理的效果。环境的不确定性可以从两个角度来衡量。一是环境的复杂性。复杂程度可用组织环境中的要素数量和种类来表示。在一个复杂性环境中，有多个外部因素对组织产生影响。通常外部因素越少，环境复杂性越低，不确定性就越小。一般而言，一个组织接触的顾客、供应商、竞争者及政府机构越少，管理环境的不确定性就越小。二是环境的多变性。环境的多变性是指管理环境中的变动是稳定的还是不稳定的，它不仅取决于环境中各构成因素是否发生变化，而且还与这种变化的可预见性有关。可预见的快速变化不是管理者必须应付的不确定性。当我们谈到环境多变性时，通常是指不可预见的变化。

毫无疑问，外部环境影响和制约着组织的生存和发展，组织存在于环境之中，就要适应和服从外部环境。但是，组织对环境的适应并不是被动的、消极的，而是能动的、积极的，组织通过自己出色的工作影响着外部环境，在某种程度上，甚至还可以通过各种方式对环境加以控制。组织得以生存和发展的关键，在于其能否准确地把握外部环境的变化并拥有适应这种变化的自我调节能力。从一般意义上讲，虽然组织不能从根本上控制环境的变化，但是若能够充分把握管理环境的特征，并积极主动地去预测、发现和分析环境变化的趋势及其运动规律，组织就能够掌握经营决策的主动性。适应性强的组织，总是随时注视环境的发展变化，通过事先制订的计划来控制变化，以保证现行战略对环境变化的适应。因此，外部环境分析是组织战略形成的重要前提，是经营战略成功实施的基础。分析环境的目的就是识别和发现外部环境中有利可图的机会和不利生存的威胁，为管理人员制定经营战略提供客观依据。

(一)一般环境因素

一般环境也就是组织活动所处的宏观环境，主要有政治、法律、经济、科学技术、社会文化等。这些环境因素的影响通常是泛指的、间接的，一般都不是只涉及某一个具体的组织，不直接影响组织的经营决策。

1. 政治、法律

政治环境是指总的政治趋势，它涉及社会制度、政治结构、党派关系、政府政策倾向和人民的政治倾向等。政治的稳定无疑是组织发展必不可少的前提条件。政治环境的变化有时对组织的决策行为产生直接作用，但更多地表现为间接影响。例如，由国家权力阶层的政治分歧或矛盾所引发的罢工浪潮和政局动荡无疑会给当地企业的经营活动造成直接冲击。此外，由于这种政治环境的变化所导致的新制度、新法规和新的经济政策，将对全国范围内企业的经营和决策产生更广泛、更深远的直接或间接影响。

从世界范围内分析，构成一个国家政治环境的要素有：政党多寡、执政党的主张、政权的稳定性、政府官员的廉洁奉公程度、行政手续繁简程度、社会开放及民主程度、对内资企业管制的制度、对外资企业管制的制度等等。法律是由立法机构制定的，由政府实施，法律环境对社会上各种组织和个人具有强制性，政府在法律环境中扮演着重要的角色。就企业而言，政府起着两个作用。一是促进商品的生产，它可以制定一系列的法规、政策，刺激经济的扩张和发展，例如，对某些特定行业进行补贴、给予税收优惠、支持研究开发工作，甚至采取更加特殊的保护政策，以促进这些行业或企业的发展。政府的第二个作用是制约和规范企业的经营活动，让企业在法律、政策允许的范围内从事生产经营活动。为了保护劳动者、消费者和社会的利益，各国政府都采取了积极干预行动，颁布各方面法律、法规，加强对企业的管制和监督。

群众利益团体也是一种压力集团，如保护消费者利益的群众团体、保护环境的群众团体等。这些群众团体给企业施加压力，使消费者利益和社会利益等得到保护。因此，许多公司都设立法律和公共关系部门来负责研究和处理与这些群众团体的关系问题。在我国，经国务院批准，中国消费者协会 1985 年 1 月在北京成立。其任务是：宣传国家的经济（特别是有关消费方面的）方针政策；协助政府主管部门研究和制定保护消费者权益的法律；调查消费者对商品和服务的意见与要求；接受消费者对商品和服务的质量、价格、卫生、安全、规格、计量、说明、包装、商标、广告等方面的投诉。1985 年以来，中国消费者协会及相继成立的地方协会认真受理广大消费者的投诉，积极开展对商品和服务质量、价格的监督检查，并采取多种形式指导消费，千方百计保护消费者利益，受到广大消费者的好评。总之，我国的保护消费者运动正在发挥日益重要的作用，这是企业进行决策时必须认真考虑的动向。

政治和法律构成了复杂的管理环境因素，因此，管理人员要熟悉本组织的活动在法律上的必要条件和限制因素。有远见的企业家及管理者，通常聘请政治和法律方面的专家当自己的顾问，请他们帮助预见、应对相关的政治、法律问题，以减少自己的决策失误。

2. 经济环境

经济环境是影响组织行为诸多因素中最关键、最基本的因素，相对于其他方面而言，宏观经济环境的变化对组织所产生的影响更直接也更为重要，而其中最主要的是宏观经济周期性波动和政府所采取的宏观经济政策。例如，在国民经济高速增长时期，企业往往面临更多的发展机会，因而企业可以增加投资，扩大生产或经营规模，这时企业的竞争环境也不会太紧张；而经济停滞或衰退时期，则不然。再如，国家实施信贷紧缩会导致企业流动资金紧张，周转困难，投资难以实施；而政府支出的增加，则可能给许多企业创造良好的市场前景。

通常，利率、通货膨胀率、汇率、可支配收入及证券市场指数等因素的改变意味着经济环境的变化。组织对此要密切关注，因为这些因素的改变会影响组织管理实践。消费者收入、价格水平、储蓄、信贷等经济因素直接或间接表现为社会购买力，社会购买力是这些经济因素的函数。

消费者收入包括消费者个人工资、红利、租金、退休金、馈赠等收入。消费者的购买力来自消费者收入，所以消费者收入是影响社会购买力、市场规模大小及消费者支出多少和支出模式的一个重要的因素。消费者并不是将其全部收入都用来购买商品（包括货物和劳务），消费者的购买力只是其收入的一部分，因此，要区别可支配的个人收入和可随意支配的个人收入。可支配的个人收入是指扣除消费者个人缴纳的各种税款和交给政府的非商业性开支后可用于个人消费和储蓄的那部分个人收入。可支配的个人收入是影响消费者购买力和消费者支出的决定性因素。可随意支配的个人收入是指可支配的个人收入减去消费者用于购买生活必需品的固定支出（如房租、保险费、分期付款、抵押借款）所剩下的那部分个人收入。可随意支配的个人收入一般都用来购买奢侈品、汽车、大型器具及度假等，所以这种消费者个人收入是影响奢侈品、汽车、旅游等商品市场的主要因素。

进行经济环境分析时，还要区别货币收入和实际收入，因为实际收入会影响实际购买力。假设消费者的货币收入不变，如果物价下跌，消费者的实际收入便增加；相反，如果物价上涨，消费者的实际收入便减少。即使消费者的货币收入随着物价上涨而增长，但是，如果通货膨胀率超过了货币收入增长率，消费者的实际收入也会减少。

企业管理者不仅要分析和研究消费者的平均收入，而且还要分析和研究各个阶层的消费者收入。并且，由于各地区的工资水平、就业情况有所不同，不同地区消费者的收入水平的增长率也会有所不同。

此外，社会购买力、消费者支出不仅直接受消费者收入的影响，而且直接受消费者储蓄和信贷情况的影响。大多数家庭都有一些“流动资产”，即货币及其他能迅速变成现款的资产，包括银行储蓄存款、债券、股票等。储蓄来源于消费者的货币收入，其最终目的还是为了消费。但是在一定时期储蓄多少不能不影响消费者的购买力和消费支出。在一定时期货币收入不变的情况下，如果储蓄增加，购买力和消费支出便减少；反之，如果储蓄减少，购买力和消费支出便增加。

在现代社会，消费者不仅用货币收入购买他们需要的商品，而且可用贷款来购买商品。所谓消费者信贷，就是消费者凭信用先取得商品使用权，然后按期归还货款。

3. 科学技术

科学技术是第一生产力，它往往对经济和组织的发展带来根本的、彻底的、全面性的变革，是推动社会发展的强大动力。技术环境通常由所在国家或地区的技术水平、技术政策、科研潜力和技术发展动向、知识产权与专利保护情况、技术转移与技术还贷的周期、信息与自动化技术的发展情况、整个国家及企业研发资源的投入比例等方面的因素构成。

先进技术给组织带来的影响具有两面性：一方面，技术的变革给组织的发展带来了机会，使其创造出与众不同的产品和服务，降低了成本，降低了进入某些产业的壁垒；另一方面，“新技术是一种创造性的毁灭力量”，每一种新技术都会给某些组织造成新的市场机会，因而会产生新的行业，同时，还会给某个行业的组织造成环境威胁，自然也会使这些组织陷入困境，使旧行业受到冲击甚至被淘汰。如数码技术对胶卷业的致命打击。就一般环境而言，20世纪下半叶以来变化最迅速的因素就是技术，柔性制造系统、激光、集成电路、新材料、新能源等层出不穷。其发展具有以下几个明显特征：技术发展速度加快，技术更新周期越来越短；信息技术广泛运用，从而带来了工作环境、生产经营方式、思想观念的巨大变化；人的素质再次成为竞争的关键，组织的发展需要拥有掌握了先进技术并能运用自如的人。

任何组织都与一定的技术存在着稳定的联系，一定的技术是一定的组织为社会服务或贡献的手段。一个组织拥有的技术先进与否，对组织的生存和发展影响极大。技术领先的医院、大学、机场、公安局甚至军事组织，比那些没有采用先进技术的同类组织具有更强的竞争力。在当今充满变化的世界里，任何组织欲求生存，都必须在产品、服务、经营方式等方面保持技术的先进性。如果企业的最高管理层富于想象力，及时采用新技术，从旧行业转入新行业，就能求得生存和发展。任何组织，欲求经营有效而与技术或技术发展无关，几乎是不可能的。

科学技术飞速发展并向现实生产力迅速转化，日益成为现代生产力最活跃的因素和最主要的推动力量。科学技术为劳动者所掌握，就会极大地提高人们认识自然、改造自然和保护自然的能力。科学技术和生产资料相结合，就会大幅度地提高工具的效能，从而提高使用这些工具的人们的劳动生产率，就会帮助人们向生产的深度和广度进军。以电子技术和信息处理技术为中心的新技术革命迅猛发展，任何人都可以感受到这场技术革命对我们工作、生活的影响。技术革命也对管理产生了重要影响。电脑、网络技术等办公手段的应用，使组织的经营管理方式得到了改善。由于电子计算机和信息处理技术的发展，使组织有可能逐渐建立起大规模、反应灵敏、反馈速度快的管理信息系统。在这种系统中，电子计算机能够迅速分析并处理各种文件、报表及数据，并向管理者提出处理问题的可行方案，这大大提高了决策的准确性、及时性，对管理效率的提高起了很大作用。

知识经济时代给企业及其他组织带来了机会与挑战。知识经济与传统农业不同，传统农业是以大量的耕地和众多的人口劳力为基础的；知识经济与传统工业不同，传统工业是以大量的矿物能源和矿藏原料的冶炼、加工、制造为基础的。这种新的经济，是以不断创新和对这种知识的创造性应用为主要基础而发展起来的。它以新的发明、研究和创新的知识为基础，是一种知识密集型、智慧型的新经济。它以不断创新为特色，新的超过旧的，旧的退出市场丧失效用，新的占领市场获得超额价值。而这个创新过程是急速旋转、异常快捷、没有终止的。这种不断创新的知识与智慧和土地、矿藏不同，它不具有唯一性和排他性。这块地你拥有了，他就不能同时拥有，种了玉米就不能同时又种水稻；这座矿藏为你占用就不能同时为他占用，挖完了就没有了。知识和智慧可以同时为多人所占有并可一再重复使用。作为人类智慧的成果，它可以与其他知识连接、渗透、组合、交融，从而形成新的有用的知识。知识也有“自然磨损”，它的直接效用没有了，但还可以再开发，成为嫁接、培育新知识的“砧木”，成为启发新的智慧的火花。

信息技术的发展彻底改变了人类的生产经营方式，从而要求管理进行彻底的变革。工业化时代给我们带来了汽车、冰箱、洗衣机、电脑等有形产品，而信息时代的特点是无形的存在物，即用于搜集、分析、传输和综合处理的才智与能力，其结果是新公司和新工业如信息服务、软件、基因工程等的诞生。不断革新的计算机与光纤网络通信、卫星远程通信相结合，将知识的编码、贮存、传输、扩散的速度极大地提高了，方式极大地简单化了，成本极大地降低了，从而使数字化的多媒体网络通信成为一种普遍性的大众技术，使不断更新的知识让全球任何角落里的人群大都可以随时廉价获得。在工业化时代，企业得以繁荣发展是因为它们能得到并开发利用原材料，提供标准化产品和服务及具有大批量生产能力。而进入信息化时代的今天，产品转化为商品的速度大大加快，新产品一旦问世，几个月甚至几天内具有类似特性的无牌产品立即就会出现在市场上。数字化、网络化通信技术革命与现代市场经济制度相结合，与风险投资和现代企业制度相结合，这就极大地促进了新知识的实际使用，促进了发明创新的物化过程，极大地加速了新知识的商品化、市场化、产业化进程。这是人类历史上从未有过的文明大传播和文化大普及。一个人类智慧大开发和经济大发展的高潮已经到来了。21 世纪最有价值的商品是无形资产，而不是有形物，有形物只不过是无形物的载体而已。正是这样，计算机和网络通信领域首先成为知识经济发展最快的领域，而站在计算机网络通信领域最前列的、敢冒高科技风险的企业及率先经营知识经济的科技企业家，首先成为企业发展最快、资产膨胀最快的“世界首富”，就不是什么不可理解的事情了。

4. 社会文化

社会环境主要是人群生活所组成的各种组织并由组织所在国家和地区认可的行为规范与态度的集合。社会环境包含的内容十分广泛，如人口及其年龄结构、家庭结构、价值观念、风俗习惯、消费方式、审美标准、宗教信仰、教育文化水平等都属于社会环境的内容。通过行为规范和生活方式的改变影响一国群体行为规范、劳动力的数量和质量、所需商品和服务的类型和数量等，并进而影响该国各组织的经营管理。

例如，世界人口迅速增长，尤其是发展中国家的人口持续增长，意味着这些国家的市场将继续扩大。同样，我国市场潜力也是很大的。发达国家的人口出生率下降，儿童减少，这种人口动向对儿童食品、儿童服装、儿童玩具等行业是一种环境威胁。因此，近年来一些国家某些经营儿童食品和用品的公司，或者到人口出生率高的国家去寻找市场，或者采取“转移”的对策，改行经营其他业务。许多国家尤其是发达国家的人口死亡率普遍下降，平均寿命延长，包括我国在内的一些国家人口年龄结构趋于老龄化。老年人的医疗和保健用品、助听器、眼镜、旅游、养老院等的市场需要会迅速增加，这样就给经营老年人用品的行业提供了市场机会，所谓“银发市场”潜力巨大，企业大有可为。近几十年来，许多国家的家庭规模趋于小型化，给经营这些家庭用品的行业提供了市场机会。许多国家的人口流动性增大。人口流动具有两个主要特点：一是人口从农村流向城市，二是人口从城市流向郊区。在我国，随着城镇化和城市建设事业的发展，大城市人口也将不断流向郊区。这种人口动向无疑也将会影响我国企业的市场营销。

人类在某种社会中生活，久而久之，必然会形成某种特定的文化，包括一定的态度和看法、价值观念、道德规范以及世代相传的风俗习惯等。文化是影响人们欲望和行为的一个很重要的因素。例如，我国人民（包括侨居异国的华人）每逢农历新年都要进行大扫除，购买年货，有些会在家门口贴上春联，有些地区会举行庙会，人们互相拜年，欢度春节；西方人每逢12月25日圣诞节，就大量购买节日用品，包括各种食品、日用品、圣诞树、礼品、圣诞贺卡，欢度圣诞节。人们的这种欲望和行为是受其传统文化影响的。

另外，自然环境也是影响组织管理活动不可或缺的因素。自然环境是指组织所处的生态环境和相关自然资源，主要包括地理位置、气候条件、自然资源状况等，它们是组织活动的重要制约因素。任何组织都必须有效地开发、利用自然资源环境。组织的地理位置决定了其获取资源的难易程度、与销售市场的距离、运输成本等；气候条件及其变化对组织有着重要的影响，如对旅游企业、空调生产企业、农牧场等尤其重要，良好的气候条件可以为这些组织提供机会，恶劣的气候条件则可对其产生破坏性的影响。当前，自然环境恶化（如酸雨、沙漠化、水资源匮乏）是我国面临的迫在眉睫的问题，它迫使我国经济结构向资源消耗低的方向调整。绿色环保、节能减排成为时代的主流，世界各国政府和人民对于可持续发展的呼声愈发强烈，企业在生产经营过程中必须重视对相关资源与生态环境的保护，保持稀缺资源的可持续利用，改进生产方式，减少对环境的污染。通过对自然环境的分析，积极寻找新的解决途径，在环境保护和企业发展中寻求一个合理的平衡点。

组织不可能脱离外部环境而独立存在，组织一经产生，就按照社会环境的要求进入一定的位置，每个组织面对的环境是等同的，企业无法改变它，只能积极主动地去适应。总体环境对组织的影响往往是潜在的、间接的，要在比较长的时间内才显现出来，但它对组织的影响要比行业环境和组织内部环境更为广泛和深刻。当然，组织所处的社会环境并不是一成不变的，环境的影响大多是动态的，给管理者带来了相当大的不确定性，管理者必须认真分析环境变化给组织带来的机会和造成的威胁，通过制定行之有效的策略，提高组织的管理效率。组织必须使其经营适应社会环境的变迁，也就是说，组织提供的产品和服务以及它们的内部政策，必须随社会环境的改变而改变。

（二）任务环境因素

不同的组织有不同的任务环境，与一般环境相比，任务环境对组织的影响更为直接和具体，因此多数组织管理者也都更为重视任务环境因素。任务环境主要包括资源供应者、顾客、竞争者和社会公众。

1. 资源供应者

组织要生存和发展，必须依靠一定的人力、物力、财力，但组织本身并不一定具备这些条件，因此，组织必须源源不断地从外界获得这些要素。一个组织的资源供应者，就是向该组织提供资源的个人或单位。这里所指的资源不仅包括原材料、设备、人力、资金，也包括信息、技术、服务和关系等一切该组织运作所需输入的东西。组织需要股东、银行、保险公司、福利基金会及其他类似机构来保证持续的资本供给；需要工会、职业协会、地方劳动力市场来保证持续的劳动力供给；需要运输公司、仓储公司、广告公司、管理咨询公司等提供便利的服务。任何一个组织，缺少了人力、物力、财力中的任一因素，就难以有效运转。对大多数组织来说，金融部门、政府部门、股东是其主要的资金供应者，学校、各类人员培训机构、人才市场、职业介绍所是其主要的人力资源供应者，各新闻机构、情报信息中心、咨询服务机构、政府部门是主要的信息供应者，大专院校、科研机构、发明家是技术的主要来源。

由于组织在其运转过程中依赖于供应者的资源供应，一旦主要的资源供应者发生问题，这些供应的不可获得或延误，就会导致整个组织运转的减缓或中止，极大地降低组织效果。因此，组织的管理当局需要处理好与供应者之间的关系，力图避免在不了解供应者的情况下进行决策。为了防止自己陷入困境，管理者必须从战略上尽最大努力寻求所需资源的及时、稳定、保质、保量的供应，并避免过分依赖于一两个资源供应者。

2. 顾客

顾客是指一个组织为其提供产品或劳务的人或单位。如企业的客户、商店的购物者、学校的学生和毕业用人单位、医院的病人、图书馆的读者等，都可称其为相应组织的顾客。任何组织之所以能够存在，是因为有一部分需要该组织产出的服务对象即顾客存在，如果一个组织失去了其服务对象，该组织也就失去了其自身存在的基础。企业生产的每一个产品，都是为了满足顾客的需求，如果一个企业生产的产品无人问津，生产就变成了一种无意义的行为，企业就必然走向破产。有些组织，虽然不生产实物产品，如政府组织、学校组织，但这些组织的存在为公众提供了无形产品——服务。一个政党如不能为人民谋利益，公众就会抛弃它，这个政党也就会萎缩乃至消亡。组织的服务对象是影响组织生存与发展的主要因素，而任何一个组织的服务对象对组织来说又是一个潜在的不确定的因素。

组织面对的顾客种类很多，他们购买组织所提供的产品或服务的目的也不同。不同的顾客需求，构成不同的购买市场。包括：①消费者市场，即为了个人消费而购买的个人和家庭所构成的市场；②生产者市场，即为了生产、取得利润而购买的个人和组织所构成的市场；③中间商市场，即为了转卖、取得利润而购买的批发商和零售商所构成的市场；④政府市场，即为了履行职责而购买的政府机构所构成的市场；⑤国际市场，即由国外的消费者、生产者、中间商、政府机构等所构成的市场。

组织与顾客的关系实质上是生产与消费的关系，组织的一切活动都必须以顾客为中心，“顾客是上帝”，没有顾客，组织就不可能生存。顾客的需求是多方面且经常改变的，而要成功地拥有顾客，就必须满足顾客的需求。顾客代表着潜在的不确定性，为此，管理者就必须深入市场，分析顾客的心理，根据顾客需求的变化及时推出新产品、新服务。为了赢得顾客的满意，组织就必须不断了解顾客需要什么和想买什么，尽可能做到投其所好。确保及时地向其顾客提供满意的商品和优质的服务，这几乎已成为当今各类组织中管理者所面临的头等大事。对于一个组织，只有不断地满足不同的顾客和顾客种种变化了的需求，才能长期地生存和发展下去。

3. 竞争者

一个组织的竞争者是指与其争夺资源、顾客的人或组织。任何组织都不可避免地会有一个或多个竞争者，即使是垄断组织也不例外。竞争者的一举一动，经常影响管理当局的经营决策。组织要想在市场竞争中获得成功，就必须能比竞争者更有效地满足顾客的需求与欲望。因此，企业所要做的并非仅仅是迎合目标顾客的需要，而是要通过有效的产品定位，使得自己的产品与竞争者的产品在顾客心目中形成明显差异，从而取得竞争优势。竞争的结果通常表现为此消彼长，组织的管理者要密切关注竞争对手的动向，做到“知己知彼，百战不殆”。可以将竞争者划分为直接竞争对手、潜在竞争对手、替代品生产者 3 大类来加以分析。潜在竞争对手和替代品生产者也可合称为间接竞争对手。

直接竞争对手主要是同行业中现有的企业，多家企业生产相同或相似的产品，必然会想方设法争夺市场，从而形成竞争关系。

潜在竞争对手主要是指那些可能进入本行业的潜在加入者，潜在加入者带来了新的生产能力并要求取得一定的市场份额，因而会对已有企业产生威胁。但潜在加入者也会受到原有企业的反击和进入壁垒等因素的限制。

替代品是指那些具有相同或相似功能的产品，如空调可替代风扇，洗衣粉可替代肥皂。因为用户购买商品的目的在于获得其使用价值或者说是实现其功能，所以，那些能满足用户同一需求的产品都具有替代性，当用户购买了某种商品后，他们对那些具有相同或相似功能的商品的需求就会减少，因而，替代品生产者也是企业的竞争者。

资本经营方式的出现，使得 21 世纪的竞争变得更为激烈与复杂。资本竞争成为不受产品载体束缚的跨越行业、超越国界的竞争。资本凭借其自身的力量，打破各种行业壁垒而长驱直入，在全世界范围内寻求利润，令人防不胜防，发达国家已经由以前的商品输出转为现在的资本输出。因此，在资本竞争时代，任何一家企业都可能是另一家企业的潜在竞争对手。

管理者要善于辨别自己的现实竞争者和潜在竞争者，了解竞争对手的状况及双方的实力对比情况，确定组织在市场中的竞争地位，趋利避害，扬长避短，有效地制定本组织的竞争对策，在激烈的竞争中取胜。忽视竞争者行为的组织，无疑要付出惨重的代价。竞争者是管理者必须对其有所了解并及时作出反应的一个重要环境因素。

4. 社会公众

公众是一个内涵广泛的概念，通常是指对组织实现其目标具有实际的或潜在的利害关系或影响力的任何个人或团体。社会公众主要包括媒体公众、政府公众、地方公众等。媒体公众，即报纸、杂志、广播、电视等具有广泛影响的大众媒体；政府公众，即负责管理企业业务经营活动的有关政府机构；地方公众，即企业附近的居民群众、地方官员等。当今的社会经济发展中，社会特殊利益代表组织，如工会、消费者协会、环境保护组织等，它们是代表着社会上某一部分人的特殊利益的群众组织，虽然没有像政府部门那么大的权力，但却同样可以对各类组织施加相当大的直接影响。他们可以通过直接向政府主管部门反映情况，通过各种宣传工具制造舆论以引起人们的广泛注意。事实上，部分政府法规的颁布就是对某些社会特殊利益代表组织所提出的要求的回应。

组织与公众的关系直接地影响组织行为，组织必须努力与公众建立良好的关系。组织是否在社会公众心目中留有良好的印象，将会直接影响组织的赢利能力，对于非营利性组织则会降低自己的受欢迎程度。我们平常所议论的某某品牌质量好，就是组织在社会公众心目中树立良好印象的具体体现，这对于一个组织的长期发展是十分重要的。组织要通过各种活动，如参与社会公益事业、借助大众媒体宣传、积极与有关政府部门沟通等，赢得社会公众的认可和拥护，从而树立良好的组织形象。

由上可见，任何组织都不是孤立的。组织把环境作为自己输入的来源和输出的接受者，组织也必须遵守当地的法律，并对竞争作出反应。正因为如此，供应者、顾客、竞争者、社会公众等可以对某一个组织施加直接影响，而管理者也必须对这些环境因素的影响作出适当的反应。

三、组织的内部环境

内部环境主要包括经营条件和组织文化两方面。内部环境的研究目的是通过对组织内部各种资源拥有状况和利用能力的分析，使组织明确自己的优势和劣势，进而有的放矢地调整战略目标，寻找到挖掘内部潜力的方向，以实现组织的目标。

（一）经营条件

组织经营条件是组织拥有的各种资源的数量和质量情况。任何组织都是独特资源和能力的结合体。资源是指企业在生产经营过程中所投入的各种要素。企业资源中不仅包括企业自己所拥有的资源，还包括企业可以利用的“合作”组织的资源和公共资源。“合作”组织的资源主要包括租赁资源、虚拟资源、战略联盟组织资源、客户资源、购买专利等。公共资源是指企业可以利用的公共自然资源、公共设施和公共信息资源等。

组织资源大致可以分为三类，即有形资源、无形资源和人力资源。有形资源指企业的实体资产和金融性资产，主要包括财务资源、实物资源。无形资源是指能够为企业创造价值，但不具备实物形态的资源。无形资源一般包括专利、技术诀窍、商誉、管理经验和管理模式等。人力资源主要包括人员的数量、构成、技术水平、经历等。

企业能力是指企业通过科学的组织管理，将各种资源整合起来，形成的完成某项任务的素质和技能。一项项独立的资源是无法为企业创造价值和建立竞争优势的，企业应通过有形资源和无形资源的不断融合形成与众不同的能力。企业的能力是多种多样的、多层次的。企业能力通常通过各职能领域得以体现，主要包括研究开发、生产运作、市场营销、人力资源、信息管理和组织管理等方面的能力。其中，企业在研发、设计、制造、营销、服务等少数几个环节上具有明显优势，竞争对手难以模仿并能够满足客户价值需要的独特能力就形成了企业核心能力。核心能力是一种扎根于企业组织内部的、能获得超额收益和能够不断使自己立于优势地位的能力。如世界500强企业，几乎无一不在技术诀窍、市场网络、创新能力、品牌形象、管理模式、顾客服务等方面具有持续的独特能力。

（二）组织文化

组织文化是现代管理实践的产物。组织文化（organizational culture）是指一个组织在长期发展过程中所形成的价值观、群体意识、道德规范、行为准则、特色、管理风格以及传统习惯的总和。组织文化对组织的经营决策和领导风格，对工作态度和工作作风起着决定性作用，同时在组织的生存和发展中起着导向、凝聚、激励、约束、辐射等作用。

组织文化作为一个体系，可以看作由器物层、制度层和精神层三个层次的内容构成。其中，器物层是组织文化的表层部分，它是形成制度层和精神层的必要条件；制度层是组织文化的中间层次，是指对组织及其成员行为产生约束影响的规范性部分，它集中体现了组织文化的物质层和精神层对组织及其行为的要求；精神层则主要是指组织的全体成员共同信守的基本理念、价值标准、职业道德、精神面貌，也就是组织理念，它是组织文化的核心，是形成器物层和制度层的基础和原则。

组织文化的特征主要表现为：①创新与冒险，即组织在多大程度上鼓励员工创新和冒险；②注意细节，即组织在多大程度上期望员工做事缜密、注意小节；③结果定向，即组织管理人员在多大程度上集中注意力于结果而不是强调实现这些结果的手段和过程；④人际导向，即管理决策在多大程度上考虑到决策结果对组织成员的影响；⑤团队定向，即组织在多大程度上以团队而不是以个人工作来组织活动；⑥进取心，即员工的进取心和竞争性如何；⑦稳定性，即组织活动重视维持现状而不是重视成长的程度。

组织文化对管理的影响关键在于文化是否适应企业的战略和环境，是否给企业带来高效率和高效益。组织文化对管理的积极功能具体表现为：①它表达了组织成员对组织的一种认同感；②它使组织成员不仅仅注重自我利益，更考虑到组织利益；③它有助于增强社会系统的稳定性；④文化作为一种意义形成和控制机制，能够引导员工和塑造员工的态度和行为，文化决定了游戏规则。组织文化对管理的消极功能具体表现为：①变革的障碍；②多样化的障碍；③兼并和并购的障碍。

第二节　管理道德和社会责任

企业是市场经济的主体，其根本目的是追求利润最大化。企业是盈利性组织，必须要赚钱才能生存。但是，对于如何合法地追求利润并使用这些利润却存在着不同的看法。有些公司不择手段地追求利润而不管其他，而另一些公司则致力于社会改善，哪怕可能因此而减少利润，绝大多数公司则介于这两者之间。究竟采取哪一种立场，取决于管理者的管理道德观和社会责任感。一个企业的成功与否有很多的度量标准，在这些众多的度量标准中，管理道德和社会责任越来越受到重视，成为社会经济发展中的热门话题。管理道德标准决定了一个组织的文化，而社会责任则决定着组织将如何来面对各种内外部环境因素。企业要想获得长期的生存发展，不仅要遵守法律，同时还必须遵守一定的道德规范，承担相应的社会责任。近年来，我国的经济发展取得了令人瞩目的成就，但企业在快速发展的同时却面临着严重道德困境，如慈善事业、自然生态环境污染、销售劣质商品、会计信息失真等问题层出不穷。因此，管理者进行决策时不可避免地涉及企业的管理道德和社会责任问题。从某种意义来讲，管理道德与社会责任的提出是企业发展成熟的标志，也是管理理论开始走向成熟的标志。

一、管理道德

(一)管理道德的定义

一般来说，道德是指一个人或组织在判断是非时所依据的惯例和价值观准则。它帮助人们在可供选择的行为中作出选择，是评价人们的行为、调整人与人、人与自然环境，以及个人与社会之间关系的行为准则和规范的总称。简单地说，就是社会群体的不成文的规则。

管理道德是指管理者的行为准则与规范的总和，是社会一般道德原则基础上建立起来的特殊的职业道德规范体系，它是通过规范管理者的行为去实现调整管理关系的目的，并在管理关系和谐、稳定的前提下进一步实现管理系统的优化、提高管理效益。

人类行为可分为三个区域：法律行为、道德行为和自由选择行为。在法律区域，所有的价值观和行为准则都可以在法律条文中找到相应的规定，公民必须遵守它，法官可以以此为依据对违法行为做出判决。在自由选择区域，个体享有充分的自由，可依据个体价值准则进行决策，如个人宗教信仰自由、公司可自行确定生产的产品品种等。在介于这两者之间的道德区域，人们的行为受到无形的和不成文的准则约束。当个体与组织在处理与他人或外部其他组织之间的关系时，问题就会显现出来。由于道德准则不是以法典的形式出现，对一个特定的行为不同的人常常会产生不同的看法，是非的界限也不那么清楚，这时就很容易产生“道德困境”。

很多管理道德困境来自个体与整体的矛盾。一家公司雇员众多，经济效益显著，为当地解决就业问题和增加财政税收做出了很大的贡献，但其生产过程中的排放物产生了严重的环境污染，我们应该如何对待该企业？一家公司为了加强对员工的管理，在工作场所设置了监视器用以了解员工的工作情况，却可能因而让员工产生不安全感，对这个问题我们又该如何处理？对于一个组织而言，组织如何对待员工、员工如何对待组织、员工和组织如何对待利益相关者，都涉及管理道德问题。在21世纪，管理者将不可避免地会越来越多地遇到管理道德问题。

(二)管理决策所依据的道德观

道德观是对社会道德现象和道德关系的整体认识和系统看法。与人们的世界观、人生观紧密相连。对道德观的认识，不同的角度会产生不同的看法。管理决策经常会遇到来自组织与个人、组织与行业、组织与社会之间的道德困境，管理者在处理不同的问题时，会依据不同的道德观来作出决策。管理道德观有4种不同观点：功利主义的道德观；权利至上的道德观；公正主义的道德观和综合社会契约的道德观。

1. 功利主义的道德观

道德功利观是从行为引起的结果来判断行为的道德性，即某种行为能否给大多数人带来最大利益来判断行为的道德性。功利观的目的就是为绝大多数人提供最大的利益。持有功利观的管理者认为在企业运行处于淡季时，解雇企业中 20% 的员工是正当的，因为这将增强企业的盈利能力，使得留下的 80% 员工的工作更有保障，并使投资者获得最好的收益。一方面，功利观能够提高效率和生产率，符合利益最大化目标。但另一方面，也会造成资源的不合理配置，如没有让那些受决策影响的人参与决策；同时功利观只规定了对大多数人有利，但利益如何分配并没有明确规定，导致一小部分人利用手中的职权或资本，获取绝大部分的利益，而大部分人只得到了一小部分的利益，造成利益分配不公平，这也是不道德的。

2. 权利至上的道德观

这种观点认为，所有人都享有基本权利，诸如个人隐私权、言论自由权、受教育权、医疗保障权及法律规定的其他各项基本权利，只有尊重和保护个人的基本权利的行为才是道德的。例如，针对雇员揭发雇主的违法行为，有的人认为这是不道德的，雇员要忠于雇主。但道德权利观认为应该尊重和保护雇员的言论自由权，谴责雇员揭发雇主是不道德的行为。

权利观一方面维护了每个人的基本权利，并把它作为评判道德与否的标准，符合道德的本意，对随意侵犯他人权益的行为无疑有制约的作用。但另一方面，持权力观的管理者把对个人权利的保护看得比工作的完成更加重要。在个人权益与组织利益发生矛盾时，权利观会优先考虑个人利益，从而影响组织在生产过程中的生产率和效率的提高。因此，如何正确处理个人与组织的关系，既要尊重每个人的基本权利，又要确保组织整体效率的提高，是道德权力观必须妥善解决的问题。

3. 公正主义的道德观

这种观点认为管理者必须公正和公平地贯彻和加强规则，公平地对待每个人，不偏不倚才符合道德原则。管理者不会因为种族、性别、个性、国籍、户籍等因素对部分员工产生歧视，而是通过在企业内部建立相对公平的规章制度，根据员工的技能、经验、绩效或职责等因素作为衡量标准，使员工努力工作并取得与努力程度相应的报酬。持公正观的管理者可能会向新来的员工支付比最低工资水平高一些的工资，因为在他（她）看来，最低工资不足以维持该员工的基本生活。实行公正公平原则也会有得有失。一方面，它保护了那些未被充分代表的或缺乏权力的利益相关者的利益；另一方面，它可能不利于培养员工的风险意识和创新精神，从而影响生产效率。

4. 综合社会契约道德观

这种观点认为应当把实证（是什么）和规范（应该是什么）这两种因素并入管理道德中，即决策人应当在决策时综合考虑实证和规范两方面的因素。社会契约观点综合了两种“契约”：一种是经济参与人当中的一般社会契约，这种契约规定了商业活动的程序；另一种是一个社区中特定数量的人当中的较为特定的契约，这种契约规定了哪些行为是可接受的。例如，美国公司在中国的雇员，与美国本国的同等技能、同等绩效或同等职责的员工相比，工资待遇差别可能有 5 ～ 10 倍之多，并且中国员工在失业、医疗、休假等方面的保障往往更少。但这些行为通常并不认为是不道德的，而被视为是正常至少是可以理解和接受的。综合社会契约道德观与其他三种的区别是它要求管理者考察各行业和各公司中的现有道德准则，以决定什么是对的、什么是错的。

实践表明，大多数企业经营者对道德行为持功利主义态度。这是由于功利观的目标是为大多数人带来最大利益，并且与利润、效益紧密联系在一起。但是，随着社会经济的增长，人们社会意识日益增强，社会生存环境备受关注，功利主义遭到了越来越多的非议，因为它在照顾大多数人利益的时候忽视了个人和少数人的利益。对个人权利和社会公平的重视，意味着管理者需要在是非功利标准的基础上制定决策，但这些标准含有更多的模糊性，使得管理者不断发现自己处于道德困境中，他们不得不做出自身的道德选择，这无疑是个严峻的挑战。

（三）管理道德的影响因素

不同的管理道德观会导致管理者不同的行为。一个管理者的行为是否合乎道德，会受到管理者个人道德发展阶段、个人特征、结构变量、组织文化和道德问题强度等多种因素的影响。

1. 道德发展阶段

国外学者的研究表明，人们的道德意识及其行为表现一般要经历三个层次，每个层次又分为两个阶段，如表 3-1 所示。管理者达到的阶段越高，就越倾向于采取符合道德的行为。

道德发展的最低层次是前惯例层次。在这一层次，人们的道德选择仅受个人利益的影响，其行为特征是为避免物质惩罚严格遵守组织规则或只在符合直接利益时才遵守规则。道德发展的中间层次是惯例层次。在这一层次，人们的道德选择受他人期望的影响，道德判断的标准是个人是否维持平常的秩序并满足他人的期望。道德发展的最高层次是原则层次。在这一层次，人们的道德选择具有自主性，受自己认为是正确的个人行为准则的影响，个人试图在组织或社会的权威之外建立道德原则。

表 3-1　道德发展阶段

层　次	阶　段
前惯例层次 仅受个人利益的影响。依据是否对自己有利进行决策，这种利益是由不同行为方式带来的奖赏和惩罚决定的	1. 遵守规则以避免受到物质惩罚 2. 仅仅在符合其直接利益时才遵守规则
惯例层次 受他人期望影响。包括对法律的遵守，对重要人物的期望作出反应，并保持对对他人期望的一般感觉	3. 做你周围的人所期望的事情 4. 通过履行你允诺的义务来维持传统秩序
原则层次 受个人道德准则的影响。这些准则可以与社会的规则或法律一致，也可以与社会的规则或法律不一致	5. 尊重他人的权利，可以不顾多数人的意见，支持不相关的价值观和权利 6. 遵守自己选择的道德准则，即使这些准则违背了法律

资料来源：斯蒂芬·P. 罗宾斯著，《管理学》，中国人民大学出版社，2004 年，第 105 页 .

有关道德阶段研究表明：①人们以前后衔接的方式依次通过这六个阶段，而不能跨越；②道德发展随时可能中断，发展可能停留在任何一个阶段上；③多数成年人的道德水平处于第四个阶段上，他们被束缚于遵守社会准则和法律。一个管理者达到的道德阶段越高，就越倾向于采取符合道德规范的行为。例如，处在第三阶段的管理者可能制定出能得到他周围人支持的决策；处于第四阶段的管理者将寻求制定尊重企业规则和程序的决策，以成为一名模范的员工；处于第五阶段的管理者更有可能对他认为错误的组织行为提出挑战；处于第六阶段的管理者如中国企业家史玉柱在巨人集团破产后东山再起时，坚持要还清法律规定可以不还的欠债。

2. 个人特征

进入组织的每一个人都有一套相对稳定的价值准则。这些准则是个人早期发展起来的，它包含了什么是正确、什么是错误的基本信条。管理者通常也有不同的个人准则，它构成道德行为的个人特征。由于管理者的特殊地位，这些个人特征很可能转化为组织的道德理念与道德准则。

研究发现有两个变量影响着人们的行为，这两个变量是自我强度和控制中心。自我强度用来衡量一个人的信念强度。一个人的自我强度越高，克服冲动并遵守其信念的可能性越大，在道德准则判断与道德行为之间的一致性上较强。也就是说，自我强度高的人一般都会深信自己的判断是正确的。因而，通常都能坚持去做自己认为正确的事。我们可以推断，对于自我强度高的管理者，其道德判断与道德行为会更加一致。控制中心是衡量人们相信自己掌握自己命运程度的指标。控制中心分为内在和外在两个方面，具有内在控制中心的人相信他们掌握着自己的命运，而具有外在控制中心的人不相信自己，往往听天由命或凭运气办事。具有内在控制中心的管理者比具有外在控制中心的管理者在道德判断与道德行为之间具有更大的一致性，能够对自己行为负责，很少出现违背道德准则的情况。

3. 结构变量

组织结构设计有助于形成管理者的道德行为。结构变量是指一个企业的组织结构设计模式与相关制度。正式的规章制度、职务说明和明文规定的道德准则可以降低组织结构的模糊程度，有助于促进管理者的道德行为。上级管理行为的示范作用，上级的行为对个人在道德或不道德行为具有强有力的影响，下级会以此来确定什么是可以接受的和上级期望的行为标准。合理的绩效评估体系应从客观、全面的角度评价员工，仅以成果为唯一标准，会使人们在指标的压力面前“不择手段”，会助长不道德的行为。报酬的分配方式、赏罚的标准也是影响管理者道德行为的重要因素，这与道德的一个重要标准“公正”相联系。公正的程度关系着人们的道德选择，也关系着人们对道德的信念和坚持。此外，管理者压力越大，管理者越有可能在道德标准上妥协。

4. 组织文化

组织文化的内容和力量也会影响道德行为。是企业在长期的经营活动中形成的并被企业员工普遍认同和遵守的价值观念、团体意识、工作作风、行为规范和思维方式等范畴。组织文化的内容、性质和强弱程度对管理道德有明显的影响。一个企业若拥有健康、开放、进取，具有较高道德标准的组织文化，使组织成员普遍严于律己、宽以待人，极大地防止了不道德行为的发生。强组织文化对组织成员有较强的道德约束力。相反，在一个较弱的组织文化中，即使人们具有正确的道德标准，在遇到矛盾和冲突时也难以坚持原有的道德准则，从而导致管理者的非道德行为。如管理者和员工在积极创新进取时，一旦遭受挫折或失败，就会受到组织的歧视和惩罚。在这种组织文化环境下，人们做事会很保守，有时为了取得成果取悦上级而采取不道德的行为，助长不道德管理行为的滋生与扩散。

最有可能形成高道德标准的组织文化，是一种高风险承受力、高度控制，并对冲突高度宽容的文化。如果强文化支持高道德标准，它会对管理者在道德和非道德行为之间的决策产生非常强烈和积极的影响。

5. 道德问题强度

影响管理者道德行为的最后一个因素是道德问题本身的强度，所谓问题强度是指该问题如果采取不道德的处理行为可能产生后果的严重程度。管理者如果比较在意道德评价，认为道德问题很重要，他就会自觉遵循道德规范和道德原则，并且会不断提高自身的道德水平；否则，就会我行我素。具体看来，道德问题强度取决于六个因素。

（1）某种道德行为对受害者的伤害有多大或对受益者的利益有多大？伤害很大则不道德，伤害很小则无所谓。例如，企业不景气，业务缩减，裁员可以降低经营成本，减少人力、物力、财力的消耗。

（2）有多少人认为这种行为是邪恶的（或善良的）？如果大多人认为这种行为恶劣则不道德；若很少人这样认为则无所谓。例如，高校里曾经流行这样的段子“天下论文一大抄，看你会抄不会抄”，在高校抄袭论文已经越来越普遍。很多原本很在乎荣辱的学生都不再以抄袭论文为耻，而高校领导和教授们也欣然默许了这种现实。

（3）行为实际发生并造成实际伤害（或带来实际利益）的可能性有多大？如公司拖欠员工工资比按时给员工发放工资更有可能引发信用危机。

（4）在该行为和可预见后果之间持续的时间有多长？例如，公司制定一减员增效计划，减员中有很多年长但对公司有贡献的人，该计划立即实施和在两年后实施引起的反应不一样，前一种被认为不道德，后一种因为是以后的事，反应不太强烈。

（5）行为的受害者（或受益者）与你（在社会、心理或物质上）的接近程度？例如同办公室的员工被解雇，你会认为这种行为是不道德。

（6）道德行为对有关人员影响的集中程度如何？例如，担保政策的一种改变（拒绝给10人提供每人10 000元的担保），比担保政策的另一种改变（拒绝给10 000人提供每人10元的担保）的影响更快更集中。

综上所述，受伤害的人越多，越多人认为这种行为是不道德的，行为发生并造成实际伤害的可能性越高，行为的后果出现越早，观察者感到行为的受害者与自己挨得越近，问题强度就越大。这五个因素决定了道德问题的严重程度，道德问题越重要，管理者越有可能采取道德行为。

（四）改善管理道德的途径

当今社会，环境污染、企业欺诈、同行间不正当竞争、商业贿赂、员工不负责任等现象泛滥，企业道德已到了一个非治理不可的时候，同时也正是改善和建设企业道德的好时机。高层管理者可以采取多种措施来提高员工的道德素质，这些措施包括：挑选高道德素质的员工、建立道德准则和决策准则、管理者以身作则、设立合理的工作目标、重视对员工的道德教育、对绩效进行全面科学的评价等。

1. 挑选高道德素质的员工

由于每个人的成长背景、教育经历等不同，会形成不同的个性特征和价值观念。管理者在员工招聘过程中，就必须进行道德考察，剔除道德上不符合要求的求职者和候选人。但道德考察真正实施起来并非易事，道德考察的标准是模糊的，如诚实守信、敬业奉献、勤俭节约等多项内容，很难形成明确、单一的检测标准，因而无法使被测者在道德上有明晰的数量差别。另外，道德考察容易受到其他因素影响而发生误判。如调查人和被考察人通常是在一起学习或工作的人，在此过程中，道德考察很容易变成人际关系的考察，偏离道德本身评判的要求，这种考察方法事实上很难真正对考察对象的道德品质做出客观实事求是的评价。

2. 建立道德准则和决策准则

道德准则是表明一个组织基本价值观念和组织希望员工遵守的道德规则的正式文件。道德准则要具体，要让员工明白工作时遵循的原则，如应以什么样的精神来从事工作，以什么样的态度来对待工作，同时还要兼具宽泛性，允许员工在不违反原则前提下有个人的见解和行动自由。因此，建立道德准则是减少道德问题、改善道德行为的一项有效的办法。美国《幸福》杂志列出全美最好的1000家公司中，几乎90%的公司都有一套明文的道德法规。

管理者对道德准则的态度（是支持还是反对）以及对违反者的处理办法对道德准则的效果有重要影响。如果管理者认为这些准则很重要，经常宣讲其内容，并当众给违反者指明，那么就能为道德准则提供坚实的基础。

3. 管理者以身作则

实践表明，要使组织的管理道德准则得到员工的认同与有效执行，提高组织的管理道德水平，组织领导者的以身作则起着关键作用。他们通过自己的言行为组织的管理道德定下基调，组织领导者坚定的信念、崇高的道德修养，能够帮助组织内外人员在行为中自觉维护和反映特定的道德准则。每一个管理者都应当推己及人，要求别人做的，首先自己要做到。只有自己廉洁自守，兢兢业业，才能要求员工为集体尽力。所谓“上行下效”，“上有所好，下必甚焉”的道理就是如此。

4. 设立合理的工作目标

目标是行动预期要实现的结果，工作目标集中体现组织管理者对员工工作的要求。员工应该有明确和现实的目标。如果目标对员工的要求不切实际，即使目标是明确的，也会产生道德问题。如过低的目标，降低实现目标的门槛，减轻应尽的责任，如此设定目标也是不道德的。通过降低预定目标，夸大最终成绩，谋取不正当利益。为了降低目标，有的管理者隐瞒事实，混淆视听，有的甚至上下串通，与道德规范格格不入。过高的目标把员工压得透不过气，即使是素质较高的员工也会迷惑，很难在道德和目标之间做出选择，有时为了达到目标不得不牺牲道德。

一些组织的工作目标不合理，还表现在目标体系中只有数量指标而没有或极少有质量指标，使产品质量得不到保证，最终伤害客户利益。这种管理的缺陷表现为目标不完善，实质是职业道德低，为谋求自身利益最大化而无视客户对质量的要求。而明确的目标可以减少员工的迷惑，并能激励员工而不是惩罚他们。

5. 重视对员工的道德教育

现在，越来越多的组织意识到对员工进行适当的道德教育的重要性，它们积极采取各种方式来提高员工的道德素质，如开设研修班、组织专题讨论会等。进入组织后，员工的道德水准会因工作环境、组织文化和单位管理水平的差异而有较大的变化，通过向员工讲授解决道德问题的方案，可以改变其行为，提升员工个人的道德发展阶段，增强员工对职业道德的认识。如在日本企业界，员工的道德训练始终是与企业命运紧密结合在一起的。许多企业悬挂着“道德进入企业，心灵进入工作场所”、“在企业中要有伦理，职业上要有心”的口号，他们以“明朗、爱和、喜劳”为中心内容普遍开展道德训练，启迪和内化员工心灵。可以说，企业的发展取决于员工的业务素质，更取决于道德素质。

6. 对绩效进行全面科学的评估

绩效评价全面与否，对道德建设有重要影响。许多组织的奖励之所以没有达到预期的效果，主要是绩效评价的片面性造成的。如仅以经济成果来衡量绩效，无视工作中的道德影响，人们为了取得成果就会不择手段，从而产生不符合道德的行为。因此，绩效评估必须全面而科学：既要看结果，也要看手段，看整个过程有无不道德问题发生；既要看近期经济绩效，又要看对组织长期发展的影响，防止行为短期化；既要看经济效益，又要看社会效益和生态效益，防止对社会和环境产生不利的影响。绩效评价要达到手段和结果的统一、近期和长远的统一、经济效益、社会效益和生态效益的统一。

改善管理道德是一项长期的任务，不是一朝一夕可以完成的，要贯穿于企业发展的全过程和全体员工，从而减少组织中的不道德行为发生。在以上措施当中，单个措施的作用是极其有限的，但若把它们中的多数或全部结合起来，就很可能收到较好的效果。

二、社会责任

对管理道德行为的关注不能仅限于管理者或员工个人，还必须在组织层面关注和检查道德行为。任何一个组织都是一个社会实体，其任何一种行为都会涉及相应的利益相关者。所谓利益相关者，是指在组织内部或外部对公司的经营活动或业绩有重大影响的任何个人或组织，如股东、供应商、客户、员工、社区等等。当一个组织在面对各方面的利益相关者时，应该“对谁负责”？由此就引发了组织的社会责任问题。社会责任是指组织在其运营过程中应该履行的保护和改善社会的义务。社会责任要求组织的决策和行为既有利于本组织，又有利于社会，要照顾到所有可能因组织的决策而受到影响的各方面利益相关者。

一个企业的社会责任包括经济责任、法律责任、伦理责任和“无约束”责任。企业作为社会最基本的经济单位，首要的职责是向社会提供适销对路的产品和服务，同时最大限度地为所有者和股东赚取利润。与此同时，企业应当在法律允许的范围内实现自己的经济目标，要遵循政府颁布的各项法律法规。伦理责任要求企业讲究道德，避免危害他人和社会。“无约束”责任是企业的一种自觉行为责任，是非强制性的，而且不是由经济、法律和伦理因素促成的企业为社会所做的贡献，比如不要求任何回报的慈善捐赠。

20 世纪 60 年代后以来，社会责任问题已引起人们的普遍关注。管理者经常遇到与社会责任有关的决策，如产品质量与安全问题、产品定价问题、慈善事业问题、环境与资源保护问题、企业与员工的关系问题等。因此，企业要想获得长期的发展壮大，在追求利润的过程中不仅要承担法律责任、经济责任，还要承担社会责任。

(一)社会责任的概念

美国管理学家斯蒂芬. 罗宾斯(Stephen P. Robbins)认为，社会责任是工商企业追求有利于社会长远目标的义务，而不是法律和经济所要求的义务。因此，可将企业的社会责任定义为：企业在承担法律义务（企业遵守所在国和地区的有关法律法规）和经济义务（为投资者实现保值增值的义务）之外，还应承担追求对社会有利的长期目标的义务。社会责任虽然没有法律的直接规定，但道德伦理要求企业承担对社会的责任。社会责任成为法律责任的必要补充。

为了更好地理解“社会责任”的含义，引入和社会责任较为相似的两个概念——社会义务和社会响应作比较。社会义务是企业参与社会责任的基础。当一个企业履行了法律上和经济上义务，就意味着该企业已履行了自己的社会义务。如对一家依法纳税的企业，只能说它承担了社会义务，还不能认定它承担了社会责任，因为依法纳税是一个公民、每个企业应尽的社会义务。由此可以说，社会责任是一种比社会义务更高的道德标准。社会响应是指一个企业对社会压力作出反应，并用社会准则作为指导的能力。一个具有社会响应能力的组织之所以采取某种行为方式是因为它希望满足某种普遍的社会需要。社会响应反映了一个企业适应社会环境变化的能力。与社会责任相比，社会反应更注重运用各种手段和途径去实现其中短期利益。而社会责任考虑更多的是道德规则，强调义务的实现和一种长期利益的获得。因此，社会义务是三者中最基础的一个方面，社会责任与社会反应的实现都是以社会义务的完成为前提的。

(二)两种不同的社会责任观

在“企业是否需要承担社会责任”这一问题上，有两种截然不同的观点。

1. 古典观

古典观又称为纯经济观点。主张管理当局唯一的社会责任就是从出资人（股东）的最佳利益出发谋求利润的最大化。诺贝尔经济学奖获得者米尔顿 . 弗里德曼（Milton Friedman）是此观点的代表人物。他认为当今大多数的管理者是职业管理者，他们并不拥有他们所经营的企业，他们只是员工，仅向股东负责，从而他们的主要责任就是最大限度地满足股东利益，即财务收益。若管理者自作主张将组织资源用于社会利益，就是在是在削弱市场机制的作用，增加经营成本，具体来说，如果企业承担社会责任的行为使利润和股利下降，则它损害了股东的利益；如果履行社会责任使员工的工资和福利下降，则它损害了员工的利益；如果用提价来补偿社会责任的行为，则损害了消费者的利益；如果顾客不愿意或支付不起较高的价格，销售额就会下降，那么企业的生存就会受到威胁，这时企业的所有利益相关者都会遭受或多或少的损失。

2. 社会经济观

持这种观点的人认为，公司不仅对股东负责，同时要对产生和支持它的社会负责。管理者的责任不仅仅是追求公司利润最大化，还要保护和增进社会福利，因而要承担相应的社会责任。社会经济观认为，古典观的主要缺陷在于目光短浅，只看到眼前利益。管理者应该关心资本的长期收益最大化，为此，必须承担一些必要的社会义务及相应的成本。如以不污染、不歧视、不发布欺骗性广告等方式来维护社会利益。他们还必须在增进社会利益方面发挥积极的作用，如参与所在社区的一些活动和捐钱给慈善组织等。因此，企业的生存和发展离不开社会，企业履行社会责任不仅是道德上的要求，还符合企业自身的利益，能够带给企业带来良好的社区关系和企业形象，从而使企业能可靠地获取较多的长期利润。

（三）企业社会责任的具体体现

根据以上分析，企业承担社会责任在短期内会增加经营成本，但从长期来看，会使企业赢得更多的利润和更好的声誉，促进社会和谐发展。企业社会责任具体体现为以下几个方面。

1. 企业对员工的责任

企业保护员工的合法权益是其承担社会责任的根本。人力资源成为企业最重要的资源之一，企业应从多方面入手，实现员工的需要发展、能力发展以及个性发展。

（1）同等对待员工。由于员工日趋多元化，应注意在性别、年龄、宗教信仰、户籍、国籍等方面保证员工拥有平等待遇和机会，避免歧视行为。

（2）营造一个良好的工作环境。为员工营造一个健康、安全、和谐的工作环境有利于工作效率的提高。如改善工作条件，认真听取员工建议，重视员工的利益，赏罚分明、奖惩得当。同时还要注意

（3）培训员工。提高人才素质员工能否在企业中得到锻炼和发展的机会是决定员工（特别是高素质的员工）去留的一个关键因素。通过定期和不定期的培训，提高员工的工作技能和各方面素质，既满足了员工自身的需要，也满足了企业的需要。

2. 企业对顾客的责任

顾客是企业提供产品和服务的最终使用者，顾客的消费和信赖使企业运作和发展的前提。企业为顾客提供安全的产品是企业最基本的责任，同时在产品信息方面不能欺骗顾客，

如广告中不实的宣传。提供优质的售后服务，建立与消费者沟通的有效渠道，倾听顾客意见，做到及时反馈和修正，满足消费者多种需求，赢得顾客信赖。

3. 企业对股东的责任

股东是企业的资金来源，是企业财产的最终所有者。企业的重要责任是维护股东的利益，承担起代理人的角色，保证股东利益的最大化，另外，企业有责任向股东提供真实的经营和投资方面的信息，保证信息的真实性、可靠性，任何瞒报、假报或误报企业信息都是对股东的欺骗和不负责任的表现。

4. 企业对竞争者的责任

市场经济条件下，竞争无处不在。作为竞争者要遵守行业规则，不搞恶意竞争，通过不正当手段恶意挤垮对手，企业要处理好与竞争对手的关系，在竞争中合作，在合作中竞争，共同建立公平稳定健康的竞争环境。

5. 企业对合作伙伴 / 供应商的责任

企业与供应商以及其他合作伙伴在利益上休戚相关，形成良好的合作关系对企业发展至关重要。企业对商业伙伴诚实、讲信用，遵守合同要求，是企业实现社会责任的一方面，另外企业还应加强对供应商的产品质量、信誉等进行监督。

6. 企业对社区的责任

社区是企业生存的小环境，企业与社区公众的关系对企业的影响不可忽视。企业不仅为消费者提供好的产品，作为社区的一员，企业还应积极主动参与到社区建设活动中，为社区居民提供就业机会，利用自身的产品优势和技术优势扶持社区的文化教育事业，支持各项公益活动，如不以盈利为目的的对所在社区或其他特定社区的建设进行福利投资，包括学校、医院、老人院、公共娱乐设施、图书馆等，这些活动不仅回报了社区和社会，赢得社会公众的认可，还为企业树立了良好的公众形象。

7. 企业对环境的责任

资源的浪费以及环境污染使得环境保护成为人类面临的迫切而严峻的问题。保护社会自然环境免遭污染，实现社会生态平衡是企业重要的社会责任。从自身生存和发展的角度来看，企业有责任保护环境。具体的做法有：遵守国家和地方有关环境保护的法律法规，建立完善的环境管理体系；在企业内宣传环保教育，树立尊重自然、爱护自然，人人有责的环保意识；企业在选择生产何种产品及应用何种技术时，必须考虑尽量减少对环境的不利影响；产品在生产过程中要考虑安全性，产品在消费中要考虑降低对环境的负面影响；企业设计产品及包装时，要减少原材料消耗，并减少包装对环境的污染；从产品整体概念考虑产品的设计、产品形体及售后服务的节约及保护环境等；企业要对产生的"三废"要采取切实有效的措施及时地处理。

（四）企业承担社会责任和经营业绩的关系

企业承担社会责任是否会有损于企业的经营业绩？

根据纯经济观，如果企业承担社会责任会淡化企业使命，影响其生产率的提高。企业参加社会性活动必将提高企业的经营成本，违背企业追求利润最大化原则。而社会经济观认为企业承担社会责任不仅履行了应尽的道德义务，满足了公众期望，还帮助企业同所在社区建立良好关系，改善企业在公众心目中的形象，从而为企业稳定地获得长期利润提供有效保证，这也足以弥补企业在承担社会责任之初所支付的成本。从这种意义上来讲，企业的社会责任行为是利大于弊的。

调查研究已证明，企业承担社会责任与其经营绩效之间呈正相关关系。企业参与社会活动不仅可以获得良好的社会效益，还可以获得长远的商业效益。如良好的社会形象、高素质的员工队伍、更多的政府支持等。没有足够的证据证明，企业的社会责任行为会明显损害其长期经营业绩。正是因为如此，人们怀疑企业参与社会活动的动机。有的企业是真正的从道德的角度办事，也有些企业是在利益的驱使下开展社会活动，把社会责任作为营销的诱饵。企业把承担社会责任当成是实现利润最大化的工具，而不是真正的想去承担社会责任。尽管企业的动机不纯，但它不仅实现了企业利润最大化的目标，同时也履行社会责任，实际上这是一种双赢的行为。

在此值得一提的是，只有当企业树立起自觉的社会责任意识时，才会意识到企业不仅要对投资者负责，还要对所有的利益相关者负责，企业才能从真正严格意义上履行社会责任，从而促进社会公正，增加社会福利，最终实现企业真正意义上的利润最大化。

（五）社会责任:SA8000

当今社会，人们越来越注重一个组织的社会责任履行情况。为了回应国际上日益高涨的反对“血泪工厂”的呼声，世界人权宣言及联合国儿童权益公约于1997年颁布了社会责任标准（SA8000)，以解决当前国际上许多国家存在的使用童工、低工资和恶劣的工作环境等一系列问题。SA8000是全球第一部可执行的社会准则，国际上越来越多的组织开始进行此项认证，不少跨国公司对其供应商也提出了进行此项认证的要求。

1.SA8000的定义

SA8000是社会道德责任标准（Social Accountability 8000）的英文简称，是全球首个道德规范国际标准，其宗旨是其宗旨是确保生产商及供应商所提供的产品皆符合社会责任标准的要求。

SA8000是由总部设在美国的社会责任国际组织（SC1：Social Accountability International）发起，并联合欧美跨国公司和其他国际组织，根据国际劳工组织公约，世界人权宣言和联合国儿童权益公约制定的全球首个道德规范国际标准，以保护劳动环境和条件、劳工权利等为主要内容的管理标准体系。1997年10月公布。SA8000标准适用于世界各地、任何行业、不同规范的企业。SA8000与ISO9000质量管理体系及ISO14000环境管理体系一样，皆为一套可被第三方认证机构审核的国际标准，包括管理方针、策划、计划与实施、供应商控制、纠正措施、记录、管理评审等基本要素。SA8000主要关注的是人，而不是产品和环境。目前，要加入跨国公司的全球产业链，大都要通过SA8000认证，或者通过跨国公司根据SA800进行的社会责任审核。

2.SA8000 的主要内容

SA8000 标准主要包括以下内容。

（1）童工。要求不使用或者不支持使用童工；应与其他人员或利益团体采取必要的措施确保儿童和应受当地义务教育的青少年的教育；公司不得将其置于不安全或不健康的工作环境或条件下。

（2）强迫和强制性劳动。公司不得使用或支持强迫和强制性劳动，不得要求员工在受雇起始时交纳“押金”或寄存身份证件；不得扣留员工部分资产来迫使员工连续工作；员工有权在完成标准的工作时间后离开工作场所，员工在给公司的合理通知期限后，可以自由终止聘用合约。

（3）健康与安全。公司应具备避免各种工业与特定危害的知识，为员工提供健康、安全的工作环境，采取足够的措施，最大限度地降低工作中的危害隐患，尽量防止意外或伤害的发生；为所有员工提供安全卫生的生活环境，包括干净的浴室、厕所、可饮用的水；洁净安全的宿舍；卫生的食品存储设备等；所有人员有权利离开即将发生的严重危险。

（4）结社自由及集体谈判权利。所有人员有权自由组建、参加和组织工会，并代表他们自己和公司进行集体谈判；公司不得歧视、骚扰、胁迫或报复工人组织的成员及员工代表。

（5）歧视。在涉及聘用、报酬、培训机会、升迁、解职或退休等事项上，公司不得因种族、社会等级、国籍、宗教、身体、残疾、性别、性取向、工会会员、政治归属或年龄等有任何歧视；不能干涉员工行使信仰和风俗的权利；不能进行任何威胁、虐待、剥削的行为及强迫性的性侵扰行为；不得在任何情况下要求员工做怀孕或童贞测试。

（6）惩戒性措施。应对所有人员予以尊严及尊重，公司不得从事或支持体罚、精神或肉体胁迫以及言语侮辱；也不得以粗暴、非人道的方式对待工人。

（7）工作时间。遵守法律及行业标准有关工作时间和公共假期的规定，每周工作不得超过 48 小时，员工每连续工作六天至少须有一天休息，每周加班时间不得超过 12 小时，特殊情况除外，所有加班必须是自愿性质，额外支付加班工资。

（8）报酬。公司支付给员工的工资至少达到法定或行业最低工资标准并满足员工基本需要，以及提供一些可随意支配的收入并以员工方便的形式如现金和支票支付；应按照国家规定支付加班津贴，如果在一些国家法律或集体协议未规定加班津贴，则加班津贴应以额外的比率或根据普遍行业标准确定，无论哪种情况应更符合工人利益；对工资的扣除不能是惩罚性的并应保证定期向员工清楚详细地列明工资、待遇构成；应保证不采取纯劳务性质的合约安排或虚假的学徒工制度以规避有关法律所规定的对员工应尽的义务。

（9）管理系统。高层管理阶层应根据本标准制定公开透明、各个层面都能了解并实施的符合社会责任与劳工条件的公司政策，要对此进行定期审核；委派专职的资深管理代表具体负责，同时让非管理阶层自选出代表与其沟通；建立并维持适当的程序，证明所选择的供应商与分包商符合本标准的规定。

3.SA8000 认证的益处

SA8000 给企业带来的益处主要包括以下两个方面。

（1）企业意义。具体包括：满足客户要求；确保及改善与供货商的长期合作关系；

对人性化工作标准的清晰承诺可以吸引更多高素质人才，员工的忠诚度及工作效率；强化企业竞争力；赢得公众的信赖，提高公司声誉和改善公司形象。

（2）社会意义。具体包括：改善全球作业环境、劳动条件；提供世界性标准；与世界各地人权及劳工组织同步；使企业与消费者达到双赢。

在 21 世纪，注重提高自己的伦理道德和社会责任意识的组织将更受大众欢迎，而不注重伦理和缺乏社会责任感的组织将越来越受到社会的鄙视和抵制。作为一名管理者，在任何一种工作环境中所做出的决定和所采取的行动都应该符合道德标准，并且应采取承担社会责任的手段来达成目标。

本章小结

任何组织都是在一定环境中从事管理活动的。一个组织的绩效会受到存在于组织内部和外部的各种条件因素的影响，环境既为组织活动提供必要的条件，又为组织活动起着制约作用。管理环境是存在于一个组织内部和外部的影响组织业绩的各种力量和条件因素的总和。管理环境分为组织内部环境和组织外部环境两大类。

组织外部环境又可分为一般环境和任务环境。一般环境指外界社会中普遍存在的外部环境因素，包括政治、法律、经济、科技、文化、自然环境等。这些因素不只针对某一具体组织，对组织的影响也不是直接的。任务环境指与组织的目标相关，对组织活动及其任务的完成直接发生影响的环境因素。包括顾客、竞争者、资源供应商、社会公众及各种相关利益代表组织。与一般环境因素相比，这些因素对组织影响更频繁、更直接。组织内部环境是构成组织内部生产经营过程的各种因素，并且体现组织的总体经营与竞争能力，它是组织适应外部环境变化，实现组织经营目标的基本条件。组织内部环境由组织经营条件和组织文化两大部分组成。

企业要想获得长期的生存发展，不仅要遵守法律，同时还必须遵守一定的道德规范，承担相应的社会责任。管理者在处理不同的问题时，会依据不同的道德观来做出决策。管理道德观有 4 种不同观点：功利主义的道德观；权利至上的道德观；公正主义的道德观和综合社会契约的道德观。不同的管理道德观会导致管理者不同的行为。一个管理者的行为是否合乎道德，会受到管理者个人道德发展阶段、个人特征、组织结构、组织文化和道德问题强度等多种因素的影响。管理者的道德水平从某种程度上决定着企业的道德取向，企业的道德取向深入到生产、管理、销售等各个环节，员工的道德素质的提高就显得非常重要。

企业应承担并追求对社会有利的长期目标的义务。社会责任决定着组织将如何面对各种内外部环境因素，有着高度责任感的企业会把单纯的求利动机上升为一种社会责任感和民族使命感。面对现实中的种种违背法律和道德的现象，SA8000 是全球首个道德规范国际标准，为市场准入机制提供了一个可操作的道德标准，确保生产商及供应商所提供的产品皆符合社会责任标准的要求。

复习思考题

1. 管理环境的构成是怎样的？环境分析有什么作用？

2. 一般环境和任务环境包括哪些因素？

3. 一般环境中的因素如何影响组织的管理活动？

4. 任务环境中的因素如何影响组织的管理活动？

5. 什么是管理道德？管理道德有哪些基本观点？哪一种观点在企业经营中最流行？为什么？

6. 影响管理道德的因素有哪些？他们是如何影响管理者道德的？

7. 管理者可以通过哪些方法改善组织成员的道德行为？

8. 对你个人而言，社会责任意味着什么？你认为企业应当承担社会责任吗？

9. 消费者正在努力，希望能制定一部法律来确保食品的安全，使那些缺乏责任的企业最终受到惩罚。你是否认为这是促使相关行业提高伦理意识的最好方法？

10. 比较分析关于社会责任的两种观点。

11. 在现代管理活动中，社会责任问题已是组织与管理者不可回避的问题。请列举主要的赞同与反对管理中承担社会责任的论据，并具体指出企业与管理者应承担什么社会责任。

12. 管理者道德发展要经历那些阶段？

13. SA8000 的主要内容是什么？

14. 对管理来说，道德到底是外在强制还是内在要求？

15. 大多数的经营管理人员会采用哪种道德方式？为什么？

管理故事

柳传志的鸡蛋论

针对中国企业与政治的关系，柳传志用“鸡蛋论”作了概括：“企业要发展，周边的环境极为重要。一个鸡蛋孵出小鸡，37 度半到 39 度的温度最为适合。那么，40 度或 41 度的时候，鸡蛋是不是能孵出小鸡来呢？我想生命力顽强的鸡蛋也能孵出小鸡来，但是到了 100 度一定不行了。对企业来讲，1978 年以前可能是 100 度的温度，什么鸡蛋也孵不出鸡来。而十一届三中全会以后，可能就是 45 度的温度，生命力极强的鸡蛋才能孵出来。到 1984 年我们办联想的时候，大概就是 42 度的温度。今天的温度大概是 40 度左右，也不是最好的温度。因此，生命力顽强的鸡蛋就要研究周边的环境，一方面促使环境更适合，一方面加强自己的生命力，以便能顽强地孵出小鸡来。”

英特尔的企业社会责任

在还没有企业社会责任这个名词之前，英特尔公司在中国就开展了相关的工作。1999年它在全球启动“未来教育项目”，2000年7月又在中国正式启动。到2010年底，项目累计培训超过170万名中小学教师，17%的中国中小学教师都参加过英特尔的培训。除了对教师的培训项目，公司还有各层次的激励青少年创新的项目。比如，自2001年开始，英特尔领衔赞助全国青少年科技创新大赛，每年从中选拔20-30名优秀学生参加在美国举行的“英特尔国际科学工程大奖赛”；2004年，公司与中国科学技术协会合作，在社区青少年中心和学校课外活动中开展“英特尔求知计划”培训，专为贫困社区8-25岁的青少年提供社区活动中心的课外活动；2010年，将“英特尔科技教育创新学校奖”引入中国，旨在发掘并表彰在科技教育方面取得卓越成就的中小学校，这是英特尔公司第一次在美国以外的国家设立该奖项。英特尔在教育上持续10年的投入，为它在中国获得了良好的声誉，连续8年被教育部授予“中国教育杰出贡献奖”。

教育、社区和环境是具体体现英特尔承担企业社会责任的三个领域。在社区方面，英特尔推行以员工技能为核心的志愿者服务。2010年，56%的英特尔中国公司员工参与志愿服务，服务时间达4.6万个小时。在环保领域，英特尔中国执行董事戈峻告诉《财富》(中文版)，公司从来都是以最高的标准来要求自己，强调对环保责任的量化，并将此与员工的绩效挂钩。也就是说，达没达到环保目标，会在员工的奖金上得到体现，这大大促进了员工的环保意识。

英特尔(全球)2011年有四大战略，其中一项就是“关心员工、关爱地球、激励下一代”。在中国，则有三大战略，分别是：技术领先，与产业链结合、推动中国的IT产业发展，做有责任的企业公民。作为英特尔中国的执行董事，戈峻直接负责企业社会责任工作并向总部汇报。公司在中国还设立了“首席责任官”的岗位，并且在每一个运营物理地点都有从事企业社会责任的核心团队。将企业社会责任提到战略的高度，并调整公司的组织结构以保证这种战略得到落实，这大概是英特尔在企业社会责任领域有出色表现的原因之一。

案例应用

案例3-1　某宾馆处分职工的道德困境

某宾馆经理接到处分职工王大成的报告，他觉得问题不太清楚，就作了一番调查。事实是王大成的母亲患病住院，他母亲想喝鸡汤。由于王白天上班，晚上去医院陪母亲，连去市场买鸡的时间都没有。在这种情景下，他在餐厅里偷了一只鸡，犯了错误。经理了解了情况以后，批准了餐厅对王作记大过一次、扣发当月奖金。然后带着慰问品去医院看望王的母亲，并对他母亲说：“王大成在工作中表现很好，在家里对你也很孝顺，他是你的好儿子。”患病的母亲含笑听着。次日，经理找王大成谈话，先肯定他工作好，接着又指出偷公家东西是十分错误的，并征求其对处分的想法。

王大成对这种赏罚分明、合情合理的处理十分感动，并表示自己错了，愿意接受这种处分。这时，经理离开座位说："你母亲生病半个多月，我们都不知道，没有给予关心，我们很对不起你。"说后，经理毕恭毕敬地向王大成鞠了一个躬。

思考题

（1）从管理与道德的关系，分析王大成的行为。

（2）你怎么评价经理处理这件事的做法？

案例 3–2　美国强生公司泰诺药片中毒事件

美国强生公司因成功处理泰诺药片中毒事件赢得了公众和舆论的广泛同情，在危机管理历史中被传为佳话。

1982 年 9 月，美国芝加哥地区发生有人服用含氰化物的泰诺药片中毒死亡的严重事故，一开始死亡人数只有 3 人，后来却传说全美各地死亡人数高达 250 人。其影响迅速扩散到全国各地，调查显示有 94% 的消费者知道泰诺中毒事件。

事件发生后，在首席执行官吉姆·博克 (Jim Burke) 的领导下，强生公司迅速采取了一系列有效措施。首先，强生公司立即抽调大批人马对所有药片进行检验。经过公司各部门的联合调查，在全部 800 万片药剂的检验中，发现所有受污染的药片只源于一批药，总计不超过 75 片，并且全部在芝加哥地区，不会对全美其他地区有丝毫影响，而最终的死亡人数也确定为 7 人，但强生公司仍然按照公司最高危机方案原则，即"在遇到危机时，公司应首先考虑公众和消费者利益"，不惜花巨资在最短时间内向各大药店收回了所有的数百万瓶这种药，并花 50 万美元向有关的医生、医院和经销商发出警报。

对此《华尔街日报》报道说："强生公司选择了一种自己承担巨大损失而使他人免受伤害的做法。如果昧着良心干，强生将会遇到很大的麻烦。"泰诺案例成功的关键是因为强生公司有一个"做最坏打算的危机管理方案"。该计划的重点是首先考虑公众和消费者利益，这一信条最终拯救了强生公司的信誉。

事故发生前，泰诺在美国成人止痛药市场中占有 35% 的份额，年销售额高达 4.5 亿美元，占强生公司总利润的 15%。事故发生后，泰诺的市场份额曾一度下降。强生公司得知事态已稳定，并且向药片投毒的疯子已被拘留时，并没有将产品马上投入市场。当时美国政府和芝加哥等地的地方政府正在制定新的药品安全法，要求药品生产企业采用"无污染包装"。强生公司看准了这一机会，立即率先响应新规定，结果在价值 12 亿美元的止痛片市场上挤走了它的竞争对手，仅用 5 个月的时间就夺回了原市场份额的 70%。

强生处理这一危机的作法成功地向公众传达了企业的社会责任感，受到了消费者的欢迎和认可。强生还因此获得了美国公关协会颁发的银钻奖。原本一场"灭顶之灾"竟然奇迹般地为强生迎来了更高的声誉,这归功于强生在危机管理中高超的技巧。

在泰诺中毒事件发生后,当有人问及当时强生公司的总裁博克是如何应对危机时,他是这样回答的:"我不认为危机是可以准备的。如何处理危机根植在企业的价值体系中。"

1982年,在泰诺中毒事件发生之后,博克很明确,只有公司的文化,最核心的公司价值和理念才能使公司走出这一危机。当时危机出现之后,博克每天都与危机处理小组会面,而每个小组成员都有一份公司的信条在他的案边。

强生公司的信条第一款是:"我们首先要对医务人员、病人、母亲和其他所有我们产品和服务的用户负责。"而正是这个信条带领强生公司走过了艰难境地。

思考题

(1) 这是一个经典的企业危机案例。你认为除了危机管理的高超技巧外,强生公司能化解危机的根本原因是什么?

(2)结合案例,如何理解企业社会责任与企业绩效之间的关系?

第四章　战略管理与决策

本章学习目标

- 企业战略的含义及特点
- 战略管理的基本过程
- 战略管理的分析方法
- 战略的类型划分
- 决策的含义及类型
- 决策的基本程序
- 决策的方法

第一节　战略管理

战略管理是对企业的生产经营活动实行总体性管理的过程，是企业制定和实施战略的一系列管理决策与行动，其核心问题是使企业自身条件与环境相适应，求得企业生存与发展，以达到企业预期的目标。

一、企业战略的含义及特点

“战略”一词，源于希腊语“Stratgos”，意为军事将领或地方行政长官。中国自古就有这一概念，主要是指对战争全局的筹划，《孙子兵法》《三国演义》等就是世界著名的军事战略杰作。在军事学中战略是相对于战术一词而言的。一般来说，战略是指对于任何组织的具有全局性或决定性的谋划。

把战略一词引入管理学领域，形成企业战略这一概念，产生于20世纪60年代的西方国家。20世纪60年代以前，在某些企业中虽然也存在着类似谋划的活动，但使用的概念不是企业战略，而是长期计划、公司计划、企业政策等术语。把战略与企业经营活动结合起来的代表人物是美国的管理学者安索夫（H.I.Ansoff）。1965年安索夫的《企业战略论》一书问世后，在企业经营管理中就正式对企业战略作系统的研究和运用。欧、美、日一些国家和地区的企业通过制定经营战略，以解决那些对企业成败有长期的、决定性影响的和带方向性的重大问题。1976年，安索夫在其著作《从战略计划走向战略管理》中，首次提出了“企业战略管理”的思想。后来，他又于1979年出版了《战略管理论》，该书从企业战略计划在其实施阶段怎样才能获得成功入手，以环境、战略和组织三者为支柱，建立了企业经营战略管理的基本框架。现在，战略管理已成为对企业经营与发展最具指导意义的重要的现代管理学分支。

企业战略是指在对企业外部环境和内部条件进行有效分析的基础上，为求得企业长期的生存和发展，对企业目标的实现途径和手段的总体设想和谋划。对一个企业来说，战略是为了实现企业的总目标对所要采取的行动方针和资源使用方面的一种总体规划。战略管理就是企业管理人员确定组织的长期经营发展方向，制定战略目标，根据有关的内部和外部环境因素，研究实现战略目标的计划方案并贯彻执行选定的战略计划的过程。

20世纪70年代以来，以西方工业发达国家为代表的现代企业管理的重心发生了新的转移。如果说，在50年代以前，企业管理的重心是生产，60年代的重心是市场，70年代的重心是财务，那么，80年代起重心转移到战略管理。这种管理重心的转移不是人为的或偶然的，而是现代社会生产力发展和社会经济生活发生深刻变革的必然结果。其直接原因表现为：①科学技术飞速发展；②市场需求日益多样化；③社会政治、经济形势复杂多变；④国际市场竞争日趋激烈；⑤企业的生产经营规模不断扩大。在这种大的背景下，无论什么样的企业要想在环境条件激烈变化的情况下继续生存下去，必须正确地认识和分析相应的经营环境，把握经营的方向和长期的发展趋势并与短期的形势波动情况区别开来。为此，企业的最高管理层必须高度重视战略制定和战略实施，以使企业立于不败之地。

企业战略具有以下几个特点。

（一）全局性

企业战略是从企业的全局出发，根据企业的长远发展而制定的，它所反映的是企业全局性问题的重大决策，所规定的是企业的总体行动，追求的是企业的总体效果。当然，全局是由一切局部构成的，即每一种局部活动都是作为总体行动的有机组成部分，当某些局部的成败对全局具有决定性影响时，则这些局部问题就具有战略的性质，从而表明企业战略具有综合性和系统性。

（二）长远性

企业战略是企业为了谋求长远发展而对企业如何生存和发展的总体筹划。它往往着眼于未来相当长一段时期内的总体发展问题，而不只在短期内起作用。虽然企业制定战略是社会经济发展对企业的要求，企业在制定战略时也要以当前的外部环境和内部条件为依据，但是，从战略的本质出发，它又必须超越现实，具有一定的预见性，能够对企业未来较长时期（起码是5年以上）的生存和发展起指导作用。因此，企业的领导者要高瞻远瞩，深谋远虑，研究战略要跳出眼前和局部的利益圈子，有时为了长远利益甚至放弃某些短期利益。凡是战略都具有长远性，那些针对企业当前形势而制定的解决局部问题的方法都只属于战术的范畴。

（三）竞争性

企业战略也像军事战略一样，其目的是为了克敌制胜，赢得市场竞争的胜利。竞争性是企业战略的本质特点，企业战略说到底是一种竞争战略，其根本目的就是为了使企业在激烈的竞争中壮大自己的实力，在与竞争对手争夺市场和资源的斗争中占有相对优势。因此企业战略就是针对来自竞争对手的压力而制定的与之相抗衡的行动方案，它与那些单纯以改善企业现状、增加经济效益、提高管理水平为目的的行动方案不同，只有当这些日常工作与强化企业竞争力量和迎接挑战直接相关时，才能构成企业战略的内容。

（四）纲领性

企业战略规定的是企业总体的长远的目标、发展方向和发展重点，应当采取的基本行动方针、重大措施和基本步骤，这些都是原则性的、概括性的规定，具有行动纲领性的意义。企业在具体的实施过程中，要把它变成具体的行动计划，还必须深入展开和分解，以指导和激励企业全体员工努力工作。

（五）风险性

企业战略是对未来发展的规划，然而环境总是处于不确定的、变幻莫测的趋势中，任何战略的形成都不可能是在信息绝对充分的条件下作出的，都是对未来的预见性决策。由于环境变化的极端复杂性，使得任何企业战略都潜伏着巨大的风险。战略机会价值的大小取决于企业当时的地位、实力条件和素质条件的总和。同时，机会与威胁经常处于相互转化之中。由于战略一旦实施，牵一发而动全局，所谓"一着不慎，全盘皆输"，所以管理学者们指出：企业中最大的失误是战略决策的失误。可见，企业战略的实施必须承担一定的风险。降低风险的办法是发挥集体智慧，进行科学决策。

二、战略管理的过程

战略管理是对组织战略活动实行的总体性管理，是组织制定、实施、评价和控制战略的一系列管理决策与行动过程，力图使组织自身条件与环境变化相适应，以求得组织的生存与发展。

（一）确定组织宗旨与使命

组织的宗旨与使命是指组织中最基本的、使自己区别于其他组织的经济目的，也是组织经营哲学的一种体现。实行战略管理，首先必须明确战略方向，为此，必须对组织的宗旨与使命有一个明确的概念和认识。组织的宗旨与使命是处于相同环境的组织在经营活动上具有不同的出发点和目的，也是在目前看来地位相同的组织，在若干年后具有不同的变化和结局。它确定了一个组织在相当长的战略时期中是干什么的和应该干什么，作为战略制定的依据，为组织明确了究竟从事哪一方面的事业或业务，所以经营目的的确定是一个不可或缺的步骤。只有在此基础上，组织的全体成员才能树立共同的理想，增进相互理解，达成共识，从而促进团队合作，同时也能使组织外各类与组织有利益关系的集团和个人获得对组织的基本了解。组织的宗旨与使命具体体现了组织的未来目标、业务性质以及其内、外部价值观，具体内容包括：提供什么产品或服务？运用什么技术？面向怎样的客户集团？满足客户什么要求？经营范围有多大？是否实行多元经营？是否跨入陌生的行业？企业要对社会经济发展承担哪些责任？组织的宗旨与使命仅是一种意向的说明，并不对特定时间内做到何种程度作出明确规定。诚然，组织宗旨与使命的确定具有一定的难度和风险，但作为战略管理的基础，却又是关键的第一步。

（二）建立战略目标

组织目标的建立必须以其宗旨与使命为依据，战略目标是战略管理的基础。为了评估组织的经营业绩与生命力，必须建立长短期相结合的目标体系，使得组织的上层管理者及下属成员都能明确企业的经营方向和自己的作用。作为整个组织的战略目标，至少必须确定下列内容：所要实现的市场地位和竞争地位，年度赢利目标，通过选择的行动要实现的主要财务和经营成果以及其他业绩目标。

（三）进行战略分析

战略分析是指对组织的战略环境进行分析、评价并预测这些环境未来发展变化的趋势以及这些趋势可能对组织造成的影响，为组织战略的正确选择提供决策依据。在这一步骤，组织的战略管理人员将在明确了组织宗旨与使命的基础上，通过对外部环境的分析，挖掘市场机会，明辨市场威胁，领悟关键成功要素；通过对内部资源的评估，理性认识组织自身的优势和劣势，从而确定组织的核心竞争力，以实现组织的战略目标。战略管理的实质就是谋求组织的外部环境、内部条件、战略目标三者之间的动态平衡。通过战略分析，趋利避害、扬长避短，最终在此基础上，进一步确定组织的战略价值流。战略价值流是组织在竞争中战胜其竞争对手的一种独特技能，这种技能通常较难被竞争对手所模仿。

（四）制定战略规划

战略目标是企业的目的，这些目标必须通过一定的战略设计和规划来完成。战略规划的基本任务就是根据企业内外所有有关方面情况的分析，制订出实现短期和长期战略目标的详细行动计划。一个战略规划通常包括下面的内容：①对变化着的条件（如顾客要求、新的机会、竞争压力及其他威胁、企业活动组合等）作出反应；②配置资源（如资本投资、人力资源开发等）；③在所参与的行业中进行竞争；④在企业的每一个经营单位内，在主要职能领域和经营部门采取什么行动和方法，可以使整个经营单位形成一致而有力的战斗力量。

（五）组织战略实施

战略规划必须通过具体化的实际行动才能实现战略及其目标。成功地使组织各单位和个人贯彻执行有关的战略计划，是组织主管部门的基本任务。为了有效地完成这项任务，主管部门必须：①建立能够实行战略计划的组织机构；②编制战略支持预算与规划；③使资源的投入能够保证实现组织目标及其选定的战略；④把奖惩结构直接与实现目标的结果挂起钩来；⑤创造一种有利于全面实现战略目的的组织文化；⑥制定有利于战略实施的政策与方法；⑦建立追踪和控制战略实施进程的信息与报告系统；⑧实行必要的内部领导，推动战略实施，随时改进战略实施方法。其中实施战略计划的组织结构的建立尤其重要。“战略决定结构”应作为战略实施的原则，不同的战略要求不同的组织结构与之相适应。

（六）战略控制与调整

在战略的具体化和实施过程中，为了使实施中的战略达到预定目的，实现既定的战略目标，必须对战略的实施进行控制。这就是说将经过信息反馈的实际成效与预定的战略目标进行比较，如二者有显著的偏差，就应当采取有效的措施进行纠正。

无论是战略规划还是战略实施都不是一成不变的，需要不断地调整和改进。战略本身有问题要及时改进，对于完善的战略，环境条件改变了，也要进行调整，比如，行业状况和竞争条件的改变、新的机会或威胁的出现、主要领导人的更换、目标的重新安排等等变化，全部要求改变战略意图。同样，在战略实施方面，如果某些实施工作不能达到计划要求，需要进行调整和改正，如果内部条件改变或出现更好的实施方法，实施的计划也需要进行调整。因此，管理部门必须自始至终监督所选择的战略发挥作用的情况和战略实施的过程，积极进行战略的调整和改进。事实上，战略管理本身就是一个动态过程，所有的战略决策都要根据未来组织形势和财务实绩进行调整，而且，战略管理的各个阶段是相互联系的，某一阶段的变化往往意味着其他阶段的相应调整。

三、战略管理的分析方法

组织要进行正确的战略管理，必须认清形势，采取合适的分析方法，使制定出来的战略及竞争策略与环境、资源和组织结构相匹配。下面介绍三种战略管理常用的分析方法：波特行业竞争力量模型、SWOT 分析、波士顿矩阵。

（一）行业竞争力量模型

美国学者迈克尔·波特于 20 世纪 80 年代提出了行业竞争力量模型，也就是通常我们所说的“五力”模型。根据波特的观点，一个行业内部的竞争状态取决于五种基本竞争作用力，如图 4-1 所示。这些作用力量汇集起来决定着该行业的竞争程度和最终利润潜力，并且最终利润潜力也会随着这种合力的变化而发生根本性的变化。竞争战略目标在于使企业在行业内进行恰当定位，以最有效地抗击五种竞争作用力并影响它们朝有利于自己的方向变化。

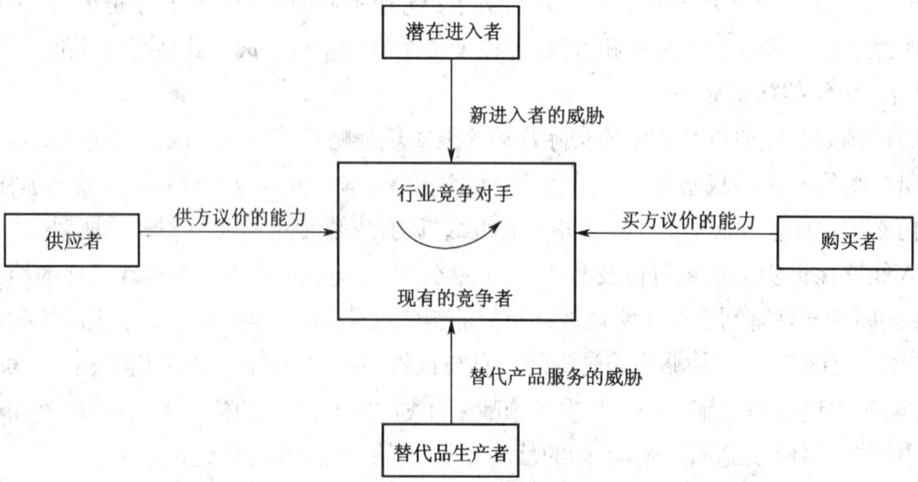

图 4-1　行业竞争力量模型

1. 行业内现有竞争者的竞争

对大多数行业来讲，行业赢利水平主要取决于行业内现有企业的竞争激烈程度，因此，企业必须要重视对行业内部的现有竞争对手的研究。任何企业间都存在竞争，只有那些比竞争对手的战略更能带来竞争优势的战略，才可能是成功的战略。当然，行业内的企业并不都是竞争对手，通常的情况是既有竞争又有合作。虽然广告战、价格战、服务战等竞争方式比比皆是，但技术合作、委托制造、合资联盟也随处可见。决定企业间竞争激烈程度的关键因素包括：竞争者数量的多少、行业增长速度的快慢、企业的差别化程度、转换成本的高低、市场退出壁垒、行业中合并与收购的普遍程度、用户可更换产品自由度等等。

2. 潜在进入者的威胁

潜在进入者的威胁指的是新的竞争者进入某一特定市场或市场细分部分的难易程度，也即所谓的进入壁垒的大小。对于一个行业来说，进入威胁的大小不仅取决于呈现的进入壁垒的大小，而且还决定于准备进入者可能遇到的现存在位者反击的力度和有效性。如果壁垒高筑或新进入者认为严阵以待的在位者会坚决地报复，那么新进入者就很有可能放弃进入该领域，这样就使得在位者所受威胁减小。最主要的进入壁垒有：规模经济、产品差异、资金需求、转移成本、分销渠道的可得、与规模无关的成本优势、政府政策等。通常一个进入壁垒高的行业，其退出障碍也可能较大，而这对于已进入该类行业的企业而言，其竞争也就会相当地激烈。

3. 替代品的威胁

替代品是指那些与本企业产品具有相同或类似功能的产品。替代品的存在是企业不容忽视的。替代品投入市场后，会使企业原有产品的价格处于较低的水平，降低了企业的收益；替代品的存在为产品的价格上限设置了障碍，当产品价格高于一定上限时，替代品就成为用户的首选。替代品的价格越具有吸引力，价格限制的作用就越大，对企业构成的威胁也就越大。因此，替代品限定了行业内企业可能的最高限价，从而限制了一个行业的潜在收益。企业分析替代品的威胁时，首先是判断哪些产品是替代品，其次是判断哪些替代品可能对本企业经营构成威胁。在判断威胁最大的替代品时，应特别重视容易导致价格改善的替代品和现行盈利率很高的替代品的研究。

4. 购买者的议价能力

购买者的议价能力是买方希望以低廉价格购到质量良好的产品，而同该行业内的企业讨价还价。买方对产品总需求决定着行业的市场潜力，从而影响行业内所有企业的发展边界。不同买方的讨价还价能力会诱发企业之间的价格竞争，从而影响企业的获利能力。买方的议价能力影响因素主要有：买方是否大批量或集中购买、买方的购买额所占总量份额大小、产品是否具有价格合理的替代品、买方面临的购买转移成本大小、产品是否是买方生产经营中的重要投入、买方是否采取“后向一体化”。

5. 供应者的议价能力

供应者的议价能力是卖方希望通过提高价格或降低质量及服务的手段，向该行业内的企业施加压力，以此来获得更多的行业利润。因为企业所需的许多生产要素是从外部获得的，所以提供这些生产要素的经济组织也制约着企业的经营。供应商是否能够根据企业的需要按时、按质、按量地提供所需生产要素，影响着企业生产规模的维持和扩大。供应商提供货物时所要求的价格决定着企业的生产成本，影响着企业的利润水平。卖方的议价能力影响因素主要有：供应方行业的集中化程度、替代品行业的发展状况、本行业是否是卖方集团的主要客户、要素是否是该企业的主要投入资源、卖方的差别化程度、卖方的转移成本高低、供应商是否采取“前向一体化”。

从波特的五种竞争力量模型可知，行业竞争强度不仅仅取决于当前竞争者的行为，而且更重要的是取决于行业的经济结构；这五种力量的共同作用构成了企业发展的威胁，决定了行业最终的利润潜力。企业行业环境分析的目标，就是为企业在环境中寻找这样的一个机会，使得企业既能够回避竞争力量的作用，同时又能够对这些力量施加有利于企业发展的影响。所以，在进行竞争分析时，关键是要阐述产生竞争力量的原因，认清企业发展的机会与威胁，找到能给企业带来最大利益的经营领域，从而加强企业在行业中的地位。

（二）SWOT 分析

SWOT 分析法是由美国旧金山大学韦里克（H Weihric）教授于 20 世纪 80 年代初提出的。所谓 SWOT 分析，就是指制定组织战略时，必须综合考虑组织外部环境和内部条件的各种因素，进行系统评价，从而选择最佳战略，以获取经营成功的一种分析方法。S（Strengths）是指组织内部条件的优势；W(Weaknesses) 是指组织内部条件的劣势；O(Opportunities) 是指组织外部环境的机会；T(Threats) 是指组织外部环境的威胁。

SWOT 分析主要遵循的是扬长避短、攻其不备和出奇制胜的原则。通过对内部优势和劣势的认识，及时把握环境中的机会，避开可能遇到的威胁。把组织的优势和劣势与环境中的机会和威胁相匹配，使组织的能力与环境相适应。

SWOT 分析的基本内容如表 4-1 所示。

表 4-1　SWOT 分析的基本内容

内部条件优势（S）	内部条件劣势（W）
1. 充足的资金来源和良好的财务 2. 公认的行业领先者 3. 优秀的职能支持战略和先进的技术 4. 拥有产权技术和产品创新能力 5. 成本优势 6. 良好的竞争技能和竞争优势 7. 高素质的管理人员 8. 买方良好的看法 9. 超群的经验曲线 ……	1. 模糊不清的战略方向和恶劣的竞争地位 2. 设备老化和脆弱的生产能力 3. 落后的研究开发 4. 过窄或过长的产品线 5. 较高的成本和低下的利润水平 6. 缺乏管理深度和人才 7. 严重低下的经营能力 8. 没有某些关键技能或能力 9. 难以适应战术变动的融资能力 10. 企业形象一般 ……
外部环境机会（O）	外部环境威胁（T）

续表

1. 市场增长迅速 2. 能争取到新的客户群 3. 有可能进入新的市场领域 4. 相关产品的多样化 5. 可以增加互补产品 6. 纵向一体化 7. 竞争对手的骄傲自满 8. 长期的市场增长 ……	1. 新竞争者的加入 2. 替代产品销售额的提高 3. 市场增长缓慢 4. 不利的政府政策 5. 竞争压力增大 6. 新一代产品已经上市 7. 客户的需求和偏好正在转移 8. 买方或卖方谈判能力的增强 9. 可能的衰退和经济危机 10. 不利的地理变动 ……

对 SWOT 中的各项因素进行分析，可以看出企业的优势、劣势、机会和威胁有四种可能的组合，如图 4-2 所示。

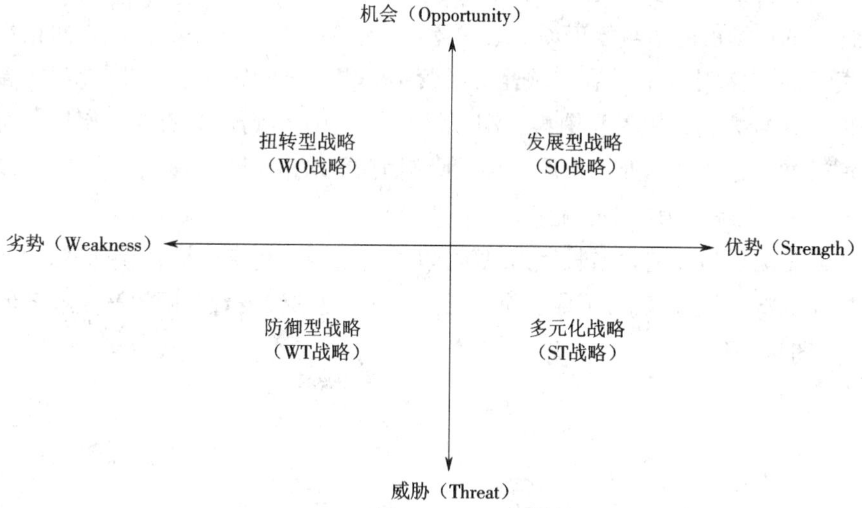

图 4-2 SWOT 分析图

企业有四种可供选择的竞争战略：

SO 战略：企业面临最理想的外部环境和内部条件。此时组织应该运用自身的优势去充分利用外部环境出现的良机，抓住稍纵即逝的机遇，充分利用现有的资源，获得较快的发展。

WO 战略：外部环境中存在机会，但是企业在这方面是劣势，力量不够。企业应致力于改变内部劣势，扭转不利局面，同时有效地利用外部环境带来的机会。例如，在某些优势领域内存在的一些弱小企业，可以采取在企业内大力发展那些优势领域，或者积极地从外界获得那些所需要的能力，就可以充分利用环境中存在的良机。

ST 战略：外部环境中存在一些威胁，但企业在这方面属于优势。企业应将组织优势扩大到最大限度，把环境造成的威胁减少到最低程度。如利用现有优势在其他产品或市场上建立长期机会，实行多种经营战略来分散环境带来的风险。

WT 战略：外部环境中存在一些威胁，而企业在这方面也处于劣势，这是最不理想的情况。在这种情况下，企业最好采取防守战略，以避开威胁并逐渐消除劣势。如紧缩开支或实行清理等。

（三）波士顿矩阵

波士顿矩阵分析法又称为 BCG 分析法，是由美国波士顿咨询集团（Boston Consulting Group）于 1970 年首创的一种规划企业产品组合的方法，是美国波士顿咨询公司为大企业确定和平衡其各项经营业务发展方向而提出的战略决策方法。一个从事于多元化经营的企业，其各项经营业务战略并不是互不相关或相互对立的，而是组合成一个相互关联的统一体，这就是战略组合。其前提假设是，大部分企业都经营两项以上的业务，这些业务应该扩展、维持还是收缩，应该立足于企业全局的角度来加以确定，以便使企业各项经营业务能在现金需要和来源方面形成相互补充、相互促进的良性循环局面。

这种方法主张，在确定各经营业务发展方向的时候，企业应综合考虑到该项经营业务的市场增长情况以及企业在该市场上的相对竞争地位。相对竞争地位是通过企业在该项业务经营中所拥有的市场占有率与该市场上最大竞争对手的市场占有率的比值（即相对市场占有率）来表示的，它决定了企业在该项业务经营中获得现金回笼的能力及速度，较高的市场占有率可以带来较大的销售量和销售利润，从而能使企业得到较多的现金流量。而该项业务的市场增长情况则反映该业务所属市场的吸引力，平均市场销售增长率在 10% 以上的为高增长业务，10% 以下的为低增长业务。

这一矩阵战略以市场销售增长率为纵轴，以相对市场占有率为横轴，纵横轴中间各以某种特定的比率为标准划分高低，形成四个象限，每一象限都代表着不同的产品业务的相对的市场地位，如图 4-3 所示。

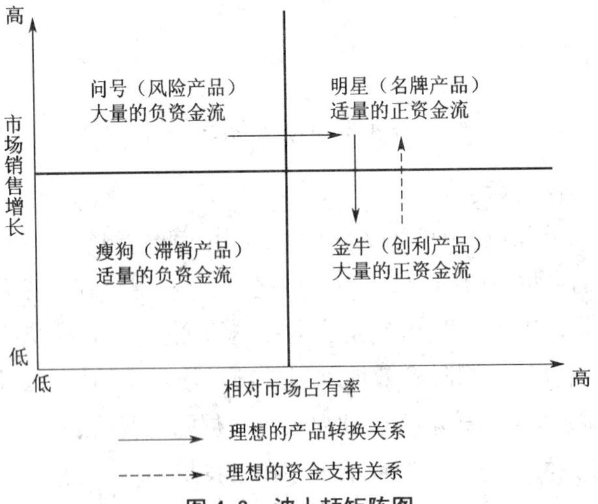

图 4-3　波士顿矩阵图

一个经营多种业务的企业可以将所经营的各项业务（产品），在这种矩阵中进行定位，其目的在于根据多项业务（产品）的市场地位调配资源，对处于不同地位的产品采取不同的发展战略。

图中处于矩阵右上角的业务称作"明星"(名牌产品)。它们是具有高度吸引力的业务(市场增长率高),而企业又具有强大的实力地位(相对市场增长率高)。由于它们处于优势地位,能回收大量资金,但企业如果要在迅速增长的市场中保持其优势,也需投入大量的资金,两者相抵,资金的净收入并不丰厚。

图中处于矩阵右下角的业务称作"金牛"(创利产品)。它们是企业资金的主要来源,这是因为这些业务具有强大的实力而又处于一个走向饱和的市场,它们能回收的资金大于资金投入,因此,它们能提供投资于其他业务的资金。

图中处于矩阵左上角的业务被称为"问号"(风险产品)。它们是待开发的机会。它们由于市场迅速增长而具有吸引力,但企业没有在这个市场上占有领先地位。需要企业作出的决策是在其中选出一部分能成功地提高到领先地位的业务,为此就要投入大量的资金。反之,对另一些企业认为无力推进的业务,即使它很有吸引力,也要作出放弃的决策。

图中处于矩阵左下角的业务称为"瘦狗"(滞销产品)。它们没有吸引力,而且企业在此市场上处于软弱地位,回收少量的资金往往能够维持其经营的开支。如果要改变这种不利地位,就需投入大量资金,这往往成为资金的"无底洞",因此,如果近期没有发生转机的迹象,合理的决策是尽量利用(即回收、不投资)或转让。

以此矩阵来分析公司的经营业务结构,也可以判断怎样才是符合要求的业务发展方向。从图 3-3 中可以看出,经营业务从"问号"经过努力成为"明星",而"明星"由于市场增长率的减缓而成为"金牛",这是比较理想的。相应的资金流向则应是以"金牛"业务形成的正资金流支持一部分有前途的业务迅速提高,使之成为"明星",同时也可支持"明星"业务,以进一步增强其实力。

虽然 BCG 矩阵对识别那些应该卖掉的业务有所帮助,但它不能帮助单个业务的管理者制定可以提高竞争力的战略。矩阵中的这些绰号本身可能带来一些问题,例如一个成熟的业务可能得不到足够的投资而被遗弃,尽管它可能给企业带来长期的利润和增长率。BCG 矩阵和其他类似的工具如果被用来作为讨论的方法对公司或业务部门是有帮助的,但不适于做重要决策。矩阵应与其他技术相配合,战略决策者必须重视所有业务的长期竞争优势。

四、战略的类型

战略管理中存在许多可供选择的战略类型,从不同角度可作不同分类。

(一)根据组织所确定的结构层次和事业项目划分

根据组织所确定的结构层次和事业项目可分为公司级战略、事业部级战略和职能级战略。

1. 公司级战略

就是一个组织整体的、全局性的总体战略,它主要说明组织经营的主要方向。公司级战略的主要内容有本组织的工作业务范围、资源部署以及有关全局性的方针和原则。通常要求这一最高层次的战略规划是有远见和创造性的，如工作业务的选择（从事于或重点发展何种业务、发展的优先顺序）、竞争优势的选择（建立哪方面的优势）、资金的筹集和调配等。

2. 事业部级战略

主要考虑的是如何在某个经营事业（或工作业务）范围内支持公司战略的实现。它考虑更多的是如何树立该事业竞争优势，在公司战略对该事业的地位认定以后，更进一步具体化，使之成为更为明确的本经营事业的目标和策略。其中最根本的是产品和市场的定位，以及自己具有的竞争优势。对企业来说，包括诸如产品结构、销售渠道、成本和盈利水平等方面的决策。

3. 职能级战略

包括各职能领域（如生产、营销、研究与发展、财务和人事策略等），它是以公司战略和事业战略为依据，在各自的职能领域内形成特定的竞争优势，以实施整个组织的战略规划。例如，提高设备专业化程度、提高营销系统的效率、改革劳动报酬制度、确定研究开发重点等。

为了使各种战略有效地发挥作用，必须注意各个层次战略计划的相互衔接和协调一致。公司战略是观念型的长期的规划，一般应具有创造性，从而也比较灵活，也带有相当的风险性；职能战略是执行型的短期规划，较为明确具体，没有多大灵活性；事业战略则具有介于两者之间的特点。三个战略层次的特点比较如表 4-2 所示。

表 4-2　三个战略层次的比较

特　点	战　略　层　次		
	公司级	事业部级	职能级
性质	观念型	中间	执行型
明确程度	抽象	中间	确切
可衡量程度	以判断评价为主	半定量化	通常可定量
频率	定期或不定期	定期或不定期	定期
时期	长期	中期	短期
所起作用	开创性	中等	改善增补性
与现状的差距	大	中	小
承担的风险	较大	中等	较小
盈利潜力	大	中	小
代价	较大	中等	较小
灵活性	大	中	小
资源	部分具备	部分具备	基本具备
协调要求	高	中等	低

（二）根据组织所拥有的资源态势和经营范围划分

根据组织所拥有的资源态势和经营范围可分为专业化战略、一体化战略和多元化战略。

1. 专业化战略

专业化战略是指组织将其资源集中起来，运用某种专项技术生产某种专用产品并推向某个细分市场。该战略能充分利用组织在这个特定领域内的优势，扩大产品或劳务的销售额或市场占有率，以获得较好的利润率。采用该战略便于集中整个企业的力量和资源，有条件钻研以至精通有关的技术、市场、用户、同行竞争等方面的情况，以提高公司实力，争得某种竞争优势。同时，在发展中需要追加的资源相对较少，业务的高度集中带来了管理上的方便，经营效果也易于评价。集中经营某种业务的这些优点，往往能使高度集中的专业化的小企业发挥重要作用，使这种"小型巨人"成为经营多种业务的大公司的有力竞争对手。

当然，集中经营也有相当多的缺点和风险。由于全部的力量和资源都投进针对某个市场层面的某种产品，一旦市场需求发生变化、技术创新或新的替代产品的出现而需求下降时，企业就会受到严重的冲击。因此，采用专业化战略的企业对此应有所防范，既要有一定的应变能力，又要有在一定时期内对低发展速度、低盈利的承受能力。

2. 一体化战略

一体化战略是指在同一行业内扩大企业的经营范围，包括把企业的业务范围后向扩大到供给资源和前向扩大到最终产品的直接使用者，还包括收买或兼并同类产品企业及与同类企业合营，以扩大生产规模。实行该战略的目的主要是提高企业的市场地位和保障企业的竞争优势。企业在多大程度上实行一体化战略，取决于：①企业要实现的长期战略利益和实绩目标；②企业在整个行业中的竞争力大小；③这种战略所能产生的竞争优势的强弱。如果没有足够的利益，这种战略就不应实行。

3. 多元化战略

多元化战略指的是从事扩展与原有经营业务有明显区别的业务，企业同时生产或经营几个行业的产品或劳务。通常适合于规模庞大、资金雄厚、市场开拓能力强而适应能力差的大型企业。其作用主要在于分散经营风险和有效利用经营资源。

多元化战略可采取相关多样化和不相关多样化两种形式。相关多样化虽然经营种类众多，但多种经营在某些方面是相互配合的，可以以某些共同的要素为基础，如共同的劳动技能和要求、共同的分销渠道、相仿的管理技巧等。这种形式，不仅能使企业挖掘现有资源利用潜力、节约成本、增加利润、分散风险，而且能把企业原来的经验基本不动地运用到新的领域，通过资源共享和经营匹配，迅速建立起比单一专业化经营更强的竞争优势。相关多样化常见的方法有：①收购或组建；②开发密切相关的技术；③提高现有自然资源和所掌握的原材料的利用水平；④建立相同名称、共享高等的分支企业等等方法。不相关多样化且没有资源共享和经营关联的多样化。常用的方法有：①资金充足但缺乏投资机会的公司收购一些机会众多而资金缺乏的企业；②建立几个业务不相关的经营集团，在每个集团内建立一定程度的联系；③收购资不抵债的企业。需要注意的是，实行不相关多样化有三大障碍。其一是公司高层管理部门的管理问题。由于多样化经营的数量越多，管理的范围就越广，需深入分析了解各个分支机构的实际经营运作状况就越困难。需要高层管理部门有高超的管理水平和技巧。其二，众多不相关的多样化经营单位各自为政，可能并不比他们单独经营时更好。其三，虽然理论分析具有更大的获利能力，但实际上，有时却没有明显作用。以上三方面，在实际实行此战略时要引起重视。企业至少应在多大程度上实行不相关多样化，这实际上取决于公司经营管理的能力和需要。

（三）根据组织所面临的竞争态势划分

根据组织所面临的竞争态势可分为防守型战略、进攻型战略、追随型战略、补缺型战略、撤退型战略。

1. 防守型战略

一般处于比较稳定环境中的企业和组织都倾向采取这种战略，也是市场领先者企业常采用的战略。处于防守状态的企业希望能在稳定的环境中保持住自己应有的市场，顺利地销售自己的产品或提供服务，稳定或巩固现有的竞争地位。一般而言，在许多行业都有一个被公认的实力最强的市场领先者，他们通常在行业的新产品开发、价格变动、分销渠道的选择及广告促销等方面对其他企业具有相当的影响力，领先者的位置决定了它既是市场导向者，又是其他企业挑战、效仿和躲避的对象。这种企业有时也会生产一些高质量、高价格的具有竞争性的产品以改进其在市场中的地位，但很少关心本行业外的变化。在生产中则注重于效率的提高，在组织管理上采取强有力的手段进行有效的控制。

2. 进攻型战略

一般处于动荡不定的变化环境中的企业采取这种战略，适用于企业有发展和壮大自己的机会。其战略重点在于不断地开发新技术、新产品，开拓新市场，寻求高盈利的发展机会。其管理重点在于灵活方便、创新，而不在于控制。这是一种进攻型的态势，其目的是通过向市场领先者和其他竞争者主动发起进攻，以寻求自己迅速发展的机会。采用这种战略的企业，在行业中的竞争地位不及领先者，但他们又具有一定的规模和实力随时可以向主导者发起进攻，常常称之为挑战者企业。

3. 追随型战略

在多数情况下，多数企业为了避免与主导者正面竞争而使双方两败俱伤所采取的战略。这种市场追随者的主要特征是安于次要地位，在“和平共处”的状态下求得尽可能多的利益。这种情况在资本密集、资本转移难度高、产品的同质性强的行业，譬如钢铁、化工行业是极为普遍的。在这些行业中，取得产品差异化、形象化的机会很少，服务质量也非常相近，价格敏感度很高，价格竞争随时都可能爆发，其结果会两败俱伤。因此，为了避免这种不良后果，这些行业中的企业一般不去争夺对方的顾客，不以短期大市场占有率为目标，市场份额显示出较高的稳定性。

4. 补缺型战略

在竞争日益激化的行业中，越来越多的规模较小的企业都力图避开大企业的市场，它们专心关注被大企业忽略的或大企业不感兴趣的某一部分的市场。在这些细小的市场上通过专业化经营获得最大限度的收益，也就是说在大企业的夹缝中求得生存和发展。这些企业可称为市场补缺者。市场补缺不仅对小企业有重要意义，而且对某些大公司中较小的产品线及部门也有意义，这些公司和部门会努力寻找对自身来说是更安全、更有利的市场基点。

5. 撤退型战略

当企业的经营环境困难而企业的决策者坚信经过自身努力，能够坚持下来并克服困难时，往往采用调整紧缩经营战略。其作法是对现有的经营业务作一些调整，如淘汰一些产品品种、放弃一部分市场层面等，同时寻找新的发展机会；紧缩开支，提高效率，包括精简人员、削减广告费用、推迟或停止投资项目等。当企业经营环境非常困难，而决策者对克服困难缺乏自信心或采取紧缩调整战略不能奏效时，企业就会进而采取撤退战略。或者将一些不畅销的产品、已临近或进入产品衰退期的战略经营单位转让，或把企业归并入其他企业。撤退战略的最后手段是企业清算。在经营环境十分不利的情况下，企业只有采取撤退措施才能避免更大的损失。

(四)根据组织所采用的经营态势划分

根据组织所采用的经营态势可分为成本领先战略、差异化战略、市场集中战略。

1. 成本领先战略

保持成本水平的领先地位能使企业在价格相仿的条件下享有本行业平均水平以上的利润，从而在同行竞争中处于有利地位，并且在用户和供应者作交易时握有主动权。低成本也意味着提高进入壁垒，抑制新竞争者进入本行业，从而增强竞争优势。采取成本领先战略要求具有高效的生产设施，对费用开支有严格控制。同时要有一个较高的市场占有率，从而使产量达到一定规模而降低成本。

2. 差异化战略

该战略是通过提供不同于竞争对手的某种特殊产品，或以不同的产品提供方式，或以特殊保证产品使用价值实现的方式来实现顾客价值增值，从而获得高于行业平均利润的战略。与低成本企业不同，差异化战略追求的是使企业所经营的产品或服务具有与众不同的特色，它可以表现在产品的设计、性能、质量、售后服务、销售方式等方面，通过提高特殊顾客价值而获得超额的利润。具有某种经营特色能使企业在竞争中处于有利地位，使同行业的现有企业、新进入者和替代产品都难以在这个特定领域与之抗衡。特色产品或服务往往有较高的利润率，但往往要以成本提高为代价，因为要增加设计和研究开发费用、提高原材料档次、加强广告宣传等。保证企业差异化优势的基础是有效地创造顾客价值。事实上，只有让顾客价值增值，他们才会心甘情愿地支付溢价，才会有更高的品牌忠诚度。

3. 市场集中战略

把自己的产品或服务重点放在某一地区或某一些特殊的顾客方面，即把力量集中于为某些特定的用户服务或重点经营产品品种中的特定部分或市场中的特定层面。这种战略不同于前两种，前者是寻求全行业范围内的成本领先或经营特色，而这种战略是寻求对特定对象的良好服务，它可以是降低成本的，也可以是具有某种特色的，甚至两者兼有。这种战略的成功运用同样可以使企业在竞争中处于有利地位。

第二节 决策

在棋界有句话:“一着不慎,满盘皆输;一着占先,全盘皆活。”它喻示一个道理,无论做什么事情,成功与失败取决于决策的正确与否。科学的经营决策能使企业充满活力,兴旺发达,而错误的经营决策会使企业陷入被动,濒临险境。因此,每一个管理者都必须掌握决策理论、决策的科学方法和技巧,在千头万绪中找出关键之所在,权衡利弊,及时做出正确可行的决策。

一、决策的概念及属性

科学决策的定义就是:管理者为了达到某一目标而从若干可行方案中选择一个合理方案的分析、判断的过程。决策是一个动态的过程,特别是当今一些关系到组织生存与发展的重大决策活动,往往表现为一个非常复杂的互动过程。由于决策目标的大小不一,决策内容难易不同,所以决策过程并不完全相同。

决策一般具有下列几方面的特点或属性。

(一)决策的前提:要有明确的目的

决策是为实现组织的某一目标而开展的管理活动,没有目标就无从决策,没有问题则无需决策。决策的目标可以是一个,也可以是相互关联的几个形成的一组。在决策前,要解决的问题必须十分明确,要达到的目标必须具体可衡量可检验。

(二)决策的条件:有若干个可行方案可供选择

决策总是要付诸实施的,围绕既定目标拟定各种可行方案,并在若干个可行方案中进行比较和选优是决策的关键。没有可供选择的多种方案,就谈不上决策,更谈不上科学决策。“多方案抉择”是科学决策的重要原则;决策要以可行方案为依据,决策时不仅要有若干个方案来相互比较,而且各方案必须是可行的。

(三)决策的重点:方案的比较分析

决策过程实际上是一个选择的过程,选择性是决策的重要特征之一。每个可行方案都具有独特的优点,也隐含着缺陷,因此,必须对每个备选方案进行综合分析与评价,确定每一个方案对目标的贡献程度和可能带来的潜在问题,以明确每一个方案的利弊。而通过对各个方案之间的相互比较,可明晰各方案之间的优劣,为方案选择奠定基础

(四)决策的结果:选择一个合理方案

选择合理方案的决策并不是最优决策。方案拟订并非多多益善,因为人们不得不考虑各种资源条件的限制,但只提出一种方案肯定也是不可取的做法。科学决策理论认为,追求最优方案既不经济又不现实,最优决策是要求理想条件下的最优目标,而理想条件在实际中是难以达到的。因此,科学决策要遵循“合理原则”,即追求的是诸多方案中,在现实条件下,能够使主要目标得以实现,其他次要目标也足够好的可行方案。

（五）决策的实质：主观与客观相结合的判断过程

决策是人做出的，所以必然受到人的主观意志的影响。决策有一定的程序和规则，但它又受诸多价值观念和决策者经验的影响。在分析判断时，参与决策人员的价值判断、经验会影响决策目标的确定、备选方案的提出、方案优劣的判断及满意方案的抉择。因此，决策从本质上而言，是管理者基于客观事实的主观与客观相结合的判断过程，由此，对于同一个问题，不同的人有不同的决策选择结果是正常现象。尽管如此，在管理实践中，还是要求管理者遵循决策的程序，在听取各方面不同意见的基础上，做出正确的选择。

二、决策的重要性

决策是管理者从事管理工作的基础，在管理活动中具有重要的地位和作用。

（一）决策贯穿于管理过程始终

西蒙认为，管理就是决策。决策是管理者经常要进行的工作，管理者的主要意图需要通过决策来实现，决策贯穿于组织的各项管理活动中。如表 4-3 所示，从目标的确定、资源的分配、组织机构的建立、人员的招聘及对下属的奖惩、纠偏措施的实施等，都需要管理者做出决策。决策活动是管理工作的核心与基础。决策是管理的核心，是因为一切管理工作都是围绕管理目标进行的，而目标的选取要靠决策。没有决策，就没有目标，管理活动就没有目的性，目标错误，管理就会受挫。决策是管理的基础，决策贯穿于管理的全过程。首先计划工作的每一环节都涉及决策。例如，目标的确定、行动方案的选择等，都离不开决策；其次，组织、领导、控制等职能的发挥也离不开决策，例如，选取何种组织结构形式、采用何种领导方式、如何进行控制等，都需要通过决策来解决。决策是管理者的基本管理行为，管理者也常被称为“决策者”，从某种意义上来说，管理的过程就是不断做决策的过程。

表 4-3　决策贯穿于管理各职能

计划： 组织的长远目标是什么？ 采取什么策略来实现组织目标？ 组织的短期目标应该是什么？ 组织资源如何配置？	组织： 职位如何设计？ 权力如何分配？ 工作如何分配？ 采取何种组织形式？
领导： 如何对待积极性不高的员工？ 在一定环境中采用何种领导方式为好？ 如何解决所出现的纷争？ 如何贯彻某项新措施？	控制： 组织中哪些活动需要控制？ 如何控制这些活动？ 偏差多大时才采取纠偏措施？ 出现重大失误时怎么办？

资料来源：斯蒂芬·P. 罗宾斯著，《管理学》，中国人民大学出版社，2004 年，第 124 页 .

（二）决策正确与否直接关系到组织的生存与发展

组织的兴衰存亡常常取决于管理者特别是高层管理者的决策正确与否。长期以来，决策是以个人的知识、智慧和经验判断为基础的，这对于一些情况简单、容易掌握和判断的问题尚可应付，即使失误了影响也不大，易于扭转。但在现代，管理者所面临的许多复杂问题，已经远远不是经验决策所能解决。很多问题都涉及巨额的投资、各方面利益的平衡及众多关系的处理，需要运用多学科的知识审慎判断；而竞争的加剧又需要反应灵敏、及时决策。这就要求决策必须科学化，并努力提高决策的正确率。

（三）决策能力是衡量管理者水平高低的重要标志

决策是一项创造性的思维活动，体现了高度的科学性和艺术性。有效的决策取决于三个方面：一是具有有关决策原理、概念和方法等知识；二是具有收集、分析、评价信息和选择方案的娴熟技能；三是具备经受风险和承担决策中某些不确定因素的心理素质。由于管理者所面临的问题常常涉及到众多的因素，错综复杂，因此需要管理者具有多方面的才能方可作出正确的决策，加上决策在管理中的重要作用，决策能力便成为衡量管理者水平高低的重要标志。

三、决策的类型

由于决策所要解决的问题是多种多样的，不同的决策有着不同的性质和特点，因此，企业决策，可以根据不同的标准进行分类。决策可分为多种类型，了解各种类型决策的特点，有助于管理者根据不同的特点选择适当的方法进行决策。常见的决策类型如表 4-4 所示。

表 4-4　决策的类型

分类标准	类型
重要程度	战略决策 战术决策 业务决策
重复程度	程序化决策 非程序化决策
可靠程度	确定型决策 风险型决策 不确定型决策
决策主体	个人决策 集体决策

（一）按决策的重要程度划分

1. 战略决策

战略决策是指与确定组织发展方向和远景有关的重大决策。一般具有以下特点：一是关系全局的重大问题；二是实施时间较长，对组织的影响较为深远；三是由组织的最高层管理者所做。通常包括组织目标、方针的确定，组织结构的变革，企业产品的更新换代、技术改造和引进等。这些决策牵涉组织的方方面面，具有长期性和方向性，较多地注意外部环境的影响，如国家有关的政策法令、科学技术的发展规划、物资供应及市场销售条件等。战略决策属于组织的高层决策，是组织最高领导者的主要职责。

2. 战术决策

又称管理决策，是指组织在执行战略决策过程中，合理选择和使用人力、物力和财力等方面的决策。战术决策旨在实现组织中各环节的高度协调和资源的合理使用，如企业生产计划和销售计划的制订、设备的更新、新产品的定价以及资金的筹措等。战术决策是为了保证战略决策的实现所作的决策，是执行性的决策，它影响的时间段短、范围小和较多注意内部环境各因素间关系，如生产流程的优化、设备的合理配置、劳动力的平衡、资源和能源的合理使用等。管理决策是组织的中层管理人员所作的决策，是为了保证总体战略目标的实现而解决组织局部重要问题的决策。

3. 业务决策

也称作业决策，是日常业务活动中为提高生产效率、工作效率而做出的决策，牵涉范围较窄，只对组织产生局部影响。属于业务决策范畴的主要有工作任务的日常分配和检查、工作日程（生产进度）的安排和监督、岗位责任制的制定和执行、库存的控制以及材料的采购等。业务决策所要解决的问题常常是具体明确的，一般由组织基层人员为解决日常工作和作业任务中的问题所作的决策，大部分属于影响范围较小的常规性、技术性的决策。

（二）按决策的重复程度划分

1. 程序化决策

程序化决策是指对常规的、经常反复发生的问题进行决策。由于这类决策大部分重复进行，涉及一些例行的活动，故可以建立一定的程序和标准，如管理者日常遇到的产品质量、设备故障、常用物资的订货与采购等问题，碰到此类问题发生只需按惯例、已有的规章制度、标准工作流程等来解决就行了。这些决策一般在基层管理工作中常见。

2. 非程序化决策

非程序化决策是指对偶然发生的或首次出现而较为重要的非重复性问题进行决策。如组织结构变化、重大投资、开发新产品或开拓新市场、重要的人事任免以及重大政策的制定等问题。这类决策一般无章可循，它需要管理者根据掌握的资料，个别研究，特殊处理。一般说来，高层管理者所作的决策属于非程序化决策。此类决策虽无固定章法可依，但并不能随意单凭经验就能决策，相反，它要求更严格地按照科学的决策原则和步骤，创造性地确定决策方案。决策的进行很大程度依赖决策者的洞察力、判断力、知识和信念。

（三）按决策的可靠程度划分

1. 确定型决策

确定型决策是指各方面的情况清楚，在稳定（可控）条件下进行的决策。在确定型决策中，决策者确切知道自然状态的发生，明确每个方案只有一个确定的结果，只要比较各个方案的结果之优劣，选取其中一个最好的方案即可。也就是说，最终选择哪个方案取决于对各个方案结果的直接比较。

2. 不确定型决策

不确定型决策是指面临许多不可控因素，在不稳定条件下进行的决策。在不确定型决策中，决策者可能不知道有多少种自然状态，即便知道，也不可能知道每种自然状态发生的概率，一个方案可能存在不同的结果。决策者在各种可能的执行结果面前，连事件的概率也无从确定，这在很大程度上就只有取决于决策者的判断能力和随机应变的能力。

3. 风险型决策

风险型决策也称随机决策，是指有许多不可控因素，一个方案可能有不同的结果，决策者要根据影响决策的客观因素（自然状态）所出现的概率来选择方案。在这类决策中，自然状态不止一种，决策者不能知道哪种自然状态会发生，但能知道有多少种自然状态以及每种自然状态发生的概率，但概率只是可能性的大小，不等于现实，因而需要承担一定的风险。

（四）按决策主体划分

1. 个人决策

个人决策是指决策过程中，最终方案的选择仅仅由一人决定，即决策的主体是一个人。在个人决策中，常常要运用直觉决策，管理者运用专业知识和过去已习得的与情境相关的经验，在信息非常有限的条件下迅速做出选择。

研究者认为，管理者在以下几种情况下最有可能使用个人决策：①时间有限，但又有压力要做出决策时；②不确定性水平很高时；③几乎没有先例存在时；④难以科学地预测变量时；⑤事实有限，不足以明确指明前进道路时；⑥分析性资料用途不大时；⑦当需要从几个可行方案中选择一个，而每一个方案的评价都不错时。

2. 群体决策

群体决策是指决策过程由两个人以上的群体完成。群体决策通常能比个人做出质量更高的决策，因为群体拥有更多数量和种类的信息，他们能比个人制定出更多的方案，当群体成员来自于不同专业领域时这一点就更为明显。同时，以群体方式做出决策，易于增加有关人员对决策方案的接受性。但群体决策容易受到群体大小、少数人统治、责任不清、屈从压力、成员从众现象等因素的影响。

此外，决策还可以根据决策目标的多少分为单目标决策和多目标决策；根据所涉及的时间长短而分为中长期决策和短期决策；根据决策组织层次划分为高层决策、中层决策和基层决策等。

四、科学决策的程序和步骤

理解决策的全过程，掌握决策的一般程序，并且弄清各个程序的具体分工和彼此之间的相互联系，才能保证决策的准确性和有效性。一般通用的决策程序包括下面七个相互联系的步骤。

（一）发现问题

一切决策都从问题开始。通过对外部环境和内部条件的调查，就可找出问题，但是由于客观事物的复杂性和主观认识上的局限性，发现问题并不是容易的事。如果在实际工作中没有找到问题的真正要害，在情况不明时匆忙进行决策，就很难达到应有的效果。问题的来源很多，发现问题的方法也很多，当出现下列情况时，往往意味着问题的产生。

1. 当组织内的情况发生变化时

当组织内情况变化时，比如，产品不合格率突然增大，或者某些职工突然消极起来，就意味着某个地方发生了问题，就需要对异常现象进行深入研究和分析，找出症结所在，作为决策的出发点。

2. 当环境发生变化时

一个在正常环境下常规运行的组织，在环境发生显著变化时，往往会发生很多问题。通过对环境变化的分析，有助于及时发现组织存在的关键问题。

3. 当组织运行与计划目标发生偏差时

组织运行与计划目标发生偏差时，意味着存在需要决策的问题或需要修正计划或需要加强控制。将实际进程与计划指标进行对照检查，是发现问题的常见方法。

4. 当组织管理工作受到各种批评时

当工作受到批评时，这说明组织的活动出现了一些有争议的问题。批评意见可能来自于组织内部，例如，职工对某些管理人员的管理能力和素质不满等；也可能来自组织的外部，如企业附近居民对企业造成的环境污染提出批评、抗议等。广开言路，多方听取不同的批评意见，并进行客观的分析，是发现问题的重要途径。

（二）确定目标

决策是为了解决问题，在所需解决的问题明确之后，就要确定决策的目标，即指出该问题应当解决到什么程度，希望达到什么结果。决策的目标一定要明确具体，这样才能有一个明确的衡量标准。在制定决策目标时，要考虑以下因素。

1. 目标的可能性

制定目标时，首先要考虑各项资源是否可使目标实施具有可能。

2. 目标的可行性

要考虑执行时大小目标配合起来，层层保证目标实现，使之行得通。

3. 目标的可衡量性

目标是否实现必须有可靠的衡量标准，一为质量，二为数量，作为执行人员自动控制的准绳，也作为有效考核及成果验收的依据。

4. 目标的重要性

一项事业提出的目标，必须是最重要的，重要性目标提出后，企业就把全部力量朝向目标。

5. 目标的伸缩性

目标应有弹性，外部的环境及自己的资源有了改变，目标也要跟着改变。

6. 目标的一致性

企业制定的目标应与上一级制定的目标相结合，企业内部分目标要和总目标配合，使其互相协调一致。

决策目标的确定，并非随意而为，要经过一个深入调查研究的过程，只有对组织内外条件有透彻的了解，才能确立符合客观实际的决策目标。

（三）明确价值准则

确定了决策目标以后，还要依靠价值准则对这些目标加以判定。所谓价值准则就是落实目标，作为以后评价和选择方案的基本依据。包括三方面内容。

1. 确定价值指标

价值指标实现的程度就是衡量达到决策目标的程度。价值指标一般有三类：学术和技术价值、经济价值和社会价值。每类价值指标又可分解成许多项，每项又可分成许多条，构成一个价值系统。例如，我们决策的目标是设计一个市场需要的新产品。它的学术价值包括各项性能指标与世界水平的比较，满足用户要求的程度等；它的经济价值包括基本投资、制造成本、回收效益、回收周期等；它的社会价值指这个产品应用后所产生的包括从环境保护到伦理道德等各方面的社会影响。

2. 价值指标排序

在实际决策过程中，要同时完美地达到上述三类价值指标是很困难的。根据满意决策的思想，同时依据实际情况将这三个方面按轻重缓急进行排序，并且确定当发生相互矛盾时的取舍原则。

3. 指明约束条件

价值指标的实现与否及其取舍，都需受一定约束条件的限制，不顾约束条件和客观环境的限制，随意设定价值指标，必会出现失误。约束条件主要有各类资源条件、决策权力的范围以及时间限制等。

（四）拟订各种可行方案

拟订各种可行方案是决策的基础。一般说来，任何一个问题的解决方法和目标实现的途径有多种，而最为可行、综合最佳的途径只有一种，这就需要列举多种决策方案，以便进行比较选优。拟订可行方案时要注意以下几个问题。

1. 拟订出两个以上可行方案

任何决策至少要拟出两个以上的可行方案，否则就无从比较，谈不上科学决策。一般说来，要求尽可能多地列出可行的方案，这样，才能保证选出其中的最佳方案。

2. 明确列出各个方案中的限制性因素

要列出各方案的限制性因素，这是因为限制性因素越明确，越便于分析比较。

3. 拟订方案要有创新性

富有创新性的管理者，能够对问题进行全方位思考，并设想出一些新颖的决策方案。

(五)评价和选择方案

评价和选择方案是决策的关键。拟定出各种可行方案之后,就要根据原定目标的要求来评价各种方案的执行结果,看它们对目标的满足程度,然后从中选出一个合适的方案来执行。

方案的比较必须会引出“最佳”“不佳”“优”“劣”等的结果。但这不能作为方案选择的最终标准,因为单纯方案的最优不一定是方案在可行上或执行中的最优。必须把方案的优劣、可行性的大小与决策目标三者统一起来,建立满意的标准,再进行选择。这个选择过程,实际上是一个决策行动。

方案在评价和选择时,要从战略到战术、从客观到主观、从宏观到微观、从全局到局部、从目标到方法、从经济价值到社会效果,对方案进行周密论证。同时,还需应用一系列科学的定量方法,如可行性分析、价值分析、费用——效益分析及其他技术。还要把决策的政治、经济、社会等问题作综合分析,然后决定取舍。

(六)实施决策方案

决策的目的在于行动,所选择的方案必须得到有效的贯彻和实施。方案的实施者先要对方案的可靠性加以验证,即进行局部试验,如果试验成功,即可进入全面普遍实施阶段,如果不行,那就必须反馈,进行决策修正。方案实施的另一个值得重视的问题是统一思想。要采取正确的政策和方法,激励组织成员去积极而正确地贯彻决策方案。

(七)监督反馈

即使是通过了试验验证的方案,在全面贯彻实施的过程中仍会发生与目标偏离的情况,这就要求进行监督反馈并予以纠正。具体包括三方面的内容:一是规定规章制度;二是分析评价方案的执行情况;三是实施控制,纠正偏差,进行有效的监督反馈。要求完善监督机制和反馈信息系统,做到广泛收集情况并迅速反馈给决策部门,以便及时纠正偏差,保证方案顺利实施。

五、决策方法

决策的方法依据其特点的不同,总体上可分为两大类:定性决策法和定量决策法。

(一)定性决策法

定性决策法也称主观决策法,是指在决策中主要依靠决策者或有关专家的智慧来进行决策的方法,即决策者根据所掌握的信息,通过对事物运动规律的分析,在把握事物本质联系基础上进行决策的方法。这是一种“软技术”,从对决策对象的本质特征的研究入手,掌握事物的内在联系及其运行规律,并根据个人的经验、知识和判断能力,对企业的经营管理决策目标、决策方案的拟订以及方案的选择和实施作出判断。这种方法适用于受社会、经济、政治等非计量因素影响较大、所含因素错综复杂、涉及社会心理因素较多以及难以用准确数量表示的综合性问题。该方法虽然容易受到决策者的主观意志的影响,缺乏准确的量的分析和计算,决策准确性差,但毕竟该方法简便易行,因此,它还得到了广泛的推广与应用，这种“软技术”方法是企业决策采用的主要方法，它弥补了“硬”方法对于人的因素、社会因素等难以奏效的缺陷。“硬”、“软”两类技术互相配合，取长补短，才能使决策更为有效。

定性决策方法有很多种，常用的有头脑风暴法、德尔斐法、经理人员决策法、专家会议法、哥顿法、电子会议法等，其中头脑风暴法和德尔斐法（Delphi technique）是最具代表性的方法。尤其在长远的战略决策中，由于许多条件的不肯定性，德尔斐法特别适用。

1. 头脑风暴法

头脑风暴法（brain storming）也叫思维共振法，是美国创造学家阿历克斯·奥斯本于1939 年首次提出的一种激发性思维的方法，其目的在于产生新观念或激发创新设想。在群体决策中，由于群体成员心理相互作用影响，易屈于权威或大多数人意见，形成所谓的“群体思维”。群体思维削弱了群体的批判精神和创造力，损害了决策的质量。为了保证群体决策的创造性，提高决策质量，管理上发展了一系列改善群体决策的方法，头脑风暴法是较为典型的一个。

头脑风暴法有可分为直接头脑风暴法（通常简称为头脑风暴法）和质疑头脑风暴法（也称反头脑风暴法）。前者是在专家群体决策尽可能激发创造性，产生尽可能多的设想的方法，后者则是对前者提出的设想、方案逐一质疑，分析其现实可行性的方法。

采用头脑风暴法组织群体决策时，要集中有关专家召开专题会议，主持者以明确的方式向所有参与者阐明问题，说明会议的规则，在完全不受约束的条件下，敞开思路，畅所欲言。头脑风暴法实施的 4 项原则是：①对别人的建议不作任何评价，将相互讨论限制在最低限度内；②建议越多越好，在这个阶段，参与者不要考虑自己建议的质量，想到什么就应该说出来；③鼓励每个人独立思考，广开思路，想法越新颖、奇特越好；④可以补充和完善已有的建议，以使它更具说服力。实践证明，这种方法是激发人们创造性思维的一种行之有效的方法，经常用于决策的方案设计阶段，以获得广泛的、具有创建的新设想。

2. 德尔菲法

德尔斐法是由美国兰德公司于 20 世纪 50 年代初发明的最早用于预测，后来推广应用到决策中来。德尔斐是古希腊传说中的神谕之地，城中有座阿波罗神殿可以预卜未来，因而借用其名。

德尔斐法是专家会议法的一种发展，是一种向专家进行调查研究的专家集体判断。它是以匿名方式通过几轮函询征求专家们的意见，组织决策小组对每一轮的意见都进行汇总整理，作为参考资料再发给每一个专家，供他们分析判断，提出新的意见。如此反复，专家的意见渐趋一致，最后作出最终结论。

德尔斐法的实施过程大致如下：①拟定决策提纲。先把决策的项目写成几个提问的问题，问题的含义必须提得十分明确，不论谁回答，对问题的理解都不应两样，而且最好只能以具体明确的形式回答。②选定决策专家。所选择的专家一般是指有名望的或从事该项工作多年的专家，最好包括多方面的有关专家，选定人数一般以 10 ～ 50 人为宜，但一些重大问题的决策可选择 100 人以上。③征询专家意见。向专家邮寄第一次征询表，要求每位专家提出自己决策的意见和依据，并说明是否需要补充资料。④修改决策意见。决策组织者将第一次决策的结果及资料进行综合整理、归纳，使其条理化，发出第二次征询表，同时把汇总情况一同寄去，让每一位专家看到全体专家的意见倾向，据此对所征询的问题提出修改意见或重新作一次评价。⑤确定决策结果。征询、修改以及汇总反复进行三四轮，专家的意见就逐步集中和收敛，从而确定出专家们趋于一致的决策结果。

德尔斐法也可理解为组织集体思想交流的过程。这个方法有如下几个特点。

（1）匿名性。征询和回答是用书信的形式“背靠背”进行的，应答者彼此不知道具体是谁，这就可以避免相互的消极影响。

（2）反馈性。征得的意见经过统计整理，重新反馈给参加应答者。每个人可以知道全体的意见倾向以及持与众不同意见者的理由。每一个应答者有机会修改自己的见解，而且无损自己的威信。

（3）收敛性。征询意见过程经过几轮（一般为四轮）重复，参加应答者就能够达到大致的共识，甚至比较协调一致。也就是说，统计归纳的结果是收敛的，而不是发散的。

（二）定量决策法

定量决策法又称计量决策法，是建立在数学工具基础上的决策方法，是一种“硬技术”。它的核心是把决策的变量与变量、变量与目标之间的关系用一定的数学式表示出来，即建立数学模型，再根据决策条件，通过计算求得决策答案。

1. 确定型决策方法

确定型决策问题的客观条件及自然状态是比较明确和肯定的，每个方案只有一种确定的结果，决策的任务是按各方案的既定因素或历史资料计算、分析而获得预期结果，再根据结果数据从中决定取舍，选出最优方案。这里介绍一种确定型决策最常用的方法——盈亏平衡分析法。

盈亏平衡分析法是对已确定投产的方案，在一定时期内产品制造成本、售价与产量之间相互关系的分析研究。例如，某企业生产某种产品，既要满足市场需要，又要有利可得，一般说来不能作赔本买卖。根据产量和成本对利润和亏损的影响，就可以用盈亏平衡分析法作出决策。下面是单一产品的线性盈亏平衡图，如图 4-4 所示。

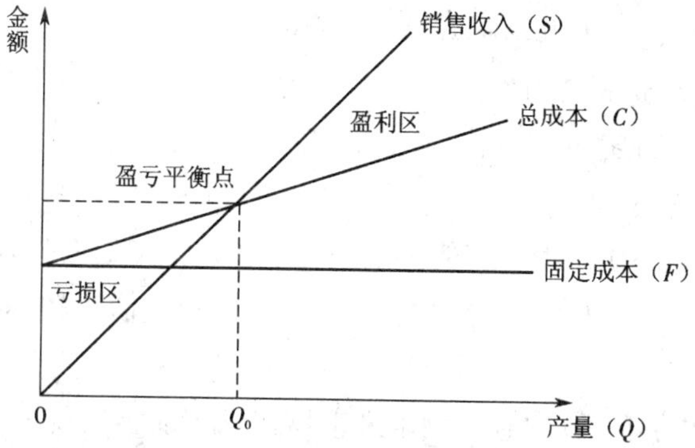

图 4-4　线性盈亏平衡图

我们假定销售收入、成本均为产量的线性正比函数，且产、销量一致，并将成本分成两个要素：固定成本与变动成本。成本线与收入线的交点就是盈亏平衡点。如果使成本和收入的表达式相等，就可以找到盈亏平衡点的产量。

设：Q—产量；F—固定成本；V—单位变动成本；C—总成本；P—产品单价；S—销售收入；Z—利润。由图可知：$S=PQ$，$C=F+VQ$

盈亏平衡时，$PQ_0=F+VQ_0$，则：$Q_0=F/(P-V)$

盈利（亏损）时，$PQ=F+VQ+Z$，则：$Q=(F+Z)/(P-V)$

这就是盈亏分析的数学模型。当产品的总产量大于盈亏平衡点的产量 Q_0 时，企业就盈利；当产品的总产量小于盈亏平衡点的产量 Q_0 时，企业就亏损。

例 1：某企业生产一种产品的固定成本为 5 000 万元，销售价格为 200 万元 / 台，产品可以尽产尽销，产品单位变动成本为 150 万元 / 台，求产品的盈亏平衡产量。

解：盈亏平衡产量　$Q_0=F/(P-V)=5\,000/(200-150)=100$（台）

也就是说，该企业生产本产品 100 台以上才不致亏损；否则，该产品将给企业带来的不是利润。

例 2：假定某工厂为生产某种产品有三种生产方案可供选择，而各生产方案的产量与成本之间的关系如图 4-5 所示。

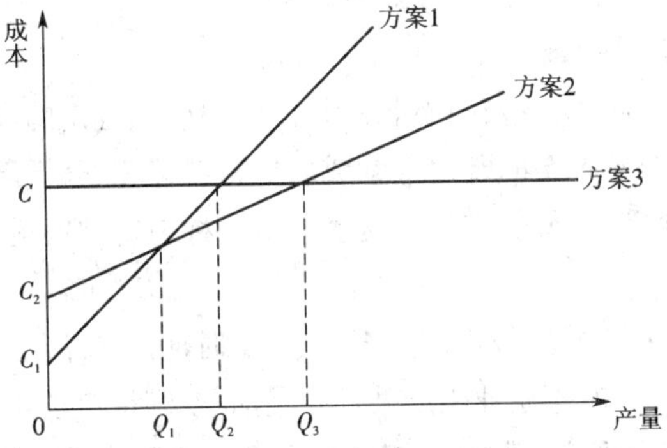

图 4-5　产量与成本关系图

设产量要求每年生产 X 单位，那么最小成本的决策就是：

①若 $0 \leqslant X \leqslant Q_1$，选择 1 方案；

②若 $Q_1 \leqslant X \leqslant Q_3$，选择 2 方案；

③若 $Q_3<X$，选择 3 方案。

2. 非确定型决策方法

非确定型决策问题与确定型决策的区别是每个备选方案均面临若干个不以决策者主观意志为转移的自然状态，并且各个自然状态出现的概率无法估计，但每个方案在每个自然状态下的损益值是已知的。

例如，某厂拟生产某种新产品，预测未来市场需求可能会出现高需求、中需求和低需求三种情况。该厂有三个方案可供选择，即新建生产线、增添设备、改建原生产线，三个方案预计的年损益值如表 4-5 所示。

表 4-5　年损益值表　　单位：万元

自然状态 / 年损益值 / 方案	高需求	中需求	低需求
新建生产线	60	20	-25
增添设备	40	25	0
改建原生产线	20	15	10

对这类问题的决策，不同决策者对事物所持态度不同，其决策结果存在很大差别。下面介绍三种常用的决策方法。

1）最大最小收益值法（小中取大法）

首先，找出各个方案的最小收益值，然后，选择最小收益值为最大的方案作为最优方案。例题中，三个方案的最小收益值分别为 −25、0、10 万元，其中最大的为 10 万元，故认为改建原生产线方案为最优方案。

这种方法以最小的收益值作为评价方案的标准，注意的重点放在收益不低于一定限度（或损失不超过一定限度），因此是一种比较保守悲观的分析方法。

2）最大最大收益值法（大中取大法）

首先，找出各个方案的最大收益值，然后，选择最大收益值为最大的方案作为最优方案。例题中，三个方案的最大收益值分别为 60、40、20 万元，其中最大的为 60 万元，故认为新建生产线方案为最优方案。

这种方法以最大的收益值作为评价方案的标准，力求尽可能最大限度地获得收益。因此是一种比较激进乐观的分析方法。

3）最小最大后悔值法（大中取小法）

当某一种自然状态出现时，那时将会明确，哪个方案是最优的，即其收益值是最大的。如果决策人当初并未采用这一方案，而是采取其他方案，这时就会感觉后悔。最大收益值与所采取的方案的收益值之差，叫做后悔值。按照这样的分析方法，先找出各个方案的最大后悔值，然后选择最大后悔值为最小的方案作为最优方案。例题中，各方案的后悔值如表 4-6 所示。增添设备方案后悔值最小，为 20 万元，故选该方案为最优方案。

上述三种方法是分别以不同标准作为评选方案的依据。对于同一问题，不同的评选标准得出不同的最优方案。

3. 风险型决策方法

风险型决策的条件与非确定型决策基本相同，所不同的只是每种自然状态出现的概率是可以估计的，并且不同方案在不同自然状态下的损益期望值可以计算出来。

表 4-6　后悔值表　　　　单位:万元

自然状态 / 方案后悔值 / 方案	高需求	中需求	低需求	最大后悔值
新建生产线	0	5	35	35
增添设备	20	0	10	20
改建原生产线	40	10	0	40

对于风险型决策问题,最常用的方法是决策树法。决策树法是以图解方式分别计算方案的损益期望值,再通过综合损益值比较作出决策。它对于分析比较复杂的决策问题非常适用。决策树法的要素有四个:决策点、自然状态点、方案枝、概率分枝。

1)单级决策问题的分析方法

例 1:某企业为生产某种产品设计了两个基本建设方案:一个是建设大车间,另一个是建设小车间。大车间需要投资 300 万元,小车间需要投资 160 万元,两者的使用期都是 10 年。预测在此期间,产品销路好的概率为 0.7,销路差概率为 0.3,两个方案的年度损益值如表 4-7 所示。应如何决策?

表 4-7　年度损益值表　　　　单位:万元

自然状态	概率	大车间	小车间
销路好	0.7	100	40
销路差	0.3	-20	10

用决策树法进行决策,步骤如下。

第一步,画出决策树图形,如图 4-6 所示。决策树自左向右,图中□为决策点,从它引出的分支叫方案支,○为自然状态点,从它引出的分支叫概率分支。□和○内自左向右依次编号,概率分支末端的数字是各个方案在各种自然状态下的损益值,方案支末端自然状态点上的数字是计算出来的方案的损益期望值,“‖”表示剪支,即比较各方案,选其最优方案,其余剪掉。

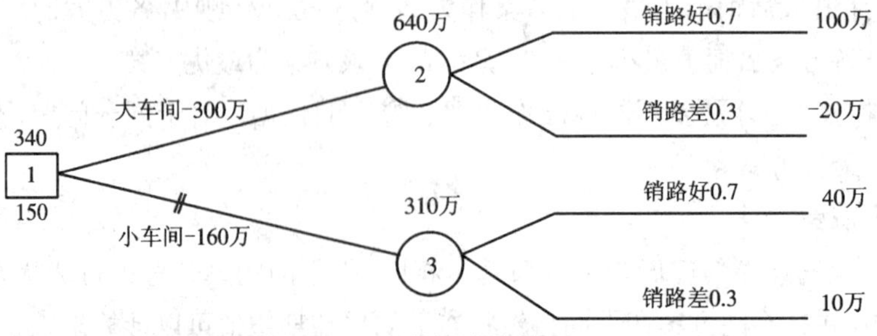

图 4-6　单级决策树图

第二步，计算各点的损益期望值及各方案的综合损益值。

点②损益期望值 100×0.7×10+(-20)×0.3×10=640 万元

点③损益期望值 40×0.7×10+10×0.3×10=310 万元

大车间综合损益值 640-300=340 万元

小车间综合损益值 310-160=150 万元

第三步，比较各方案综合损益值，选择最优方案。

两者比较，由于 340 万元 >150 万元，所以建设大车间的方案较优。

例 2：假设对上例分为前 3 年和后 7 年考虑。根据市场预测，前 3 年销路好概率为 0.7，而前三年销路好，则后 7 年销路好概率为 0.9；若前 3 年销路差，则后 7 年销路肯定差。试问两个方案哪一个更好？

第一步，画决策树图，如图 4-7 所示。

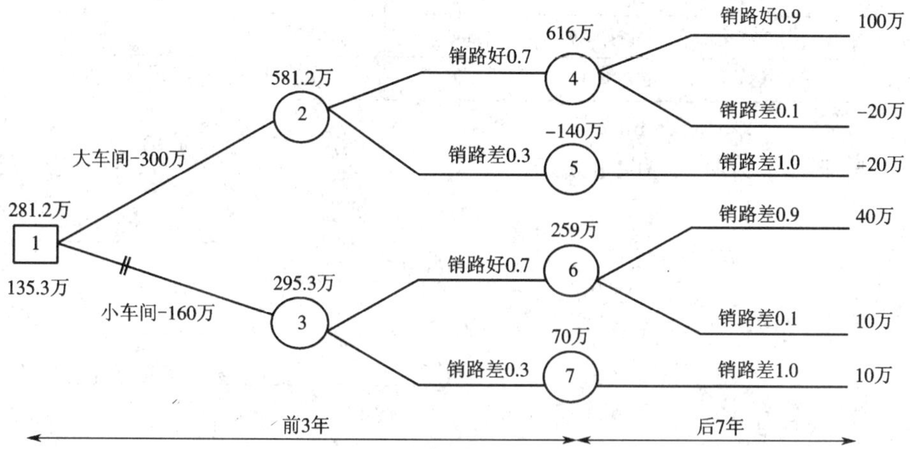

图 4-7 单级决策树图

第二步，计算各点的损益期望值及各方案的综合损益值。

点④：100×0.9×7+(-20)×0.1×7=616 万元

点⑤：(-20)×1.0×7=-140 万元

点②：616×0.7+100×3×0.7+(-140)×0.3+(-20)×3×0.3=581.2 万元

点⑥：40×0.9×7+10×0.1×7=259 万元

点⑦：10×1.0×7=70(万元)

点③：259×0.7+40×3×0.7+70×0.3+10×3×0.3=295.3(万元)

大车间：581.2-300=281.2 万元

小车间：295.3-160=135.3 万元

第三步，比较各方案综合损益值，选择最优方案。两者比较，由于 281.2 万元 >135.3 万元，所以建设大车间的方案较优。

上述问题只包含一项决策，所以叫做单级决策问题。

2）多级决策问题的分析方法

有些决策问题包括两项或两项以上的决策，叫做多级决策问题。下面举例说明它的分析方法。

例 3：某公司为满足某产品的需求设计了三个方案：建大工厂，投资 320 万元；建小工厂，投资 140 万元；先建小工厂，投资 140 万元，三年后若销路好则考虑扩建，需追加投资 200 万元，收益与建大工厂方案相同。各方案预测的产品在自然状态下的概率如表 4-8 所示。试作方案的决策。

表 4-8　年损益值及概率表

自然状态	概　率		方案及损益值（万元 / 年）			
	前 3 年	后 7 年	大工厂 I	小工厂 II	先小工厂后大工厂III 前 3 年	先小工厂后大工厂III 后 7 年
销路好	0.7	销路好 0.9	160	80	80	160
销路差	0.3	销路差 0.1	-40	20	20	-40

第一步，画决策树图，如图 4-8 所示。

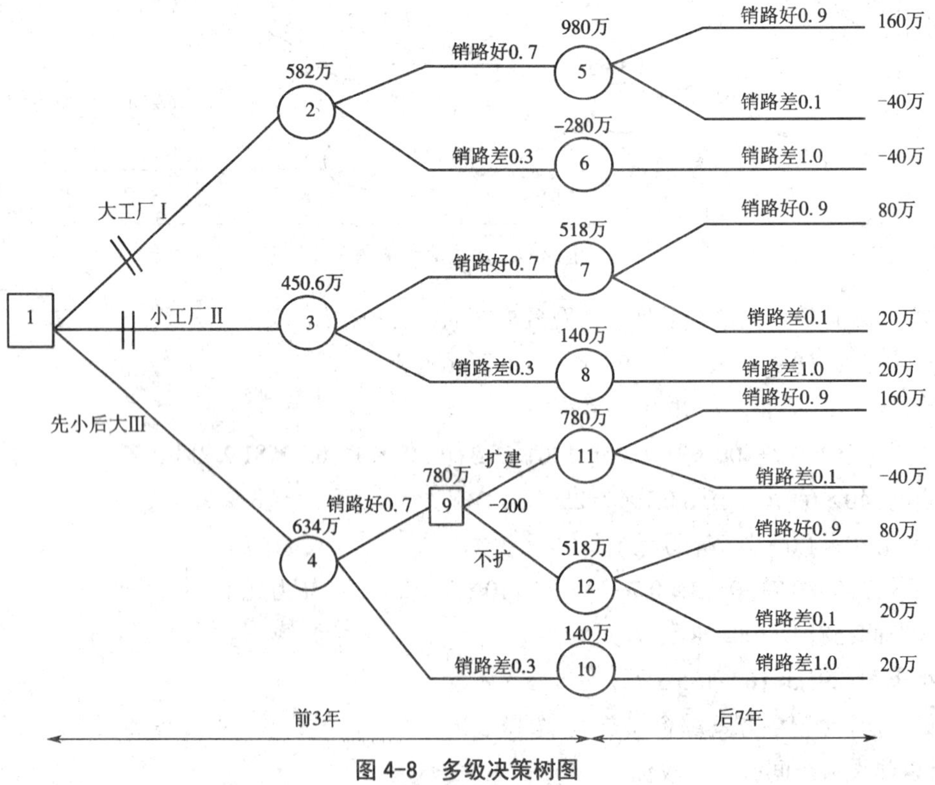

图 4-8　多级决策树图

第二步，计算各点的损益期望值及各方案的综合损益值。

点⑤：160×0.9×7+(−40)×0.1×7=980 万元

点⑥：(−40)×1.0×7=-280 万元

点②：980×0.7+160×3×0.7+(−280)×0.3+(−40)×3×0.3−320=582 万元

点⑦：80×0.9×7+20×0.1×7=518 万元

点⑧：20×1.0×7=140 万元

点③：518×0.7+80×3×0.7+140×0.3+20×3×0.3−140=450.6 万元

[9]是决策点，先计算点 ⑪、点 ⑫，以确定该不该扩建。

点 ⑪：160×0.9×7+(−40)×0.1×7−200=780 万元

点 ⑫：80×0.9×7+20×0.1×7=518 万元

由于扩建收益值 780 万元大于不扩建 518 万元，所以舍弃不扩建，选择扩建方案。

点⑩：20×1.0×7=140 万元

点④：780×0.7+80×3×0.7+140×0.3+20×3×0.3−140=634 万元

第三步，比较各方案综合损益值，选择最优方案。由于方案Ⅲ＞方案Ⅰ＞方案Ⅱ，所以选择先建小工厂后扩建成大工厂的方案为最优方案。

用决策树方法分析风险型决策问题，只要把图形画出，然后由右向左计算期望值及综合损益值，再比较其大小，就可找出最优方案。这种方法对于多级决策问题尤为方便，简捷明了。

本章小结

战略自古就有，现代企业战略从军事战略中获得很多经验和知识。战略的目的是为了保持竞争优势，培养协力优势，创造价值。而战略管理是一系列决策和行动的组合，它是为了达到组织目标，使组织与其所在环境高度的协调而确定和实施的。

战略管理过程包括战略制定、战略实施和战略评价等环节，是一个动态和连续的过程。绝大多数组织的战略都是预期的战略和突现应对战略的结合，在战略制定的过程中既有系统而理性的分析，又离不开直觉、反思及思想与行动的互相作用。战略制定包括战略分析活动和战略评价、选择。战略实施是将企业战略方案转化为实际行动并取得成果的过程。战略评价是对战略制定、实施的过程及结果进行适当的评价与监控。

组织要进行正确的战略管理，必须认清形势，采取合适的分析方法，使制定出来的战略及竞争策略与环境、资源和组织结构相匹配。战略管理常用的分析方法有波特行业竞争力量模型、SWOT 分析、波士顿矩阵。波特的竞争力量模型分别从行业内竞争者、潜在进入者、替代品、购买者和供应者讨价还价能力五个方面分析行业竞争环境；SWOT 提分析供了一个框架，可以清晰地看到企业内部优势与劣势以及外部的机会与威胁，由此形成四种可供选择的战略；波士顿矩阵分析企业内各类业务在市场的竞争与产业发展中的相对优势，将业务分为明星类、问号类、瘦狗类、金牛类四类。

战略在组织中分为三个层次：公司层面的战略、经营层面的战略、职能层面的战略。公司层面的战略就是一个组织整体的、全局性的总体战略，它主要说明组织经营的主要方向，包括专业化战略、一体化战略和多元化战略。迈克尔·波特提出了经营层面的基本战略包括：成本领先战略、差异化战略、市场集中战略。职能层面战略是为了实现企业总体战略而对企业内部的各项关键的职能活动做出统筹安排，包括研究与开发战略、生产制造战略、市场营销战略、人力资源战略和财务战略等。

决策是管理者从事管理工作的基础。管理就是决策，决策贯穿于管理全过程，广泛存在于计划、组织、领导控制等各项管理职能中，在管理活动中具有重要的地位和作用。管理者需要掌握决策的理论，方法和技巧，提高自身的决策能力。决策的定义是管理者为达到特定目的从若干可行方案中优选方案的过程。科学决策是建立在目标明确，多方案选择和满意决策原则的基础上的。

现代企业经营管理的复杂性和多样性，决定了经营决策有多种不同的类型，按照不同的分类标准可以划分为不同的类型，如按决策的重要程度划分为战略决策、战术决策、业务决策；按决策的重复性划分为程序化决策和非程序化决策；按决策的可靠程度划分为确定性决策、风险型决策、不确定型决策；按照决策主体可分为个人决策和群体决策。

决策是一项复杂的活动，有其自身的工作规律性，需要遵循一定的科学程序。一般来说，管理决策的过程包括问题识别，确定目标，拟订方案、评价方案、实施方案和监督反馈等阶段。

现代决策方法可划分为定性和定量两种方法，定性决策法包括常见的头脑风暴法和德尔菲法，定量决策法主要包括确定型决策、风险型决策和不确定型决策。

复习思考题

1. 什么是企业战略？它具有哪些特点？

2. 概述战略管理的基本过程。

3. 战略管理的分析方法主要有哪几种？

4. 阐述行业竞争力模型。

5. 如何应用 SWOT 分析？

6. 企业战略一般包括哪些类型？

7. 什么是决策？如何理解管理就是决策？

8. 如何进行决策的分类？

9. 简述决策的基本程序。

10. 有人认为定量决策比定性决策更科学，你认为对吗？为什么？

11. 简述头脑风暴法的原则。

12. 什么是德尔菲法？德尔菲法的显著特点是什么？

13. 确定型决策、非确定型决策和风险型决策的不同点在哪里？三种决策问题各自常用的决策方法有哪些？

管理故事

阿斯旺水坝的灾难

规模在世界上数一数二的埃及阿斯旺水坝竣工于20世纪70年代初。表面上看，这座水坝给埃及人民带来了廉价的电力，控制了水旱灾害，灌溉了农田。然而，该水坝实际上破坏了尼罗河流域的生态平衡，造成了一系列的灾难：由于尼罗河的泥沙和有机质沉积到水库的底部，使尼罗河两岸的绿洲失去肥源——几亿吨淤泥，土壤日益盐渍化；由于尼罗河河口供沙不足，河口三角洲平原向内陆收缩，使工厂、港口、国防工事有跌入地中海的危险；由于缺乏来自陆地的盐分和有机物，致使沙丁鱼的年捕获量减少2万吨；由于大坝阻隔，使尼罗河下游的活水变成相对静止"湖泊"，为血吸虫和疟蚊的繁殖提供了条件，致使水库区一带血吸虫病流行。埃及造此大坝所带来的灾难性后果，使人们深深地感叹：一失足成千古恨！悲剧最有可能发生在抉择过程中，不一样的抉择导致不同的结果。

头脑风暴法的应用

有一年，美国北方格外严寒，大雪纷飞，电线上积满冰雪，大跨度的电线常被积雪压断，严重影响通讯。过去，许多人试图解决这一问题，但都未能如愿以偿。后来，电讯公司经理应用奥斯本发明的头脑风暴法，尝试解决这一难题。他召开了一种能让头脑卷起风暴的座谈会，参加会议的是不同专业的技术人员，要求他们必须遵守头脑风暴法的基本原则。

按照会议规则，大家七嘴八舌地议论开来。有人提出设计一种专用的电线清雪机；有人想到用电热来化解冰雪；也有人建议用振荡技术来清除积雪；还有人提出能否带上几把大扫帚，乘坐直升飞机去扫电线上的积雪。对于这种"坐飞机扫雪"的设想，大家心里尽管觉得滑稽可笑，但在会上也无人提出批评。相反，有一工程师在百思不得其解时，听到用飞机扫雪的想法后，大脑突然受到冲击，一种简单可行且高效率的清雪方法冒了出来。他想，每当大雪过后，出动直升飞机沿积雪严重的电线飞行，依靠高速旋转的螺旋桨即可将电线上的积雪迅速扇落。他马上提出"用直升飞机扇雪"的新设想，顿时又引起其他与会者的联想，有关用飞机除雪的主意一下子又多了七八条。不到一小时，与会的10名技术人员共提出90多条新设想。会后，公司组织专家对设想进行分类论证。专家们认为设计专用清雪机，采用电热或电磁振荡等方法清除电线上的积雪，在技术上虽然可行，但研制费用大，周期长，一时难以见效。那种因"坐飞机扫雪"激发出来的几种设想，倒是一种大胆的新方案，如果可行，将是一种既简单又高效的好办法。经过现场试验，发现用直升飞机扇雪真能奏效，一个久悬未决的难题，终于在头脑风暴会中得到了巧妙的解决。

案例应用

案例 4–1 万厦集团公司的发展战略

万厦集团公司是一家以房地产开发为主的企业集团，集团下设有房地产公司、建筑安装公司、太阳能热水器公司、建筑门窗公司、物业管理公司等成员企业。当然，在销售业绩、企业实力、人员素质、管理水平等方面，房地产公司在集团内占有显著地位。

万厦房地产公司的产生、成长、壮大颇有戏剧性。公司创始人最初接触房屋建设是从为本单位的职工盖住房开始的。万厦公司诞生前，它的主要创始人林总、刘总、郭总等原来都是某县级机关的干部。由于工作需要，他们比较了解土地规划、工程预算、房屋施工等方面的业务，他们为本单位职工兴建的住房也就比较考究。房子盖出来以后在当地引起了不小的轰动，那些本单位不需要的住房很快被买走，买方绝大部分是政府机关的工作人员，少数是富裕的社会人员。林总——当时还是县政府某机关的主任，由此看到了一个新的事业天地，所以不失时机地创建了万厦房地产公司。在公司诞生后的三年中，他们成功地开发了三个住宅小区，全部获得成功，公司的销售额在第四个年头就突破了 1.2 亿元人民币。

林总出生于 1955 年，他当过兵，做过施工企业的技术人员，又在政府机关工作了近 10 年，是个目光敏锐、勇于开拓的管理型人才。成立了万厦公司以后，他的公司发展一帆风顺，他的目标也在不断调整、提高，他已不满足于万厦仅仅是一个县市级著名企业，而要成为地区、省甚至是国内有实力、有品牌的企业。为此他像一个开足马力的机器一样不停运转，一天工作十七八个小时是常有的事。他本人的敬业精神、工作能力是他的副手们如刘总、郭总以及全体公司员工们十分敬佩的。但是公司的发展速度近来却慢了下来，对此，公司内部出现了多种议论。林总对发展速度减缓的解释是：第一，前几年公司的业绩基数小，而现在公司已有了上亿元的销售额，再要翻几番当然不会轻而易举；第二，万厦起步时老百姓对住房的需求总的来说不太高，因而房子比较好卖，而近年来人们对住房需求在多方面有了更高的要求，销售阻力更大了；第三，万厦公司刚起步时，同地区的竞争者还不多，近年来却一下子冒出了几十家房地产公司，竞争更加激烈了。林总的看法大家都同意。问题是面对这些情况，公司应如何采取行动呢？

思考题

（1）万厦房地产公司能否再创新的辉煌？

（2）请对万厦集团公司下一步的战略发展思路提出你的看法并阐述理由。

案例 4–2 蔬菜管理

彼得·莫斯是一名生产和经营蔬菜的企业家。他现在已有 50 000 平方米的蔬菜温室大棚和一座毗邻的办公大楼，并且聘请了一批农业专家顾问。

莫斯经营蔬菜业务是从一个偶然事件开始的。有一天，他在一家杂货店看到一种硬花球花椰菜与花椰菜的杂交品种，他突发奇想，决定自己建立温室培育杂交蔬菜。

莫斯用从他祖父那里继承下来的一部分钱，雇用了一班专门搞蔬菜杂交品种的农艺专家，这个专家小组负责开发类似于他在杂货店中看到的那些杂交品种蔬菜，并不断向莫斯提出新建议。如建议他开发菠生菜（菠菜与生菜杂交品种），橡子萝卜瓜、橡子南瓜以及萝卜的杂交品种。特别是一种柠檬辣椒，是一种略带甜味和柠檬味的辣椒，他们的开发很受顾客欢迎。

同时，莫斯也用水栽法生产传统的蔬菜，销路很好。生意发展得如此之快，以致他前一个时期，很少有更多的时间考虑公司的长远规划与发展。最近，他觉得需要对一些问题着手进行决策，包括职工的职责范围，生活质量，市场与定价策略，公司的形象等等。

莫斯热衷于使他的员工感到自身工作的价值。他希望通过让每个员工"参与管理"了解公司的现状，调动职工的积极性。他相信：这是维持员工兴趣和激励他们的最好办法。

他决定在本年度 12 月 1 日九时召开一次由每一个农艺学家参加的会议，其议程是：

第一，周末，我们需要有一个农艺师在蔬菜种植现场值班，能够随叫随到，并为他们配备一台步话机，目的是一旦蔬菜突然脱水或者枯萎。可以找到这些专家处理紧急情况，要做的决策是：应该由谁来值班，他的责任是什么？

第二，我们公司的颜色是绿色的，要做的决策是新地毯、墙纸以及工作服等应该采取什么样绿色色调？

第三，公司有一些独特的产品，还没有竞争对手，而另外一些产品，在市场上竞争十分激烈。要做的决策是对不同的蔬菜产品应当如何定价，彼得 · 莫斯要求大家务必准时到会，积极参与发表意见，并期望得到最有效的决策结果。

思考题

（1）12 月 1 日所召开的会议很有必要吗？

（2）公司的装潢问题是否需要进行群体决策？

（3）定价问题是否需要列入彼得•莫斯 12 月 1 日的决策议事日程？

第五章 计划

本章学习目标

- 计划的含义
- 计划的作用及性质
- 计划的类型
- 制订计划的过程
- 计划技术与方法
- 目标及目标管理含义、特点
- 目标管理的基本过程

计划是管理的首要职能,它与管理的其他职能有着密切的联系。通过计划,选定组织和部门的目标,确定实现这些目标的途径。管理者围绕着计划规定的目标及确定的方案,去从事组织工作、配备人员、进行指导和领导以及控制工作等活动,以达到预定的目标。严密统一的计划,能使组织中的各种活动有节奏地进行。

第一节 计划概述

一、计划的含义

计划既可以是名词,也可以是动词。从名词角度上说,计划指用文字和指标等形式所表述的组织以及组织内不同部门和不同成员在未来一定时期内关于行动方向、内容和方式的安排。计划既是决策所确定的组织在未来一定时期内的行动目标和方式在时间和空间上的进一步展开,又是组织、领导、控制和创新等管理活动的基础。从动词角度上说,计划指为了实现决策确定的目标而预先进行的行动安排。这项行动安排工作包括在时间和空间两个维度上进一步分解任务和目标,选择任务和目标实现方式、进度规定、行动结果的检查与控制等。

管理工作首先要确定组织目标并加以细化、调整,使之形成完整的目标体系;然后要广泛搜集历史资料及现实资料以便对组织内外环境及其发展形势进行分析预测,以便制定出为实现组织目标的未来行动方案并对各种不同的方案进行选择；行动方案确定之后还要通过一定的程序使之得到贯彻执行，并根据组织内外客观情况的变化，适时予以修正，直至计划得以完成。上述管理工作都属于计划工作的范围。

由此可见，计划是指对现在及过去有关信息进行分析，对未来的发展进行预测，以确定使组织能达到其目标的行为方案的全过程。换言之，计划就是一个组织要做什么和怎样做的行动指南。

计划工作包括定义组织目标，建立实现目标的战略，并且构建整合和协调各种组织活动的计划。计划内容包含“5W1H”。

What，做什么？——目标与内容。

Why，为什么做？——原因。

Who，谁去做？——人员。

Where，何地做？——地点。

When，何时做？——时间。

How，怎样做？——达到目标的方式、手段。

二、计划的作用及性质

计划通常需要管理者花费许多精力，但计划的作用使得管理者不得不为此做出努力。计划工作是管理者合理利用资源，协调和组织各方面力量，以实现组织目标的重要手段，在管理各项工作中具有极为重要的地位和作用，具体概括为以下几个方面。

首先，计划可以给组织成员，包括管理者和非管理者，指出努力方向。当组织成员了解组织目标以及他们的工作与目标之间的联系，他们会通过协调自己的工作，并与其他人合作以便完成目标。缺乏目标的指引，所有人的工作将缺乏方向，影响组织的有效运行。

其次，计划的前瞻性可以减少管理的不确定性，并能够根据环境的变化制定有效地应对措施。尽管计划本身无法消除不确定性，但可以督促管理者考虑可能面临的不确定性，提前准备，在遇到困难时能避害趋利，最大限度地减少风险，获得成功。

另外，计划有助于消除浪费。当组织中所有成员围绕计划进行活动时，那些低效的工作更容易被发现，可以及时得到纠正，减少或消除资源的浪费，使整个组织的活动协调一致，互相配合，从而迅速有效地达到目标。否则，行动就会变成杂乱无章的盲目活动。

最后，计划建立了控制需要的标准。计划职能将产生目标和计划，当管理者进行控制时，他们可以很容易识别计划是否有序进行，目标是否实现。缺乏计划，将无法衡量工作绩效。

计划的性质概括起来有以下几个方面。

1. 目的性

各种计划及其所有派生计划都是旨在促使企业或各类组织的总目标和一定时期目标的实现。要使每个人有效地完成任务，就要使其理解组织的总目标和一定时期的目标，要让组织每一个成员明白期望他们完成的是什么。这也是管理工作的基本特征。

2. 主导性

计划工作相对于其他管理职能处于首位。这是因为管理者进行组织工作、领导工作以及控制工作等，目的都在于促使计划的实现，并且，要使所有的其他管理职能发挥效用，必须首先安排好计划。因此计划工作理所当然地在其他管理工作之前进行。

3. 普遍性

虽然计划工作的特点和范围随各级主管人员职权的不同而不同，但它却是各级主管人员的一个共同职能。所有主管人员，无论处于哪个管理层次，其主要任务就是作决策，而决策本身就是计划工作的核心。任何管理人员都有一定程度的职权，这就决定其必须为此承担制订计划的责任，所以计划工作是各级主管人员的普遍任务。

4. 效率性

制定合理的计划是为了给组织带来更大的绩效。计划工作的效率：一是从计划工作的任务评定，即不仅要确保实现目标，还要从众多方案中选择最优的资源配置方案，以求得合理利用资源和提高效率；二是从计划工作本身来评定，即以实现该组织的总目标和一定时期的目标所得到的利益，扣除为制定和执行计划所需要的费用和其他预计不到的损失之后的差额来测定。因此，一项好的计划，可以使组织以合理的代价实现目标，这样的计划才是有效率的。

5. 创造性

计划工作是一种创造性的工作过程，是针对需要解决的问题和可能发生的变化及新机遇而作出的决定。这就要求管理人员打破老框框的束缚，充分发挥主观能动性，努力针对本单位、本部门的不同特点提出一些新思路、新观点和新措施，使计划符合客观实际，并具有创造性。

三、计划的类型

计划是未来行动的蓝图，是为实现组织的目标而提供的有关未来行动方案的建议说明。因此，计划是计划工作的最终成果，是对未来组织活动的指导性文件。它提供了从目前的现实通向未来的目标之间的道路和桥梁。

计划的种类很多，按照不同的标准有不同的划分方法。有的时候，由于一些管理人员认识不到计划的多样性或不承认有若干不同类型的计划，使得制定的计划常常忽略了某些重要的计划方面，从而降低了计划的有效性。因此，必须充分认识和弄明白计划是多种多样的。

（一）根据计划的广度分为战略计划与作业计划

战略计划是指应用于整体组织，为组织设立总体目标和寻求组织在所对应的环境中的地位的计划。作业计划则是指规定总体目标如何实现的细节的计划。战略计划与作业计划在时间跨度上、在范围上和在是否包含组织目标方面是不同的。作业计划倾向于覆盖较短的时间间隔，如月度计划、周计划、日计划就属于作业计划；战略计划倾向于包含持久的时间间隔，通常为五年甚至更长时间，它覆盖较广的领域。就确立目标而言，两者完全不同：设立目标是战略计划的一个重要任务；而作业计划是在目标已确定的条件下制定的，它只是提供实现目标的方法。

（二）根据计划的时间期限分为长期计划、中期计划和短期计划

长期计划通常又称为远景规划，其时间跨度一般在五年以上，是为实现组织的长期目标服务的具有战略性、纲领性指导意义的综合性发展计划。长期计划主要规定组织在未来为实现长期目标的主要行动步骤、分期目标和重大措施，在制定时需要有较强的预见性。中期计划时间跨度一般为二到五年，是根据长期计划提出的战略目标和要求，并结合计划期内实际情况制定的计划。中期计划是长期战略目标的具体化，同时又是短期计划目标的依据。短期计划时间一般在一年以内，是为实现组织的短期目标服务的，最接近实施的行动计划。短期计划是对长期和中期计划的具体落实，执行情况是修订中期计划的依据。短期计划由于是执行性计划，内容更加具体，因此，应尽可能地详细描述。

（三）根据计划的明确性分为指导性计划和具体性计划

指导性计划只规定一些一般的方针，它指出重点但不把管理者限定在具体的目标上或是特定的行动方案上。具体计划具有明确规定的目标，不存在模棱两可，没有容易引起误解的问题。指导性计划具有内在的灵活性，而具体计划便于明确及时有效地完成特定的程序、方案和各类活动目标。

（四）根据计划的重复性分为非程序化计划和程序化计划

西蒙把组织活动分为两类。一类是例行活动，指一些重复出现的工作，如订货、材料的出入库等。这类活动的特点是经常反复的，而且具有一定的结构，因此可以建立一定的决策程序。每当出现这类工作或问题时，可以利用既定的程序解决，不需要重新研究。这类决策叫程序化决策，与之对应的计划是程序性计划。另一类活动是非例行活动，不重复出现，处理这类问题没有一成不变的方法和程序。例如，新产品的开发、危机的处理、品种结构的调整、工资制度的改变，等等。解决这类问题的决策叫做非程序化决策，与之对应的计划是非程序性计划。

除了上述的划分方法，实践中的计划仍然表现出不同的类型。具体来说，计划分类在表现形式上又分为宗旨、目标、战略、政策、规则、程序、规划和预算等几种类型，哈罗德·孔茨和海因茨.韦里克认为，一个计划包含任何将来行动方针，将计划从抽象到具体分为一种层次体系。

（1）目的或使命。它表明组织在社会上应起的作用和地位，组织的目的和使命决定了组织的性质，成为区分不同组织的标志。例如，企业存在的目的是生产和分配商品和服务，法院存在的目的是解释和执行法律，大学存在的目的是教学和研究。

（2）目标。组织的使命需要进一步具体为组织某个特定时期的目标（objectives）和各部门的目标（goals）才能采取行动。围绕着组织的使命，组织建立各个时期的目标和各个部门的目标。比如组织的使命是通过生产通讯设备获得利润，制造、研发、营销等部门的目标有可能不一致。

（3）战略。战略是为了达到组织总目标而采取的行动和利用资源的总计划，目的是通过一系列的主要目标和政策去决定和传达一个组织期望自己成为什么样的组织，例如通用汽车前决定经营种类齐全的汽车。由于战略在实践中的重要作用，所以经常把战略作为一种计划单独列出。

（4）政策。政策是指导或沟通决策思想的全面的陈述或理解，不是所有的政策都是"陈述"，因此政策经常是从管理者的活动中含蓄地反映出来。例如，某公司的总经理也许就是为了方便，从而严格地遵循不从公司内部提拔员工的做法，这种做法可能会被下属当成政策执行。正常情况下，各级组织都有政策，它有助于事先决定问题，不需要每次重复分析相同的情况，同时把其他计划统一起来，因此允许管理者授权，同时需要对下属的活动保持控制。由于政策指导决策，所以必须允许对某些事酌情处理的自由，但这种自由要被限制在一定的范围。

（5）程序。程序是处理未来活动的一种必需方法的计划，是按照时间顺序详细列出必须完成某类活动的方式。不同于政策，程序是行动指南，不是思想指南，它详细地列出完成某类活动的可操作性方式。比如，公司政策规定可以带薪休假，为避免工作混乱，建立相应的程序，规定安排假期时间表，制定假期工资支付办法，保持纪录，并详细说明假期申请的办法。

（6）规则。规则详细地阐明必需的行动，或者非必需的行动，没有酌情处理的余地。规则通常是形式最简单的计划。规则不同于程序，它不说明时间顺序，规则也不是政策，它没有授权管理者处置权。

（7）方案（或规划）。方案是一个综合性的计划，包括目标、政策、程序、规则、任务分配、要采取的步骤、要使用的资源以及为完成既定行动方针所需的其他因素。一项方案可能很大，也可能很小。通常情况下，规划都有预算支持，一个主要方案可能需要很多支持计划。在主要计划进行之前，必须把这些支持计划制定出来，并付诸实施。所有这些计划都必须加以协调和安排执行时间，否则有可能影响主要计划的完成并造成不必要的损失。

（8）预算。预算是一份用数字表示预期结果的报表，可以称之为"数字化的"规划。预算通常是为规划服务的，它本身也是一项规划，同时预算也是控制手段。

四、制订计划的过程

编制计划本身是一个过程。为了保证计划的可行性，能实现决策的组织落实，制订计划必须采用科学的方法。无论是收购一家企业还是开发一项新产品，管理者需要遵循相同的步骤以便完成完整的计划。任何计划工作的程序，即工作步骤都是相似的，其过程包括以下几个步骤。

（一）评估状况

就是对组织的当前状况做出评估，这是制定和实施计划工作方案的前提。评估主要是对组织自身的优势和劣势、所面临的机会和威胁进行综合分析，即SWOT分析。其内容包括：对未来可能出现的变化和预示的机会进行初步分析，形成判断；根据自己的长处和短处搞清自己所处的地位；了解自己利用机会的能力；列举主要的不肯定因素，分析其发生的可能性和影响程度；可以达到的预期效果等。

（二）确定目标

对形势和机会进行正确的估量之后，就要为组织及其所属的下级单位确定计划工作的目标。包括总体目标的设定、目标的分解、目标结构和重点的分析、具体目标值的确定等。

（三）确定前提条件

所谓计划工作的前提条件，就是计划工作的假设条件，换言之，即计划实施时的预期环境。工作人员对计划前提了解得越透彻并能始终如一地运用它，则计划工作也将做得越协调。然而，要把一个计划的将来环境的每个细节都做出假设是不切合实际的。因此，从实际情况来讲，前提条件只能是限于那些对计划起关键性作用的或具有策略意义的假设条件，也就是说，限于那些对计划的贯彻实施最有影响的假设条件。

根据组织的内外环境，可以将计划工作的前提条件分为外部与内部前提条件；还可按可控程度，将计划工作前提条件分为不可控的、部分可控的和完全可控的三种前提条件。不可控前提条件越多，不肯定性越大，就越需要通过预测工作确定其发生的概率和影响程度的大小。

（四）拟订可行方案

任何一项工作只有一种可行方案是极少见的，完成某项任务总是有许多方法，只有挖掘了各种可行的方案才有可能从中抉择出最佳方案。如果只有一种方案，就无所谓抉择了。要挖掘各种可行方案，必须具有民主气氛，既要群策群力，又要思路开阔，大胆创新。

（五）评价备选方案

要按照前提和目标来权衡各种因素，比较各个方案的利弊，对各个方案进行评价。评价实质是一种价值判断，这一方面取决于评价者所采取的标准，另一方面取决于评价者对各个标准所赋予的权数。显然，确定目标和计划前提条件的工作质量，直接影响到方案的评价。在评价方法方面，可以采用运筹学中较为成熟的矩阵评价法、层次分析法以及在条件许可的情况下采用多目标评价方法。

（六）选择行动方案

这是采用计划的关键一步，也是决策的实质性阶段——抉择阶段。有时候，可供选择方案的分析和评估表明两个或两个以上的方案都是合适的。在这种情况下，必须确定出首先采取哪个方案，同时将其他几个方案也进行细分和完善，并作为后备方案，这样可以加大计划工作的弹性，使之更好地适应未来环境。

（七）拟订派生计划

在总体方案和主体计划确定以后，还需要拟订一系列的派生计划。所谓派生计划就是围绕主体计划所产生的一些相关的配套计划，也就是辅助计划。例如一个企业组织发展战略中的投资计划、生产计划、采购计划、培训计划等。它们是总计划的基础，是对主体计划的支持和补充。

（八）编制预算

计划大致确定以后，下一步的重要工作就是把计划数字化，即确定达到计划目标所需要的物资和资金的定量化分配方案，这项工作就是预算。预算工作所要解决的问题是：计划的开展和执行需要多少资金和原材料？计划完成后能获得多少盈利？执行计划过程中如何分配资金和原材料等。预算使计划进一步明确化、具体化和数量化，因而更加便于实施。这为今后衡量计划工作的进度提供了标准，也为未来的控制活动提供了重要的依据。

第二节　现代计划技术与方法

本节主要介绍几种广泛应用且在实践中行之有效的现代计划技术与方法，包括滚动计划法、投入产出法、PDCA 法、线性规划法等。

一、滚动计划法

这是一种动态编制计划的方法。它不像静态分析那样，等一项计划全部执行完了以后再重新编制下一个时期的计划。它是依据“近细远粗”的原则制订一定时期内的计划，依据此原则，对于距离现在较远时期的计划编制得较粗，只是概括性的，以便以后根据计划因素的变化调整和修正，对距离现在较近时期的计划要求比较详细和具体。然后根据计划的执行情况和环境变化，调整和修订未来的计划，将计划时间顺序向前推进一个计划期，即逐期滚动一次。这是把短期计划和中期计划结合起来的一种计划方法。图 5-1 表明了滚动计划法的基本原理，展示了用滚动计划法得到的一个五年期计划，在五年期的每一个周期结束时，需要评估该阶段中计划实施的情况，再根据组织面临环境的变化，对即将进入的下一个周期计划进行调整，逐期滚动。

滚动计划方法最突出的优点是：第一，计划更加符合实际。在不确定性较高的经营环境中，管理者很难准确预测未来的变化，而计划的时期越长，这种不确定性越大，实施的难度也会增大。滚动计划法通过“近细远粗”的原则使得管理者既兼顾了长期，又能增加计划的准确性和可操作性；第二，滚动计划方法将长期计划、中期计划与短期计划有效地衔接。通过对当期执行情况的反馈，使短期计划内部各阶段相互衔接。这样，即使环境变化出现某些不平衡也能及时地进行调节，使各期计划保持较好的一致性；第三，滚动计划方法体现了计划的动态适应性。根据变化了的组织环境及时调整和修正组织计划，增强了计划的弹性，能保证计划符合实际情况进而得以顺利实施，有利于提高组织的应变能力。

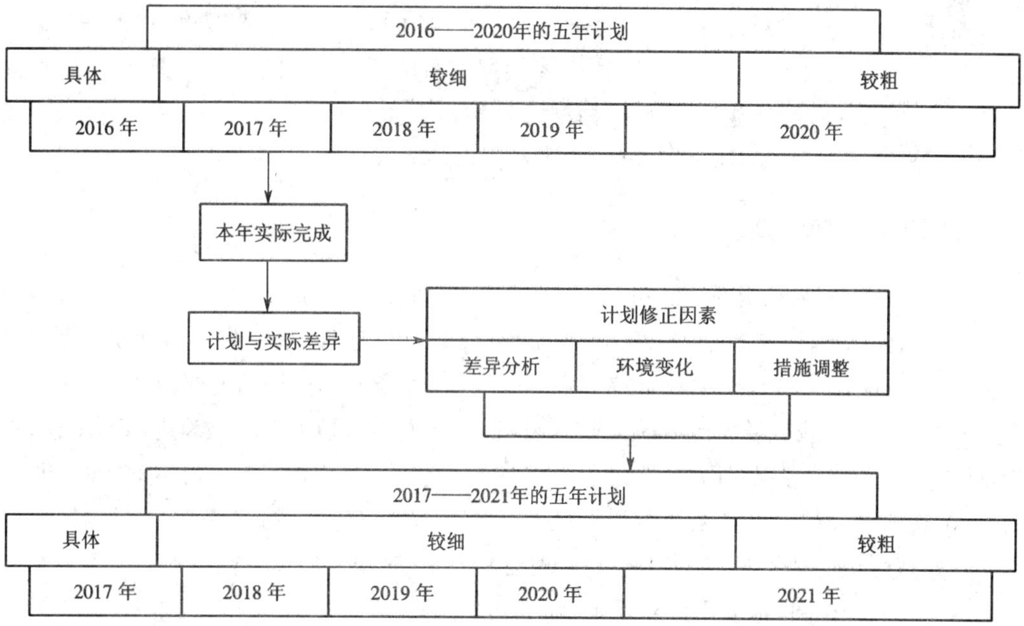

图 5-1　滚动计划法示意图

滚动计划法还可用于编制年度计划或月度作业计划。采用滚动计划法编制年度计划，一般将计划期向前推进一个季度，计划年度中第一季度的任务比较具体，到第一季度末，编制第二季度的计划时，要根据第一季度计划执行结果和客观情况的变化以及经营方针的调整对原先制定的年度计划做相应的调整并在此基础上将计划期向前推进一个季度。采用滚动计划法编制月度（分旬）计划，一般可将计划期向前推进十天，这样可省去每月月末预计、月初修改计划等工作，有利于提高计划的准确性。

二、投入产出法

这是一种应用上极为广泛的现代计划方法，是在一种经济理论指导下，编制投入产出表，建立投入产出数学模型，研究各种经济活动的投入与产出之间的数量依存关系，特别是研究和分析国民经济各个部门或各种产品的生产与消耗之间数量依存关系的经济数学方法。这种方法是进行各种经济活动分析、加强综合平衡、改进计划编制方法的有效工具。在投入产出表中，所谓投入，是指社会在组织物质生产时对各种原料、燃料、动力、辅助材料、机器设备以及活劳动等的生产性消耗；所谓产出，是指生产出来的产品数量及其分配去向。因此，投入产出法是通过编制投入产出表，建立投入产出数学模型来反映国民经济各部门、再生产各环节间内在联系的一种方法。

投入产出分析的基础是投入产出表。投入产出表可根据不同的标准进行分类：①根据表中所包括的内容，可分为产品投入产出表、劳动投入产出表、固定资产投入产出表及某些特殊用途投入产出表（如能源投入产出表）等，其中，产品投入产出表又可按产品的不同形态分为实物型投入产出表和价值型投入产出表；②根据表所包括的范围不同，可分全国的、地区的、部门的、企业的投入产出表；③根据表的用途不同，可分为报告期的投入产出表（统计表）与计划期的投入产出表（计划表）；④根据表内是否包括时间变化因素，可分为静态投入产出表（模型）和动态投入产出表（模型）；⑤按核算体系的不同，有 SNA（国民核算体系）的投入产出表和 MPS（物质平衡表体系）的投入产出表。

三、PDCA 循环法

PDCA 循环又叫戴明环（Deming circle/wheel），是美国质量管理专家休哈特博士（Shewhart）首先提出的，经过戴明（W. Edwards Deming）采纳、宣传，获得普及，从而也被称为“戴明环”。玛丽·沃森（Mary Watson）在《戴明的管理方法》一书中提出这样的观点：作为工业发展史上的一个典型事例，日本的工业奇迹显示，一个国家必须以品质为重，要有长远的目光，而不能“头痛医头脚痛医脚”，追求一鸣惊人。在过去的 40 多年里，日本企业已经从低廉、低附加值产品的生产者发展成为举世闻名的高质量、精加工的制造商。二战后，当戴明博士开始宣传他的理论时，在美国少有人理会。但是，他和他的理论在日本却受到了意想不到的欢迎。时至今日，戴明思想对日本企业仍然有着深刻的影响。

PDCA 包括持续改进与不断学习的四个循环反复的步骤，即计划（Plan）、执行（Do）、检查（Check）、处理（Act），如图 5-2 所示。其中，计划，即通过集体或个人确定某一行动或某一系列行动的方案，包括 5W1H；而接下来的执行则是按照计划去做，落实计划的过程；检查阶段是确认执行人的执行情况，比如到计划执行过程中的“关键点”去收集信息，从计划执行的情况，找出问题；处理阶段则是对检查的结果进行认可或否定，显然，成功的经验要加以肯定，日后进行推广；失败的教训要加以总结，以免重现。这样，处理的结果成为下一个 PDCA 的起点，使得整个组织的活动有序连接起来。

PDCA 可以应用到个人、部门到整个组织这些层次，每个单位都根据组织的目标，设定自己的 PDCA，值得注意的是所有都要围绕着组织的总目标朝着同一个方向运转。另外，从图 5-2 可以看到，PDCA 不是一个单循环，而是不断进行的循环，而且，这种循环不是在同样水平上进行，每循环一次，在某些方面都有进步，在一个循环结束后，要进行总结，提出新的目标，这样，就进入下一个循环。PDCA 正是通过这种不断的循环，获得不断的进步。

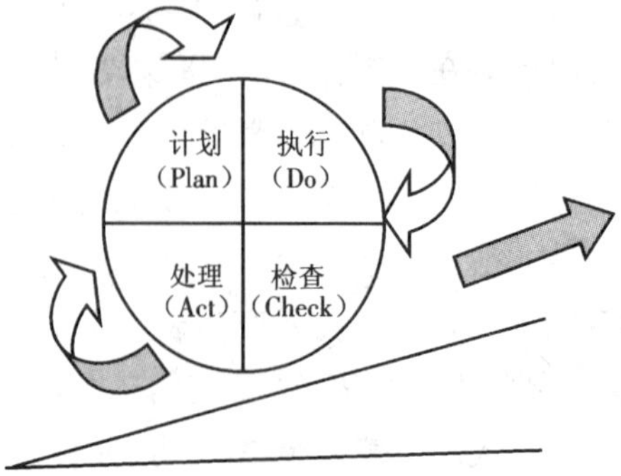

图 5-2　PDCA 循环的示意图

四、线性规划

这种方法主要用于研究对现有资源（物力、财力、人力、时间等）如何进行统一分配、全面安排、合理调度或最优设计等问题。它所研究的问题一般都可归纳为在满足既定的要求下，按某一衡量指标寻求最优方案。

用线性规划解决计划问题，必须符合以下条件：①要有明确的目标准则，即确定要求什么达到最优（如对于生产厂商来说，他的目标准则可以是利润最大或成本最小，而消费者的目标准则，可能是在满足预算约束的条件下追求其效用的最大化），只有明确了某一问题的目标准则，才能据之建立线性规划模型的目标函数；②所涉及的资源是有限的，而且具有可供选择的多种用途；③问题中所有因素之间都存在着线性关系。使用线性规划描述管理问题和寻求最优化，首先需就上述三方面的条件建立线性方程组，这些方程可以用一种特定的线性规划方法来求解。这些方法包括：修改分布法、可变图解法、单纯形法、对偶单纯形法等。方法的选择应视问题的性质而定。一般说，对于仅包括两个决策变量的问题可采用图解法，而对于包括两个以上决策变量的较大问题，则使用单纯形法，并利用计算机求解。单纯形法是求解线性规划的基本方法。线性规划模式是规范性的，包含确定性的变量。

在现代计划技术与方法中，预算法和网络计划技术也作为很重要的方法被广泛运用，这两种方法将在第十一章控制工作中作专门介绍。

第三节　目标与目标管理

一、目标的概念、特征与分类

（一）目标的概念

凡事要先订立计划，才能达到预期的结果，这些结果在未实现之前，便是目标。所谓目标就是指组织根据其内外环境和条件而提出的在一定时期内经过努力所要达到的预期成果。计划是为实现组织目标而拟订方案和措施的过程，或者说目标是组织活动所有指向的终点，它也是计划工作的终点。目标能够为管理决策确立方向，并可作为标准用以衡量实际的成效。组织内各项管理活动都必须围绕着目标而展开。因此准确把握组织目标的属性显得至关重要。

（二）目标的特征

1. 层次化

任何组织的目标都不是单一存在的独立目标，而是呈现层次的一系列目标的总和，即组织目标具有层次性。从广泛的社会经济目标到特定的个人目标，分层次、分等级组成，各个层次目标是组织总体目标的具体体现。组织目标的层次体系如图 5-3 所示。

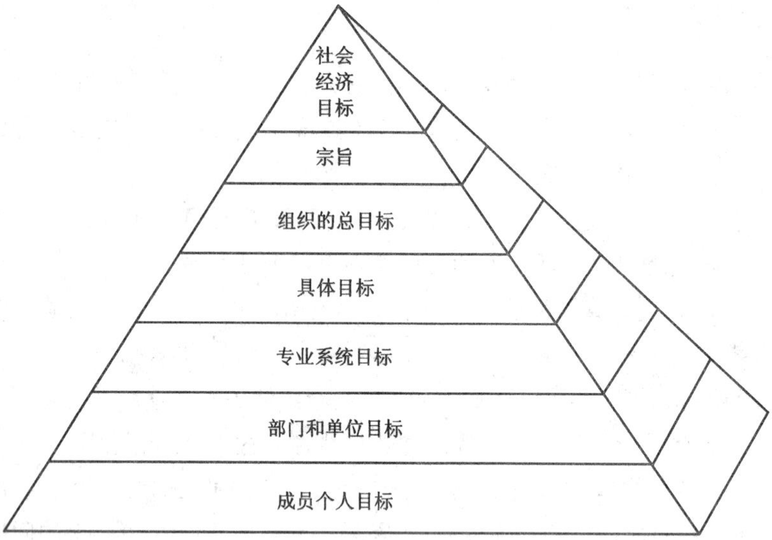

图 5-3 组织目标的层次体系

2. 多样化

无论是组织还是个人，所确定的目标往往是多个而不是唯一的，在一定时期内组织所预期达到的成果不一定体现为某一单项指标，即使是组织的主要目标，一般也是多种多样的。如一个盈利性企业，在某一时期追求利润目标的同时，还确定了为社会提供优质产品或服务的社会目标；高等学府的目标不只是教学和科研，还包括吸引高质量的学生，培养社会需要的各类专业合格人才，通过研究发现并组织新知识的教学，聘请有名望的教授等。

在多样化的目标体系中，除主要目标外，还有次要目标，对各个目标的相对重要性和完成时间序列做出合理的划定是非常必要的。管理者必须重视主要目标。

3. 网络化

一个组织的目标通常是通过各种互为联系的活动的相互影响、相互促进来实现的。如果各种目标不互相联结，不互相支持，则执行的结果必然会给整个组织或企业带来不利甚至严重的负面影响。

目标和计划很少是线性的，并不是当一个目标实现后紧跟着再去实现下一个目标。有效的计划方案，其具体目标共同形成一个左右关联、上下衔接、互相呼应着的一个有机网络。目标和计划是按一定的网络方式互相联结的，只有使得各个目标互相联结、彼此协调、互相支援，目标网络才具有效果。

一般情况下，组织内部某一单位或部门很容易制定适合自己的目标，但却常常出现部门间目标相互抵触、互为矛盾的现象，以致造成局部或整体目标网络的梗阻和不畅。因此，称职的管理人员在制定本部门或本单位目标时，要从目标网络的总体去把握和考虑，确保目标网络中每个组成部分相互协调。

（三）目标的分类

由于目标具有不同的属性，从而使得目标表现出不同的对应类型，如主要目标和次要目标、控制性目标和突破性目标、长期目标和短期目标、明确目标和模糊目标、定量目标和定性目标等。

1. 主要目标和次要目标

就企业来说，企业生存、盈利和发展作为企业三个最为重要的目标同时存在，相辅相成，缺一不可，某种程度上它们是所有企业的最终目标。次要目标是有助于实现主要目标的目标，比如营销目标作为次要目标，追求的是确保产品设计能够始终迎合顾客的需求而使顾客重复购买。次要目标与企业的总目标是一致的，也是主要目标所必需的。每一个次要目标都贯穿在企业的经营活动中，并有助于总目标的实现。然而，目标并非越多越好，过多的目标会使执行的组织或个人应接不暇而顾此失彼。应当在尽可能减少目标数量的同时，尽量突出主要目标。

2. 控制性目标和突破性目标

控制性目标是指使经营活动维持在现有水平，如稳定某一品牌的市场占有率。突破性目标是指使经营活动达到前所未有的水平，如使废品率由15%降到10%，这个10%就是突破性目标。

3. 长期目标和短期目标

将目标分为长期目标和短期目标是相对时间跨度而言。一般来说，时间跨度达五年以上的目标就是长期目标。由于长期目标历时较长，中间发生的变动因素很多，因此，随着时间的推移，长期目标在实施过程中应不断地进行调整。短期目标通常是指一年以内要求达到的目标。短期目标是长期目标的基础，任何长期目标的实现必然是由近及远。因此，短期目标必须体现长期目标，有助于长期目标的实现，长期目标与短期目标之间应形成一个整体关系。

4. 明确目标和模糊目标

从管理的角度讲，目标一般应当越明确越好，明确的目标既有利于计划，又有利于控制。但是，任何事情都有其另一面，当不能没有目标又不宜规定具体目标时，不妨提出一种模糊的目标，这样也许效果会更好。有些时候，模糊目标比明确规定的具体数字更为合理贴切。评价模糊目标是否实现的标准也不同于明确目标，它是一种满意标准，是一种价值判断。

5. 定性目标和定量目标

将目标定量化，能够使其具有可考核性，从而掌握目标的完成情况。但是，许多目标是不宜用数量表示的，如果此时硬性地将一些定性的目标定量化也是不科学。在组织的经营活动中，定性目标是不可缺少的。在政府机构，定性目标则显得更重要。有时，提出一个定性目标可能比规定一个定量目标，使主管人员处于更有利更主动的地位。

二、目标管理

管理目标以至目标的实现有赖于正确地组织计划的实施。没有良好的计划实施工作，再好的计划也只是一纸空文。计划的实施就是通过计划的执行，使计划变成现实的过程。

计划的实施过程实际上就是组织目标的展开和实现过程。在层层展开组织目标、落实组织计划方面，目标管理通常被认为是有效的管理模式。

（一）目标管理的形成和发展

目标管理（Management By Objectives，缩写为 MBO）也称为成果管理。人们提出目标管理的思想是出于人类的任何活动都具有目的性的考虑。人们在做任何事情时，首先必须知道他们的目标是什么，哪些活动有助于实现这些目标以及如何完成目标等。目标管理模式正是基于这样的指导思想，即在实现组织目标过程中，应让组织内的每一位成员都明确组织的目标是什么，为实现组织的整体目标，他需要承担什么样的职责，他行动的具体目标如何。目标管理模式是以强调职工参与管理和实施自我管理为基础的，它强调将组织成员的个人需要和组织目标的实现结合起来。

目标管理作为一种管理制度和管理哲学，是由美国管理学家彼德·德鲁克在 1954 年发表的《管理实践》一书中最早提出来的。德鲁克提出目标管理的思想是由当时的历史背景所决定的。他在分析古典管理理论和行为科学理论的基础上，认为古典管理理论偏重于以工作为中心，而忽视了人的一面；行为科学理论又偏重于以人为中心，而忽视了人同工作相结合。这就需要有一种管理方法，将上述两种思想综合起来，将为实现组织目标所需做的工作和做这些工作的人结合起来，通过鼓励工人参与管理，使他们感到工作的兴趣和价值，从工作中满足其自我实现的需要。在个人需要得到满足的过程中也实现了组织的目标。他在《管理实践》一书中指出：“凡是工作状况和成果直接地、严重地影响着企业的生存和繁荣发展的部门，目标管理都是必需的。”由此推动了目标管理的发展。

当时在管理界有一种不良倾向，即进行工作评价惯于使用主观和个人监督的办法。由于目标管理思想突出了目标的可考核性和可分解性，主张使用定量的、客观的标准去衡量管理绩效和进行工作评价，因此，当目标管理思想被提出来之后，它很快就成为工作评价的主要方法。

几乎在德鲁克出版《管理实践》一书的同时，美国通用电气公司在 1954 年为进行改组而拟定的计划中，提出了目标管理的诸要素。该公司指出：“管理决策的分散进行，要求用具体的客观目标和对目标实施进程的客观计量来代替主观的评价和个人的监督。通过实行一种客观的计量，有助于主管人员集中精力去注意有关问题及趋势和前途问题。所以，如果我们能够顺利地开展对企业成效的客观衡量，那么，我们的权责分散原理将会收到更大的效果。”通用电气公司在实践方面为目标管理的发展做出贡献。如今，目标管理在全世界各地得到广泛的应用。

1957 年，美国管理学家道格拉斯·麦克雷格就工作绩效的评价问题也发表论文。他在文章中对比分析了传统的主观评价法与以目标为基础的客观评价方法，他建议放弃主观评价法，而强调在目标基础上进行工作评价。他认为，参照目标进行评价的方法使评价具有建设性，是把评价的中心放在工作成效上，而不像传统的主观评价法那样，将评价的中心放在个人品格上。他认为，以目标为基础的评价可以激发人们工作的热情，并能促使职工的成长和发展。

美国学者爱德华·施莱(Edward Schleh)的专著《成功管理》中,强调了目标管理的重要性。他认为,管理目标规定了每个人在一个特定时期内完成的具体任务,从而使整个管理部门的工作能在特定的时期内充分地融合为一体。他强调,应当为企业各级机构的所有人员,从上到下都规定目标,对员工按预期达到的成果授权,并以同一个标准给予评价。

目标管理思想的产生及发展,是许多管理学家努力工作的成果,其中德鲁克、麦克雷格和施莱等人及通用电气公司对目标管理的发展都做出了突出的贡献。现在,目标管理已经发展成为一种被各种组织实施计划的主要管理手段,它作为一种管理模式被普遍应用于管理领域。

(二)目标管理的概念与特点

所谓目标管理就是把最高管理层所制定的一定时期内的总目标,进行层层分解和落实,要求下级管理人员以及每个员工都要根据上级目标,分别制定各自目标和保证措施,从而形成一个目标体系,并以此作为各部门或个人考核的依据。总之,目标管理是让组织的各级部门及员工亲自参与目标的制定、分解和实施,强调组织内各级部门及组织成员在完成目标过程中的"自我控制"机制,着重于目标的完成并按目标完成中所取得的成效来考核,而不是从其所付出的工作量来考核。它通常被看做是实施计划的理想技术。目标管理的理论体系如图 5-4 所示。

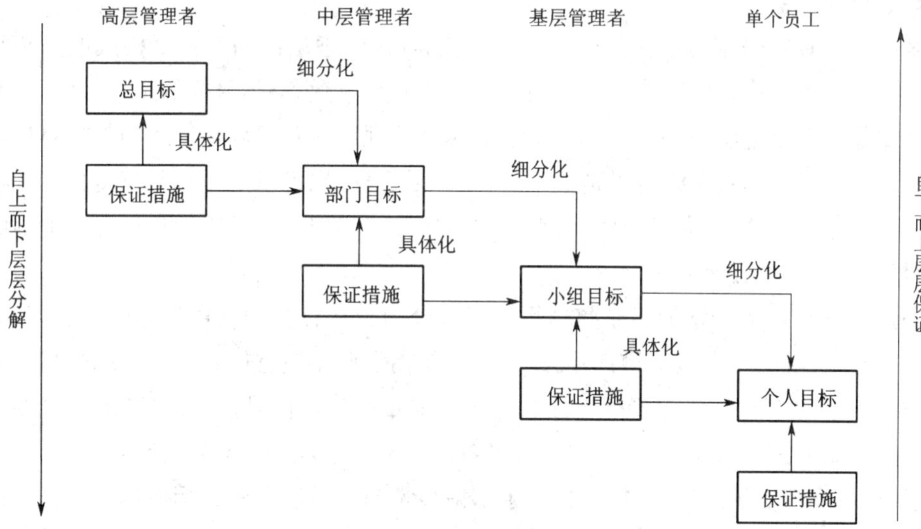

图 5-4 目标管理体系示意图

目标管理的特点主要表现在以下几个方面。

1. 明确目标

明确的目标要比只要求人们尽力地去做会有更高的业绩,而且高水平的业绩是和高的目标相联系的。尤其重要的是每个人应对他所在部门的贡献非常明确,否则含糊不清的个人目标对管理人员来说是一件难事。

2. 参与决策

目标管理中的目标，并不是单向由上级给下级规定和落实，而是以参与的方式进行决策，上级与下级共同参与，选择设定各种对应层次目标。因此，目标管理的目标转化过程，既是“自上而下”，又是“自下而上”的。

3. 规定时限

目标管理强调时间性，制定的每一个目标都有时间限制要求。在大多数情况下，目标的制定可与年度预算或主要项目的完成期限一致，但并非必须如此，根本的是要依实际情况来定。某些目标应该安排在很短的时期内完成，而另一些则要安排在更长的时期内。在典型的情况下，组织层次的位置越低，为完成目标而设置的时间往往越短。

4. 评价绩效

目标管理不断地将目标的进展情况反馈给个人，以使他们调整自己的行动。也就是说，下级人员承担为自己设置具体的个人绩效目标的责任，并具有同他们的上级领导人一起检查这些目标的责任。管理人员要努力吸引下属人员对照预先设立的目标来评价业绩，积极参加评价过程，用这种鼓励自我评价和自我发展的方法，鞭策员工对工作的投入，并创造一种激励的环境。

(三)目标管理的过程

目标管理在实践中的实施与运作过程大体可分为以下五个步骤。

1. 确定整体目标

组织的目标体系是由组织内各个部门和单位、各级管理层次的子目标构成的一个目标网。组织内各个子目标是组织整体目标的具体形式，它受组织整体目标的指导。因此，实施目标管理需首先确定组织的整体目标。组织内最高管理层应负责确定组织的整体目标。组织的整体目标在时间形式上既可以是长期目标、中期目标，也可以是短期或年度目标。在目标管理模式的应用实践中，尤以年度目标为最多，但也已出现了将组织的长远发展的战略目标纳入目标管理中去的趋势。

组织最高管理层所确定的组织整体目标可以分为数量目标和质量目标两大类，数量目标是指那些定量化的、可考核的目标，而质量目标是指那些不适宜用数量表示的目标。一般地较高层的管理者要比中低层管理者面临更多的质量目标。但是，目标管理的实施要求所确定的目标必须具有可考核性，否则将难以做到目标的分解，不便于将目标落实到个人。因此，高层管理者在确定组织整体目标时，对于那些质量指标所表示的目标应尽可能详细地说明其特点或强调其各个部分应完成的日期，使之具有可考核性。

在确定组织整体目标时，高层管理者还应注意他们所确定的组织整体目标应留有修改和调整的余地。因为大多数高层管理者在同下属一起拟定各个子目标的过程中，还会发现他们在确立整体目标时没有考虑而需加以考虑的因素。也就是说，组织的整体目标是一个初步性、粗略的目标，待到组织内各层次的管理人员将一整套可考核的子目标都拟定出来之后，还需对这些暂定的组织整体目标进行修正和调整。

2. 建立目标体系

组织整体目标确定出来之后就需围绕这一目标将其展开。通过将组织的整体目标层层展开和具体落实以及正确确定下属人员的工作目标，从而形成组织的目标体系。

组织目标的展开分为纵向展开和横向展开。纵向展开是指将组织的整体目标在组织内部的各个管理层之间层层展开，这需通过正确的授权来完成。各个管理层都应有各自相应的目标，下级管理层的目标应体现上一级管理层目标的要求，并与之相协调、配合。组织目标的层层展开体现了组织内部纵向之间的有机联系，使组织内部纵向各个层次在组织整体目标之下统一起来，建立起一个自上而下层层展开、自下而上层层保证的目标体系。不仅如此，组织整体目标在纵向管理层展开之后，还需将各个管理层展开的目标具体落实到有关的部门或个人。这种具体落实目标的过程，体现了组织内部各个职能部门之间的横向联系，体现了组织内各个部门或单位的子目标之间的相互协调。通过将组织整体目标纵向层层展开和横向具体落实，就使得组织内部形成一种合力，共同为实现组织目标而努力。

将组织的整体目标层层展开和具体落实的过程就是确定下属人员工作目标的过程。但展开到各个管理层和落实到各个部门或单位的目标并不是由高层管理者事先制定出来的，这些目标作为下属人员的工作目标，是由高层管理者与其下属共同制定的。因此，在组织目标的展开和落实过程中，一个关键的问题就是如何确定下属人员的工作目标，而这也正是目标管理的重要内容。一般地，组织内较高层次的管理者在确定了属于本管理层的目标之后，通常是先把初步设想的、认为是切实可行的目标告诉给下属人员，然后征求他们的意见：能完成哪些目标、在什么时间完成以及完成目标需要哪些资源，还有哪些困难等。在确定下属人员的目标过程中，上一级管理者的作用主要是为下属人员实施目标创造条件，帮助他们协调个人目标与组织目标之间的矛盾，而具体地确定工作目标应由下属人员自己完成。目标管理的基本思想是，将下属人员的个人需要与组织目标的实现结合起来，这就是说，应鼓励下属人员自己确定自己的工作目标，而不能由上级管理者随意武断地为其下属规定目标。在下属人员自己确立自己的工作目标中，由于体现了他的个人需要，使得目标容易被下属人员接受；在实现目标的过程中，他也信守自己的目标，能够发挥工作的主动性和创造性。但主张由下属人员自己确定自己的工作目标并不意味着这个目标可以随意确定，他必须以组织目标的实现为中心，对于下属人员自己确定的工作目标，还必须由较高层管理者审核和批准，这体现了上下级之间共同制定目标的意图。

3. 明确责任

有时我们遇到这种情况，即在达到目标的过程中，所期望的结果和责任之间的关系往往被人忽视。通常，组织结构并不是按组织在一定时期的目标而建立的，因而常常发现部门和具体岗位难以有明确的目标与之相对应，其责任也多是含糊不清的。实施目标管理重要的一点，就是要尽可能地做到每个目标和子目标都应是部门或某个人的明确责任，如果难以做到，则至少应该对每一协作的管理人员所要完成的计划目标及所做的具体任务，作出明确的规定。

4. 组织实施

形成了组织的目标体系之后，为了使组织目标得以实现，还需做好目标实施所需的各项组织工作。较高层次的管理者通过与下属共同确定目标，对下属完成目标所需的资源情况、可能会遇到的困难等都有了初步的了解，这就可以作为组织实施工作的依据。在组织实施时，要特别注意把握好两点：一是高层领导者的管理要多体现在指导、协调、提出问题、提供信息情报以及创造良好工作环境方面；二是高层领导者要更多地把权力交给下级成员，充分依靠执行者的自我控制完成目标任务。

5. 目标评价与反馈

对各级目标的完成情况，采取定期检查、考核的办法是比较有效的手段。检查的方法可以多样化，如采用自检、互检、责成专门的部门进行检查或评比、竞赛等形式。检查的依据就是事先确定的目标。对最终结果，应当根据目标进行评价，并将评价结果及时反馈。反馈对绩效有积极的影响，它可以使人们知道其努力的水平是否足够或是还得加强，它能诱使人们在实现了原先的目标后进一步提高他们的目标，而且使人们了解他们的行动方式的效果。经过评价和反馈，使得目标管理进入下一轮循环过程。

目标管理已成为众多管理者推崇的一种管理模式，它在管理实践中的应用也颇见成效。它体现了在组织计划实施，即组织目标的实现过程中全员参与、全过程管理、全面负责、全方位落实的立体管理体系。它最显著的特点是体现了现代参与管理的意识。组织内人人有目标，通过个人参与目标的制定和实施，能够容易协调个人目标与组织目标之间的矛盾，使人们愿意对自己的工作承担责任，它有利于开展有效的控制工作，鼓励参与管理和实施自我控制，这正是德鲁克提出目标管理思想的初衷。

（四）目标管理的缺点

作为使用最广泛的一种管理方法，目标管理备受理论界和实践的关注，通过对现实的考察发现了目标管理存在的缺点。

（1）制定目标困难。尽管目标管理看起来简单，但把它付诸实施过程中，由于缺乏指导准则，产生了很多困难。目标管理建立在自己我控制和自我管理基础上，需要让全体员工理解它的原理，了解自己范围内的各种政策。而目标的确定也不容易，过于注重经济效益，可能会产生不符合伦理的行为。为了减少选择不道德手段获取结果的可能性，最高层管理者必须承认合理的目标，明确表示对行为的期望，并给道德的行为予以高度重视，奖励。

（2）强调短期目标。在大多数的目标管理实践中，很少会设置超过一年的目标，往往是一个季度甚至更短。过于强调短期目标有可能会损害长期目标的安排。高层管理者要确保现在的目标是为长期目标服务的。

（3）缺乏灵活性。一旦确定了目标，在目标管理过程中，管理者往往对改动目标犹豫不决。如果目标经常改动，说明它的形成没有经过深思熟虑，这样的目标没有意义，但如果环境发生变化却期望管理者为过时的目标而努力，这样的工作也没有意义。

本章小结

计划是决策的延续，体现了决策在组织中落实的过程。作为管理职能中最基本的职能，计划工作是一座桥梁，连接现在与将来要达成的目标，并使得不来不会发生的事，现在可能发生。为了确保在组织中每个人的努力方向与组织目标一致，管理者需要确保每个人理解组织的总目标和某个时期的目标。计划为决策的实现提供了支持，是决策的落实过程，同时又是组织、领导、控制工作的开始和基础。作为组织中管理者，需要使每个人理解组织的总目标和某个时期的目标以及达到目标的方法，这是计划的职能。

计划工作包括定义组织目标，建立实现目标的战略，并且构建整合和协调各种组织活动的计划。计划内容包含“5W1H”。计划的作用表现在以下几个方面：①计划可以给组织成员，包括管理者和非管理者，指出努力方向。②计划的前瞻性可以减少管理的不确定性，并能够根据环境的变化制定有效地应对措施。③计划有助于消除浪费。④计划建立了控制需要的标准。计划本身具有目的性、主导性、普遍性、效率性和创造性的性质。计划在组织中广泛的应用，使得计划有不同的类型，通常可以根据涉及范围、时间、明确性以及重复性程度进行划分，分别是战略计划和作业计划，长期计划、中期计划和短期计划，指导性计划和具体性计划，非程序化计划和程序化计划。

为了保证制订的计划合理，实现决策的组织落实，制定计划必须采用科学的方法。计划制定的过程可以遵循如下的步骤：首先需要确定组织目标，引导组织前进的方向；然后通过研究过去发生的事件，获得启示和经验，探讨现在存在的变化和机会；接下来要识别影响计划实施的前提条件，并使得组织成员认可；提出多种可行的备选方案后，需要选择适当的方法评估它们；最后是形成主要计划和派生机会，即确定和描述5W1H，并编制预算，便于组织执行。

目标管理通常被看作实施计划的理想技术，在世界各地应用广泛。通过把组织在一定时期内的总目标层层分解和落实，每个员工都要根据上级目标，分别制定各自目标和保证措施，从而形成一个目标体系。目标管理强调组织内各部门及成员的“自我控制”机制，着重于目标的完成并按目标完成中所取得的成效来考核。但目标管理不是一个万能的管理方式，实践应用中出现过很多问题，使得结果与目标背道而驰，因此，目标管理本身也需要进行管理。

最后介绍了在实践中应用的计划技术与方法，包括：滚动计划法、投入产出法、PDCA法、线性规划法。滚动计划技术是一种动态编制计划的方法，能够根据环境的变化调整计划；PDCA强调四个基本活动和持续改进的精神；线性规划研究在资源有限的前提下寻求最优方案的可能性。

复习思考题

1. 计划的含义是什么？在管理中，计划有什么重要作用？

2. 计划的性质体现在哪几个方面？
3. 计划的类型如何划分？
4. 简述制订计划的过程。
5. 滚动计划法的基本原则是什么？
6. 简述 PDCA 循环的含义。
7. 什么是目标？它主要有哪几个方面的特征？
8. 目标的主要类型有哪些？试加以区分。
9. 如何划分组织目标层次？
10. 什么是目标管理？对企业管理而言，目标管理的意义何在？
11. 目标管理的特点有哪些？
12. 目标管理的基本过程是什么？

管理故事

不一样的结果

曾经有人做过这样一个实验：组织三组人，让他们沿着公路步行，分别向十公里外的三个村子行进。

甲组不知道去的村庄叫什么名字，也不知道有多远，只告诉他们跟着向导走就是了。这个组刚走了两三公里的时候就有人叫苦了，走到一半时，有些人就几乎愤怒了，他们抱怨为什么让大家走这么远，何时才能走到。有的人甚至坐在路边，不愿再走了。越往后人的情绪越低，七零八落，溃不成军。

乙组知道去哪个村庄，也知道它有多远，但是路边没有里程碑，人们只能凭经验估计大致要走两小时左右。这个组走到一半时才有人叫苦，大多数人想知道他们已经走了多远了，比较有经验的人说："大概刚刚走了一半的路程。"于是大家又簇拥着向前走，当走到四分之三的路程时，大家又振作起来，加快了脚步。

丙组最幸运。大家不仅知道所去的是哪个村子，它有多远，而且路边每公里有一块里程碑。人们一边走一边留心看里程碑。每看到一个里程碑，大家便有一阵小小的快乐。这个组的情绪一直很高涨。走了七、八公里以后，大家确实都有些累了，但他们不仅不叫苦，反而开始大声唱歌、说笑，以消除疲劳。最后的两三公里，他们越走情绪越高，速度反而加快了。因为他们知道，要去的村子就在眼前了。

目标管理的误用

纽约交通警察局（NYTPD—New York Transportation Police Department）有一段时间持续出现错误和非法逮捕事件，无辜的人被指控犯有重罪，其中绝大多数是黑人和墨西哥裔人。事件曝光以后发现，一个分局的 4 个警察要对这些错误和非法逮捕事件负主要责任，这

4个警察全部被停职,并接受审查。奇怪的是,调查结果显示:这4个警察是该分局表现最佳的警察,原来这个分局实行的是目标管理法,警察的工作成绩、表彰、提升是靠逮捕数量,尤其是对重罪和性骚扰罪逮捕数量决定的。警察中的白人种族主义分子,乘机滥用权力,一举两得,用非法残忍的手段迫害少数族裔,还得到了分局的认可奖赏,但他们对社会和警察局造成了巨大的损害,民众尤其是少数族裔对警察和执法人员失去了信心,抗议活动造成了族群对立和社会动荡。

在2001年,北京一家著名的房地产企业由于工期要求很紧,就制定了非常强烈的奖罚激励制度,公司从上到下层层实行目标管理,要求必须按时完工,所有人在强大的压力下,日夜加班加点,总算按时完成了这栋大楼的建设,成功地实现了公司制订的目标管理计划,成了公司成功目标管理的典范。但是好景不长,半年以后该楼房一侧地基下沉了30厘米,楼体出现了大量裂缝,经技术鉴定是施工单位没有按施工要求施工。事实上,在目标管理的期限内,他们根本不可能用常规施工方法完成地基,再加上冬季施工,所以问题很快就暴露出来了。这栋楼成了这个创业老板挥之不去的一块心病,成了公司难以启齿的败笔,购买了这栋楼房屋的住户,心里更不是滋味,以各种方式表达他们的愤怒,公司负责这栋楼一个副总裁的衬衣已被撕了3件,事情还远远未了。

戴明在20世纪80年代十分明确地表示:绩效考核、不管称它为控制管理或什么其他名字,包括目标管理在内,是唯一对当时美国管理最具有破坏性的力量。

案例应用

案例5-1 格力计划开放其专卖店平台

2012年年底,在成功实现了1 000亿目标后,格力电器董事长兼总裁董明珠在接受《中国经营报》表示"未来五年,格力的销售收入将达到2 000亿元。"为了实现新的目标,格力计划开放其专卖店平台。

按照格力的规划,除普通销售门店外,全国每个一线城市都会由其当地销售公司投资建设一至二个店面规模在700平方米至1 500平方米之间的旗舰店,而将来进入格力店面的不一定全是格力的产品,而是把家电产品全部融入进去。格力专卖店将来还会提供装修设计融为一体的服务,在厨具、空调、用水、采暖各方面,为消费者提供一体化设计。目前最引人注目的是有格力代理商投资、产地安徽的"晶弘冰箱",已经全面进入格力销售体系。

去年,业界曾传出格力和海尔谋求渠道合作。但在接近格力的人士看来,"这根本就是不可能完成的任务,美的、海尔都不太可能,之前这几个品牌在空调领域的竞争太激烈了,握手言和短期内不太可能。"业界人士分析,格力此番推行的渠道变革,符合未来销售"体验店+电子商务"的趋势,并且从格力电器的角度来看,协助经销商做大,能够更好地与经销商进行利益上的捆绑,进一步规范市场,从而更有效地控制营销渠道。董明珠表示,电子商务是未来发展不可逆转的趋势,但电子商务和实体店在未来一段时间内是两者并存而不是相互取代的关系。“目前电子商务产品‘货不对板’的现象比较多，需要实体店提供一些实实在在的、诚信的东西。”

思考题

（1）格力提出的“未来五年，格力的销售收入将达到2000亿元”属于什么类型的计划？

（2）如何评价格力开放专卖店的平台？

案例5-2 实施目标管理

一位分公司经理最近听了关于目标管理的讲座。当时就激发了他的热情，更加增强了他关于目标管理的思想。他最后决定，在他的下一次参谋会议上介绍这个概念并且看看他能有什么进展。他细述了这种方法的理论发展情况，列举了在这个分公司使用它的好处，并且要求他的下属人员考虑采纳它的建议。

并不像每个人所想象的那样简单。在下一次会议上，参会人员提出了好几个问题。财务主任要求知道：“你是否有由总裁所分派给你的明年分公司的目标？”

分公司经理回答说：“不，我没有。”“我一直在等着总裁的办公室告诉我，他期望我做些什么。但是他们装得却像与此事毫不相干的一样。”

“那么分公司要做什么呢？”有点不希望要指出任何活动的生产主任问道。

“我打算列出我对分公司的期望。”这位分公司经理说：“关于它们没有什么神秘的。我希望销售额达到3 000万美元，税前利润率达到8%，投资收益率为15%，一项正在进行的项目6月30日前投产。我以后还会列出一些明确的指标。选拔我们自己未来的主管人员，今年年底前完成我们的XZ型的开发工作，以及雇员转换率稳定在5%。”参谋人员对他们的上级领导人经过考虑提出的这些可考核目标，以及如此明确和自信来陈述这些目标有点目瞪口呆。他们为他要求实现这些目标的诚意也感到惊奇。

“下个月，我要求你们每个人把这些目标转换成你们自己职能的可考核目标。不用说，这些目标对财务、营销、生产、工程和经营将是不同的。然而你们用数字来表示它们，我希望把它们加起来就实现了分公司的目标。”

思考题

（1）当他们没有得到总公司指派的目标时，分公司经理能够拟定可考核的目标吗？

（2）这位分公司经理设置目标是不是最佳方法？你会怎样做？

第六章　组织

本章学习目标

- 组织的含义及类型
- 组织的基本功能
- 组织工作的内容
- 组织设计的原则及内容
- 组织结构的主要形式
- 组织变革的相关理论
- 组织沟通的相关理论

一个组织的目标、计划制定出来以后，一个重要的问题就是如何有效的组织实施。这就要求管理者应科学地运用组织职能，按照组织目标和计划所提出的要求，设计出合理的、高效的、保证计划顺利实施的组织结构和组织体系，合理安排和调配各种资源，以保证计划和组织目标的顺利完成。

第一节　组织概述

一、组织的含义及类型

（一）什么是组织

组织可以从不同的角度去解释和理解，在管理学中，组织具有两个方面的含义。

一个是名词化的组织，作为实体本身的组织是人们为了实现某一共同目标，经过分工和合作，建立起不同层次的责任和职权制度后而构成的人的集合。

一个是动词化的组织，作为涉及活动过程的组织是指为了实现组织目标对组织的资源进行有效的配置过程。每一个组织为了实现其目标，必须具备一定的资源，并对这些资源进行合理安排，充分利用，才能有效地达到组织的目标。组织从本质上来说是人们为了实现共同目标而采用的一种手段和工具。

社会系统理论的代表人物切斯特•巴纳德认为：组织是一个有意识地对人的活动或力量

进行协调的关系，是两个以上的人自觉协作的活动或力量所组成的一个体系。根据这一定义，当具备下列条件时，一个组织就成立了。这些条件是：能够互相进行信息交流与沟通的人；这些人愿意做出贡献，具有协作的意愿；实现一个共同的目的。因此，一个组织的构成要素是：信息沟通、协作意愿和共同目标。

（二）组织类型

1. 营利性组织与非营利性组织

所有的企业组织都是营利性组织，企业设立及其发展的目标就是追求利润最大化，否则企业将无法确定活动的目标和方向。按照罗纳德·科斯在《企业的性质》一文中对企业性质的阐述，企业组织之所以会产生，就是因为组织的内部交易比市场交易成本低，因而更为有效。这表明，组织诞生本身就是追求成本最小、收益最大化的结果。一个组织如果不能盈利，就不能改善员工的状况，也就不可能将投资回报的一部分用于研究、开发新产品，为顾客提供更多更富价值的新产品和服务，政府的税收也就成了无源之水、无本之木，这将影响整个社会的发展。利润动机不是自私的，因为在市场机制的诱导下，组织在追求自身利润的同时也会带来整个社会福利的增加，如提供教育、医疗、安全等。值得一提的是，改革开放以来，我国的一些个人诊所、私立学校等组织已经成为营利性组织。从社会分工来看，营利性组织是现代社会的基石，它们以产品或服务来满足其他组织和个人的各种需求，并以纳税的方式支持其他组织的正常运行。

与营利性组织相对应的是非营利性组织，其主要宗旨是向社会提供服务，如提供教育、医疗、安全等。对这些服务可能收取一定的费用，这些费用主要用于维持组织的生存。这些组织一般情况下无需向政府纳税，有的还会得到政府的财政拨款或补贴。非营利性组织既是营利性组织的重要目标市场，也承担着许多重要的社会职能，为其他组织提供独特的服务。

不论组织是何种类型，其组织管理的过程都是类似的。一旦目标和计划确定，管理层就必须着手开发一种为了实现组织的总体目标而把基本物质资源和人力资源组合在一起的有序方法。这就是管理的组织职能。

没有哪一个人能够精通组织内外部的各种专业工作，或者说，没有哪一个人能够无所不会。因此，管理者必须对组织成员的长处和短处进行分析，对他们的才能进行调整，必要时再增强一些他们所缺乏的能力。同时，组织成员也应该知道自己承担的职责和拥有的职权以及应该完成的任务。根据组织目标，分析组织任务和成员能力，并对组织成员之间的责、权、利关系进行明确的过程就是组织设计。

2. 正式组织与非正式组织

正式组织是指为了有效地实现组织目标而规定组织成员之间职责范围和相互关系的一种结构。正式组织是经过组织程序设立的，并具有明确的目标、任务、机构、职能以及由此而决定的成员之间的责权关系，组织行动以实现目标为出发点，对个人具有某种程度的强制性，组织的管理者通过方针、政策、规则、制度来约束和协调组织成员的行为。正式组织的基本特征是设立的程序化、解散的程序化、运作的程序化。合理健康的正式组织无疑为组织活动的效率提供了重要保证。

非正式组织是人们在共同工作或活动中由于抱有共同的社会感情和爱好，以共同的利益和需要为基础而自发形成的群体。非正式组织不是经过程序化而成立的，以成员的思想感情为纽带，组织中不存在成文的规则或制度，组织成员也具有很大的不稳定性。

无论组织设计的理论如何完善，设计人员如何努力，人们都无法规范组织成员在活动中的所有联系，都无法将所有这些联系纳入正式的组织结构系统。在几乎任何社会正式组织中，都存在着非正式组织。非正式组织是人类社会发展过程中的必然产物，在非正式组织中，成员之间的关系是一种自然的人际关系，是由于日常接触、感情交融、情趣相投或价值取向相近而发生联系。自从美国的管理学家梅奥在霍桑实验中提出了"非正式组织"这个概念后，管理者们开始注意到它的存在，并对此进行了深入的研究。研究发现，非正式组织的存在对正式组织目标的实现有着不可忽视的影响。因此怎样发挥非正式组织的作用，充分利用组织资源，就成为组织的高层管理者必须认真对待的问题。

非正式组织的存在及其活动，既可对正式组织目标的实现起到积极的促进作用，也可能产生消极的影响。非正式组织的积极作用表现在，它可以为员工提供正式组织中很难得到的心理满足，创造一种更加和谐、融洽的人际关系，提高员工的相互合作精神，最终改变正式组织的工作情况。非正式组织的消极作用在于如果非正式组织的目标与整个组织的目标发生冲突，则可能对正式组织的工作产生极为不利的影响。非正式组织要求成员行为一致性的压力，可能会束缚其成员的个人发展。此外，非正式组织的压力还会影响到正式组织的变革进程，造成组织创新的惰性。

由于非正式组织的存在是一个客观、自然的现象，也由于非正式组织对正式组织具有正负两方面的作用，所以，管理者不能采取简单的禁止或取缔态度，而应对它加以妥善管理。也就是因势利导，善于最大限度地发挥非正式组织的积极作用，克服消极作用。一方面，管理者必须认识到正式组织目标的实现，要求有效利用非正式组织的积极作用，为此，管理者必须正视非正式组织存在的客观必然性和必要性，允许并鼓励非正式组织的存在，并为非正式组织的形成提供条件，并努力使之与正式组织相吻合。另一方面，要考虑到非正式组织可能具有不利影响，管理者需要通过建立、宣传正确的组织文化，以影响与改变非正式组织的行为规范，从而更好地引导非正式组织做出积极的贡献。

二、组织的基本功能

1. 凝聚功能

任何有效率的组织，必然会产生巨大的向心力和凝聚力。组织的凝聚力，首先来自组织的目标。每个组织都有自己的明确的目标和任务。正是由于共同的目标、共同的事业，把人们维系在一起，凝聚成为一个坚强的集体。其次凝聚力来自于组织中人际关系的和谐和群体意识。如果组织成员之间具有互相尊重、互相支持、互相信任、互相关心的良好作风，富有对群体的归属感、对目标的认同感以及对任务的责任感，就会自然而然地产生一种组织的向心力；最后，凝聚力还取决于领导的导向作用。如果领导者品德高尚，正直廉洁，大公无私，办事公正，严于律己，以身作则，团结群众，就自然能形成一种无形的影响力和感染力。从而增强组织的凝聚功能。

2. 协调功能

组织的协调功能是指正确处理组织活动中复杂的分工协作关系。这既包括组织内上下级之间纵向的关系，左右之间横向的关系，也包括组织与环境的关系。在一个组织内部，如果各项工作各尽其职，密切协作，就会产生一种更大的协调能力；在组织与环境的关系上，组织能不断调节自己，顺应环境变化，就会产生一种审时度势的适应能力。

3. 制约功能

在一个组织里，每个成员被指派担任一定的职务，赋予相应的权力，承担一定的责任，并且依靠不同层次、不同职位的权力和责任的制度，保证组织活动的和谐统一。从一定意义上说，组织正是由职位、权力、责任组合而成的结构系统。这种职位、权力和责任所构成的制约力量，制约着组织成员的行为，关系到组织的功能发挥。

4. 激励功能

组织的激励功能是指一个有效的组织，应当是一个发掘人的长处，中和人的短处，充分发挥人的积极性、创造性和主动性的组织。组织中只有高度重视人的因素，肯定人的工作成果，培养人的责任感，增强人的荣誉感，激励人的开拓精神，才能使管理者和被管理者进行创造性的工作，提高组织的激励功能。

三、组织工作

（一）什么是组织工作

组织的目标确定以后，如何使这些目标得以顺利实现，就需要制定并保持一种职务系统，使组织中的每一个人清楚自己在集体工作中应有的作用以及他们相互之间的关系，使他们十分有效地在一起工作。因此组织工作作为一项重要的管理职能，是指通过设计和维持组织内部的结构和相互之间的关系，使人们为实现组织的目标而有效的协调工作的过程。该定义强调两个要点：一是指组织的内部结构，主要是指部门结构；二是指组织的相互关系，主要是指组织成员中的权责关系。一定的组织结构和一定的组织权责关系相结合，则构成了一定的组织模式。

（二）组织工作的内容

作为管理人员执行计划的必要手段，组织工作的内容包括以下几个方面。

1. 组织设计

根据组织目标及工作需要，对为实现目标必要的活动进行分工，即横向管理部门的设置和纵向管理层次的划分，并确定各个部门及其工作人员的职责范围，确定组织机构系统。

2. 组织联系

确定各个部门及其工作人员的相互关系，坚持分工合作，发挥各自的功能，激励全体成员为实现组织目标努力工作。另外还要确定职权关系，把组织上下左右联系起来，充分协调组织中各部分的活动，以确保组织目标的实现。

3. 组织运行

与管理的其他职能相结合，以保证设计和建立的组织结构有效地运转。

4. 组织变革

根据组织环境的变化和组织战略的发展对组织结构进行变革。

通过确定相应的组织结构和权责关系，使组织中的各个部门和各个成员协调一致的有效工作，从而保证组织目标和战略的实现。这些工作使人们明确谁去做什么，谁要对什么结果负责，并消除由于分工不清所造成的实施中的障碍，同时提供能反映和支持组织目标的决策信息和沟通网络。

根据以上分析，组织工作的任务就是通过设计和维持组织内部的结构和相互之间的关系，使组织中的各个部门和各个成员为实现组织目标而协调一致地工作，从而保证组织目标和战略的实现。

第二节　组织设计

组织设计是以结构安排为核心的组织系统的整体设计工作，是一项操作性很强的工作。一个组织的绩效很大程度上取决于合适的组织结构，从生产制造一个简单的零件到组织卫星的发射这样庞大的工程，都离不开合理高效的组织结构模式。无论是自然社会还是人类社会，组织结构的作用与功能都是显而易见的。金刚石和石墨，其化学成分都是碳，构成要素一样，但分子结构不同，硬度相差极大；一队士兵，数量上没有变化，仅仅由于组织和列阵方式的不同，在战斗力上也会表现出质的差异。所以，一个组织如果内部结构不合理，指挥失灵，人浮于事，内耗丛生，那么这样的组织势必难以完成目标。组织结构是人们实现组织目标的手段，通过确定相应的组织结构形式，使组织中的各个部门和各个成员能够协调一致的有效工作，从而保证组织目标和战略的实现。借用系统论的观点，组织设计的目的就是：发挥整体大于部分之和的优势，使有限的人力资源形成最佳的综合效果。设计一个好的组织结构对组织实施有效管理是十分重要的。

一、组织设计的原则

早期的管理学者提供了一些原则用于组织结构设计，时至今日，它们仍然有重要作用，如法约尔的十四条管理原则。组织结构设计的原则，为组织设计出富有成效的组织结构提供了强有力的指导作用，在设计组织结构时应该结合具体情况灵活运用。为了确保组织正常运转，实现组织目标，在组织设计的过程中，应该遵循以下基本原则。

（一）目标可行原则

组织的建立是为一定的组织目标服务的，组织结构设计必须根据组织目标来考虑组织结构的总体框架。任何组织都有其特定的目标，组织及其每一部分，都应当与其特定的任务目标相联系，组织的调整也应以其是否对实现目标有利为衡量标准。因此在组织设计时，首先要明确该组织的发展方向、经营战略目标是什么，另外要认真分析，为了保证组织目标的实现，必须做什么，怎么才能做好等，然后以任务为中心，设计职务，建立机构，配备人员。

（二）有效性原则

组织机构是实现组织目标的工具。组织目标划分成为各种工作目标或任务后，设计组织结构就必须有利于高效率地完成这些工作或任务，有效地达成组织的目标，这就是有效性原则的主要含义。组织结构设计、建立和调整必须遵循这一原则，围绕有利于组织目标的实现来考虑和安排管理层次与工作机构，做到"因事设人"而不是"因人设事"。有效性原则的另一层含义是：组织结构设计还要能提高组织的工作效率，这就要求机构设置及人员配备应该尽量做到精简，机构精简能够缩短信息传递的距离，防止因中间环节增多而造成信息失真的现象；人员精简则是实现任务和责任到人的前提，能够有效避免相互推诿和扯皮现象的产生。

（三）管理幅度原则

管理幅度是指一名领导者能够直接而有效地指挥下级的人数。每个组织的管理者，由于受知识、经验、时间和精力、条件等各方面的限制，能够有效地、直接地领导下级人数总是有限的，这就决定了任何组织机构都应有一定的管理幅度。管理组织所以能形成某种形式的组织结构，其基本原则在于管理幅度的限制，并且在组织结构上必然形成一定的管理层次。管理幅度以多大为宜，在很大程度上制约着组织层次的多少，与组织层次成反比。管理幅度小，组织层次过多，会增加管理费用，沟通困难，使计划和控制工作复杂化，造成人际关系紧张，也无法实现有效的管理。

法国管理顾问格兰丘纳斯（V.A.Graicunas）在1933年指出，管理幅度以算术级数增加时，管理者和下属人员可能存在的相互交往的人际关系数以几何级数增加，可用以下公式表示：

$$C=N(2^{n-1}+n-1)$$

其中 N 为管理幅度；C 为可能存在的人际关系数，包括上下级之间的直接单一关系、直接的组合关系（上级与下属人员的各种可能组合之间发生联系）和交叉关系（下属之间彼此发生联系）三类。

如果管理幅度太小，管理层次就会过多，导致管理成本太大。但随着管理幅度的增大，相互联系的总量急剧增加，组织内部的关系也迅速变得错综复杂。管理工作也相应地更加复杂。所以，需要科学地确定管理幅度问题。据调查表明，最高管理层人员往往面对的是事关组织全局的复杂问题，或者是前所未有的新问题，因此他们直接领导的人数宜少而精，以4～8人为宜，大企业可以偏少，小企业可以偏多。对于基层领导，他们主要是处理一些重复性或相似性的例行性日常工作，直接领导的人数就可多些，管理幅度以 8~15 人为宜。

（四）统一指挥原则

统一指挥原则是指组织的各级机构以及个人必须服从一个上级的命令和指挥，从而保证命令和指挥的统一，避免多头领导和多头指挥，使组织最高管理部门的决策得以贯彻执行。根据这一原则，对于直线指挥系统，上下级之间组成一条连续的等级链，任何下级只能有一个上级直接指挥，不允许上级超过直属下级指挥，也不允许下级超过直属上级接受更高一级的命令。在职能参谋系统内部同样执行统一指挥原则，但在外部，他是同级直线指挥系统的参谋或顾问，只能对下层次的业务进行指导，无指挥权。

（五）权责对等原则

权责指职权和职责。职权和职责是组织职能的两个基本要素。职权是管理职位所具有的发布指令和希望指令得到执行的一种权力。任职者可以从该职位的等级或头衔中获得这种权力。职责是对应职权应承担的相应责任，是对职权的一种约束。组织结构设计中，在很大程度上表现为对管理权限和责任的划分。指挥链上的每一个环节，都应贯彻权责对等原则，做到有职有权、有权有责。实践证明，没有责任的权力就是没有约束的权力，最终会导致权力的滥用。除权责一致外，还要考虑到利益，即有多大的权力，承担多大的责任，就应有相应的利益，绝对平均主义或责任大小、职务高低没有明显的利益差别，既不利于管理者认真履行自己的职责，也不利于管理者在行为上的自律。因此，尽力保证责、权、利三者的一致性，避免有责无权或有权无责等现象的产生。在三者中，责任是分配职权和利益的前提，职权是承担责任的必要保证，利益是完成责任的动力。

（六）协调原则

组织系统的优势之一是“整体功能大于部分功能之和”。但这种优势的发挥有赖于组织内部的协调，而协调的基础是组织结构设计的合理性。整个组织结构中，既要进行纵向协调，又要进行横向协调。由于等级链具有明确的权责关系，因此纵向协调比较容易实现，而横向协调要困难些，必须做到：①使各项职能业务标准化，并明确横向流程，通过工作保证体系进行横向协调；②把职务相近的部门合并，组成若干个系统，每个系统由一个主管领导；③建立系统管理机构，进行横向协调。

在组织结构设计时，注意处理好任务与资源在各层次和各部门之间的配置平衡，理顺职位、职权和责任的关系，保持通畅的联系渠道，建立高效的反馈、调节和控制系统。

（七）双向沟通原则

这是指组织内部的信息沟通结构要改变传统的垂直单向沟通模式，双向形成自上而下的有反馈、有交流的沟通网络。双向沟通适应了企业管理民主化的客观要求，充分发挥职工的积极性、形成向心力。据此原则，在组织结构设计时，要保持最短的信息联系线，避免因划分过细而增加不必要的组织界限，影响信息沟通；要有利于开展非正规的讨论，有利于组织成员间的相互理解和和谐气氛的形成。

二、组织设计的主要内容

组织结构设计包括横向和纵向两个方面。横向分工是根据不同的标准，将组织活动分解成不同的岗位和部门，横向分工的结果，是部门的设置；纵向分工，是根据管理幅度的限制，确定管理层次，并规定各层管理人员的职责和权限，纵向分工的结果，是管理权限的相对集中或分散。

（一）部门划分

随着组织规模的扩大和活动的复杂化、高级化，组织中所包含的活动种类越来越多，所涉及的领域越来越广，为了提高工作效率，就需要对组织的工作或任务按照一定的方式，合理地归并成若干个相互依存的基本管理单位，如部、处、科、室、组等，这些通称作部门。组织设计很大一部分是将管理职能部门化。部门是组织的细胞，部门设置直接关系到企业的健康运作和工作绩效。

将整个组织划分为若干个部门的目的，在于明确责任和职权，并有利于不同的部门根据其工作性质的不同而采取不同的政策和加强本部门的内部协调。常见的部门设计方法如下。

1. 人数部门化

人数部门化完全按照人数的多少来划分部门，这是最原始、最简单的划分方法。在高度专业化的现代社会，这种划分有逐渐被淘汰的趋势。

2. 时间部门化

时间部门化是在正常的工作日中不能满足工作需要时所采用的一种划分部门的方法。如企业按早、中、晚三班编制进行生产。这种划分方法一般适用于基层的生产车间或零售商业企业等。

3. 工艺部门化

工艺专业化是以工作程序为基础组合各项活动，划分部门的一种方法。如在机械制造企业，通常按毛坯、机械加工、装配的工艺顺序分别设立部门。这种划分方法是用于生产工艺复杂、技术要求严格的生产企业，它有利于加强专业管理，提高工艺水平。

4. 职能部门化

职能部门化是按工作内容的相同或类似性进行归类。这是应用最为普遍的部门划分方法。如企业设置生产、营销、财务、人事等部门就是按职能划分的。职能部门化有利于提高管理的专业化程度，提高工作效率，但缺点是容易出现部门主义，部门间协调困难，整体性较差，并且不利于高级管理人才的培养。

5. 产品部门化

产品部门化是把某种产品或产品系列的设计、制造、销售管理工作划归在一个部门负责，各部门的负责人对某一产品或产品系列，在各方面拥有一定的职权。这种划分方法在按品种经营的大中型企业是十分必要的。国内外企业中的产品事业部就是典型的按产品划分的部门。它有利于提高决策效率，有利于产品的开发，有利于以产品来进行生产经营，保证经营效益。

6. 区域部门化

这是按地理区域划分部门的方法。对一个地域分布较广或经营业务涉及区域较广的组织来说，按地区划分部门是必要的。因为不同地区的政治经济形式、文化科学水平、用户对产品的要求、购买习惯等都有很大的差别。按地区划分部门有利于各部门因地制宜地制定政策、进行决策，提高管理的适应性和有效性，有利于培养管理人才。

7. 顾客部门化

这是以顾客或顾客群为基础来划分部门的方法。不同类型的顾客，在产品品种、质量、服务要求、价格等方面会有不同的要求，实行顾客部门化可更加有针对性地按需生产、按需促销。缺点是只有当顾客群达到一定的规模时，才比较经济。

上述部门划分方法并不是彼此截然独立的，在实际的组织结构设计中，组织往往根据自己的实际情况，在不同的层次使用不同的部门划分标准。如在按产品或区域划分部门后，还需要按照职能标准划分各个部门内部的职能部门，而在更低的层次，还可能按照时间、人数进行进一步的划分。部门划分时，应力求做到部门高效精干；做到各部门任务的明确性和均衡性；各部门之间要有良好的配合与协调；部门设计要保持适度的弹性即部门应随业务发展、环境变化的要求进行增、简、撤、并。

（二）管理层次划分

部门化解决了各项工作如何进行归类以实现统一领导的问题，接下来需要解决的是组织的管理层次问题，即根据管理幅度的限制，确定组织的管理层次。纵向层次的设置，使得组织最高管理者可以通过职权等级链的逐层直接监督来控制和协调组织活动。

管理幅度是影响组织内部各单位规模大小的决定因素。在一个组织单元内，究竟能将多少相近或相关的工作职位或职务组合在一起，就主要决定于该组织单元主管人员的有效管理幅度。有效管理幅度的大小取决于以下几个因素。

1. 管理者的能力

管理者的综合能力、理解能力、表达能力强，就可以迅速地把握问题的关键，就下属的请示提出恰当的指导意见和建议，并使下属明确理解，从而缩短与每一位下属的接触时间，管理幅度就可以大一些，反之则小。

2. 下属的成熟程度

下级具有符合要求的能力，训练有素，则无需管理者事事指点，从而减少向上级请示的频率，管理者的管理幅度就可加大，反之则小。

3. 工作的标准化程度

若下属的工作基本类似，指导就比较容易，若下属的工作性质差异较大，就需要个别指导，管理幅度就小。

4. 授权程度

如果领导者善于把管理权限充分授予下属，让下级有充分的自主权，则领导者本人需要亲自处理的问题就可相对减少，管理幅度就可扩大；如果不能授权，或不愿授权，则管理幅度就应相应缩小。

5. 工作条件

如助手的配备情况、信息手段的配备情况等都会影响到管理者从事管理工作所需的时间，若配备助手、信息手段先进、工作地点相近，则管理幅度可大些。

6. 工作环境

组织环境的稳定与否会影响到组织活动内容和政策的调整频率与幅度。环境变化越快，变化程度越大，组织中遇到的新问题就越多，下属向上级的请示就越有必要，而上级能用于指导下属的时间与精力却越少，因为要花时间去关注环境的变化，考虑应变的措施。因此环境越不稳定，管理者的管理幅度就越小。

管理幅度和管理层次是两个互为影响的概念，是组织设计的两个基本参数。在组织规模一定的情况下，两者成反比例关系。较大的管理幅度意味着较少的层次，较少的管理幅度意味着较多的管理层次。管理幅度的大小对组织形态和组织活动会产生显著的影响。按照管理幅度的大小及管理层次的多少，会形成两种结构：扁平结构和高耸结构。高耸结构就是在最高层与作业层之间具有为数众多的管理层次，每个层次的管理幅度均较窄小。扁平结构恰好与高耸结构相反。高耸结构有利于严密管理，明确分工，上下级之间易于协调。但层次过多，加长了联系渠道，降低命令下达和情况上报的速度，办事缓慢，使情况失真，且增加管理人员数量和管理费用。当企业规模扩大后，这种高耸结构越来越显得难以适应环境与新的挑战，所以，近年来出现了组织结构向扁平化方向发展的趋势。扁平结构，上级联系渠道缩短，有利于信息沟通，提高指挥效率；但信息量激增，领导者易陷入大量事务中，上下级协调较差，同级间相互沟通也较困难。总之，高耸结构和扁平结构都是相对的，在适宜的环境下，都可能成为有效的结构形态。

随着计算机技术、网络技术的日益成熟和广为应用，有关组织结构管理幅度与管理层级的理论也发生着革命性的变化，最突出的体现就是组织中的中层功能正逐渐由计算机来处理完成，使得管理幅度变宽和管理层级减少，组织也日益由高耸型走向扁平化。

三、组织结构的主要形式

（一）直线制

直线制是一种最早期也是最简单的组织结构形式。其特点是企业组织从决策到执行构成一个单线系统，指挥和管理的职能基本上都是由行政负责人自己执行，一个下属部门只接受一个上级领导者的命令。其结构图如图 6-1 所示。

这种组织结构的优点是：结构简单，权力集中，责任分明，上下关系清楚，命令统一。但不足之处是：组织结构缺乏弹性，要求主管人员通晓多种知识技能，亲自处理各种业务，一旦决策失误，就会造成较大损失。当组织规模扩大、业务复杂、技术要求较高时，这种结构就不适应了。因此直线制只适用于规模较小，生产技术比较简单的企业。

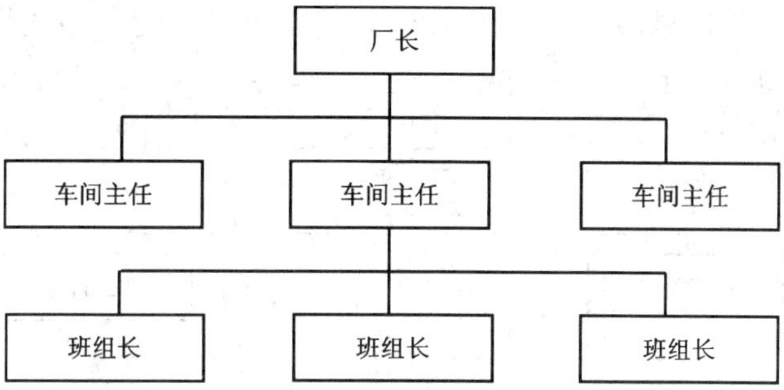

图 6-1　直线制组织结构简图

(二)职能制

职能制组织结构,在组织内各级管理部门除直线主管外,还建立了相应的职能机构。这些职能机构有权在自己的业务范围内,向下级单位下达指示和命令。因此,下级直线主管除了接受上级直线主管的领导和命令,还要接受上级各职能机构的领导和指令。其组织结构如图 6-2 所示。

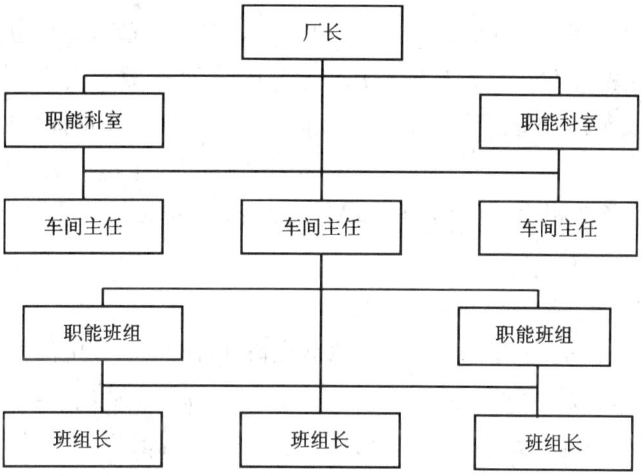

图 6-2　职能制组织结构简图

这种结构的优点是:能够适应现代企业组织技术比较复杂和管理分工精细的特点,能发挥职能机构的专业管理的作用,减轻上层主管人员的负担。但其缺点也比较明显,它妨碍了集中领导和统一指挥,造成多头领导。不利于明确划分直线人员和职能科室的职责权限,容易造成管理的混乱。这种组织结构形式在理论上具有一定的指导意义,但在管理实践中并未得到广泛的推广应用,现代企业一般都不采用职能制结构形式。

(三)直线－职能制

这种组织结构形式实际是直线制和职能制的有机结合。此组织结构是当前国内各类组织中最常采用的一种结构形式。这种组织结构形式把企业管理结构和人员分成两套系统:一套是按命令统一原则组织的指挥系统,在职权范围内行使决定权和对所属下级的指挥权,并对自己部门的工作负全部责任;另一套是按专业化原则组织的职能系统,是直线人员的参谋，有权提出建议，提供信息，并对下级进行业务指导，但不能进行直线指挥和命令。直线-职能制组织结构如图 6-3 所示。

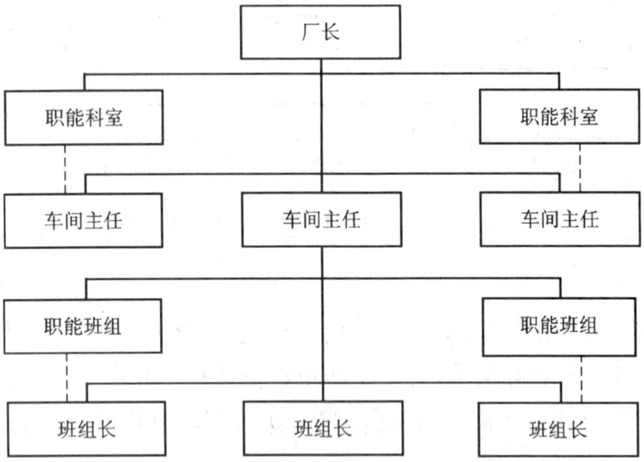

图 6-3　直线 - 职能制组织结构简图

这种结构形式的优点是：既保证了企业管理体系的集中统一，又可以在各级行政负责人的领导下，充分发挥各专业管理机构的作用，职责分明，工作效率高，工作秩序井井有条，整个企业有较高的稳定性。其缺陷表现为：各职能参谋部门和直线指挥部门之间易产生矛盾，职能部门的许多工作要直接向上级领导报告请示才能处理，使其主动性和积极性不易发挥；各职能部门之间互通情报少，因此协作和配合性较差；难以从企业内部培养全面型管理人员。

（四）事业部制

事业部制最早是由美国通用汽车公司总裁斯隆于 1924 年提出的。它是一种"集中决策、分散经营"的形式，是一种高度集权下的分权管理体制，企业组织按产品类别、地区或经营部门分别成立若干事业部。事业部门必须具备三个要素：具有独立的产品或市场，是产品责任或市场责任部门；具有独立的经济利益，实行独立核算，是一个利益责任单位；具有独立的经营权，是一个分权单位，有足够的权力自主经营。也就是说，事业部的经营活动在不违背公司总目标、总方针的前提下独立经营、独立核算、自负盈亏。企业的最高管理层是企业的最高决策管理机构，集中力量来研究和制定公司的总目标、总方针、总计划以及各项政策。为了保持企业的完整性，使各事业部不至于"各行其是"，最高管理当局必须保持三方面的决策权。

（1）事业发展的决策权。整个企业采用什么技术，打入什么市场，搞什么产品，开辟新事业，放弃何种事业等经营方针以及价格政策、竞争策略等基本原则的决策权要留在总部。

（2）资金分配的决策权。对于资金供应以及资金分配必须由企业的高层管理控制。

（3）人事安排权。公司的用人政策，各事业部重要的人事安排应由总部高层决策。公司的职能部门的主要任务是对最高管理层和各事业部作有效的建议、劝告与服务，它不是独立的利益责任单位，只起参谋咨询作用。事业部的结构如图 6-4 所示。

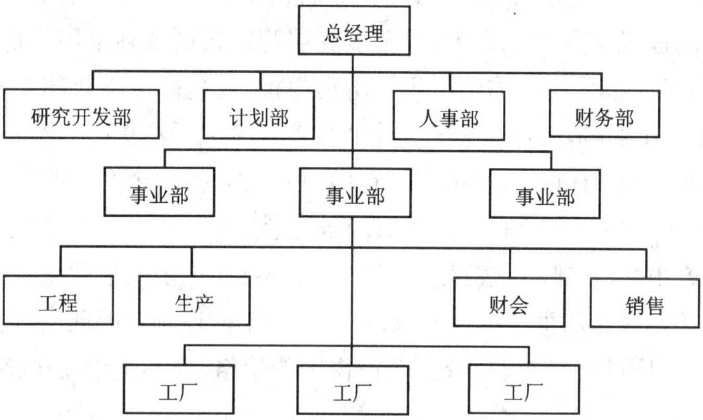

图 6-4　事业部制组织结构简图

这种结构的优点是：①有利于总公司最高领导层集中精力搞好经营决策和长远规划，并使各个事业部发挥经营管理的主动性，增强各事业部领导人的责任心；②使各事业部组成一个相对独立的经营管理系统，增强了企业的经营灵活性和市场适应性，提高了总公司的经营效率；③有利于公司开展多元化经营；④是培养全面管理人才的最好组织方式之一。

这种结构的不足是：①对事业部一级的管理人员的水平要求较高；每个事业部都相当于一个单独的企业，事业部经理要熟悉全面业务和管理知识才能胜任；②从整个公司的角度看，每个事业部都设置相关的职能部门，职能部门重复多，增加了管理人员数量和管理费用；③事业部实行独立核算，各事业部只考虑自身的利益，影响了事业部之间的协作。

事业部制一般适用于规模庞大、品种繁多、技术复杂的大型企业，是国外较大的联合公司所采用的一种组织形式。近几年我国一些大型企业集团或公司也引进了这种组织结构形式。

（五）模拟分权制

这是一种介于直线 - 职能制和事业部制之间的结构形式。这种结构如图 6-5 所示。

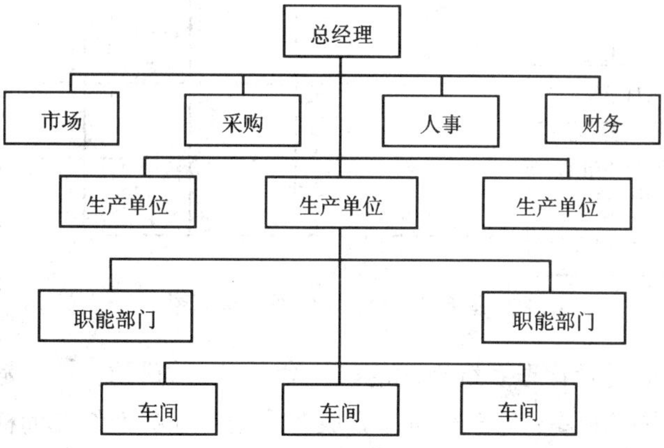

图 6-5　模拟分权制组织结构简图

事业部结构是由企业规模不断扩大而发展起来的一种组织形式。但是，有许多大企业，如连续生产的化工企业，由于产品品种或生产过程的限制，根本无法分解成几个独立的事业部门。然而企业的规模又是如此之大，以至于高层管理人员感到采用其他组织形式都无法管理，这时就出现了模拟分权结构的组织。所谓模拟，就是模拟事业部制的独立经营、独立核算，而不是真正的事业部，实际上是一个个"生产单位"。这些生产单位有自己的管理层，享有尽可能大的自主权；有自己的利润指标，这种指标是按整个企业的内部价格确定的，而不是来源于市场，各个生产单位在生产上具有连续性，一个生产单位出现问题，可能导致其他生产单位的生产中断，很难将它们截然分开。以连续生产的石油化工为例，甲生产单位出来的"产品"直接就成为乙生产单位的原料，这当中不能停顿。因此，它们都没有自己独立的外部市场，它们之间的经济核算，依据企业内部的价格，而不是市场价格。这也是与事业部的差别所在。

这种结构的优点是：调动了生产单位的积极性；解决了企业规模过大而不易管理的问题，因为高层管理人员将部分权力分给生产单位，从而把精力集中到战略问题上来，使管理更加有效。这种结构的不足之处在于：不易为模拟的生产单位明确任务，造成考核上的困难，各生产单位领导人不易了解企业的全貌，在信息沟通和决策方面也存在缺陷。尽管模拟分权结构有缺陷，但对于大型材料企业，如玻璃、造纸、钢铁、化工等企业解决组织结构问题，是最有效的形式。

（六）矩阵制

矩阵制又称为目标规划制。这种类型的组织结构实际上是在直线 - 职能制的垂直机构的基础上，再增加一种横向的领导机构所组成的。该结构形式如图 6-6 所示。

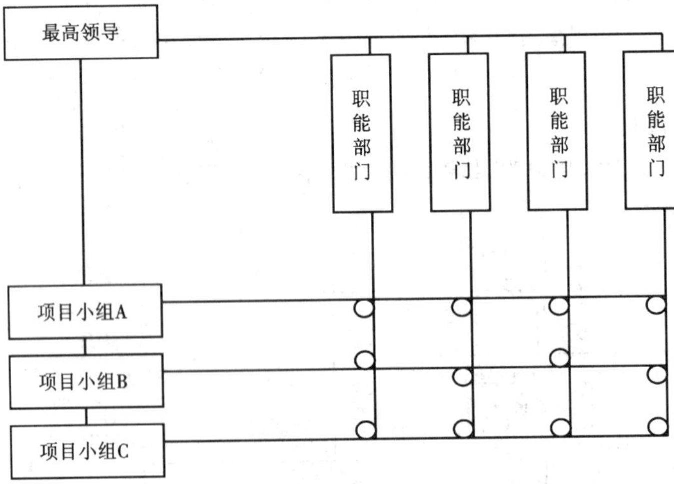

图 6-6　矩阵制组织结构简图

矩阵制是由纵横两套管理系统组成的。一套是纵向的职能系统，是在职能部门经理的领导下的各职能或技术科室；另一套是为完成各项工作任务而组成的横向项目系统。一般是产品、工程项目或服务项目组成的专门项目小组或委员会，并设立项目小组经理，全面负责项目方案的综合工作。这种组织的结构特点是为了完成某一特别的任务，由有关职能部门派人参加，力图做到条块结合，协调各部门活动，以保证任务完成。而对于参加项目的有关人员，一般要接受两方面的领导，即在执行日常工作任务时，接受本部门的垂直领导；在接受具体规划任务时，接受项目负责人的领导。尤其在项目进行的过程中，项目经理有权决定工作的设计、组内人员的工作安排和确定各种程序关系，有权通过提升、加薪及其他鼓励办法奖赏职工，也有权解除小组人员的任命。项目一旦完成，小组成员即返回原职能部门。

矩阵制组织结构的优点是：它打破了传统的一个管理人员只接受一个部门领导的原则，使企业经营管理中的纵向和横向联系很好地结合起来，加强了各职能部门之间的配合，能够及时互通情况，共同决策，使各项专业管理能够比较协调灵活地执行任务，从而有利于提高工作效率；把不同专业部门的人员组织在一起，有利于激发组织成员的积极性和创造性，培养和提高专业人员的技术水平和管理业务水平；将完成某项任务所需要的各种专业知识集中起来，有利于加速开发新技术和试制新产品，同时也为综合管理和职能管理的结合提供了组织结构模式；组织结构具有较好的适应性和稳定性，每个小组所担负的产品和项目，可以根据情况变化而变动。

这种类型组织结构的缺点主要是：由于这种组织形式是实行横向、纵向双层领导，处理不当，会由于意见分歧而造成工作中的扯皮现象和矛盾；组织关系较复杂，对项目负责人的要求较高；由于项目完成后，项目小组即告解散，人员仍回到原单位，易产生临时观念，会导致人心不稳。

这种组织结构非常适用于横向协作和攻关项目，企业可用来完成涉及面较广的、临时性的、复杂的重大工程项目或管理改革任务。

四、新型组织结构形式

上面所列的组织结构形式：直线制、职能制、直线 - 职能制、事业部制、模拟分权制、矩阵制基本上是传统的工业经济时代占主导地位的企业组织结构。随着经济的全球化和知识经济的到来，企业的组织结构也在发生深刻的变化。

市场经济的不断完善，科学技术的飞速发展，企业生存环境与过去相比发生了本质性变化。一是市场竞争日趋激烈，产品更新周期越来越短，市场需求多样化，大批量单品种的产品逐渐让位于多品种、小批量、更新换代速度快的产品。二是信息技术的高度发展，通信手段的现代化，世界变小了，决策加快了，决策的复杂程度空前地提高了。对决策快速性、准确性的要求，导致决策权力的下放，分权管理的重要性更加显现。三是信息技术和计算机网络的发展，使知识在管理者及劳动者之间共享。纵横交错的信息渠道使企业的高层和中层之间、各部门之间可以更大量、更迅速、更准确地沟通。过去企业中层的作用是管理和监督别人，以及采集、分析、评价和传播组织上下各层次的信息。它的功能由于信息技术的发展，正在逐步削弱和被替代。为了适应这种新形势的要求，创新性的组织结构形式也就应运而生。

（一）重心两极化

随着买方市场的形成和竞争的加剧，企业的重点部门由过去的生产转向研究开发和市场销售，从企业经营的过程来看，企业的结构特征也正在形象地由“橄榄型”转变为“哑铃型”。

企业的组织结构发生这种转变最主要的原因是市场环境的变化。买方市场的形成，技术进步的加快，使得企业解决生存发展问题的关键不再是企业的生产问题，而是企业产品更新换代的快慢以及如何打开市场的问题。在大批量生产的工业经济时代，企业竞争取胜的法宝是大批量、低成本，而今天竞争取胜却要求的是创新以及创新的速度。甚至一些未来学家认为，未来的社会是“快者生存”的时代。因此企业研究开发能力如何，就决定着企业产品更新换代的速度。另外，多样化和个性化的买方市场的形成，品牌竞争已经成为基本的手段，如何占领市场、扩大市场成为企业的重要任务。所以企业的研究开发和企业的市场销售成为当今企业的中心问题，也是资源配置的重点。在市场经济发达的国家，一些企业的组织结构就是由研究开发和市场营销部门组成，生产部门很小甚至没有，如耐克公司，只保留了附加值大的研发部门和市场营销部门以及很小的生产部门，公司大部分产品的生产则外包给了资源丰富、劳动力低廉、运输便利的国外企业。

（二）形态扁平化

随着电子计算机和互联网络在企业生产经营中的应用，企业信息的收集、整理、传递和经营控制手段都在逐渐现代化，金字塔式的组织结构受到了新的挑战。

传统的组织结构，可以理解为高耸的、包含许多层次的组织结构。组织是一个等级分明的金字塔，即所谓的金字塔结构。企业越大，这种高耸组织的传递链越长，在上情下达、下情上报的过程中就很容易造成信息的失真。如每个部门由于各自的利益，信息在传递的过程中很容易被增加或删减。而在市场经营和竞争中，商机稍纵即逝，抢先一步就是胜利，落后半步就可能失败。信息传递失真就会造成企业组织的不灵活和反映缓慢，很容易造成经营的失败。因此，在当今的企业组织结构的变革中，减少中间层次、加快信息传递的速度，直接控制的扁平式组织结构成为一个基本的趋势。

如西方许多企业正在逐步摒弃自工业革命以来形成的高耸型组织模式，借助电子计算机和互联网络的应用，采取划小核算单位、下放决策权限、实行自我管理、精简中间控制管理层的组织形式，不仅大大提高了管理效率，也大大降低了庞大的管理费用，这种形式被管理界人士称为组织的扁平化或瘦型组织。许多跨国企业的变革，也反映了组织的扁平化是一股挡不住的潮流。例如组织结构庞大的美国通用汽车公司，将组织层次由 28 层缩短为 20 层，而日本的丰田汽车公司由原先的 21 个决策层，缩至 11 层。电脑业的巨头 IBM 也承认，组织庞大使他们丧失了竞争力，因而将许多部门独立成子公司来运作。因此在先进的管理手段使用后，层次得到精简，大大提高了管理效率，组织成为一种高绩效的组织。

应该指出，企业管理组织的扁平化，还只是对当前的组织形态变化的一种描述，还不能成为一种成熟的企业组织的理论。

（三）运作柔性化

柔性的概念最初起源于生产中的柔性制造系统，指的是制造过程的可变性，可调整性，描述的是生产系统对环境变化的适应能力。后来，柔性就运用到企业的组织结构，指企业组织结构的可调整性，对环境变化、战略调整的适应能力。在知识经济时代，外部环境的变化已大大高于工业经济时代的速度，企业战略和组织结构的调整必须及时，因此柔性组织结构就应运而生了，使得组织结构带有柔性化特征的重要目的就是使一个组织的资源得到充分利用，增强组织对环境变化的战略调整和适应能力。

如日本京都陶瓷公司是世界知名的高价值的工业用瓷材料制造公司。它根据产品、制造流程和顾客等的不同要求，以机动式组成数人到数十人的小组，共同利用设备和设施，并对各小组制定高额和高附加值的责任额，财务各自独立，奖惩根据成绩而及时核定。如果成效未达到目标且其小组前途未能确定时，即遭到解散，将人员打散到其他小组。并且同时鼓励所有人员随时要规划有远景和高利润的新小组，经核定后即可成立。此种组织依据环境、科技和顾客的快速变化，及时作对应变化，也称为“变形虫组织”。当然还有许多其他方式的柔性组织，如把组织打散成一张网，形成最机动、最弹性、最少层级的网状组织等，其实都是带有柔性特征的组织结构形式。

总之，企业管理组织不是一成不变的，要随着环境和实际要求而不断变化和创新，从而增强组织对环境变化的适应性，增强企业的生存发展能力。

（四）企业虚拟化

虚拟企业是在经济全球化、信息化、知识化的形势下演变而来的一种动态网络联盟企业。它最重要的特征就是将传统企业固定的、封闭的、集权式结构改变为开放式的网络结构。虚拟企业最大优势是具有灵活性，与传统的企业相比较，虚拟企业不是一个企业，而是一个企业群体，且不固定，联系十分松散，但在围绕某一种产品的开发、生产销售、为用户提供服务时，也就是说在一定的利益条件下，其协作是相当紧密高效的，在这个组织中，各部分的调整非常容易而且快捷。虚拟企业是一个外部化的网络组织，核心企业是这个网络的中心，在满足市场的要求方面它与网络中心的其他企业紧密合作，因为它自身仅仅只保留了满足市场需求的部分关键功能。如美国的戴尔计算机公司，在计算机的生产过程中就充分运用了虚拟企业的组织形式。在接到用户的订单之后，立即将与订单所要求提供的产品信息进行分解，并通过网络传输给各地的协作伙伴，各协作伙伴按网络传递的信息组织生产，每一个企业的生产任务一旦完成，立即通过快运公司将零部件运送到离用户最近的戴尔公司的分部进行组装，因此在最短的时间内就可为用户提供满足用户需要的计算机产品。这种以计算机网络联系组成的虚拟企业，带有典型的信息共享和知识共享以及优势互补的知识经济时代的特点。

外界环境的快速变化，使企业过去上下游一脉相连的发展模式遇到了挑战。虚拟企业正是适应了市场变化快、技术进步快、产品研制开发难度加大的形势而产生的一种新型组织模式。企业只做自己最擅长的部分，而把其他部分外包出去，可最大限度地利用市场的资源和协作的效率，最快满足市场的需要。因此，未来企业不仅会朝向专业分工，也将越来越重视策略联盟的合作效应，朝全球专业分工的方向发展。

总之，随着经济和科学技术的发展变化，企业的组织结构也会呈现出相应的变化。管理大师德鲁克在《后资本主义》一书中一语道破组织结构变化的趋势：过去的组织像水晶；未来的组织像水，是可以流动变化的。企业组织结构发生的种种变化最主要的目的是为了适应企业内、外部环境的变化，增强企业的灵活性和适应性，提高企业的竞争能力。

第三节　组织变革

一、什么是组织变革

组织变革，是指管理者主动对组织的原有状态进行改变，通过组织内部的调整使之适应内外环境变化，更好地实现组织目标的活动过程。组织是一个由多因素组成的有机体，与其他有机体一样，经历产生、成长、成熟和衰退的过程。它不断地和周围的环境进行物质、人员、信息交流，从而其自身不断地发生变化。一旦组织内部因素及其所处的外界环境发生变化，组织要想求得生存和发展，就必须进行变革。这种变革就是综合运用组织和行为科学理论研究群体动力、领导、职权和组织再设计等问题，它包括组织的各个方面，如组织行为、组织结构、组织制度、组织成员和组织文化等。

组织变革对组织的生存和发展具有重大的影响和作用。通过组织变革，组织的目标更加明确，组织成员的认可和满意度提高，组织更加符合社会发展的要求；组织的任务更加明确，完成任务的方法更加明确；组织机构的管理效率提高，做出的决策更加合理，更加准确；组织更具稳定性和适应性；组织的信息沟通渠道畅通无阻，信息传递更加准确，组织的自我更新能力增强。

二、组织变革的动因

一个组织要能够长期生存、发展、壮大，就必须根据外部环境及内部条件的变化而适时地调整其目标与组织结构，这样才能更好地适应组织内外条件变化的要求。组织变革实际上是而且也应该是组织发展过程中的一项经常性的活动。

组织需要变革的主要原因可以归纳为两个方面。

（一）组织外部环境的变化

组织是从属于社会大环境系统中的一个子系统，因此它不能控制外部环境，而只能主动适应外部环境。外部环境变化中，最主要的有以下几个方面会导致组织的变革：科学技术进步；国家有关法律、法规的颁布与修订；国家宏观经济调控手段的改变；国家产业政策的调整与产业结构的优化；国际、国内经济形势的变化；国内政治形势及政治制度的变化；国际外交形势及本国外交政策的变化；国际、国内市场需求的变化及市场竞争的激烈程度的加剧。

（二）组织内部条件的变化

传统的组织结构存在明显不足；管理技术条件改变；管理人员的调整与管理水平的提高；组织运行政策与目标的改革；组织规模的扩张与业务的迅速发展；组织成员对工作的期望与个人价值观念的变化等。以上这一切都会影响到组织目标、结构及权力等的调整和修正，从而引起组织的变革。如，当汽车制造厂的产品单一并且规模较小时，它往往实行的是集权型的直线职能制组织结构，而当产品品种增多，市场变化加快，且生产批量急剧扩大时，这时直线职能制组织结构显然就不适应了，必须建立分权型的事业部制，这是结构上的一种质的改变。

一般而言，在什么情况下组织需要变革，西方管理学家西斯克通过深入研究，认为当组织出现下列征兆之一时就表明该组织需要变革：决策的形成过于缓慢或时常做出错误的决策，以致贻误良机；分工不合理、职位系统不清晰而造成的上下左右职责关系不明确，工作互相干扰；机构臃肿、人浮于事，办事手续繁琐，效率低下；本位主义严重，部门间协调困难，不能形成有效的协作系统；组织的主要功能已无效率或得不到正常的发挥；组织缺少创新，没有新的办法出现，组织停滞不前等。

三、组织变革的内容

组织变革的内容一般有以下几个方面。

（一）以组织结构为重点的变革

以组织结构为重点的变革，主要是指对组织的基本组成部分或组织总体设计的改变。组织的基本组成部分的改变包括：改变组织的部门或单位，改变职位及责权范围，改变各部门之间的关系，调整管理幅度和管理层次以及授权范围等。组织总体设计的改变是选择或设计一种新的组织结构形式，如从高耸型组织转变为扁平化组织。

（二）以任务和技术为重点的变革

由于现代技术进步非常迅速，组织必须能够迅速做出反应。这方面的变革主要是指对组织各个部门或各个层次的工作任务进行重新组合，改革原有的工作流程。一般包括工作范围的扩大化、工作内容的丰富化以及工作流程再造等。

（三）以人为重点的组织变革

人是组织中最宝贵的资源，是实现组织所有变革的基础。无论是组织机构的变革，还是任务和技术的变革，都离不开人的作用，都是通过改变组织成员的观念与态度实现的。以人为重点的组织变革主要包括观念与态度的变革（通过培训教育、思想教育和企业组织文化等来实现）、技术知识的变革（通过招聘、培训与发展教育来实现）、改变个人和群体行为（主要是通过奖惩和参与管理来实现）。

四、组织变革的实施

为了使组织的变革富有成效，必须确定组织变革的程序。组织变革的程序包括以下四步。

（一）确定问题

当组织出现无效率时，首先应确定问题本质是什么，然后才能解决问题。管理人员应分析组织无效率是否由于组织本身引起的？是暂时、偶然的现象，还是经常的现象？若确定是由于组织本身引起的无效率，就应进行组织诊断，确定问题的实质。

（二）组织诊断，制定变革方案

在组织诊断的过程中，要大量地搜集组织的外部环境、内部条件、发展趋势等方面的信息资料，通过对组织的现状与期望的状态进行对比分析，探明组织的问题、发现差距、明确变革的紧迫性。当问题确定后，组织可采取一些专门方法来进行诊断。如下是几种常用的方法。

（1）组织问卷。组织问卷可根据问题的性质设计，对组织结构、人员安排、工作责任、沟通交往、职权关系等内容进行调查，了解问题的实质。

（2）职务说明书。通过职务说明书了解各职位的工作、权限、职责以及组织关系。

（3）组织图。通过组织图了解组织的职权关系。

（4）组织手册。通过组织手册，了解组织的目标、政策、职权关系等。

在此基础上制定几个可行的变革方案，以供决策者选择。

（三）选择较优方案，进行组织变革

在制定变革方案的任务完成之后，对备选方案进行分析、比较论证，从中选择一个较优的变革方案并付诸实施。在比较方案时，要充分占有信息，选择变革成本小而收获大的方案。在实施方案时，要依据变革的深入程度、困难程度、影响程度以及员工的接受程度、参与程度等来制定具体的实施计划。对于战略性变革，还要进行局部试点，在总结完善的基础上再推广之。

（四）变革的效果评估

根据变革实施后的结果，进行评估。管理者必须对变革的过程和结果进行总结和评价，总结经验教训，评价实施结果，并及时向有关部门反馈新的信息。如果变革的效果达到预期目的，则应继续巩固已有成果。如果没有达到预期结果，则应进一步分析原因，采取其他的改革措施进行组织变革。

五、组织变革的阻力及克服

组织的变革是一个破旧立新的过程，必然会遇到各种抵制和阻力。组织变革涉及到所有的组织成员，在变革过程中，他们的利益或多或少都会受到影响，因此在组织变革过程中，最常见的问题就是组织成员对组织变革的抵制。如果管理者不能良好地消除和化解这些矛盾，就有可能使组织变革遭到失败。

（一）反对组织变革的现象

一般来说，组织的变革，哪怕只是做小小的改变，也总会有人反对，会有人以种种不同的

方式来表示他们的抵制。抵制组织变革的现象有：业务开拓不力，工作效率持续降低；损失浪费一天天加重，经济效益滑坡；要求离职调动的人数增加；发生争吵与敌视行为，人际关系趋于紧张，内耗加重；工作被动应付，没有主动性和积极性，消极怠工；提出许多变革将导致无法工作的似是而非的理由；对组织中的不论什么事情都抱着一种无所谓的态度等。

（二）抵制组织变革的原因

抵制变革的原因很多，最常见的有以下几种。

1. 历史的惯性和惰性

变革的阻力有很大一部分是来自人类本性中的惰性，人们总习惯处于某种惯例中，总有安于现状的习性，对变革有一种天然的抵触情绪。因为人们已习惯于原有的一切管理制度、作业方式、行为规范，任何变革都会威胁到原有的安全与内心的平衡，宁肯抱残守缺，也不愿尝试变革。

2. 不确定感

对变革进行抵制的常见原因还有组织成员对未来的发展趋势缺乏清醒的认识，无法预计变革可能会对自己带来的影响，担心自己的就业保障，担心自己不能适应新的要求等等。

3. 威胁到既得利益和地位

组织机构的变革和技术的变革会使人们产生这样的担心，比如，变革之后，有可能导致权力缩小，在组织中的地位降低或劳动强度加大，工作的自由度减弱或要求重新学习新的技术和新的知识，甚至有可能导致失业，这些都是变革中发生正面冲突的主要原因。总之害怕变革威胁到自身的既得利益。

4. 缺乏理解和信任

有些人抵制变革是因为他们认识不到变革的必要性，或是他们对变革的真正目的有所怀疑。例如当管理人员决定改变工作小组中某些人的任务分配时，便会遭到一些小组成员的抵制，他们会认为这是管理人员有意增加自己的工作量，或是暗示自己的工作不合格，或是管理人员在排除异己。

（三）消除抵制的方法

组织的变革往往是大势所趋，不以人的意志为转移，但是还要注意变革中的艺术性，积极的创造条件，采取措施，消除阻力，保证组织变革的顺利进行。管理者应持积极的态度，寻求消除抵制的方法。通常可以采用以下方法消除抵制。

1. 保持公开性和透明度

对于组织目前所处的运行环境、所面临的困难与机遇等，要坦诚公布，让组织成员对变革的目的、内容、过程、方式等有所了解，可以在很大程度上减少组织成员对变革的抵制，从而使组织上下达成共识，增强变革的紧迫感，扩大对变革的支持力度，使组织变革有广泛而牢固的群众基础，这是保证组织变革得以顺利进行的首要条件。

2. 参与

不少研究组织变革的人认为，减少变革的阻力是让有关人员共同参与并执行变革的计划，使他们对变革的必要性加深理解，同时也认识到自己从一开始就是变革的一个主动参与者，则对变革将给自己的生活及在组织中的地位造成不利的担心就会减少。实践表明，全面的参与比部分参与好，而部分的参与远比不让成员参与好。

3. 加强培训，提高适应性

要通过自上而下的培训教育，使大家学习新知识，接受新观念，掌握新技术，学会用新的观点和方法来看待和处理新形势下的各种新问题，从而增强对组织变革的适应力和心理承受能力，加深他们对组织变革的理性认识，使他们自觉成为改革的生力军。要使人们深刻认识到，虽然每一种变革都会影响到某些人的特权、地位和职权，但如果不实施变革，那将会威胁到整个组织的生存和发展。

4. 必要的妥协

通过与受变革影响的人协商，可以减少他们的抵制情绪。特别是预计到组织中的一些重要人物、工作小组或部门有可能会对变革进行强烈抵制时，不妨采取谈判的手段，做出一定的调整或妥协，以取得他们对变革的支持。

5. 奖惩结合

及时对先进单位和个人给予奖励，对阻碍变革的部门和个人进行批评和调整，形成积极向上、勇于变革的气氛。

第四节　组织沟通

组织沟通是指在组织活动中围绕既定的目标，通过各种信号、媒介和途径有目的地交流信息、意见和情感的信息传递行为，它是组织内部和外部沟通的有机整合。组织沟通的目的就是协调好组织内部和外部的各种关系，为组织的发展创造良好的沟通环境。沟通管理是对围绕组织活动而进行的信息传递过程的管理。在组织内部，建立学习型组织和合作团队，有效的部门之间的沟通是成功的关键；组织成员树立良好的沟通意识，逐渐养成运用管理沟通的理论和技巧进行有效的沟通，对彼此互相了解、交流协作，满腔热情地投入工作具有重要意义；在组织外部，为了实现组织之间的合作与和谐相处，组织的管理者需要掌握管理沟通的技巧与艺术。沟通管理是组织良性运转的润滑剂。

一、组织中沟通的概念及作用

沟通是指信息的发送者通过某种管道把信息传递给接收者，使接收者接受和理解所传递的信息过程。信息的发送者首先把信息，即“被沟通的东西”，包括消息、事实、思想、意图、感情和态度等，整理成接收者可以接受和理解的信息，然后通过各种渠道传递给信息的接收者。所传递的信息应被信息的接收者所接受和理解，沟通才能实现。

简单地说，沟通就是信息的交流。信息交流可以有多种形式，如通信工具之间的信息交流、人与机器之间的信息交流以及人与人之间的信息交流。从管理学的角度来看，我们更关注的是人与人之间的沟通，即存在于两人或多人之间的信息交流，其对象是人而不是物体。沟通是人与人之间信息的分享，是信息在发送者和接收者之间进行交换的过程。

在日常生活中人们常常用交往、交流、意见沟通、信息传达等术语来表达沟通的含义。沟通有两个基本条件，即要有信息的传递与信息的理解。也就是说，在信息交流过程中，信息要在发送者与接收者之间传递，信息接收者接收到信息并理解信息，产生相应的反应。如上司正在与部下谈工作，但部下因家庭变故心事重重，注意力无法集中，上司所说的内容他根本没记住，虽然他似乎在听，但“心不在焉”，这就意味着有效沟通没有发生。又如，你用很专业的术语对外行讲了一通话，虽然他很认真听，但他不知所云，不清楚你要表达什么，这样也就不能算是有效沟通。

特别需要强调的是，在日常生活中，一些人把有效的沟通错误地理解为沟通双方达成协议或共识，而不是准确理解信息的意义。他们把沟通看成是别人接受了我们的观点。实际上沟通并不是妥协、认同，只不过是通过最有效的方式，明白无误地表达各自的观点。沟通中最重要的不是你说什么，而在于对方理解你说的意思是什么。我可以非常理解你的意思，但也可以不同意你的看法，这就是沟通的实质。

对于组织而言，沟通的主要目的是通过有效的沟通来传递组织所要传达的信息（如组织的目标、计划、政策、工作程序等），并使组织成员接受和理解这些信息。从人际关系来看，沟通不仅是一个人获得他人思想、感情、见解、价值观的一种途径，是人与人交往的一座桥梁，同时沟通是一种重要而有效地影响他人的工具和改变他人的手段。在以人为中心的管理模式中，沟通在管理工作中的地位越来越重要，管理者所做的每一件事都要有信息沟通。具体来讲，组织中沟通的作用有以下几个方面。

（1）收集信息，使决策更加合理和有效。沟通过程实际上就是信息双向交流过程，组织内部的沟通，可以了解员工意见倾向、价值观和劳动结果，他们的积极性源泉和需要，各部门之间的人际关系、管理效率等，以作为决策的依据。

（2）改善人际关系，稳定员工的思想情绪，统一组织行动。沟通是人际交往，它可以解除人们内心的紧张和怨恨，使人们感到精神舒畅，而且在相互沟通中易使双方产生共鸣和同情，增进彼此间的了解和信任，改善相互之间的关系，减少人与人之间不必要的冲突。

（3）改变行为，对组织成员具有激励和控制作用。在沟通过程中，信息接收者接收到了并理解了发送者的意图之后，一般来讲会做出相应的反应，表现出合作的态度和行为，否则沟通就是无效的。

（4）沟通是组织与外部环境联系的桥梁。组织通过沟通成为一个与外部环境相互作用的开放系统，据此可以争取政府和公众的理解、合作与支持，获得持久的发展机会。

二、沟通的过程和要素

沟通是一个复杂的信息交流过程，它是一个信息发送者通过选定的沟通渠道把信息传递给信息接收者的全过程，如图 6-7 所示。

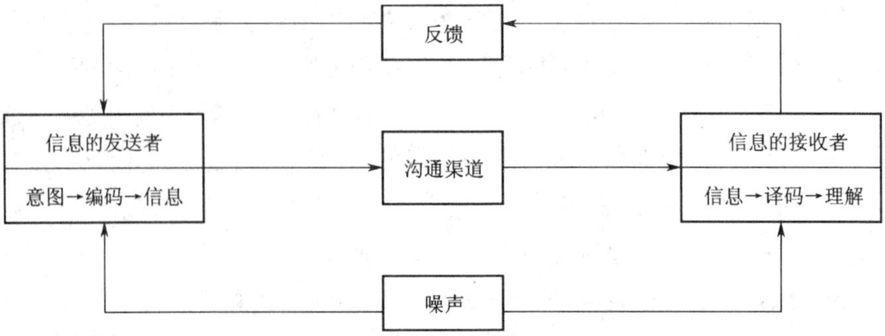

图 6-7 沟通过程的模型

信息的发送者需要把某种意图通过一定形式转换成信息接收者所能理解的信息（如语言、文字、手势、表情等），然后通过一定的沟通渠道（如面对面谈话、通电话、会议、文书、电子邮件等），传递给信息的接收者，信息接收者对所接收的信息进行加工、处理、分析接受和理解信息，然后把所理解的信息反馈给信息发送者，以便确认其所接收的信息是否正确。在沟通的过程中，还可能存在着各种各样的“噪声”干扰。

从图 6-7 中沟通的过程看，信息沟通的要素包括：信息发送者、编码、信息、沟通渠道、信息接收者、译码、反馈和噪声。

（一）信息发送者（Sender）

信息沟通始于有了某种意图或想法的发送者。信息的发送者可能是要告诉某人做某事，或者是有某个问题向某人请教，或者是向某人提供信息。例如，企业的管理者经常要安排各种各样的工作给下属，企业的管理者就是信息的发送者；又如，企业要定期地向有关部门提供企业的财务状况和经营成果，企业就是信息的发送者。

（二）编码（Encoding）

信息的发送者要把其意图或想法传递给信息的接收者，首先应把其意图转换成信息接收者所能接受和理解的形式，如语言、文字、图表等。例如，企业要把其财务状况和经营成果的信息提供给股东，就必须把企业经营活动的原始资料，通过会计方法的处理，编制成股东所能理解的资产负债表和损益表。

（三）信息（Information）

信息的发送者通过编码把其意图或原始资料转换成信息。信息就是所需要沟通的内容。

（四）沟通渠道（Communication Channel）

沟通渠道是指信息从发送者到达接收者的途径。信息的传递可以是口头的或者书面的，也可以通过面对面谈话、通电话、会议、电子邮件等来传递。渠道由信息发送者选择。一个具体的信息可以通过不同的渠道发送，不同的信息渠道适用于传递不同的信息，渠道的选择要视具体情况而定。

（五）信息接收者（Receiver）

信息接收者指的是接收并解释信息的个人。信息的接收者在沟通过程中应注意接收信息，把原始信息全部接收。不同的接收者对同一信息会有不同的理解，即使是同一个接收者，由于接收信息时的情绪状态或场合不同，他可能对同一信息做出不同的解释，因而所采取的行动也会有所不同。

（六）译码（Decoding）

译码是信息接收者的思维过程，包含了对已编码的信息的解释。信息的接收者把原始信息转换成思想或者与发送者意图接近的意思。要理解信息一定要译码，要把信息中的符号翻译成接收者可以理解的形式，只有这样，沟通才得以实现，否则，只是信息的传递，信息没有被接受和理解。

（七）反馈（Feedback）

沟通过程的最后一环是反馈。为了检查信息沟通的效果，信息接收者把所接受和理解的信息反馈给信息的发送者，使信息的发送者成为接收者。经过这种反馈可使发送者明白其信息是否被理解或及时做出正确解释，及时修正沟通内容。单向沟通易引起对信息的误解，双向沟通（反馈）给了信息发送者调节自己行为的机会，从而提高了沟通的效率。

（八）噪声（Noise）

信息的沟通经常受到噪声的干扰，如电话信息不清楚、沟通环境噪声大等。除了噪声的干扰外，还有由于语言方面所理解的差异、用语不当、成见不同等因素产生的干扰，这些对有效的沟通都有很大的影响。

了解沟通的过程和要素以及它们之间的相互关系，可以帮助人们认识信息沟通的问题，提高信息沟通的有效性。

三、人际沟通的方式

沟通方式指的是信息传递的形式，即用什么信息媒介把所要表达的信息内容传递出去并使接收者理解。采用不同的信息媒介，就形成了不同的沟通方式。在组织中人们普遍使用语言、文字及动作、表情来传递信息。把前者称为言语沟通方式，把后者称为非言语沟通方式。另外，电子沟通也越来越成为人们普遍使用的沟通方式。

（一）言语沟通

言语是我们最熟悉的沟通方式，大量的人际沟通都是通过语言、文字的运用来实现的。言语沟通可以分为口头沟通和书面沟通两种。

1. 口头沟通

口头沟通是用口头表达方式所进行的信息传递与交流，它是最常用的一种沟通手段，包括面谈、会议、正式的一对一讨论、演说、非正式的讨论及传闻或小道消息的传播等。

口头沟通的优点是比较灵活、速度快、双方可以自由讨论，有亲切感。在面对面交换信息的过程中，不仅可以传递信息，而且可以传递感情、态度，特别是可以借助手势、表情等体态语言来增强沟通的效果，可以马上获得对方的反应，具有双向沟通的好处，且富有弹性，可随机应变。同时，由于是面对面的交流，有身临其境之感，比起看书面文字的东西要深刻，掌握的信息既丰富又准确。

口头沟通也有不足之处。口头沟通对信息发送者的口头表达能力要求较高，如果信息发送者口齿不清或不能掌握要点、提纲挈领地发表意见，就无法使信息的接收者把握信息的基本精神。同时，口头沟通具有时效性，有一过即逝的特点，讲完了就算了，如果接收者一时没听清楚，就没有办法弥补，不便再回头重新沟通。此外，口头沟通还潜存着很大的信息失真的可能，尤其是在一级一级的信息传递的过程中，每个人都可以以自己的方式解释信息，当信息传到终点时，可能会“面目全非”。有些管理者由于不善于用语言表达或不善于聆听而造成口头沟通的困难。

2. 书面沟通

书面沟通指的是用文字作为信息媒介来传递信息的沟通方式。它的种类很多，较为常见的有：备忘录、报告书、通知、内部刊物和公司手册、信函等。

书面沟通的优点很多，主要表现在以下几个方面：①书面沟通以文字的形式固化信息，可以使信息长期保存，可以核实、查询，这对复杂或长期的沟通尤为重要；②书面沟通通常有一种关注的意味，往往重要的信息沟通都以书面沟通为准，“口说无凭，立字为据”，就表现书面沟通的权威性，它更容易引起人们的注意；③书面沟通以“白纸黑字”避免了信息传递过程中的随意性，从而减少了辗转传递、一再译解可能造成的错误，信息从发送者传到接收者失真较少，不容易在传递过程中被歪曲；④书面沟通可以以自己的阅读速度仔细阅读，以求了解更详尽。

但书面沟通也存在许多不足，如它比较呆板，不易随客观情况的改变而及时修正，不能像口头沟通那样随机应变，也不能得到及时反馈。同时，由于书面沟通文字比较规范，沟通效果也会受到接收者文化水平的限制，阅读能力差的人往往理解不了。另外书面沟通费时较多，花费 1 小时写的东西只需 10~15 分钟就能说完。有些管理者不喜欢阅读较长的报告和不善于用书写的形式来表达他们的思想，从而造成书面沟通的困难。

口头沟通和书面沟通各有优缺点，管理者要善于把两者结合使用，才能产生好的沟通效果。实际上，在日常工作和生活中，大多数人都是采用口头和书面混合的方式进行沟通的。

（二）非言语沟通

非言语沟通是相对于言语沟通来讲的一种沟通方式。这种沟通方式不通过语言和文字表达，但它却包含着比语言和文字更丰富、更真实的信息。非言语沟通的主要形式有手势、面部表情、声调、身体的姿态等身体语言以及沟通时的环境、气氛、场合等，时间因素也起着很重要的作用。例如，对某件事情立刻作出反应与过了一段时间以后再提起是不同的，它反映出人们对这一事件的关切程度。

非言语沟通可以表达语言所无法表达或不愿表达的信息。非言语沟通有时可强化语言效果。对一些人来讲，非言语沟通似乎显得“陌生”，因为在我们谓之导向的文化中，通常把沟通过程视作一种完全用言辞表达的行为。语言文字固然重要，但它只是与人沟通的方式之一。实际上非言语沟通早在语言文字使用之前就已存在，这从人类发展史及个体发育史中都可以得到验证。据一项研究表明，在面对面的沟通中，那些来自语言文字的信息不会超过35%，有65%的信息是通过非语言方式传递的。在人际沟通的“表里如一”方面，我们有理由更多地信任非言语沟通，在许多情况下，它反映了人的“里”，而言语沟通反映了人的“表”。

最近几十年对非言语沟通在管理上的研究丰富起来了，有越来越多的人重视非言语沟通的作用。已经有证据表明，生理线索（头部、脸、眼睛、姿势、距离、手势、声调），即体态语言，对了解一个人的情绪有重要作用，它可能更深刻地反映了人的本意。我们可以从人的面部表情和眼神了解人的情绪状态，也可以从人的身体距离、姿势、手势等了解人的紧张状态。一个成功的沟通者在强化言语沟通的同时，必须懂得非言语信息，而且尽可能地了解它的意义，磨炼非言语沟通的技巧，注意“察言观色”。当然，非言语沟通也存在一些缺陷：它可能会泄露秘密，内心世界往往难以掩饰；它很容易使人产生误解，因为每个人的风格都不同，它们的含义因不同的文化背景而不同，如在一些国家点头表示同意，而另一些国家相反；它们可能需要长时间的重复进行才能被人理解。另外，非言语沟通的范围有限，它往往只是在面对面范围内使用。

（三）电子沟通

网络信息技术的发展，给人们的沟通带来了很大的影响，电子媒介在当今世界信息传递过程中充当着越来越重要的角色，如电话、电子邮件、闭路电视、数据卡、传真机、复印机等，使沟通行为更加有效。电子媒介创造了一种介于口头语言和书面语言之间的沟通方式。通过电子媒介，可迅速提供准确的信息，使沟通的效率更高、信息获取更为方便、快捷；计算机和数据存储卡可用很小的空间保存大量的信息，并能随时阅读。电子媒介的缺点是离不开电子设备，成本相对较高，另外，某些电子媒介（如数据存储卡等）不能直接提供信息反馈。

总之，沟通的方式有各种各样，应根据信息沟通的目的、内容、沟通双方的特点以及沟通时的情境来选择适当的沟通方式和手段，多种方式要结合使用，不存在一种普遍适用的沟通方式和手段。尽管研究表明，在大多数情况下，组合采用两种或两种以上的沟通方式比单独采取某一种沟通方式效果要好，但通常人们还是认为面对面的交流方式是必不可少的。

四、组织沟通的渠道

信息沟通犹如水在水渠里流动一样，总是沿着一定的线路，按着一定的方向在特定的人群之间流动，我们把这种沟通途径称之为沟通渠道。从组织系统这个角度出发，可以把沟通分为正式沟通渠道和非正式沟通渠道两大类。这两种渠道几乎是同时存在于组织之中，它们各有各的特点，各有各的用处。在正式渠道中进行的沟通叫正式沟通；在非正式渠道内的沟通叫非正式沟通。管理者应当对正式沟通与非正式沟通的作用、特点有深刻的了解，自觉地运用各种沟通渠道。

（一）正式沟通渠道

正式沟通渠道指的是组织内部或对外依据一定的组织原则，按照规章制度的规定，通过正式程序所进行的信息传递和交流。它和组织的结构息息相关，主要包括：按正式组织系统发布的命令、指示、文件，组织召开的正式会议，组织内部上下级之间或同事之间因工作需要而进行的正式接触。正式沟通渠道传播的信息又称“官方消息”。

正式沟通渠道是组织管理中沟通的主渠道，大量的沟通工作有赖于正式沟通渠道。由于正式沟通带有强制性，比较规范，井然有序，约束力强，可以使信息沟通保持权威性，沟通效果较好。因此，在企业管理中一般的信息都要通过正式沟通渠道下达及反馈。正式沟通渠道的弱点是：传播线路固定、呆板，沟通速度较慢；中间环节较多，信息易损耗；不易进行感情交流；对人的素质要求较高，信息易失真。

信息在不同人之间以不同方向流动就形成了沟通模式。根据人们的观察及实验室研究，正式沟通渠道主要有以下五种模式，即链型、Y 型、轮型、环型、网型，如图 6-8 所示。图中假定一个组织中只有 5 位成员，图中的圆圈代表信息的传递者，箭头表示信息传递的方向。

① 链型：代表的是 5 个垂直层次的结构，在这种情况下，只能向上或向下进行逐级传递信息。在一个组织系统中，它相当于一个纵向沟通网络，这种情况可以发生在一个只有直线型权力关系而没有其他关系的组织中。在这个网络中，信息经层层传递、筛选，容易失真，各个信息传递者所接收的信息差异较大，平均满意程度有较大差距。此外，这种网络还可以表示组织中主管人员和下级部属之间中间管理者的组织系统，属于控制型结构。

② Y 型：表示在 4 个层次的逐级沟通中，两位领导者通过一个下属或一个部门进行沟通。若把 Y 型倒过来，则表示在 4 个层次的逐级沟通中，一位领导者得通过一个人或一个部门进行沟通。在组织中，这一个网络大体相当于组织领导、秘书班子再到下级主管人员或一般成员之间的纵向关系。这种网络集中化程度高，解决问题速度快，组织中领导人员预测程度高，但易导致信息曲解或失真，组织成员的平均满意程度较低。此网络适用于主管人员的工作任务十分繁重，需要有人选择信息，提供决策依据，既节省时间又要对组织实行有效的控制。

③ 轮型：表示一个管理者与 4 个下级沟通，而 4 个下级之间没有互相沟通的现象。属于控制型网络，其中共有的一个成员是各种信息的聚集点与传递中心。在组织中，大体相当于一个主管领导直接管理几个部门的权威控制系统。此网络集中化程度高，解决问题的速度快，中心主管人员的预测程度高，但沟通的渠道很少，组织成员的满意程度不高，士气低落。然而这种网络是加强组织控制、争时间抢速度的有效方法，如果组织接受紧急的攻关任务并要求进行严密控制，则可采用这种网络。

④ 环型：表示允许成员与相邻的成员交流，但不允许与其他交流。它可以表示管理者对两个下级进行沟通，而两个下级又分别与各自的下级再沟通，基层又相互沟通，此形态可以看成是链型的一个封闭式控制结构。在这个网络中，组织的集中化程度和领导人的预测程度都较低，畅通渠道不多，但组织中成员具有比较一致的满意度，组织士气高昂。如果一个组织需要创造出一种高昂的士气来实现组织目标，这种沟通网络是一种行之有效的措施。

⑤ 网型：允许每一个成员自由地与其他 4 位成员交流，交流是平等的，并无明显的中心人物。这是一个开放式的网络系统，其中每个网络中组织的集中化程度及主管人员的预测程度均较低，但由于沟通渠道很多，组织成员的平均满意程度高且差异小，所以士气高昂合作气氛颇浓厚，这对于解决复杂问题，增强组织合作精神，提高士气均有很大作用。但是，由于这种网络沟通渠道太多，因此容易造成混乱，并且也浪费时间，影响工作效率。

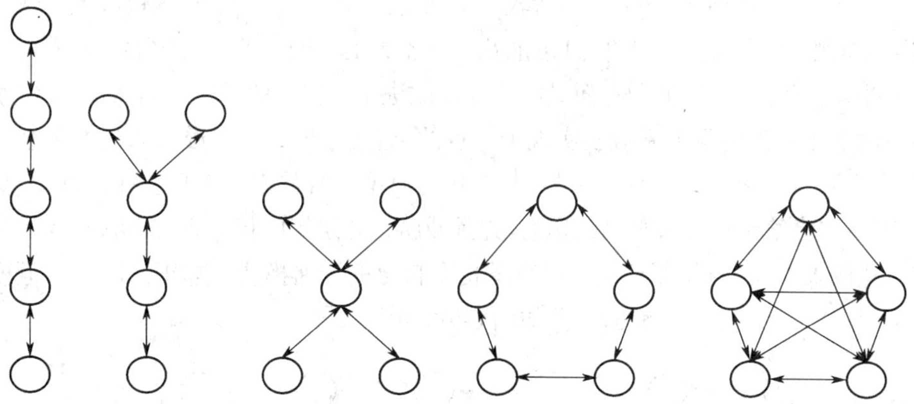

图 6-8　五种沟通渠道模式

上述种种沟通渠道模式都有其各自优缺点，管理者在一个组织中采用哪一种沟通渠道模式，主要取决于沟通的目标定位。表 6-1 总结了各种沟通渠道模式的有效性，从中可以明显地看出，没有一种模式在任何情况下都是最好的。链型、Y 型和轮型一般在沟通准确性上比较好，在处理简单的问题时速度快且失误少；轮型和网型的沟通速度快，由于管理者能获得大量的信息，在处理复杂问题时比其他类型的沟通渠道快且失误少；轮型等有利于管理者控制各项活动，环型和网型则能较好地满足成员的社交需求。作为管理人员，在管理工作的实践中，要进行有效的人际沟通，就需要发挥优点，避免缺点，使组织的管理水平逐步提高。

表 6-1　各种沟通渠道模式的有效性

标准	链型	Y 型	轮型	环型	网型
速度	中等	中等	快	慢	快
准确性	高	高	高	低	中等
控制的可能性	中等	中等	高	低	低
士气	中等	中等	低	高	高

（二）非正式沟通渠道

非正式沟通渠道指的是以社会关系为基础建立起来的，与组织内部明文规章制度无关系的沟通渠道。这种沟通不受组织监督，也没有层次结构上的限制，是由员工自行选择进行的，如员工之间的交谈，议论某人某事，传播小道消息、流言等。非正式沟通渠道传播的信息又称"小道消息"。

非正式沟通渠道是正式沟通渠道的有机补充,虽然它不是由组织明文规定建立的,但是,非正式沟通渠道不仅能真实地表露或反映组织成员的思想动机和态度,而且往往提供了通过正式沟通渠道难以获得或不便获得的信息。同时,与正式渠道相比,它往往能更灵活、迅速地适应事态的变化,减少许多繁琐的程序,其信息传播速度也是正式沟通渠道所无法比拟的。如打一个电话向另外一个部门请教一个问题,只需 5 分钟就可以解决,但若依照正式沟通的程序来进行,需要层层批准,则可能花上一整天的时间。非正式沟通一方面可以满足组织成员社会交往的需要,另一方面又能弥补和改进正式沟通的不足。当然,某些组织成员有时会借助非正式沟通渠道系统去实现个人目的,这就会形成"宗派",宗派之争会发生不团结,使个人目标偏离组织目标。另外,非正式沟通渠道所传递的信息往往不真实,其随意性较强,有时也会给组织带来不良的影响,并且威胁正式组织的权力系统,妨碍组织的保密。

与正式沟通渠道一样,非正式沟通渠道也有自己的沟通模式。非正式沟通渠道模式主要有单串型、饶舌型、集合型和随机型,如图 6-9 所示。

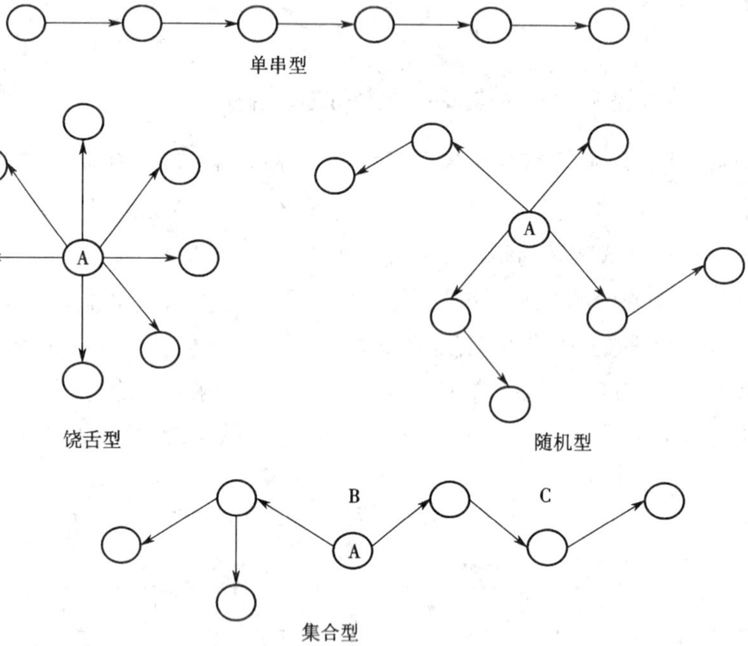

图 6-9 非正式沟通渠道

① 单串型:在个人之间相互转告,信息在非正式渠道中依次传递,把信息传播到最终的接收者。

② 饶舌型:某人告诉大家,信息由 A 传递给各人,A 是非正式渠道中的关键人物,他主动把信息传播给其他很多人。

③ 集合型:一些人有选择性转告他人,信息由 A 传递到几个特定的人 B、C,然后再由他们传递给一些特定的人。这种传播效率最高。

④ 随机型：个人之间随机地相互转告，信息由 A 随机地传递给某些人，某些人再随机地传递给另一些人。

非正式沟通几乎在所有的组织中都非常活跃。一个组织越是依赖于有限的或正规的沟通渠道，小道消息就越可能盛行。非正式沟通在任何正式组织中都客观存在着，管理者不能阻止它的发生，而只能引导它、利用它。实际上，非正式沟通渠道在任何组织内部都有存在的价值，并不是像一些人认为的那样总是起消极作用，是正式沟通渠道的有益补充。人们可以利用非正式沟通渠道传递正式沟通渠道所不愿传递的信息，把正式命令转变为大家较易理解和接受的信息，从而产生协作意愿，相互理解，维持内心的平衡。还可以从非正式沟通渠道中了解员工的士气，分析组织中存在的问题。管理者在正确运用正式沟通渠道的同时，要学会正确运用非正式沟通渠道。

管理者为避免非正式沟通渠道的消极影响，可采取如下对策：①采取开放式的沟通方式，以客观事实防止谣言的产生；②要善于发现非正式沟通中的关键人物，在必要时要利用这关键人物来协助传递或澄清某些事实；③培养员工对组织管理当局的信任和好感，对企业的忠诚和热爱；④要高度重视传播面广、传播迅速的小道消息，一定要究其原因，因为它可能反映出了管理中存在的问题，管理者不能置之不理；⑤在制定重大决策时，应考虑一下该决策会不会引起小道消息，应采取什么防止举措，是否可以利用非正式渠道来推进此政策；⑥不能滥用非正式渠道，在组织管理中，管理者还是应该以正式沟通渠道为主。小道消息满天飞，会使人心涣散、士气低落。

五、有效沟通的障碍

在沟通过程中，时常会有沟通无法进行或不能产生预期效果的现象，我们称之为沟通障碍。就其形成的原因来看，沟通障碍主要来自以下几个方面。

（一）主观障碍

1. 个人心理障碍

个人的性格、气质、情绪、态度、见解等的差别，使信息在沟通过程中受个人心理因素的制约。人际沟通与机器之间的沟通毕竟不同，因为双方都是有思想感情，都是有内心心理活动的个体，如果他们的心理活动产生了一定的障碍，必然会影响沟通的效果。同时，每个人在组织中的地位不同，也容易造成心理上的差异，形成心理隔阂，而不愿进行有效的沟通，或不能进行有效的沟通。如在上级与部属谈话中，如果这个上级平时比较严厉，而下属又较内向，可能会出现下属虽然在认真听上级讲话，但由于心情紧张，信息接收率大打折扣的现象。

2. 知识经验的差距

沟通是在发送者与接收者之间进行的，这就涉及到个体差异问题。如果双方在知识结构和经验水平上的差距过大，就会发生沟通的障碍。由于知识经验的差异，一些在发送者认为很简单的、不需多加说明的信息，在接收者那里却觉得很复杂，需要加以解释才能理解的信息。这种障碍在由上往下的下行沟通中较为常见，沟通者的层次间距越大，发生沟通障碍的可能性越大。注意到了沟通双方在知识经验的差距之后，管理者就应更多地从对方实际知识经验水平的角度考虑，选择最适合对方知识经验的语言、文字及表达方式及风格，从而增强沟通效果。如董事会主席在董事会上的讲话与董事会主席对最基层员工的讲话，在方式、方法上应该有很大的不同。

3. 语言表达能力差

语言是沟通的工具，人们通过语言、文字及其他符号将信息通过沟通渠道来传递。但是语言使用不当就会造成沟通的障碍。良好的沟通要求双方都要有良好的语言表达能力。如果发送者不能清晰的发出自己所要表达的信息，接收者不能准确地把自己所接收的信息反映出来，那么沟通就无法有效地进行。一份逻辑混乱、语无伦次的书面报告，很难迅速、准确地传达所包含的信息；一次模棱两可、含糊不清的讲话，也很难表明自己的意图。特别值得注意的是，作为信息源的发送者如果不能进行正确的信息编码，不能准确地把自己所要表达的内容传递出去，那么，在信息传递的第一关就出了问题，必然会使接收者陷入云里雾里。"以其昏昏"是达不到"使人昭昭"的目的的。

4. 发送者的信誉不佳

在日常生活中，我们可以发现在沟通方式、沟通内容及沟通对象相同的情况下，不同的信息发送者可能会有不同的效果。人们对信息发送者信任的程度会影响沟通的效果。如果信任成为企业内部的一种默契，那么从管理者到员工的工作一定会轻松得多，沟通也会顺畅得多。沟通者的人品差、能力弱，都可以导致别人对他产生不信赖感，并且会在情感上加以拒绝，"听不进你的话"，尽管你的表达能力很强。倘若你平时言而无信，说话总是不能兑现，那么别人对你说的话就会持怀疑态度，沟通无法有效地进行。"狼来了"的故事，就是典型代表。

5. 沟通时机不当

有些沟通产生障碍，是由于沟通时机选择不当造成的。沟通时机包含沟通的时间、空间两个方面。在时间方面，如果接收者由于某种原因心情不好或正从事某项重要而又急需完成的工作时，这时一般信息不容易引起他的注意，与他沟通效果会很差。如某员工家中有人得了急病，上司这时向他交代什么，他可能会点头称是，但他到底记住了多少呢？还要打一个大问号。在空间方面，选择沟通的场所不当，沟通的效果也会有很大的不同。对一个很要面子的下属来讲，上司当着大家批评他并限期改正错误与私下与他交谈，指出他的缺点的效果是截然不同的，前者可能认为让他当众出丑，暴跳如雷，而后者则会认为是关心爱护，从而虚心接受。

6. 对信息的漠视

对信息的态度不同，会产生不同的沟通效果。由于受个人的记忆、思维能力的影响，人们往往比较容易记住那些自认为非常重要的信息，而对自己认为不重要的信息则漠不关心，记忆不佳，从而降低信息沟通的效率。在企业中，有些主管人员和员工忽视对自己不重要的信息，不关心组织目标、管理决策、长远战略等，而只重视和关心与他们物质利益有关部门的信息，使信息沟通发生障碍。

（二）客观障碍

1. 渠道不畅通

信息沟通是在一定的信息传递渠道中进行的，倘若信息渠道不畅通，必然会影响沟通的效果。在企业管理中，信息渠道不畅通主要表现在两个方面：一是机构臃肿，信息由最高层发出，要经过许多中间环节的传递，才能到达基层，信息逐级传达，就意味着信号逐级失真。据研究，信息量从最高层逐级传达到基层时只有原来的1/5，小型企业中面对面的沟通比大型企业中跨越多层的沟通更为有效即是如此；二是缺乏反馈，信息的沟通应是双向的，在一些企业当中，由上至下的信息传递通道是畅通的，但由下至上的上行沟通渠道形同虚设，高层领导往往不注意来自基层的信息反馈，没有形成闭路循环的沟通渠道，信息沟通的效率自然很低。

2. 空间距离远

信息的发送者和接收者如果在空间距离太远，接触机会少，就会造成沟通障碍。社会文化背景不同、种族不同而形成的社会距离也会影响信息沟通。

在管理实践中，存在着信息的沟通，也就必然存在着沟通的障碍。管理者的任务就是要正视这些障碍，采取一切可能的方法消除这些障碍，为有效的信息沟通创造条件。

六、消除沟通障碍的方法

（一）增强信息的明确性

明确、清晰的信息是良好沟通的开端，沟通是以一种接收者易于了解的语言和传递方式进行的。在许多情况下，信息的发送者都很有自信地认为自己发出的信息是明确、清晰的，对方应该可以理解，当他看到对方不能理解自己所发出的信息时，往往是把责任推给对方，而不检查信息源是否有问题。要做到信息的明确性，信息发送者需要具备一定的沟通能力，并熟悉接收者，如下属、同事、上司或其他相关人员的语言和非语言表达方式。

（二）提高信息接收的效率

沟通是否有效，这是双方的责任，对信息发送者有信息明确的要求，对信息接收者则有收效高的要求。由于需要注意的信息太多，而人们的注意力又有限，所以接收者应该集中精力，注意那些最有价值的信息，可能的话事先要做好准备，不放过任何有用信息。同时，接收者也应提高自己的倾听和阅读能力，这样，不仅可以增强信息接收的效果，对信息发送者也是一种尊重和鼓励。当信息发送者看到他的听众心不在焉时，他可能会转移话题或削减信息内容，沟通就不能有效地进行。

（三）建立合理的信息传播体系

企业内部人数众多、机构复杂、信息流量大，为了使信息能有序的流动，管理者一定要建立稳定合理的信息传播体系，以便控制企业内部的横向及纵向的信息流动，使各部门及员工都有固定的信息来源，该从哪里得到信息就从哪里得到信息，该知道什么就知道什么，不要搞得企业内部流言四起，道听途说，扰乱了整个企业的正常运转。

（四）提高利用非正式沟通的自觉性

在企业管理当中，不承认非正式组织及非正式沟通是不现实的。在以正式沟通为主流的现代企业管理中，管理者在强化正式沟通的同时，必须有意识地提高利用非正式沟通渠道的自觉性，把一些正式渠道不好办、难办的事交到非正式沟通渠道中来处理，使“小道消息”按照管理者的意志在组织内部传播，同样能达到提高管理效率的目标。管理者通过利用非正式渠道来加强正式组织的沟通，以增强沟通的效果。

（五）培养和掌握有效的沟通技巧

在人与人之间的信息沟通中，个人沟通技巧的改进和提高也是消除沟通障碍的有效方法。尤其是组织的管理者，更需要有意识地培养和掌握有效的沟通技巧。

1. 运用反馈手段

当管理者问：“你明白了我的意思吗？”所得到的就是反馈。从严格意义上讲，没有反馈，就没有现代管理。很多沟通不能顺利进行就是由于缺乏反馈，产生不必要的曲解、误解所造成的。反馈是沟通的重要保证，没有反馈，管理者无法知道信息是否被传递到了接收者那里以及接收了多少。管理者可以通过直接或间接的询问“测试”下属，以确认他们是否完全了解信息，以便及时调整陈述方式，使接收者更好地理解信息。反馈并不一定完全是语言表述，也可以是非言语的，可以从对方的动作、表情等方面看出，这种反馈有时更可靠，因为它们往往是接收者潜意识的流露。如果你正在演讲，从听众的眼神中，你就可以得到许多重要的暗示。如你看到听众眼睛随意转动，就表明他无心听话，或者他认为此事无关紧要，这时你就可以转移话题引起听众的注意。

2. 提高表达能力

这里的表达能力，即人们通常所说的“说”与“写”的能力。有研究表明，经理们沟通的时间有 30% 花在“说”上，有 9% 花在“写”上，因此，要提高沟通的效率，就必须在“说”与“写”上多下功夫。

要有效的“说”，必须先明确我们要表达什么，除非我们在心中已有明确的目的，否则，我们是很难组织语言的。有效的“说”的另一个基本原则是口头表达的信息必须是听众感兴趣的，如果我们说的话不符合听众的要求，那只不过是我们自言自语罢了，完全失去了沟通的效用；另外，还要注意口齿清晰，语言简洁，并注意语调，避免生硬命令。要有效地“写”，应该简洁地告诉读者写东西的目的，同时，也应该明确表示要读者做什么，去想什么以及能感受到什么。在书面表达中要注意：①多使用对方在感情上容易接受的语言文字，多使用陈述性语言，来表明自己的观点，避免评论性、挑战性的语言文字；②语言文字的使用要准确，尽量减少歧义，切忌含糊不清、模棱两可，以免使人产生误解；③语言文字要纯朴，切忌滥用辞藻，使人有华而不实之感；④在非专业性交谈中，尽量避免专业性术语，措词恰当，通俗易懂；⑤尽量使用短句，长句使人产生累赘之感，不利于沟通；⑥叙事谈理务必力戒逻辑混乱，文理不通，做到言之有理，论之有据，条理清楚；⑦交谈中人称指代要明确，以免造成接收者的误解。

作为管理者，我们要多实践，多写些东西，磨炼文笔，增强写作的信心，提高吸引读者注意力的写作技巧。

3. 积极倾听

倾听是指认真地听对方讲话，并力图弄懂所听到的内容，这对于沟通双方都很重要。有许多沟通活动进行不下去就是因为不善于听而受阻的。只有明白无误地听清了对方表达的内容，沟通才能有效进行。要提高倾听的效率，由一般被动地听转化为积极主动地听，应该注意以下几点：①少讲多听，多保持沉默和冷静，不轻易打断对方的话；②设法使交流轻松，使对方感到舒畅，消除紧张感，以便能充分表达自己的观点，说出自己想说的话；③用动作语言表现出你对对方谈话的浓厚兴趣，如用目光接触，展现赞许性的点头和恰当的面部表情，表示你在认真地听他讲；④尽可能排除外界的干扰，避免做一些使对方分心的举动或手势，如在对方讲话时不要轻易走动，干一些无关紧要的事；⑤不要立即与对方发生争论和妄加批评；⑥在必要时提出一些问题，以显示你在倾听并求得了解。

尤其值得注意的是，在倾听过程中要采取“换位思考”的方法，即从移情的角度入手，把自己置于对方的立场来思考问题，避免先入为主，努力去理解别人要表达的含义而不是你想理解的意思。移情需要你暂时停止自己的想法与感觉，从说话者的角度来调整自己的所观所感，这样可以进一步保证你对所听到的信息的解释符合说话者的本意。

4. 注重非言语提示

据一项研究表明，在面对面的沟通中，有 65% 的信息是通过非言语形式传递过来的，如果我们能够准确地把握非言语信息并有意识地加以运用，则会有很大程度上跨越言语沟通本身的一些固有障碍，提高沟通效率。

在面对面的沟通中，管理者要给予对方合适的表情、动作和态度等非言语提示，并使之与所要表达的信息内容相配合，如轻松的谈话应面带微笑，严肃的话题应该庄重认真，否则言语信息与非言语信息不一致，就会影响沟通的效果。如一位上司告诉你他真想知道你的困难，而当你告诉他时，他却在浏览自己的信件，你的感想如何呢？又如，不同的坐姿、站相、手势也潜在地反映了一个人的个性、气质和态度，在严肃的场合跷着二郎腿与下属交谈，会给对方一种压迫感，有碍于情感的平等交流。

非言语信息是显示交流双方内心世界的窗口，一个成功的沟通者必须懂得辨别非言语信息的意义，充分利用它来提高沟通效率。这就要求管理者在沟通时要注意面对面交谈的细节问题，不能以为这是“雕虫小技”而忽视。实际上，有许多人沟通失败就是因为非言语信息没有把握好引起的。

本章小结

组织的目标一旦确定，一个重要的问题就是如何有效的组织实施。这就要求管理者科学地运用组织职能，按照组织目标和计划所提出的要求，设计出合理的、高效的、保证计划顺利实施的组织结构和组织体系，合理安排和调配各种资源，以保证计划和组织目标的顺利完成。我们可以从名词化和动词化两个方面来理解组织的含义。组织具有凝聚、协调、制约、激励等基本功能。组织工作的内容包括组织设计、组织联系、组织运行、组织变革。

组织设计是核心工作：一是横向确定组织的业务分工和部门结构；二是纵向确定组织的层级和成员中的权责关系。管理幅度受管理者的能力、下属的成熟度、授权程度、工作条件等因素的影响，管理幅度与管理层次的关系形成高耸型与扁平化结构，两种不同组织形态各有利弊。在组织设计过程中，需要考虑以下原则：(1) 目标可行原则；(2) 有效性原则；(3) 管理幅度原则；(4)统一指挥原则；(5)权责对等原则；(6)协调原则；(7)双向沟通原则。传统的组织结构形式包括：直线制、职能制、直线制 - 职能制、事业部制、模拟分权制、矩阵制等，它们各有特点和适用范围，没有十全十美的组织结构。新型组织结构形式成为现代企业组织发展的基本趋势。

组织变革是组织适应内外部环境变化的过程，组织变革需要打破现有模式，采取新的模式并予以固化。组织变革可以在结构、技术和人员等几个方面进行。组织变革中的阻力不可避免，但管理者可以采取一些措施减少阻力，确保变革的实施。

组织沟通是管理的基础，管理的过程，也就是沟通的过程。组织沟通的目的就是协调好组织内部和外部的各种关系，为组织的发展创造良好的沟通环境。沟通管理更是管理创新的必要途径和肥沃土壤。许多新的管理理念、方法技巧的出台，无不是经过数次沟通、碰撞的结果，其根本目的是提高管理效能和效率。某种意义上讲，现代组织管理就是沟通管理，沟通的确就是管理的核心、实质和灵魂。本节重点阐述沟通的内涵、组成要素与基本过程，罗列组织沟通的方式和渠道，并分析了有效沟通的障碍，同时指出消除沟通障碍的方法。

复习思考题

1. 组织的含义及基本功能是什么？
2. 如何理解正式组织与非正式组织的关系？
3. 组织工作的内容有哪些？
4. 组织设计应遵循哪些基本原则？
5. 管理幅度与管理层次有什么关系？其大小受哪些因素的影响？
6. 高耸型组织与扁平型组织有哪些优缺点？
7. 组织结构的形式有哪几种？各有何特点与适用范围？
8. 组织变革的动因及其内容是什么？
9. 如何克服组织变革的阻力？
10. 组织沟通的概念及作用是什么？
11. 试述信息沟通的一般过程及要素组成。
12. 在组织沟通中最普遍使用的沟通方式有哪些？
13. 为什么说非正式沟通渠道有时要比正式沟通渠道更有效？

14. 有效沟通的障碍主要来自哪些方面？

15. 消除沟通障碍的主要方法有哪些？

管理故事

彼得原理

彼得原理（The Peter Principle）首次公开发表于1960年9月美国联邦出资的一次研习会上。劳伦斯·彼得（Laurence.J.Peter），从千百个有关组织中不能胜任的失败实例的分析而归纳出来的。其具体内容是："在一个等级制度中，每个员工趋向于上升到他所不能胜任的地位"。彼得指出，每一个员工由于在原有职位上工作成绩表现好（胜任），就将被提升到更高一级职位；其后，如果继续胜任则将进一步被提升，直至到达他所不能胜任的职位。由此导出的推论是："每一个职位最终都将被一个不能胜任其工作的员工所占据。层级组织的工作任务多半是由尚未达到不胜任阶层的员工完成的。"每一个员工最终都将达到彼得高地，在该处他的提升商数（PQ）为零。至于如何加速提升到这个高地，有两种方法。其一，是上面的"拉动"，即依靠裙带关系和熟人等从上面拉；其二，是自我的"推动"，即自我训练和进步等，而前者是被普遍采用的。

大雁的故事

大雁在飞行过程中，往往保持V字形或一字形。这是为什么呢？科学家通过研究发现，大雁以这种方式飞行要比单独飞行多飞12%的距离。因为领头雁飞过之后，身后会出现一个低压区，这样就可以为后面的大雁减少飞行的阻力，还可以促使未成年的小雁不掉队。当带头的雁疲倦了，它就会退回队伍，由另一只雁取代它的位置，而后面的雁也会用叫声来鼓励它的同伴继续前进。更让人感动的是，当有一只雁生病或受伤时，就会有其他两只雁从队伍中飞出协助并保护它，这两只雁一直陪伴到它康复或死亡为止，然后它们自己组成队伍再开始飞行，或者去追赶原来的雁群。

雁群是优秀组织的典范。它们沟通有序、行动协调，有着共同的目标，彼此之间相互鼓励、相互促进。对于每一只雁来说，自己既在他人的帮助下向目标迈进，同时也在帮助他人共同实现同一个目标。更重要的是，彼此之间相互扶持，不抛弃。这样的组织必定是一支优秀的团队，值得所有人学习。

案例应用

案例6–1　巴恩斯医院

10月的某一天，产科护士长黛安娜给巴恩斯医院的院长戴维斯博士打来电话，要求立即做出一项新的人事安排。从黛安娜的急切声音中，院长感觉到一定发生了什么事，因此要她立即到办公室来。5 分钟后，黛安娜递给了院长一封辞职信。

“戴维斯博士，我再也干不下去了，”她开始申述：“我在产科当护士长已经四个月了，我简直干不下去了。我怎么能干得了这工作呢？我有两个上司，每个人都有不同的要求，都要求优先处理。要知道，我只是一个凡人。我已经尽最大的努力适应这种工作，但看来这是不可能的。让我举个例子吧。请相信我，这是一件平平常常的事，但像这样的事情，每天都在发生。”

“昨天早上 7: 45，我来到办公室就发现桌上留了张纸条，是杰克逊（医院的主任护士）给我的。她告诉我，她上午 10 点钟需要一份床位利用情况报告，供她下午在向董事会作汇报时用。我知道，这样一份报告至少要花一个半小时才能写出来。30 分钟以后，乔伊斯（黛安娜的直接主管，基层护士监督员）走进来质问我为什么我的两位护士不在班上。我告诉她雷诺兹医生（外科主任）从我这要走了她们两位，说是急诊外科手术正缺人手，需要借用一下。我告诉她，我也反对过，但雷诺兹坚持说只能这么办。你猜，乔伊斯说什么？她叫我立即让这些护士回到产科部。她还说，一个小时以后，她会回来检查我是否把这事办好了！我跟你说，这样的事情每天都发生好几次的。一家医院就只能这样运转吗？”

思考题

（1）这家医院的组织结构是怎样的？

（2）有人越权行事了吗？

（3）这个案例中，我们发现了什么问题？

案例 6-2 百度组织架构调整

百度 2013 年 6 月 7 日下午宣布对组织架构进行调整，组建“前向收费业务群组”，成立“搜索业务群组”，分别由百度的两个副总裁王湛和向海龙负责。这一调整的背后体现出百度新思路：搜索“权重”下降，新业务成为战略方向。过去半年百度内部发生深刻变化，不再区分商业产品和用户产品，百度搜索结果不再有广告形式，这才是变化根源。向海龙曾表示，传统商业产品设计过程中，忽略商业产品对于用户体验影响。百度要牺牲一部分客户体验，更多考虑用户体验。

实际上，百度成立“搜索业务群组”的目的是加强用户产品和客户产品之间的融合以提升用户体验，降低跨部门沟通成本，提升现有业务的协同效应。与此同时，百度也已看到更多商业机会，是除广告之外更好形态，不必造成商业产品和用户产品的对立。一位知情人士指出，尽管前项收费在百度占比还很小，却拥有非常可观增量市场。百度游戏平台收入已经很大，百度阅读也拥有现成收入，随着正版音乐时代到来，百度音乐也在尝试收费，百度 LBS 事业部前项收费的想象空间同样巨大。李彦宏根据百度的发展方向，平衡移动和传统 PC

业务的资源。

从邮件内容看,此前统领销售业务两年多的王湛调整为承担对个人用户收费进行探索。向海龙则从负责百度商业运营体系扩大到网页搜索部、网页搜索产品市场部、商业运营体系、销售体系等几大核心体系,其掌控的“搜索业务群组”已成百度内部的超级大部门,掌控百度超过 90% 以上的营收。

前百度总监、现爱帮网 COO 马海平认为,搜索对于百度来说已是传统业务,将销售业务归还给向海龙有合理之处,向海龙本身就是销售出身,拥有销售和商业产品管理经验,作为“看门人”、守住百度的既有业务非常合适。王湛曾负责百度商业产品体系及搜索营销服务体系,并实施搜索推广专业版(凤巢系统)上线,具备销售的资源,更适合做新兴业务的“开路者”。同时,移动业务变现才是百度未来上升路径的关键,李彦宏将前向业务交给老臣王湛也放心。

此次百度架构调整也引发另一副总裁王梦秋被架空的传言。但据腾讯科技了解,王梦秋目前依然负责百度用户产品与技术体系。知情人士透露,王原来负责的百度网页搜索部、网页搜索产品市场部已于去年底剥离,由副总裁范丽负责,直接向李彦宏汇报。此次成立“搜索业务群组”后,范丽改为向向海龙汇报。

思考题

(1)百度的组织架构变革符合组织设计的哪些原则?

(2)百度的组织架构调整属于哪种组织变革?

(3)这种变革可能引发什么样的阻力?

第七章 领导

本章学习目标

- 领导的基本内涵
- 领导与管理的关系
- 领导者的作用
- 领导权力与影响力
- 三大领导理论的主要内容
- 领导艺术的特点及内容
- 领导科学理论的发展

领导是管理工作的一个重要职能。领导水平的高低不仅直接影响组织的绩效的高低和兴衰，而且还影响到其他管理职能发挥作用。权力对于领导是极为重要的，它是领导工作的基础，是领导者实现目标的手段。如何有效地进行领导是现代管理者必须掌握的一种基本技能。

第一节 领导概述

一、领导的基本内涵

（一）领导的含义

“领导”在汉语中可以当作名词用，即领导者的简称；也可以当作动词用，即“领导者”的一种行为过程。管理学研究的领导是后者，是作为管理的一种职能理解的。

领导是个常见的词，凡是处于组织，不论是营利性还是非营性的组织，都能感受到领导的存在。但是，关于如何定义领导，却是众说纷纭，下面列举出一些学者对于领导的定义，从不同角度了解领导的概念。

泰罗认为，领导是影响人们自愿努力以达到群体目标采取的行动。

G•R. 特纳认为，领导是影响人们为自动完成群体目标而努力的一种行为。

斯蒂芬 • 罗宾斯则把领导定义为一种影响一个群体实现目标的能力。

彼德·德鲁克认为,有效的领导应能完成管理的职能,即计划、组织、领导和控制。

约翰·科特认为,领导是指主要通过一些非强制性的不易察觉的方式,鼓励一个群体的人们或多个群体的人们朝着某个既定方向、目标努力的过程。

马克斯·韦伯认为,有效的领导有一种魅力,其具有的某种精神力量和个人特征,能够对许多人施加个人影响。

哈罗德·孔茨认为,领导是一门促使其部署充满信心、满怀热情来完成他们任务的艺术。

在上述学者们的观点中,可以看到对于领导的认识并没有局限在组织赋予领导的职位和权利,而是倾向于关注领导的影响力,影响力的来源可能是正式的,即组织赋予的,也可能是非正式的。而这种对于影响力的关注形成了对于领导定义的主流。

所谓领导,是通过影响他人来实现群体或组织目标的过程。领导的含义有以下三层:①领导是由领导者、被领导者和所处环境之间相互作用构成的;②领导本身是一个动态的过程;③领导是指引和影响个体、群体或组织来实现所期望的目标。

在领导工作中,领导者是指担负领导职责、负责实施领导过程的个人,是领导行为的主体。领导是一种双向的动态过程,即除了领导者通过指导、激励等影响被领导者,被领导也给领导者以信息来修正领导者的现在和未来的行动。人们的能力、感受与心态是不断演变的、领导者与被领导者的关系也必须不断修正,行动必须持续调节,因此领导是一种动态的过程。

领导的目的是影响下属实现所期望的目标。领导对其下属实施指导和影响,目的就是为了有效地实现组织的既定目标。领导必须有领导者和被领导者(即下属和追随者),没有追随者就不称其为领导。领导的实质上追随关系,换言之,正是人们愿意追随某人,从而使其成为一名领导者。此外,人们往往追随那些他们认为可以为其实现愿望、满足其要求和需要的人。

领导是一门艺术,组织成员追随或者服从其领导者的指导,其原因之一就是领导者能巧妙地将个人愿望和需求与实现组织目标结合起来,这样在实现组织目标的同时,个人愿望和需求也得到了满足,这就是领导艺术的具体体现。

(二)领导与管理的关系

从共性上来看,领导和管理都是一种在组织内部通过影响他人的活动并实现组织既定目标的过程。两者的基本权力都是来自于组织的岗位设置。但领导与管理两者有着本质的区别:管理是建立在合法的职务权力基础上对下属的行为进行指挥的过程,下属必须服从管理者的命令,但下属在工作过程中可能尽自己的最大努力,也可能出工不出力;而领导则更多的是通过领导者的个人魅力与专长来影响追随者的行为,从本质上说,领导是一种影响力,或者说是对下属施加影响的过程,通过这个影响过程可以使下属自觉地为实现组织目标而努力工作。

领导和管理虽然存在着明显的区别,但二者有着密切的联系,各项管理活动都离不开有效的指导和引导,同时领导的思想和战略则需要有管理方面的有效实施和配合才能完成。

两者的密切配合是保证一个组织取得良好绩效的必不可少的条件。随着社会的进步、经济的发展，领导与管理工作越来越分离了。一方面管理工作越来越具体，主要是为实现组织的目标而采取合适的手段和方法，对有关的人、事、物、时间、信息等进行计划、组织、指挥、协调和控制等一系列的活动；另一方面领导工作则更需要超脱于具体的管理，以便从全局出发，用战略的眼光和头脑进行运筹谋划，致力于战略方针的决策和经营政策的制定。

在现实生活中，人们常常把领导者与管理者混为一谈。但二者有明显的区别，管理者和领导者是截然不同的两类人。在动机、成长历程以及如何思考和行动方面，二者有很大差异。比如，在面对机遇时，领导者的个性决定了他们会主动冒险，而管理者则较为保守。而在与其他人的关系上，管理者一方面寻求合作，另一方面又不愿过多投入感情；而领导者却能唤起人们强烈的情感。约翰·科特（John P. Kotter）被公认为领导与变革领域内的大师。在《变革的力量》一书中提出：领导与管理显然有许多相似之处，都涉及对所需做的事情做出决定，建立一个能完成某项计划的一个关系网，并尽力保证任务能得以顺利实现。但两者之间存在着极为明显的差异：领导主要处理变化的问题，领导者通过开发未来前景而确定前进的方向，然后把这种前景与其他人进行交流、联合，激励、鼓舞其他人克服障碍实现目标，从而带动组织变动以带来建设性或适应性的变革；而管理则主要处理复杂的问题，优秀的管理者通过制定正式的计划、设计规范的组织结构以及监督计划实施的结果而达到有序一致的状态，带来的是特定的组织秩序以使组织高效运转。在《领导者应该做什么》书中指出：领导和管理是两个互不相同但又互为补充的行为体系；在日趋复杂和变幻无常的商业社会中，这两者缺一不可，都是取得成功的必备条件。科特通过一一列举领导和管理的不同职能，得出了精辟的结论：领导未必优于管理，也未必可以取代管理；要获得成功，真正的挑战在于将强有力的领导能力和管理能力结合起来，并使两者相互制衡。

另有观点认为，领导者做出正确的决策与判断，而管理者则正确顺利地完成任务和工作。换句话说，领导者将从“我们现在应该准备做什么”开始，而管理者则从“我们应怎样将我们正在做的事情做得更好”开始。

总之，随着社会的进步、经济的发展，领导与管理工作越来越分离了。一方面管理的工作越来越具体，主要是为实现组织的目标而采取合适的手段和方法，对有关的人、事、物、时间、信息等进行计划、组织、指挥、协调和控制等一系列的活动；另一方面领导的工作则更需要超脱于具体的管理，以便从全局出发，用战略的眼光和头脑进行运筹谋划，致力于战略方针的决策和经营政策的制定。可见，管理者并不都是领导者，领导者也并不一定是管理者。“领导者”与“管理者”之间的主要区别，如表 7-1 所示。

表 7-1　领导者与管理者之间的主要区别

	领导者	管理者
产生方式	正式任命或从群众中自发产生	往往正式任命
工作对象	激励人	管理人与物

续表

所处理的问题	变化的推动者、现状的挑战者	现状的维系者
主要行为	建立愿景、制订长期计划	短期计划、监督、员工雇佣、评价、物资分配、制度实施等
影响下属的方式	正式权威或非正式权威	正式权威
思维特点	洞察力、直觉、移情、冒险、独处、创造	理性、规范、合作、安全、程序
工作目标	设立任务、目标和前景、领导变革、构建结构，更注重结果	稳定组织秩序、重视生产率和效率，更注重方法和过程

二、领导者的作用

领导者在带领和指导员工为实现共同目标而努力的过程中，领导者要发挥指导、协调和激励的作用。

（一）指挥作用

在组织活动中，需要有胸怀全局、思维敏锐、能高瞻远瞩的领导者把握所处的环境，明确组织的发展目标和实现目标的途径。因此，领导者有责任引导和带动下属认识和适应组织内外的变化，使组织成员有效地领会组织目标并掌握实现目标的途径；指导组织的各项活动的开展，使组织成员尽最大的努力去实现既定目标。这是领导者的重要作用之一。

（二）协调作用

组织是由人组成的，组织目标的实现要依靠组织全体成员的努力，而配备在组织机构各岗位上的人员，由于各自的个人目标、需求、偏好、性格、素质、价值观及工作职责和掌握信息等方面存在着很大的差异，在相互合作中必然会产生各种矛盾和冲突。因此就需要有权威的领导者进行领导，指导人们的行为，沟通人们之间的信息，增强相互之间的理解，统一人们的思想和行动，通过协调人们之间的关系，激励每个成员自觉地为实现组织目标共同努力。

（三）激励作用

领导和激励是密切相关的。领导者如何调动下属的积极性，使下属能尽最大的努力工作，就必须要做好激励和诱导工作。领导者需要具备一定的领导艺术，诱发下属的事业心、忠诚感和奉献精神，充实和加强他们积极进取的动力，自觉地为实现组织目标做出贡献。

由此可见，领导者的作用是帮助下属尽其所能以达到目标。领导者不是在员工的后面推动和鞭策，而是在员工的前面引导、鼓励员工实现共同目标。

三、领导权力与影响力

（一）领导权力

领导权力指领导者有目的的影响和改变下属心理行为的能力，领导者将运用权力作为实现群体目标的手段。权力是领导的基础，也是领导者发挥功能的基本条件。自古以来，人类社会总是凭借权力来维护秩序与稳定。在组织中，各级领导者之所以能对下级员工施加影响，率领和引导员工为实现组织目标而努力，原因就在于他们拥有相应的领导权力。

领导过程是一种影响力的展现过程。影响力来源于权力，因此很有必要对权力做一研究。组织中的权力可分为正式权力和非正式权力两大类。

1. 正式权力

领导者在组织中担任一定的职务而获得的权力为正式权力，它是由组织正式授予管理者、并受法律保护。这种权力与特定的个人没有必然的联系，它只同职务相联系，是管理者实施领导行为的基本条件。正式权力有以下几个方面。

1）法定权

法定权就是组织中等级制度所规定的正式权力，与合法的职位联系在一起。组织正式授予领导者一定的职务，从而使领导者具有了权势地位和支配地位，使其有权对下属进行指挥和命令。这种支配权是管理者的地位或在权力阶层中的角色所赋予的。

2）奖励权

奖励权是决定给予还是取消奖励报酬的权力。这种奖励包括物质的，如奖金等，也包括精神的，如晋职等。奖励权是建立在利益性遵从基础上的，当下属认识到服从领导者的意愿能带来更多的物质或非物质利益的满足时，就会自觉接受其领导，领导者也因此享有了相当的权力。

3）强制权

强制权是和惩罚权相联系的迫使他人服从的力量，这种权力的基础是下属的惧怕。在组织环境中，当下属人员意识到违背上级的指示或意愿会导致某种惩罚，如降薪、扣发奖金、分配不称心的工作、免职等，就会被动地遵从其领导，这种权力对那些认识到不服从命令就会受到惩罚或承担其他不良后果的下属是最有效的。

2. 非正式权力

非正式权力是由领导者自身的素质和行为造就的，在领导者从事管理工作时，它能增强领导者的影响力，在不担任管理职务时，这些因素仍会对人们产生较大的影响，这种影响来源于下属服从的意愿，有时会比正式权力显得更有力量，主要表现在以下两个方面。

1）专长权

专长的权力是指领导者具有各种专门的知识和特殊的技能或学识渊博而获得同事及下属的尊重与佩服，从而在各项工作中显示出在学识上或专长上一言九鼎的影响力。专长权与职位没有直接的联系，许多专家学者，虽然没有什么行政职位，但是在组织和群体中具有很大的影响力，其基础就是专长权。

2）品质权

品质的权力是指领导者有优良的领导作风、思想水平、品德修养，而在组织工作中树立德高望重的影响力，这种权力是建立在下属对领导者承认的基础之上的，它通常是与超凡魅力或名声卓著的领导者相联系。

从以上分析可知，一个领导者，其影响力的大小对其实施领导职能，做好管理工作有着十分重要的影响。特别是非正式权力的影响力，直接决定着领导效能。因为，即使一个领导者拥有了职位和权力，形成了强制性的影响力，人们不敬重他，不信任他，执行他的命令必然是勉强消极的，有时甚至是敷衍冲突的。这种领导就成了人们所说的那种“有权无威”的领导者。

领导者能否建立其真正的权威，有效地进行领导，主要不在于其正式权力的影响力，而决定于非正式权力的影响力。领导者的职务和权力可以通过法定方式取得，威望、威信却只能靠自己的努力建立起来。当一个领导者有了很高的非正式权力的影响力，树立了很高的威信，其权力才能真正地发挥作用，其管理效率才能达到最佳的境界。

（二）领导影响力

所谓领导影响力，就是指领导者在与他人交往过程中表现出来的、影响和改变他人心理和行为的能力。权力不等于影响力，二者区别如表 7-2 所示。

表 7-2　权力与影响力的比较

项目	职位权力	影响力
来源	法定职位，由组织带来	完全依靠由个人素质、品质、业绩和魅力而来
范围	受时空限制，受权限限制	不受时空限制，可以超越权限，甚至超越组织的局限
大小	不因人而异	因人而异，同一职位的经理，有的有影响力，有的没有
方式	以行政命令的方式实现，是一种外在的作用	自觉接受，是一种内在的影响
效果	服从、敬畏，也可以调职、离职的方式逃避	追随、信赖、爱戴
性质	强制性地影响	自然地影响

在领导活动中，领导者运用权力的目的是对被领导者施加影响，使其心理和行为发生预期的改变，权力是影响力的基础，影响力是权力的核心和实施过程。领导的这种影响力表现在两个方面。

1. 外在影响力

外在影响力是指以正式权力为基础的，主要采用推动、强制等方式发生作用，对被领导者的影响力带有强迫性和不可抗拒性，被领导者的心理和行为表现为消极、被动的服从。具体的影响因素包括以下三个方面。

1）传统观念的影响

由历史沿传下来的领导者不同于普通人的传统观念，使人们对领导者形成了这样一种心理观念，即领导者不同于普通人，他们有权或者有才干，比普通人强，由此产生了对领导者的服从。只要成为领导者，这种力量就自然而来，这是一种观念性因素。在管理中，借助建立在权力基础上传统观念的影响，可以使员工对领导者产生敬畏感，自动听从其指挥命令，从而有助于增强领导者影响的强度。

2）利益满足的影响

人们从事任何活动的目的都是为了获取一定利益，以满足自身的物质或精神需要。在企业中，当领导者运用奖励权力使职工的利益要求在不同程度和内容上得到满足时，可以有效地激励职工的工作动机，形成驱动感，鼓励他们自觉采取积极的行为方式，提高工作效率。

3）惧怕心理的影响

趋利避害是人类的本能之一。当被领导者意识到领导者握有实权，可以左右其行为处境、甚至前途、命运时，从而对领导者产生敬畏感，力求迎合领导者的愿望，遵从其旨意，以避免受到伤害，领导者则可以利用这种影响防止职工消极的违抗命令的行为发生。

显而易见，以上因素都不是领导者的现实行为造成的，而是外界赋予的。这种权力来自领导者担当的职务，是一种位置权力和地位权力，它取决于一个人在组织中的地位。他对下属的影响力带有强制性和不可抗拒性。这种影响力对下属的作用主要表现为被动服从，他对人的心理和行为的激励作用是有限的。

2. 内在影响力

是建立在非正式权力的基础上，主要着眼于以领导者的良好素质和行为吸引感化被领导者，通过激发内在的动力，对职工心理和行为发生影响。内在影响力不带有任何强制、压服性因素，而以潜移默化、自然渐近的方式发生作用，因此受到内在影响力的职工多以积极、主动、自觉的态度接受领导。具体的影响方式包括以下两个方面。

1）理性崇拜的影响

理性崇拜的影响是由于领导者个人的品格、才能、知识能力因素所形成的。品格是一个人本质的表现，好的品格能使人产生敬爱感，并能吸引人，使人模仿。才干通过实践来体现，反映在工作成果上，一个有才干的领导会给事业带来成功，从而使人们对他产生敬佩感。一个人的才干是与知识紧密联系在一起的，知识水平的高低主要表现为对自身和客观世界认识的程度，知识本身就是一种力量，知识丰富的领导者容易取得人们的信任。这种领导者个人的品格、才干、知识等因素共同形成的影响力，可以使领导者赢得稳固的威信或声望，引发被领导者的尊敬、信服、敬佩甚至崇拜感，因而能接受、遵从其领导，甚至效仿领导者的言行。在这种情况下，领导者无须发布指示命令或说服，即可达到影响目的。并且能够引起被领导者深层心理活动的变化，从而产生持久强大的影响力。

2）感情倾向的影响

感情是人的一种心理现象，这是人们对客观事物好恶倾向的内在反映，是联结人与人之间关系的稳固的纽带，也是影响他人心理与行为的有效途径。领导者与被领导者之间建立了良好的感情关系，便能产生亲切感，相应地吸引力越大，彼此的影响力也越大。因此，一个领导者平时待人和蔼可亲，关心体贴下属，与群众的关系融洽就会使被领导者从感情上自愿接受、支持领导者。

从以上两方面可以看出，内在影响与外在影响有着完全不同的权力基础和作用方式，因而影响的方面和结果也不同。外在影响表现为领导与服从的关系，被领导者仅在接受区内被动地受影响。所谓接受区，即被领导者忍受和服从命令的界限和范围。在接受区内，下级可以不问原因和价值而服从上级的命令，超越这一界限，指令就会失去效力。被动的服从方式和接受区的存在，使外在影响的效果受到极大限制。而内在影响表现为领导者与被领导者的双向沟通过程，被领导者以主动自愿的态度接受影响，并自觉融化于个人思想和行为之中，这样其影响的广度和深度就不仅仅限制在接受区内。因此，在领导的影响力构成中，内在影响力是具有决定意义的，明智的领导者应特别注意发挥内在影响力的作用，通过内外影响力合理结合与相应补充，提高领导的影响力。

一般说来，任何领导都同时具有上述两种影响力，但对不同的人来说，两种影响力的大小确是各不相同的。对于权力影响力相同的两位领导者来说，其威信的高低主要取决于其非权力的影响力。因此，要提高领导者的影响力，一方面要合理用权，职权相称，另一方面要加强自身的修养，以身作则，全面提高个人素质，并使两种影响力相互促进，彼此呼应。一个能够将两种影响力综合运用的领导，将会取得最佳的领导效果。

第二节　领导理论

在管理思想发展史上，有很多关于领导的探索。所谓领导理论就是研究领导的有效性的理论。领导的有效性主要从三个方面进行研究：权力，品质，行为。领导理论也相应地分为三大部分，即领导品质理论，领导行为理论，领导权变理论。领导品质理论着重从研究领导的品行、素质、修养出发来探索领导的有效性，目的是要说明好的领导者应具备怎样的素质；领导的行为理论则着重分析领导者的领导行为和领导风格对组织成员的影响，目的是找出所谓最佳的领导行为和风格；领导权变理论则是着重研究影响领导行为和领导有效性的环境因素，目的是要说明在什么情况下，哪一种领导方式才是最好的。三大类领导理论的比较如表 7-3 所示。总之，三大类领导理论是根据各自对影响领导有效性因素不同的认识来探讨如何提高领导有效性的。

表 7-3　三大类领导理论的比较

领导理论	基本观点	研究基本出发点	研究结果
领导品质理论	领导的有效性取决于领导者个人特质	好的领导者应具备怎样的素质？	各种优秀领导者的集合
领导行为理论	领导的有效性取决于领导行为和风格	怎样的领导行为和风格是最好的？	各种最佳的领导行为和领导风格
领导权变理论	领导的有效性取决于领导者、被领导者和环境的影响	在怎样的情况下，哪一种领导方式是最好的？	各种领导行为权变模型

一、领导品质理论

领导品质理论最初是由心理学家提出的。早在 20 世纪 20 年代，心理学家就对领导的品质进行了大量的研究，希望发现领导者和非领导者在人格特点、生理属性、智力或是个人价值观方面的差异。他们试图说明有效的领导者与无效的领导者之所以具有很大的差异，主要是有效的领导者具有与众不同的品质使他们发挥出杰出的领导作用。因此领导品质理论着重于研究领导者的个人特性对领导有效性的影响。该类理论的基本分析方法是归纳分析法，即根据领导效果的好坏，找出有效的领导者与无效的领导者在个人品质或特性方面存在哪些差异，由此确定有效的领导者应具备的特点，然后通过考察组织中的领导者是否具备这些特点，就可判定其是不是一个优秀的领导者。领导品质理论按其对领导特性来源所做的不同解释，可分为传统领导品质理论和现代领导品质理论。

（一）传统的领导品质理论

传统领导品质理论认为，领导者所具有的品质是天生的，是由遗传决定的，并且认为某些人生下来就注定要成为领导者，如恺撒、林肯、拿破仑、甘地这些人都是与生俱来的领导者；只要是领导者就一定具备超人的素质，比如，一些人认为，天才的领导者应当具有善言，外表潇洒英俊，智力过人，较强的信心，心理健康，支配别人的趋向，外向及敏感等特性。典型的观点如：

1. 吉布的观点

心理学家吉布（J.R.Gibb）认为，天才的领导者具备以下七个方面的个性特点：外表英俊潇洒、有魅力、智力过人、有自信心、心理健康、善于控制和支配别人、性格外向、灵活敏感。

2. 斯托格迪尔的观点

1949 年，美国俄亥俄州立大学工商研究所教授拉尔夫・斯托格迪尔 (Ralph Stogdill) 曾对 1902-1948 年间产生的 124 个有关领导者素质的研究进行分析，结果找出了一些领导者应具备的共同特征：有良心、可靠、勇敢、有责任心、有胆略、力求革新与进步、直率、自律、有理想、良好的人际关系、风度优雅、身体健康、智力过人、有组织能力与判断能力。

随着社会的进步，传统的领导素质理论已基本退出历史舞台，现在已很少有人赞同这种观点。

（二）现代领导品质理论

现代领导品质理论认为，领导者的品质和特性是在实践中形成的，是可以通过教育训练加以培养的。持这种观点的学者认为，先天的素质只是人的心理发展的生理条件，素质是可以在社会实践中得以培养和发展的。因此，他们主要是从满足实际工作需要和胜任领导工作所需满足的要求方面来研究领导者应具有的能力、修养和个性。较具代表的现代领导素质理论包括：十条件论，二十种能力论、六类素质论以及情感智商论等。

1. 十条件论

美国普林斯顿大学的包莫尔（W.J.Baumol）曾对企业家应具备的条件做过研究，提出作为一个有效的领导者应具备的颇具有代表性的 10 个条件。

①合作精神，即愿与他人一起工作，对人不是压服，而是感动和说服。

②决策能力，即依赖实施而非想象进行决策，具有高瞻远瞩的能力。

③组织能力，即能发掘部属的才能，善于组织人力、物力和财力。

④精于授权，即能大权独揽、小权分散。

⑤善于应变，即对新事物、新环境、新观念有敏锐的感受能力及应变能力。

⑥勇于负责，即对上级、下级和产品用户及整个社会有高度的责任心。

⑦敢于求新，即对新事物、新环境、新观念有敏锐的觉察力。

⑧敢担风险，即敢于承担企业发展不景气的风险，有创造新局面的雄心和信心。

⑨尊重他人，即重视和采纳别人的意见。

⑩品德高尚，即品德上被社会人士和企业员工所敬仰。

2. 二十种能力论

美国管理协会在20世纪70年代花了5年时间，对事业上取得成功的1 800余名管理人员进行了广泛的调查与研究，结果发现，成功的管理人员一般具有二十种能力：工作效率高；有主动进取精神；逻辑思维能力强；有概括能力；有很强的判断能力；有自信心；能帮助别人提高工作能力；能以自己的行为影响别人；热情关心别人；善于用权；善于调动别人的积极性；善于利用谈心做工作；能使别人积极而乐观地进行工作；能实行集体领导；能自我克制；能自行做出决策；能客观地听取各方意见；能对自己有正确的估价；勤俭；具有技术与管理方面的知识。

3. 六素质论

20世纪90年代的研究者发现领导者有六项特性不同于非领导者，即努力进取、领导愿望、正直与诚实、自信、智慧和工作相关知识。这些个性特点是能够将有效的领导者与其他人区别开来的，但其中更多并不是天生的而是能够通过努力得到。德鲁克指出：领导的有效性是来自后天的习惯，是一系列的实践的综合。

①进取心：包括对成功的强烈渴望，不断地努力提高，精力充沛，对自己所从事的活动坚持不懈，具有高度的主动精神。

②领导欲望：他们有强烈的权力欲望，喜欢领导别人，而不是被别人所领导。强烈的权力欲望驱使他们试图去影响别人，并在领导过程中获得满足和利益。

③正直与诚实：言行一致，诚实可信。据此与下属之间建立起相互信任的关系。

④自信：自信能让领导者克服困难，在不确定的情况下善于做出决策，并能逐渐将自信传给别人；领导者为了使下属相信他的目标和决策的正确性，必须表现出高度的自信。

⑤智慧：领导者必须有足够的才智来搜集、整理和解释大量的信息；高的学历在职业生涯中是重要的，但最终还是有关组织的业务专长更重要。

⑥工作相关知识：一个有效的领导者对其公司、行业和技术的知识十分熟悉，广博的知识能使他们作出富有远见的决策，并能理解这种决策的意义。

4. 情感智商（情商）论

情商就是情绪智商。20世纪末期，美国哈佛大学心理学博士、美国情商服务中心的创办人格尔曼（Daniel Goleman）指出，成功的领导者与高度的情感智商有着密切的关系，换句话说，成功的领导者必须具备高度的情感智商。

高情商等于好表现。格尔曼用两年时间对全球500家企业,政府机构和非营利组织进行研究分析,结果表明:成功领导者往往具备极高的情商。此外,卓越的表现与情商有着密切的联系。在一个以15家全球大企业(如IBM、百事可乐等)的数百名高层主管为对象的研究中发现,一般领导人和优秀领导人的主要差异来自情商。优秀的领导者在一系列情商,如影响力、团队领导、政治意识、自信和成就动机上均有卓越的表现。一般而言,他们在领导上成功的因素中有90%可归功于情商。格尔曼说:"情绪能力对领导人特别重要,这是因为领导人的精髓在于使他人更有效地做好工作。"

构成情商的五大因素有:自我察觉、自我调节、动机、同情心、社交技巧。情商越来越多地被引入到领导者素质理论中去。一个优秀的领导者必然要求是一个高情商者,而高情商可以通过后天学习,不断努力逐渐培养。面对多变的21世纪,高情商是企业领导者化解逆境获得成功的一把钥匙。

(三)对领导品质理论的简要评价

领导品质理论并不是研究领导有效性的好方法,因为它在解释领导行为方面存在着严重的不足,主要体现为以下几个方面:

①各研究者所列的领导者特性包罗万象,说法不一,且互相矛盾;大多研究都是描述性的,并没有说明领导者应在多大程度上具有某种品质,而且在组织的领导实践中,领导者并非都具备所有的品质,许多领导者只是具备部分或大部分这样的品质。

②忽视了领导的情境因素,一个领导者是否能够成为有效的领导者,不仅取决于他本人的素质,还取决于他们的行为是否适合其所处的环境。

③没有指出各特质之间的相对重要性,似乎各种特质都处于同一重要程度,不分主次,也缺一不可;领导特质理论没有对因与果进行区分,如到底是自信导致了成功,还是成功增强了自信。

但是领导品质理论也有其有利的一面,一些研究表明,某些个人品质与领导有效性之间确实存在着相互联系,例如,一些研究者发现个人的才智、强烈的成就欲、管理能力、首创性、自信及个性等与领导有效性有重要关系,同时,这个理论系统地分析了领导者应具备的条件,这为我们培养、选择和考核领导者是大有帮助的。

由于领导品质理论仅着重于领导者的内在品质,且其解释具有明显的缺陷,从20世纪40年代以来,研究者将关注的焦点转移到对领导者行为的研究上来,即研究领导者做了什么、是怎么做的、领导者是谁、他与下属之间是什么样的关系等议题。行为理论强调一个有效地领导行为,而不是判断什么样的人会是一位有效的领导者。由于行为能被观察和测量,比品质更客观、更精确,因此,领导行为理论逐渐发展起来。

二、领导行为理论

领导行为理论也称领导风格理论,着重分析领导者的领导行为和领导风格对其组织成员的影响,目的是找出所谓最佳的领导行为和风格。

(一)勒温理论

关于领导作风的研究最早是由美国心理学家勒温(P.Lewin)进行的,它是研究领导者的工作作风类型以及不同的工作作风对员工的影响,以寻求最佳的领导作风的理论。它以权力定位为基本变量,通过各种试验,把领导者在领导过程中表现出来的工作作风分为三种基本类型:专制作风、民主作风、放任自流作风。

1. 专制领导作风

专制领导作风是指依靠权力和强制命令让人服从的领导作风,它把权力定位于领导者个人,专制领导作风的主要特点为:①独断专行,从不考虑别人意见,所有的决定都由领导者自己决定;②领导者自己设计工作计划,指定工作内容和实行人员的安排,从不把任何消息告诉下属,下属没有参与决定的机会,而只能察言观色,奉命行事;③主要依靠行政命令、纪律约束、训斥和惩罚,只有偶尔的奖励,有人统计具有专制作风的领导人和别人谈话时,有60%左右采取命令和指示的口吻;④领导者很少参加群众活动,与下属保持一定的心理距离,没有感情交流。

2. 民主领导作风

民主领导作风是指以理服人,以身作则的领导作风,它把权力定位于群体,具体特点是:①所有的政策是在领导者的鼓励下由群众讨论决定的,是领导者和其下属共同智慧的结晶;②分配工作时,尽量照顾到个人的能力、兴趣和爱好,对下属的工作不安排得太具体,下属具有较大的工作自由,较多的选择性和灵活性;③主要应用个人权力的威信,而不是靠职位权力和命令使人服从,谈话时多使用商量、建议和请求的口气,下命令仅占5%左右;④领导者积极参与团体活动,与下属无任何心理上的距离。

3. 放任自流的领导作风

这是将权力定位于组织中的每一个成员,靠一切悉听尊便进行领导的领导作风。其主要特点是:极少运用权力,给下属高度的独立性,工作事先无布置,事后无检查,无可行的规章制度,整个组织处在一种无政府主义状态。

勒温在试验中发现,在专制型领导的团体和在民主型领导的团体中,成员间的关系与成员行为存在着巨大的差别:在专制型领导的团体中,各成员之间攻击性言论显著;成员对领导服从,但表现自我或引人注目的行为较多,成员多以“我”为中心,当受到挫折时,常彼此推卸责任或进行人身攻击;当领导不在场时,工作热情大为下降,也无人出来组织工作;在民主型领导的团体中,成员间彼此比较友好,很少使用“我”字,而具有与团体融为一体的感觉,遇到挫折时,成员们团结一致努力解决问题,当领导不在场时,就像领导在场一样继续努力工作,成员对团体活动有较高的满足感。

根据试验结果,勒温认为:放任自流的领导作风工作效率最低,只能达到组织成员的社交目标,但完不成工作目标;专制的领导作风虽然通过严格管理能达到工作目标,但群体成员没有责任感,情绪消极,士气低落,争吵较多;民主的领导作风工作效率最高,完成工作目标,而且组织成员之间关系融洽,工作积极主动,富于创造性。在实际工作中,上述三种极端的领导作风并不常见，大量的领导者所采用的领导作风往往是处于两种极端类型之间的混合体。

（二）四分图理论

1945 年美国俄亥俄州立大学商业研究所发起了对领导行为进行研究的热潮，并提出了领导行为四分图。研究人员经过调查列出了一千多种刻画领导行为的因素，通过逐步概括和归类，最后将领导行为的内容归纳为两个方面，即以人为重和以工作为重。

以人为重，是指注重建立领导者和被领导者之间的友谊、尊重和信任关系。包括尊重下属的意见，给下属以较多的工作主动权，体贴他们的思想感情，注重满足下属的需要，平易近人、平等待人，关心群众，作风民主。

以工作为重，是指领导者注重规定他与工作群体的关系，建立明确的组织模式、意见交流渠道和工作程序，包括设计组织机构，明确责权关系，确立工作目标，制定工作程序、工作方法和规章制度。

根据这两方面内容设计的领导行为调查问卷的结果表明，以人为中心和以工作为中心常常同时存在，只是强调的侧重点有所不同。因此领导者的行为可以是这两个方面的任意组合。若把每个方面分为高低两种情况，则两个方面的具体组合就是四种领导行为，即高关系低工作、高关系高工作、低关系低工作、低关系高工作。这四种领导行为可以用二维平面的“四分图”来表示，如图 7-1 所示。

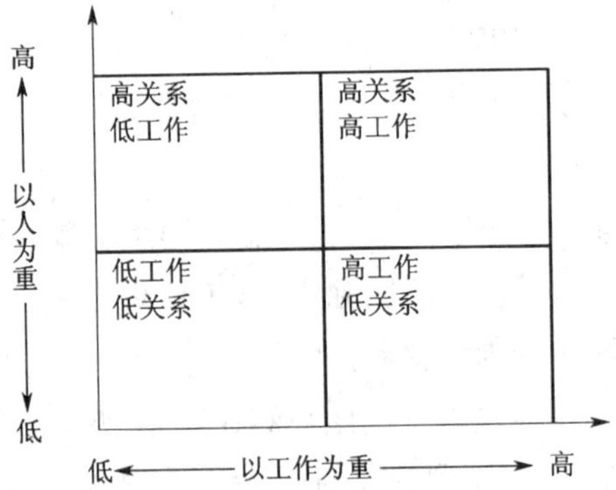

图 7-1　领导行为四分图

通过四分图，就可以鉴别领导，评定领导的类型。属于低关系高工作的领导行为，最关心的是工作任务。属于高关系低工作的领导行为，注重关心领导者与下属之间的合作，重视相互信任和尊重气氛。属于低关系低工作的领导行为，对人对工作都不关心，一般来说，这种领导行为的效果差，会带来更多的旷工、事故、怨言。而属于高关系高工作的领导行为对人对工作都很关心，一般来说，这种领导行为的效果好。到底哪一种领导行为效果好呢？结论是不肯定的，要根据具体情况而定。

该项研究的研究者认为，以人为重和以工作为重，这两种领导方式不应是相互矛盾、相互排斥的，而应是相互联系的。一个领导者只有把这两者相互结合起来，才能进行有效的领导。

四分图理论是从两个角度考察领导行为的首次尝试，为进行领导行为的研究开辟了一个新的途径。

（三）管理方格图理论

在俄亥俄州立大学提出的四分图理论的基础上，美国心理学家布莱克和莫顿提出了管理方格图理论。将四分图中以人为重改为对人的关心度，将以工作为重改为对生产的关心度，并将这两种关心度各划分为9个等分，这样在二维平面上就形成了81个方格，每个小方格就表示关心人和关心生产这两个基本因素以不同程度相结合的一个领导方式，如图7-2所示。主管人员对生产的关心，一般表示为他对各种事物所持的态度。例如，政策决定的质量、程序与过程、研究的创造性、职能人员的服务质量、工作效率以及产品的质量等。对人的关心表现为：个人对实现目标能承担的责任、保持工人的自尊、建立在信任而非顺从的基础上的职责、保持良好的工作环境以及具有满意的人际关系等。在根据管理方格图评价领导者的领导行为时，应按他们这两方面的行为程度在方格图中寻找交叉点，这个交叉点就是其领导行为类型。横轴数值越高，表示他越重视生产；纵轴数值越高，表示他越关注人的因素。

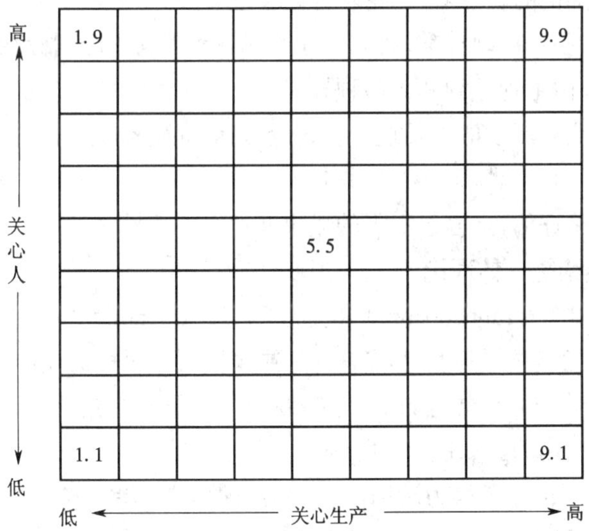

图7-2 管理方格图

布来克和莫顿在管理方格图中列出了5种典型的领导行为。

（1）1.1贫乏型。采取这种领导方式的领导者希望以最低限度的努力来实现组织的目标，既不关心生产，又不关心员工的情感福利等，是一种不称职的领导方式。

（2）1.9俱乐部型。这种类型的领导者只注意搞好人际关系，创造一个舒适的、友好的组织气氛和工作环境，不太注重工作效率，是一种轻松的领导方式，这种领导行为在竞争激烈的现代社会中很难立足，因为它不利于生产效率的提高。

（3）9.1任务型。这种类型的领导者全神贯注于生产任务的完成，很少关心下属的成长和士气，在安排工作时尽力把人的因素干扰减少到最低限度，是一种只关心生产不关心人的领导方式。

（4）9.9 团队型。这种类型的领导者对人和生产都很关心，他们总是努力寻找解决问题的优化方法，使关心生产与关心人协调一致，统筹解决。他们的目标是使组织不断得到改善，组织中的人不断发展，这是一种协调配合的有效领导方式。

（5）5.5 中间型。这种类型的领导者对人和生产都有适度的关心，保持完成任务和满足人们需要之间的平衡，既有正常的效率来完成工作任务又保持一定的士气。这种领导方式追求平衡，但不追求卓越，从长远看，可能使组织落伍。

到底哪一种为最好呢？布莱克和莫顿组织了很多研讨会，绝大多数参加者认为（9.9）型最佳，但也有不少人认为（9.1）型最佳，还有人认为（5.5）型最佳。后来，布莱克和莫顿指出哪种领导型态最佳要看其实际工作效果，最有效的领导型不是一成不变的，要依情况而定。管理方格图理论对于培养有效的管理者是有用的工具，它提供了一种衡量管理者所处领导型态的模型，可使管理者较清楚地认识到自己的领导行为，并指出改进方向。布莱克和莫顿据此提出了一项培训管理人员的规划，其要点如下：

①让管理者熟悉、理解管理方格图，并根据该图分析自己属于何种领导风格；

②集中来自相同部门的管理者，讨论本部门管理者成为（9.9）型领导应达到的标准；

③组织学习和讨论（9.9）型标准，研究现存的问题和不利于达到标准的影响因素；

④根据标准要求，由主管领导和部门领导研讨并确定组织整体性目标的修订；

⑤组织所有参加这项活动的人员进一步讨论目标，提出实现目标的方法，并采取适当的行动来加以实施；

⑥对整个计划实施评估，巩固已取得的成果并使之不断推进。

（四）领导行为连续统一体理论

美国学者坦南鲍姆（R.Tannenbaum）和史密特（W.H.Schmidt）在 1958 年提出了领导连续统一体模型。他们指出领导风格并不是只有独裁和民主两种极端的方式，而是在这两种极端的方式之间存在着一系列领导方式，这些领导方式是随着领导者或主管人员授予下属的自主权程度而连续变化的。如图 7-3 所示。

这种理论描述了以领导者权力运用的程度为依据划分的领导方式，实际上是一个连续变化的系列，专制式和民主式只代表着两种极端的领导方式，在他们之间还存在着 7 种有代表性的中间状态的领导方式。

坦南鲍姆和史密特经过研究认为没有哪一种领导方式总是正确的，而另一种总是错误的，也没有哪一种是最好的或最坏的。因为领导方式实际上有从以领导者为中心到以下属为中心的多种多样的方式。故不应仅在专制的和民主的两种领导方式中作出选择，而是应在这一系列连续变化的领导方式中作出选择。

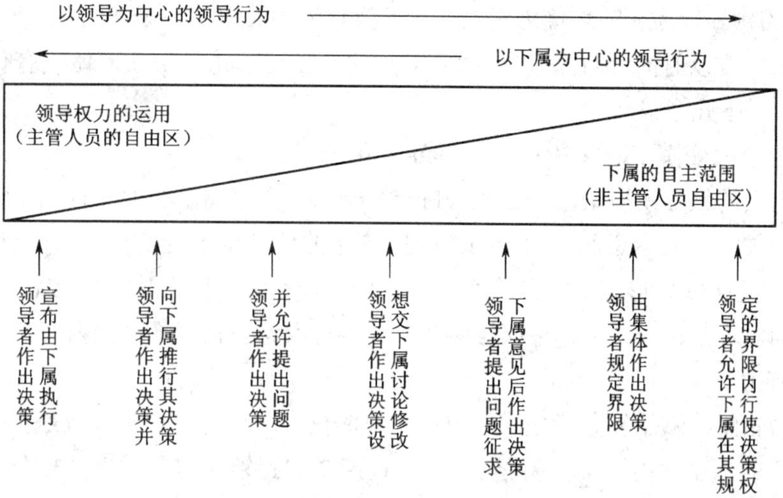

图 7-3　领导行为连续统一体模型

基于这种观点他们提出了领导行为连续统一体理论，也称为领导连续带模式或称作主管者——非主管者的行为连续流。

领导连续统一体理论认为，在这一系列的领导方式中何种领导方式是最适合的，取决于领导者的能力、下属的能力和当时的情境，此外组织环境和社会环境也会对领导风格产生影响。

三、领导权变理论

领导权变理论是近年来国外行为科学家重点研究的领导理论。此理论着重研究影响领导行为和领导有效性的环境因素。研究发现，在一种情境下具有相当效能的领导方式，在另一种情境下可能失去效能。要找到一种适合于任何组织、任何性质的工作和任务、任何对象的固定的领导品质和领导行为方式，都是不现实的，因此不存在一种普遍最好的领导方式，有效的领导方式是因情境变的。由此就形成了领导权变理论的各种研究成果。

领导权变理论认为，若使领导行为有效，除取决于领导者的素质、才能，而且还取决于领导方法所应用的情境，如被领导者的素质、工作性质等，它是诸多因素相互作用、相互影响的过程。因此，有效的领导行为应当随着被领导者的特点和环境变化而变化，这个关系可用公式表示如下：

$$Z = f(L, F, S)$$

式中　Z——领导者的有效性；

L——领导者；

F——被领导者；

S——环境。

在这个公式中，变量的定义域和取值范围以及他们之间的具体的函数关系还没有公认的结论，领导权变理论正在朝着这个方向努力，以其找到更好的定量方法来研究领导行为。

因此，这种认为领导行为应随环境因素的变化而变化的领导权变理论，没有一种“最好”的领导行为。一切要以时间、地点、条件为转移，这便是权变理论的实质。比较有代表性的领导权变理论有以下几个。

（一）费德勒权变模型（Fiedler contingency model）

第一个全面的领导模型是由费德勒（Fred Fiedler）提出的。费德勒首先从组织绩效和领导态度之间的关系着手进行研究，经过长达 15 年的调查试验，提出了“有效领导的权变模式”，他认为任何领导形态均可能有效，其有效性完全取决于是否与所处的环境相适应。费德勒定义的对一个领导者工作最起影响作用的环境因素包括以下三项内容。

1. 职位权力

职位权力指组织赋予领导者正式地位所拥有的权力。正式权力和权威是否明确、充分，在上级和整个组织中所得到的支持是否有力，直接影响到领导的有效性。一个领导者对其下属的雇佣、工作分配、报酬、提升等直接决定性权力越大，其对下属的影响力越大。

2. 任务结构

任务结构指的是任务的明确程度和人们对这些任务的负责程度。当任务明确、组织纪律明确、成员有章可循、个人对任务负责，则工作质量比较容易控制；反之，工作规定不明确，成员不知如何去做，领导者就会处于被动地位。

3. 上下级关系

上下级关系指下属对领导者的信任、喜爱、忠诚和愿意追随的程度以及领导者对下属的吸引力。领导者与下属之间相互信任、相互喜欢的程度越高，领导者的权力和影响力就越大，反之，其影响力就越小。

费德勒开发了“最不愿与之共事者（Least-preferred co-worker questionnaire）”问卷，简称 LPC 问卷，来反映和测定领导者的领导风格。它把领导方式假设为两大类：以人为主和以工作为主。一个领导者如果对其最不喜欢的同事都能给予好的评价（即 LPC 量高），就被认为对人宽容、体谅、注重人际关系和个人的声望，是以人为主的领导；如果领导者对其不喜欢的同事批评的体无完肤（即 LPC 量低），则被认为对人苛刻，惯于命令和控制，只关心工作的领导者。

费德勒将三个环境变数任意组合成八种群体工作环境，对 1 200 个团体进行调查，收集了把领导风格与工作环境关联起来的数据，得出了在不同情况下使领导有效的领导方式，其结果如图 7-4 所示。

费德勒的研究结果表明，根据组织工作的情境，采取适当的领导方式。当环境有利和最不利的情况下，采取以任务为中心的指令型领导方式，效果较好。而对处于中间状态的情境，则采取以人为中心的宽容型领导方式。费德勒模型的意义在于：首先，这个模型特别强调效果，强调为了领导有效，需要采取什么样的领导方式或领导行为，不是从领导个人的素质出发，这对研究领导行为提供了新方向。其次，这个模型最突出之处是将领导行为和情境的影响、领导者和被领导者之间关系的影响联系起来，它表明并不存在绝对的最好的领导型态。领导者必须具有适应力,自行适应变化的情况;再次,管理阶层必须依照情况来选用领导者;最后,费德勒还主张有必要改造环境,以符合领导者的风格,并提出了一些改善上下级关系、任务结构和职位权力的建议。例如,上下级关系可以通过改组下属组成加以改善;任务结构可通过详细布置工作内容而使其更加定型化;职位权力可以通过变更职位,充分授权而增加其权威性。

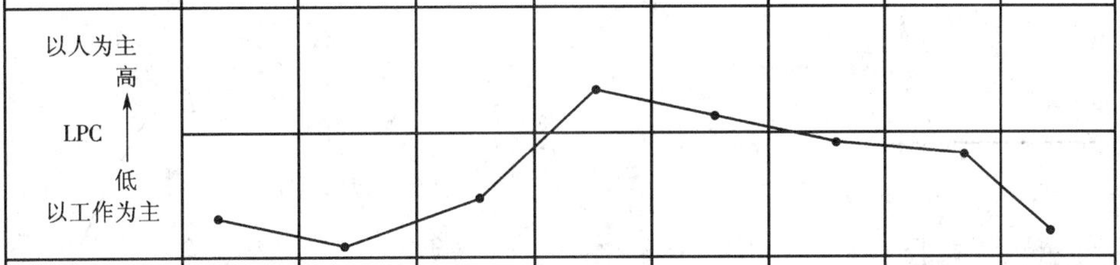

序号	1	2	3	4	5	6	7	8
上下级关系	好	好	好	好	差	差	差	差
任务结构	明确	明确	不明确	不明确	明确	明确	不明确	不明确
职位权力	强	弱	强	弱	强	弱	强	弱
情境有利性	有利	有利	有利	适中	适中	适中	不利	不利

图 7-4　费德勒模型

(二)应变领导模式理论

应变领导模式理论是由何塞和布兰查提出的,该理论把注意力放在下属的研究上,认为成功的领导者应根据下属的成熟程度选择合适的领导方式。那么,为什么要注意下属,什么叫成熟度呢?在领导有效性的研究中,注重下属反映了下属决定接受或拒绝接受领导者这一事实,不管领导者做什么,有效性取决于下属的行为。所谓成熟度是指人们对自己的行为承担责任的能力和愿望的大小。这取决于两个方面:任务成熟度和心理成熟度,任务成熟度是相对于一个人的知识和技能而言的,若是一个人具有无须别人指点就能完成工作的知识、能力和经验,那么他的工作成熟度就高;心理成熟度与做事的愿望或动机有关,如果一个人能自觉地去做,而无须外部的激励,则认为他有较高的心理成熟度。

应变领导模式是由关系行为、任务行为和成熟度组成的三维领导理论。横坐标为任务行为,纵坐标为关系行为,在下方再加上成熟度坐标。任务行为是指领导者和下属为完成任务而形成的交往形式;关系行为是指领导者给下属的帮助和支持的程度。由这两方面何塞和布兰查提出了四种领导方式:①命令式(高工作—低关系),领导者对下属进行分工并具体指导下属应当干什么,如何干,何时干等。它强调直接指挥;②说明式(高工作—高关系),领导者既给下属以一定的指导,又注意保护和鼓励下属积极性;③参与式(低工作—高关系),领导者与下属共同参与决策,领导者着重给下属以支持,促其搞好内部的协调沟通;④授权式(低工作—低关系),领导者几乎不加指点,由下属自己独立地开展工作,完成任务。

同时,把成熟度分成四个等级,由不成熟到成熟分别用 M_1、M_2、M_3、M_4 来表示:M_1 表示下属缺乏接受和承担任务的能力和愿望，他们既不能胜任，又缺乏自信；M_2 表示下属愿意承担任务但缺乏足够能力，他们有积极性但没有完成任务所需的技能；M_3 表示下属具有完成领导所交给任务的能力，但没有足够的动机；M_4 表示下属能够而且愿意去做领导要他们做的事。

根据下属的成熟度和组织所处的环境，何赛和布兰查提出了如图 7-5 所示的应变领导模式。根据下属的不同成熟程度采取适合的领导方式。

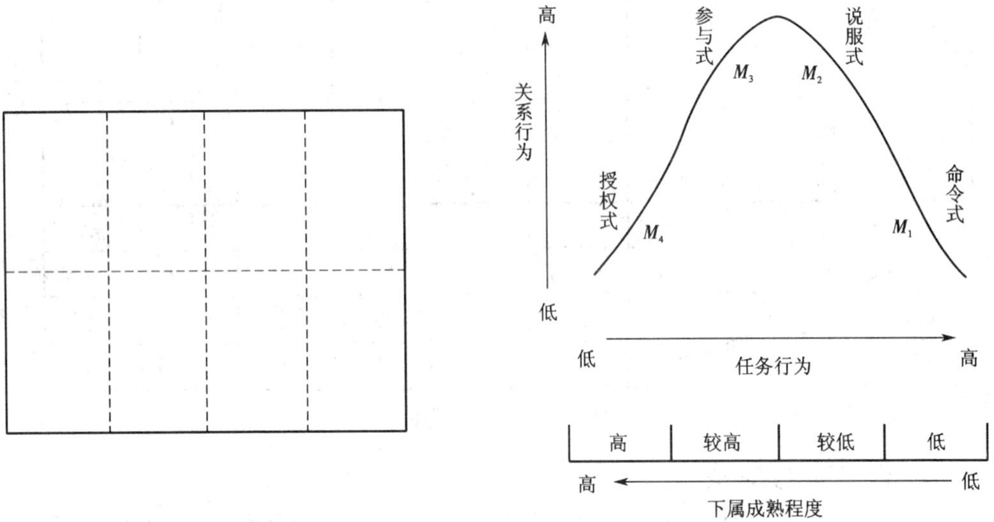

图 7-5　应变领导模式

当下属的成熟度为 M_1 时，下属缺乏接受和承担任务的能力和愿望，他们既无能力接受任务又没有自信承担责任。领导者要给予明确而细致的指导和严格的控制，应采用命令式领导方式。

当下属的成熟度为 M_2 时，下属愿意承担任务但缺乏足够的能力，他们有积极性但没有完成任务所需的技能。领导者既要保护下属的积极性，交给其一定的任务，又要及时给予具体的指点，以帮助其较好地完成任务。应采用说服式领导方式。

当下属的成熟度为 M_3 时，下属已经比较成熟，基本能够胜任工作，但没有足够的动机。领导者可通过肯定和表扬以及一定的帮助和鼓励，树立下属的信心，领导者与下属共同参与决策，着重双向沟通，悉心听取下属的意见，发挥下属的积极性，宜采用低工作高关系参与式的领导方式。

当下属的成熟度为 M_4 时，下属高度成熟，有能力承担任务，又有积极性，领导者可采用授权式，应赋予下属一定的权力，让下属自己决策自己控制，领导者只起一个监督角色。

随着下属从不成熟走向成熟，领导者不仅要减少对活动的控制而且也要减少对下属的帮助。

应变领导模式认为，领导的有效性在于把组织内的工作行为、关系行为和下属的成熟度结合起来考虑，随着被领导者从不成熟走向成熟，领导行为也要随之调整才能有效。

(三)路径——目标理论

路径——目标理论（path-goal theory）已经成为当今备受人们关注的领导理论之一，它是加拿大多伦多大学教授罗泊特 . 豪斯（R.J.House）提出的一种领导权变模型。

该理论认为，领导者可以而且应该根据不同的环境因素来调整自己的领导方式和作风。领导方式是由环境因素决定的，环境因素包括两个方面：一是下属的特点，包括受教育的程度、领悟能力、下属的参与管理程度、承担责任的态度、对本身独立自主性的要求程度等。领导者对于改变下属的特点一般收效甚微的，但可通过改变工作环境来充分发挥下属的特长；二是工作环境的特点，主要指工作本身的性质、奖励制度、组织性质等。

路径——目标理论认为领导者的主要职能是对下属设置和澄清目标，帮助他们清除障碍，寻找实现目标的最佳路径，使他们顺利达到目标，并在实现目标的过程中获得激励和满足。强调领导的有效性取决于领导行为、下属、任务之间的协调配合。领导者如何为下属提供实现目标的有效途径，是和下属的能力、任务性质以及工作环境有直接关系。领导者必须根据具体情况为下属提供帮助，即采取不同的领导方式。豪斯认为，领导方式一般有四种。

1. 指导性方式

给下属明确任务目标、明确职责，提出要求；给下属提供他们所希望得到的指导和帮助，指导下属按照工作程序去完成自己的任务和目标。

2. 支持性方式

对下属友好，平易近人，关心下属的生活福利等，努力营造愉快的组织气氛。

3. 参与性方式

注重征求下属的建议，并认真考虑和采纳下属的意见，尽量让下属参与决策和管理。

4. 成就性方式

树立具有挑战性的组织目标，相信并鼓励下属去实现目标。

对于一个领导者而言，没有什么固定不变的领导方式，要根据不同的环境，选用不同的领导方式。例如，当下属本身的能力较差，又愿意接受领导时，或者工作尚处于非程序化而较复杂时，则采用指导性方式最为有效。当任务结构程度较高，职工的能力又较强时，就不宜采用指导性方式。因此，领导者应根据环境的变化来调整自己的领导方式。

领导权变理论提出领导的有效性取决于多种因素，包括领导者因素、下属因素、情境因素，并且情境因素可以被分离出来，但是，由于实践者很难确定领导成员关系、任务结构等权变变量，领导权变理论对于实践者显得十分困难，从而阻止了它的发展和应用。

第三节　领导艺术

要实行有效领导，领导者不仅要熟悉各种领导理论、掌握基本的领导方法，而且要有高超的领导艺术，这样才能创造性地完成各种领导任务，达到预期的目的。孙子曰 :“兵无常势，水无常形，能因敌变化而取胜者，谓之神。”西蒙认为：领导艺术是处理模糊性、随机性问题的领导方法，是非程序化的决策，这是一种特殊的方法，是一种软方法、软技术，而不是按章操作，需要的是想象、直觉和创造力。现代社会中的组织常常面临复杂突变的环境变化，因此，对组织中的领导者提出了更高的要求，如果说组织像艘船，那么领导者就是舵手。领导艺术是指那些不能程序化、模式化、定量化，但又需要领导者及时处理的特殊的领导行为。所谓领导艺术就是建立在一定知识、经验和辩证思维的基础上，富有创造性地利用领导原则和方法的才能。这种才能是领导者的智慧、学识、胆略、经验、作风、品格、方法、能力的综合体现。管理的艺术性很大程度上也是由领导的艺术体现出来的。

一、领导艺术的特点

领导艺术之所以区别于其他领导活动，在于它具有随机性、主观能动性、经验性、情感性等特点。正确认识这些特点，是把握领导艺术的关键。

（一）随机性

随机性也就是灵活性。领导艺术不像一些规范化的管理方法那样有严格固定的程序和模式，它主要依靠管理者发挥自己的主观能动性和创造精神。因此具有很大的随机性。随机性是领导艺术的主要特征，也就是指管理者要依据不同的时间、地点、对象和条件，凭借直觉和经验进行分析，正确地判断和认识客观事物，随机应变地处理实际问题。但是，领导艺术的随机性并不是无原则的随心所欲，运用领导艺术必须遵循一定的原则。有效的领导艺术，是有机地将有关管理原则与随机应变统一起来，在原则的基础上随机，在随机灵活处置问题时不丧失和背离原则。

（二）主观能动性

主观能动性是指依据管理者个人的主观思维进行创造性活动，从而对被管理者发生影响作用。主观能动性最能显示管理者个人的创造力。它要求管理者不墨守成规，不因循守旧，不机械地照抄书本上的知识、上级的指示和文件，不生硬地模仿别人的经验，而是力求思维敏捷、风格独特、富有想象力和创造性。当然主观能动性并不是凭主观臆断、个人好恶进行管理，而是要在正确理论指导下，在丰富的个人经验的基础上发挥自己的主观能动性和创造力。

（三）经验性

经验性是指领导艺术与管理者的知识阅历和经验有非常密切的联系。管理者越成熟，经验越丰富，对事物观察分析越深刻，对管理知识和管理经验运用的越熟练，其管理水平就越高。在一定程度上，领导艺术是由经验提炼升华而成的。

（四）情感性

情感性是指在领导过程中必须注入管理者的感情色彩。任何艺术性的东西，之所以是艺术，能感染人，也就是因为它满足了人们某种感情的需要。领导工作也正是由于它倾注了领导者丰富的感情引起人们感情的共鸣，有着强大的感染力。领导者艺术性地处理问题，往往能使被领导者欣然接受，就是由于领导艺术具有情感性。

二、领导艺术的内容

领导艺术的内容，目前尚无一致的意见，归纳起来，大体上有三种：把其视为履行职能的艺术，主要包括沟通联络、激励和指导的艺术，以及决策艺术、授权艺术、用人艺术等；提高领导有效性的艺术；人际关系的协调艺术。除上述内容外，还包括正确安排自己的工作和时间，以及吸引职工参加管理等。下面具体介绍几种主要的领导艺术。

（一）决策艺术

在非程序化的决策过程中，主管人员的主观决策技能起着重要的作用。作为主管人员在一定经验的基础上，对未来事件的判断具有远见和洞察力，及早察觉组织发展的有利与不利条件，依靠自己的周密考虑和集中群众的正确意见，做出既有事实依据，又具有创新精神的战略决策，促进组织的发展。

（二）用人艺术

毛泽东曾经说过：领导者的责任归结起来是两件事：一是出主意，二是用干部。前者讲的是领导者的决策问题；后者讲的就是如何用人的问题。在充分了解员工长处的基础上，将工作和个人能力很好地结合起来，使每个员工在各自的工作岗位上努力工作、积极进取，同时把发挥每个人的长处同组织目标很好地结合起来，使个人目标与组织目标协调一致，利于促进组织目标实现。整个组织中，尤其是每个部门中，成员之间能优势互补，取长补短，营造良好的组织氛围，这些都是用人艺术的体现。

掌握用人艺术，需要做到：任人唯贤，知人善任，扬长避短、用人不疑、培养教育。

（三）授权艺术

作为领导者，把一部分领导权适当地下放给下级主管人员或其他人员并对其进行指导和监督，使每项工作都能在最适当的层次得到较好的处理。包括合理选择授权方式：授权留责（领导者将权力授予下级后，下级在工作中出问题，下级负责任，领导也应负领导责任）；视能授权（领导者向下级授权，授什么权，授多大权，应根据下级能力的高低而定）；明确责权（领导者向被授权者授权时，应明确所授工作任务的目标、责任和权力，不能含糊不清、模棱两可）；适度授权（领导者授权时应分清哪些权力可以下授，哪些权力应该保留）；监督控制（领导者授权后，对下属的工作要进行合理的也即适度的监督控制，防止放任自流或过细的工作检查两种极端现象）；逐级授权（领导者只能对自己的直接下级授权，不能越级授权。）；防止反向授权。这样，既有利于充分发挥下属的积极性、主动性，又能使上级领导者集中精力研究和解决主要问题。

（四）指挥和激励艺术

指挥艺术主要是指在实践中树立和维护必要的权威，使下级能自觉地接受指挥。在管理中，尤其在行使领导职能时，要善于进行沟通，针对下属的各种有关信息，及时对其进行必要的教育和发布必要的指令。指令内容要切合实际，方法和形式能为下属理解并乐意接受。根据精神鼓励和物质利益原则，使组织中的鼓励工作和激励制度、方法等能适应广大职工多种多样、经常变化的需要，从而维护纪律、鼓舞士气、充分挖掘潜力，激发人员的积极性、主动性和创造性。

(五)集中精力抓主要环节的艺术

在组织各项工作任务中,找出对实现组织目标具有重要作用的某项工作或某个环节,在抓住重点的基础上统筹全局,正确决定每个时期、阶段的工作秩序,科学地分配时间和组织资源。

(六)领导变革的艺术

组织在发展过程中不断革新技术,改进管理,必然会引起成员的思想认识和组织行为的转变与冲突。作为领导者,应因势利导,正确处理变革过程中革新与守旧的矛盾,达到既促进变革又稳定局面的目的。

在当今社会管理中,内外环境纷繁复杂,变幻无穷,领导者处在千头万绪、矛盾交织的网络之中,理清头绪的最好办法就是高瞻远瞩,把握全局,抓住主要矛盾,有所为并有所不为。现代管理的特点之一是员工的知识水平和领悟能力越来越强,他们普遍有很强的独立意识,企业可以通过成立团队,下放权力,设置目标,实行有效的自我管理,企业最高管理人员可以摆脱日常经营琐事,对全局大事进行有效操控。

三、领导科学理论的发展

随着社会经济的发展,领导学的理论研究也在不断发展变化,时至今日,领导理论已经历了品格理论、行为理论、权变理论三个重要阶段。近些年来一些学者从领导的不同角度提出了一些新的观点,包括:变革型领导和交易型领导、魅力型领导、领导－成员交换理论、自我领导和团队领导等。

(一)变革型领导和交易型领导

1978 年,美国政治历史学家伯恩斯(J M.Burns)在他的经典著作《领袖论》中根据对政治领导的分析,指出领导是一个连续体,连续体的一端是变革型领导,另一端则是交易型领导。

1. 变革型领导

所谓变革型领导是指领导者通过改变下属的动机与价值观来促进绩效的提高和整个组织的变革。变革型领导者虽也不忽视具体的领导事物,但他们总是首先关注组织的文化与组织的价值观。变革型领导主要涉及四个维度:

(1)领导魅力:领导者具有令下属心悦诚服的特质或行为,因而成为被下属崇拜学习的理想对象,下属心甘情愿遵照其指令完成任务。变革型领导在领导员工时,以伦理和道德为准则,与下属共同分担风险,考虑下属的需求胜过自己的需求。他们还向下属提供思想观念,解释任务的意义,引发自豪感,由此获得下属的钦佩、尊重与信任。下属对领导怀有强烈的认同,领导者与追随者之间存在深厚的情感关系。

(2)感召力:变革型领导善于激发员工的工作动机。通过为下属提供有意义且具富于挑战性的工作、明确告诉对下属的工作期望、展示对企业总体目标的承诺、采取积极和乐观的工作态度等方式。变革型领导充分调动员工的工作积极性，使员工在乐观与希望中瞻望未来的发展，并因之产生强烈的向心力和团队精神。领导者善于用简单方式表达重要含义，包括使用一些强有力的象征以增加说服力。

（3）智能激发：即不断用新观念、新手段和新方法对下属进行挑战。变革型领导认为员工能力的发挥是组织发展的关键，所以他们鼓励下属采用全新的思想和革新性的方法解决问题。他们提出新主意，从下属那里得到创造性的回应，通过问题假设和挑战自我使员工的创造力获得积累。

（4）个性化关怀：即给下属以个别的关心，区别性地对待每一个员工，提供培育和指导，赋予他们责任，使其觉得深受重视而更加努力。变革型领导注意听取下属的心声，尤其关注下属的成就和成长需求。针对员工的能力、个性等个别差异，领导者充当教练角色，促进员工的思想与行为的改变。

变革型领导重在内在的“变”。变革型领导的真正角色是管理组织的价值观。变革型领导强调公平、公正、人道、和谐、理解等正向价值观，并主张通过努力主动消解嫉妒、仇恨、恐惧等负向价值情感。通过创造积极的环境，建立良好的关系，营造一种信任的氛围，重构员工个人的价值观来支持实现组织的任务和目标。变革型领导理论更关注组织愿景、员工的需要以及如何处理内外部的变化以实现组织目标。变革型领导以一种清晰和有吸引力的方式联结愿景任务，解释如何来完成任务，特别强调行动的价值，对员工授权以实现任务，帮助员工满足个体自尊和自我实现需要。

2. 交易型领导

所谓交易型领导是指领导者以下属所需要的报酬来换取自己所期望的下属的努力与绩效。伯恩斯认为，当一个人主动与他人订立契约以交换有价值的事物时，交易型领导就产生了。大多数领导者和追随者的关系是交易型的，即领导者用自己所掌握的资源来满足成员的需要和愿望，组织成员以完成组织的任务来作为回报。交易型领导是一种使用奖惩权力影响下级，通过明确角色和任务要求指导和激励下级向着既定目标努力的领导。这种类型的领导者与员工之间的关系是建立在一系列契约交换基础上的，领导者期望员工完成给予他的任务，而员工在完成任务后则期望得到相应的报酬。因此，在交易型领导理论中，领导行为被理解为是一种交易过程。但这种契约的交换并非完全是物质、金钱或利益上的交换，也精神和情感的交换。例如，企业领导者对职工的信任和关怀会换取职工对企业的忠诚和热爱。

交易型领导可以有效地提高工作绩效，它强调工作目标、工作的标准和结果，更多的是依靠组织的奖励和惩罚手段来影响员工的。因此在一个存在交易型领导的组织中我们可以清楚地看到那里有明确的角色分工和任务分配，所有的因素都被置之于管理者的控制之下，使他们之间相互作用以达到领导者预期的结果。另外，在这样的组织中还有着严密的规章制度，对工作流程中的每一环节都制定了具体的操作标准和方式，任何背离操作方法、程序的行为都被视为是具有问题的，需要加以解决和纠正。对于交易型的领导来说，他们喜欢营造一个高度有序的体制，这样才可以长时间、系统地从中获得比较一致性的结果。

总之，领导者权力的根本，并不在于他们符合有关领导者的风格、角色以及类似方面的一般看法的程度，而在于他们能够满足追随者的特定需要的程度。交易型领导和变革型领导二者是共存、互相补充的，领导者在组织的实际运作中，为了提升员工的动机水平，同一个领导者在不同的情境和时间下，可以同时运用交易型领导及变革型领导。交易型领导不一定过时，而变革型领导也不是什么灵丹妙药，必须要因时、因地、因人而采取合适的领导方式，不同情况下，不同的领导行为会产生不同的效果。

（二）魅力型领导

20 世纪初，德国社会学家马克思・韦伯（Max Weber）将“魅力”这一概念引入社会学领域。豪斯（R.House）于 1977 年提出魅力型领导理论。20 世纪 90 年代以来，魅力型领导理论得到广泛的实证研究支持，成为领导学领域的研究热点。大多数魅力型领导理论研究的侧重点是确定具有魅力的领导者和不具有魅力的领导者之间的行为差异。被公认为具有魅力的领导者有富兰克林•罗斯福、约翰•肯尼迪、马丁路德•金等人。

魅力是领导者对下属的一种先天的吸引力、感染力和影响力。所谓魅力型领导是指具有特定的个人特质、能力和行为，并且对下属的情感、价值、信仰、态度和行为有着强烈影响力的领导者的某种属性。魅力型领导者具有三种个人特征，即高度自信、支配他人的倾向和对自己的信念坚定不移。表 7-4 总结了魅力型领导者的关键特点。魅力型领导者影响下属的态度和行为包括以下几个方面：①描绘一个有吸引力的愿景；②以强烈感人的方式与下属沟通；③采取个人冒险和自我牺牲去实现愿景；④实现愿景的榜样行为；⑤表达对下属的信任、赞赏和期待；⑥授权下属并表达较高的期望；⑦建立组织认同。

表 7-4 魅力型领导领导者的关键特点

1. 自信：对自己的判断和能力充满信心
2. 远见：有理想的目标，认为未来定会比现状更美好。理想目标与现实差距越大，下属越有可能认为领导者有远见卓识
3. 清楚表达目标的能力：能够明确陈述目标，使其他人都能明白。这种清晰的表达表明了对下属需要的了解，并可以成为一种激励力量
4. 对目标的坚定信念：具有强烈的奉献精神，愿意从事高冒险性工作，承受高代价。为了实现目标能够自我牺牲
5. 不循规蹈矩的行为：行为是新颖的、反传统的、反规范的。当获得成功时，这些行为令下属们崇敬
6. 作为变革的代言人：是激进变革的代言人而不是传统现状的卫道士
7. 环境敏感性：能够对需要变革的环境加以限制和对资源进行切实可行的评估

研究表明，魅力型领导者与下属的高绩效和高满意度之间有着显著的相关性。同魅力型领导者一起工作的员工受到激励后，会付出更多的努力，而且由于他们喜爱自己的领导，也会表现出更高的满意度。

（三）领导 – 成员交换理论

以往的有关领导理论的研究文献，从不同的角度探讨了如何造就一个有效的领导者，以及如何有效地提高一个领导者的领导效能和工作绩效。但是大多数领导理论都是基于这样一个假设：即领导者以同样的方式对待所有下属。但现实中，领导者对待同一群体中不同成员的方式是十分不同的。在此基础上乔治 . 格瑞恩（G.Graen）和助手们提出了领导－成员交换理论（Leader-Member Exchange theory，简称 LMX 理论）。领导－成员交换理论指出，由于时间压力，领导者与下属中的少部分人建立了特殊关系。这些个体成为圈内人士（in-group），他们受到信任，得到领导更多的关照，也更可能享有特权；而其他下属则成为圈外人士（out-group），他们占用领导的时间较少，获得满意的奖励机会也较少，他们的领导－下属关系是在正式的权力系统基础上形成的。

该理论同时指出，在领导者与某一下属发生相互作用的初期，领导者就暗自将其划入圈内或圈外，并且这种关系会相对稳固，不随时间的推移而改变。目前尚不清楚领导者到底是如何将某人划入圈内或圈外，但有证据表明，领导者倾向于将具有以下特点的人员归入圈内：态度或个性特点与领导者相似、有能力、具有外向的个性特点等。需要指出的是，虽然表面上是领导者在进行选择，但实际上是下属的特点在推动领导者做出分类。大量的实证研究也证实了很多组织中都存在圈子的现象，存在“圈内成员”和“圈外成员”。因此领导者与成员之间的交换关系就出现了两种类型：领导者与“圈内”成员建立的是一种高质量的领导－成员交换关系，这些成员被赋予额外的奖励、责任和信任，从而领导者得到的是他们的信任和工作绩效，他们之间是一种相互信任、相互尊重、相互吸引和相互影响的关系；而领导者与“圈外”成员建立的是一种低质量的领导－成员交换关系，是一种自上而下的以等级关系为基础的契约式关系。

高水平的 LMX 关系能够促进组织中上下级之间有效的沟通，改善组织的气氛。而且在 LMX 理论中，强调的是一种互动式的沟通，这种沟通表现出距离近、反馈及时的特点，能使上下级都能及时获得更丰富、更全面、更生动的信息，因此有利于更全面的思考问题，使企业面对瞬息万变的市场做出及时有效的调整和措施，也使领导者更具亲和力。另外，LMX 关系的建立和提高，有助于促进组织中以信任、尊重和支持为导向的企业价值观的形成，从而营造了一个真诚、开放平等的团队气氛。研究显示，“圈内”成员倾向于更好地工作，具有更高的满意感，并展示出更多的团队合作。

（四）自我领导

越来越多的研究显示，大部分人本身可以进行自我领导。在新经济条件下，员工的知识更加丰富，思维更加活跃，活动空间更加广泛，自主意识不断增强，他们需要更多的自我发挥空间，由此产生了自我领导。新的领导模式向传统领导模式中的领导者发起了挑战，实现员工的自我领导成为领导理论研究的新课题。

自我领导指的是个体控制自己行为的一系列过程。有效的领导者能够培养下属的自我领导能力和意识，帮助他们实现自我领导。自我领导的基本假设是：员工是负责、能干且主动的，无须太多的规章制度和管理监督等外在约束。只要提供适度的支持，员工可以自我监督并控制自己的行为。随着知识型员工在组织中的比例越来越高，以及团队数量的不断增加，自我领导的重要性也在不断提高。知识型员工需要自我领导，自我管理团队需要可以自我领导的员工，但是管理者应该认识到一个基本的事实：一直严守组织规章制度和上级领导的员工不可能一夜之间成为自我领导者，也并非所有员工都是负责、能干且主动积极的。因此，领导者应该首先筛选出适合于进行自我管理的员工，然后对这些员工实施自我领导培训。

（五）团队领导

当今社会，科技的进步使得组织面临的环境更为复杂和多变，组织的任务要求已经超出了个体能力所及的范围，层次复杂的传统组织形式已经不能“随境应变”。工作团队这种小型组织单位应运而生，并引起理论研究和实际应用领域的广泛关注。许多关于团队有效性的研究发现领导是其中重要的影响因素。由此，人们开始意识到团队领导对于团队建设的重要作用。

团队领导是指领导者规划团队目标，开发和构建团队来实现其使命，它对于有效团队的绩效有重要影响。大量的研究对团队领导者的工作内容、扮演的角色及领导功能进行了研究论述。托马斯和肯尼斯认为领导主要的工作包括确定资源的有效运用，引导、训练团队成员有效解决问题，以激励团队成员达成目标，让团队发展得更成熟。团队领导扮演着管理者、促进者、教练、工作协调者和外部联络者五种角色。大部分观点认同团队领导的两个关键功能：帮助团队完成任务的任务功能；维系团队及其运作的维系功能。另外，领导者除了要处理和平衡团队的任务与相关需求，还要帮助团队改变环境，有效领导者要学会分析和平衡团队的内外需求，做出适当反应：改变或保持一致。

（六）诚信领导

现今的组织内外部环境变幻莫测并充满挑战，组织为了求生存、谋发展，其领导者的自信、乐观、满怀希望、富有意义感及韧性等特点尤为重要。近年来出现的安然事件等公司丑闻和管理渎职现象，也引发了人们对领导者诚信问题的思考。鉴于此，卢森斯（Luthans）等人于 2003 年以领导学、道德学、心理学、组织行为学等领域的相关研究为基础，提出了诚信领导理论。

诚信领导（authentic leadership）是一种把领导者的积极心理能力与高度发展的组织情境结合起来发挥作用的过程。卢森斯认为诚信领导过程对领导者和下属的自我意识及自我控制行为具有正面影响，并将激励和促进积极的个人成长和自我发展。诚信领导者对自己、对他人都是真诚的。他们自信乐观、充满希望、富有韧性、品德高尚，并且是未来导向的；他们对自己的信念、价值观、道德观、行为以及所处的工作情境具有深刻的认识。

当领导者实施诚信领导时，就会对组织产生积极的影响。诚信领导有助于在领导者和下属之间建立信任关系。领导者的诚信品质或行为，或通过榜样效应，逐渐影响、改变下属的态度和行为，使下属的态度及行为与诚信原则相一致，从而有利于在组织中培养以诚信为特征的组织文化，提高组织的凝聚力和向心力。诚信领导有利于领导者和下属之间建立一种持久的信任关系，保证企业能够长期调动员工的积极性，为企业建立具有竞争优势的管理制度、企业文化和创新机制等创造条件。

本章小结

领导是一个行为过程，是一个目的性非常强大的管理行为。领导者通过各种激励措施带领和指导下属实现组织的既定目标。领导与管理的关系是既有区别又有联系。领导的作用主要表现在指挥、协调、激励三个方面。领导过程是一种影响力的展现过程。影响力来源于权力，组织中的权力可分为正式权力和非正式权力，相应的领导影响力包括外在影响力和内在影响力。领导者运用权力的目的是对被领导者施加影响，使其心理和行为发生预期的改变。

领导理论是研究领导本质及其行为规律的科学，是研究领导行为有效性的理论。领导的有效性主要从三个方面进行研究：权力，品质，行为。领导理论也相应地分为三大部分，即领导品质理论，领导行为理论，领导权变理论。要实行有效领导，领导者不仅要熟悉各种领导理论、掌握基本的领导方法，而且要有高超的领导艺术，如：决策艺术、用人艺术、授权艺术、指挥和激励艺术等等。随着社会经济的发展，领导科学的理论研究也在不断发展变化，一些学者从领导的不同角度提出了一些新的观点，例如：变革型领导和交易型领导、魅力型领导、领导一成员交换理论、自我领导和团队领导等。

复习思考题

1. 领导的含义是什么？
2. 领导与管理的区别和联系在哪里？
3. 领导者的作用是什么？
4. 领导的权力及影响力来源于哪里？
5. 一个优秀的领导者应具备哪些素质？你认为领导品质理论有什么实际意义？
6. 管理方格图理论有几种领导行为？你认为哪一种最有效？
7. 费德勒模型理论认为影响领导方式的情境因素有几种？你是否认为有一种最佳的领导模式可适用于各种情况，请说明理由。
8. 应变领导模式理论对管理者更好进行管理有何价值？
9. 从所学的领导方式及其理论中，你得到哪些启示？
10. 你认为在领导工作中，应该讲求什么样的领导艺术？
11. 合实际谈谈如何提高领导工作的有效性？

管理故事

留个缺口给别人

一位著名企业家在作报告，一位听众问：“你在事业上取得了巨大的成功，请问，对你来说，最重要的是什么？”企业家没有直接回答，他拿起粉笔在黑板上画了一个圈，只是并没有画圆满，留下一个缺口。他反问道：“这是什么？”“零”“圈”“未完成的事业”“成功”，台下的听众七嘴八舌地答道。他对这些回答未置可否：“其实，这只是一个未画完整的句号。你们问我为什么会取得辉煌的业绩，道理很简单：我不会把事情做得很圆满，就像画个句号，一定要留个缺口，让我的下属去填满它。”

留个缺口给他人，并不说明自己的能力不强。实际上，这是一种管理的智慧，是一种更高层次上带有全局性的圆满。给猴子一棵树，让它不停地攀登；给老虎一座山，让它自由纵横。也许，这就是企业管理用人的最高境界。

鞭策

拿破仑一次打猎的时候，看到一个落水男孩，一边拼命挣扎，一边高呼救命。这河面并不宽，拿破仑不但没有跳水救人，反而端起猎枪，对准落水者，大声喊道：你若不自己爬上来，我就把你打死在水中。那男孩见求救无用，反而增添了一层危险，便更加拼命地奋力自救，终于游上岸。

对待自觉性比较差的员工，一味的为他创造良好的软环境、去帮助他，并不一定让他感受到“萝卜”的重要，有时还离不开“大棒”的威胁。偶尔利用你的权威对他们进行威胁，会及时制止他们消极散漫的心态，激发他们发挥出自身的潜力。自觉性强的员工也有满足、停滞、消沉的时候，也有依赖性，适当的批评和惩罚能够帮助他们认清自我，重新激发新的工作斗志。

案例应用

案例 7-1 哪种领导方式更有效

ABC 公司是一家中等规模的汽车配件生产集团。最近，对该公司的 3 个重要部门经理进行了一次有关领导类型的调查。

1. 安西尔

安西尔对本部门的产出感到自豪。他总是强调对生产过程、出产量控制的必要性，坚持下属人员必须很好地理解生产指令，以得到迅速、完整、准确的反馈。安西尔遇到小问题时，总会放手交给下级去处理。当问题很严重时，他则委派几个有能力的下属人去解决问题。通常情况下，他只是大致规定下属人员的工作方针、完成怎样的报告及完成期限。

安西尔认为只有这样才能导致更好的合作，避免重复工作。安西尔认为对下属人员采取敬而远之的态度对一个经理来说是最好的行为方式，所谓的“亲密无间”会松懈纪律。他不主张公开谴责或表扬某个员工，相信他的每一个下属人员都有自知之明。

据安西尔说，管理中的最大问题是下级不愿意接承担责任。他讲到，他的下属人员可以有机会做许多事情，但他们并不是很努力地去做。他表示不能理解以前他的下属人员如何能与一个毫无能力的前任经理相处，他说，他的上司对他们现在的工作运转情况非常满意。

2. 鲍勃

鲍勃认为每个员工都有人权，他偏向于管理者有义务和责任去满足员工需要的学说。他常为员工做一些小事，如给员工两张下月举行的艺术展览的入场券。他认为，每张门票才15美元，但对员工和他的妻子来说却远远超过15美元。通过这种方式，也是对员工过去几个月工作的肯定。

鲍勃说，他每天都要到工场去一趟，与至少25%的员工交谈。鲍勃不愿意为难别人，他认为安的管理方式过于死板，安的员工也许并不那么满意，但除了忍耐别无选择。

鲍勃说，他已经意识到在管理中有不利因素，但大都是由生产压力造成的。他的想法是以一个友好、粗线条的管理方式对待员工。他承认尽管在生产率上不如其他单位，但他相信他的员工有高度的忠诚与士气，并坚信他们会因他的开明领导而努力工作。

3. 查里

查里说他面临的基本问题是与其他部门的分工不清楚。他认为不论是否属于他们的任务都安排在他的部门，似乎上级并不清楚这些工作应该由谁做。

查里承认他没有提出异议，他说这样做会使其他部门的经理反感。他们把查里看成是朋友，但查里却不这样认为。查里说过去在不平等的分工会议上，他感到很窘迫，但现在适应了，其他部门的领导也不以为然了。

查里认为纪律就是使每个员工不停地工作，预测各种问题的发生。他认为作为一个好的管理者，没有时间像鲍勃那样握紧每一个员工的手，告诉他们正在从事一项伟大的工作。他相信如果一个经理声称为了决定将来的提薪与晋职而对员工的工作进行考核，那么，员工则会更多地考虑他们自己，由此而产生很多问题。

他主张，一旦给一个员工分配了工作，就让他以自己的方式去做，取消工作检查。他相信大多数员工知道自己工作做得怎么样。

如果说存在问题，那就是他的工作范围和职责在生产过程中发生的混淆。查理的确想过，希望公司领导叫他到办公室听听他对某些工作的意见。然而，他并不能保证这样做不会引起风波而使情况有所改变，他说他正在考虑这些问题。

思考题

（1）你认为这三个部门经理各采取了什么领导方式？这些方式都是建立在什么假设的基础上？试预测这些方式各产生什么效果。

（2）是否每一种领导方式在特定的环境下都有效？为什么？

案例 7–2　知识分子太难管了

有一个实力较强的应用科学研究所，所长是一位有较大贡献的专家，他是在“让科技人员走上领导岗位”的背景下，被委任为所长的，没有领导工作的经历。他上任后，在科研经费划分、职称评定、干部提升等问题上，实行“论资排辈”的政策；在成果及物质奖励等问题上则搞平均主义；科研项目及经费只等上级下拨。广大的中青年科技人员由于收入低且无事可做纷纷到外面从事第二职业，利用所里的设备和技术捞私利，所里人心涣散。

上级部门了解情况后，聘任了一位成绩显著的家用电器厂厂长当所长，该厂长是一位转业军人，是当地号称整治落后单位的铁腕人物。新所长一上任，立即实施一系列新的规章制度，包括“坐班制”，并把中青年科技人员集中起来进行“军训”，以提高其纪律性；在提升干部、奖励等问题上，向“老实、听话、遵守规章制度”的人倾斜。这样一来，涣散的状况有所改变，但大家还是无事可做，在办公室看看报纸，谈谈天，要求调离的人员不断增加，员工与所长之间也经常出现矛盾。一年后，该所长便辞职而去并留下了“知识分子太难管了”的感叹。

上级部门进行仔细的分析和研究后，又派一位市科委副主任前来担任所长。该所长上任后，首先进行周密的调查，然后在上级的支持下，进行了一系列有针对性的改革，把一批有才能、思想好、有开拓精神的人提升到管理工作岗位，权力下放到科室、课题组；奖励、评职称实行按贡献大小排序的原则；提倡“求实、创新”的工作作风；在完成指定科研任务的同时，大搞横向联合，制定优惠政策，面向市场。从此，研究所的面貌焕然一新，原来的一些不正常现象自然消失，科研成果、经济效益成倍增长，成了远近闻名的科研先进单位。

思考题

（1）同一个研究所，为什么不同的人来当所长会有大不相同的结果？

（2）假如上级派你去该所当所长，你会如何开展整顿工作？

第八章 激励

本章学习目标

- 激励的含义及其作用
- 需要、动机、行为三者的关系
- 激励的过程
- 研究人性假设的意义
- 激励理论的主要观点及管理的意义
- 激励在管理实践中的应用

现代管理的核心是对人的管理。任何组织都是由人创建,由人来管理的,组织内的一切物流、资金流、信息流都是由人来运作的,人是决定组织成败的最关键因素。组织的发展是以每个员工的工作绩效为基础的,组织中人的积极性的高低,直接影响工作的绩效,而提高人的工作积极性,就离不开激励。美国心理学家赫茨伯格(F.Herzberg)在其《工作与人性》一书中曾说:“如果一个人需要借助外界的力才能动一下的话,那么他还需要第二次、第三次。只有一个人自身产生了动力,才谈得上真正受到了激励。”管理者面临的首要任务就是引导和促进员工为实现组织的共同目标做出贡献。因此,如何激发、调动组织成员的工作积极性已成为管理的一个基本课题。

第一节 激励概述

一、激励的含义及作用

“激励”从词义上看含有激发、鼓励之意,通常认为,一切内心要争取的条件:欲望、需要、希望、动力等都构成对人的激励。当一个管理者激励了他的下属时,实际上就是说他做了一些能够满足其下属的动机和愿望,并引导他们按所要求的方法去行动的事情。

所谓激励,就是管理者通过某种内部和外部的刺激,激发人的动机,使人产生一股内在的动力,从而调动其积极性、智慧和创造力,努力朝着所期望的目标前进的心理活动过程。

激励对于不同的人具有不同的含义。对一些人来说,激励是一种动力;对另一些人来说，激励则是一种心理上的支持或是榜样。激励作为一种内在的心理活动过程或状态，不具有可以直接观察的外部形态。但是，由于激励对人的行为具有驱动和导向作用，因此，通过行为的表现及效果可以对激励的程度加以推断和测定。美国哈佛大学教授威廉．詹姆士做过一个实验，他通过研究发现，在按时计酬的制度下，一个人如果没有受到激励，仅能发挥其能力的 20% ～ 30%，正确而充分的激励，就能发挥其能力的 80% ～ 90%, 组织行为学研究结果表明，员工的激励和组织的绩效密切相关，其关系可表示为：

绩效 =f（绩效能力，激励，环境）

上式表明，在一个人能力不变的情况下，工作成绩的大小，取决于特定环境下被激励的程度，即组织的绩效大小在本质上取决于组织成员的能力、成员被激励的程度和工作环境条件。组织成员要有效地工作，首先是要明确自己如何去做，能否胜任；其次，要有做好这项工作的动力；再次，要有从事这项工作所需要的材料、工具和适当的条件。如果缺少这 3 个要素，或者这 3 个要素不充分，就不可能使员工达到有效的业绩。由此可见，领导者如果不对下属进行有效的激励，即使拥有工作能力强的下属，并为他们提供最好的工具和设备，也无法使下属创造好的工作业绩。

管理学中，激励则是指管理者促进、诱导下级形成动机，并引导行为指向目标的活动过程。即是根据人的需要，通过一定的手段使人的需要得到满足，从而激发人的动机，诱导人的行为，使其充分发挥出内在潜力，为实现所追求的目标而努力的过程。激励的作用表现在以下几个方面。

（一）有助于激发和调动员工的工作积极性

积极性是员工在完成工作任务时一种能动的自觉的心理和行为状态。这种状态可以促进员工智力和体力能量的充分释放，并导致一系列积极的行为后果，如提高劳动效率、超额完成任务、精湛的工作技能、良好的服务态度等。心理学家奥格登从事的“警觉性实验”表明，经过激励的行为和未经过激励的行为存在着明显的差距：用精神激励法，其误差次数是未经激励小组的 1/3；用奖惩的物质激励，也使误差减少一半。这充分证明了激励的功能。组织的发展需要每一个成员长期的协同努力，一些管理者把缺乏激励的员工看作懒惰者，这样的标签意味着一个人始终是懒惰的或缺乏动机的，激励知识告诉我们这种看法是不正确的。

（二）有助于将员工的个人目标导向实现组织目标的轨道

个人目标及个人利益是员工行动的基本动力。它们与组织目标和总体利益之间既有一致性，又存在着诸多差异。当二者发生背离时，个人目标往往会干扰组织目标的实现。激励的功能就在于以个人利益和需要的满足为基本作用力，诱导员工把个人目标统一于组织的整体目标，推动员工为完成工作任务作出贡献，从而促进个人目标与组织目标的共同实现。

（三）有助于增强组织的凝聚力，促进内部各组成部分的协调统一

组织是由若干员工个体、工作群体及各种非正式群体组成的有机结构。为保证组织整体像一部机器一样协调运转，除用严密的组织结构和严格的规章制度加以规范外，还需要运用激励的方法，满足员工在尊重、社交等多方面的心理需要，鼓舞员工士气，协调人际关系，进而增强组织的凝聚力和向心力，促进各个部门、群体、人员之间的密切协作。

二、激励的心理机制

激励是管理者工作的重要方面。激励能使人的潜力得到最大程度的发挥。但员工的积极性不会因领导者的良好心愿而自动激发出来。管理者必须首先了解员工心里想些什么？需要什么？他们的工作动机是什么？在此基础上再有针对性的采取激励措施，这样才能取得预期的激励效果。就像工程师要引水上山需要了解地球的引力、压力和水流速度一样，领导者要诱导和激发员工朝着所期望的目标采取行动，必须首先了解与人们工作有关的需要、动机、目标和利益等要求 。从心理学的角度看，人的行为是由动机所支配的，动机是由需要引起的，行为的方向是寻求目标，满足需要。

（一）需要

人的一切行为都是由需要引起的。需要是一种人类心理反应过程，指人对某种目标的渴求或欲望。潜在的需要一旦被认识到，就会以一定的行为动机形式表现出来，进而支配人的行为。所以说，需要是人产生积极行动的根源和原动力。正如马克思在阐述社会经济活动源泉时所指出：“没有需要就没有生产。”

形成一种需要必须具备两个条件：一是人们感到缺乏什么，有不足之感，这种不足之感可以由他人的引发而产生；二是人们对所缺乏的东西有一种得到的渴望，主观上有求需之感。认识到缺乏的东西，若是人们不需要它，也就难以产生对这种东西的需求，人的需要是发展着的，总是表现为一种需求的产生——满足——新的需求产生——再满足的过程。

需要的特性主要表现在以下几个方面。

1. 多样性

由于人的社会实践活动范围极其广泛。在此基础上形成的需要也是多种多样的，除了衣食住行等基本生活需要外，人们还有知识、交往、尊重、成就等社会和精神方面的需要。

2. 结构性

人的多种需要之间相互关联，相互制约，由此构成复杂的结构体系。在需求结构体系中，各种需要处于不同层次地位，从而对行为产生不同程度的影响。其中占据主导地位的需要对人的行为具有决定性支配作用，称为优势需要；其他需要则处于次要地位，对行为的影响作用相对较弱。不同个人在不同时期或环境下有着不同的优势需要，而优势需要与其他需要的不同组合结构又决定了人们行为方式的差异。

3. 社会制约性

人的需要就其内容和满足方式来说，并不总是停留在一种水平上，而是不断发展变化的，并受历史条件的制约。归根到底，人的需要是由特定历史条件下的生产力水平、社会关系性质及个人的社会角色地位决定的。

4. 发展性

社会历史条件的变化，也会引起需要的内容范围以及满足方式的相应变化。随着社会的进步，旧的需要消失，新的需要产生，从而推动着人们不断寻求新的满足方式和手段。

需要是人类心理活动的动力，它能推动人以一定的方式进行积极的活动，人们对某种需要越强烈，所引起的这方面的活动也就越积极。在管理中运用激励方法，正是利用需要对行为的原动力作用，通过提供外部诱因，满足员工需要，进而引发员工的积极性行为。

（二）动机

所谓动机是引起和维护个体行为并将此导向某一目标的愿望和意念，它是鼓励和引导一个人为实现某一目标而行动的内在力量；是一个人产生某种行为的直接原因。了解动机，对于管理者调动员工的积极性十分重要。

虽然在人的行为过程中，需要具有原动力的作用，但是需要作为一种潜在的心理状态，并不能直接引起行为。只有当需要指向特定目标，并与某种客观事物建立起具体的心理联系时，才能由潜在状态转为激发状态，成为引发人们采取行动的内在力量。这种在需要与目标对象衔接基础上形成的、直接驱动行为的内在力量即为动机。动机产生依赖两个条件：一是个体的生理或心理的需要；二是能够满足需要的客观事物，又称为外部诱因。若根据需要施以特定的外部诱因，就可以合成或激发某种动机，引起期望的行为。在组织中，员工的各种积极性或消极行为同样受到各种动机的支配。运用激励手段调动员工积极性，就是利用动机对行为的这种驱动和支配作用，通过外部诱因激发动机，直接引导员工产生积极行为。

动机在激发行为过程中的具体功能主要表现在以下几方面。

1. 始发功能

动机具有唤起行动的机能。人的行为总是由一定的动机引起的，它驱使一个人产生某种行为，从而引发出一系列的行动。

2. 指向功能

动机总是具体指向某一目标，因而对行为具有定向作用。正确的动机指向积极的目标，可以引发良好的行为，产生有益的效果。

3. 维持与强化功能

长久稳定的动机可以维持某种行为，使之持续进行。动机也可以因行为结果而得到加强或抑制，对以后的行为产生强化作用。

（三）行为与目标

行为指向目标，目标是行为所要实现的结果。一般来说，在目标没有实现之前，行为不会终止。目标在行为过程中具有双重意义：一方面，目标表现为行为的结果，目标达到，需要得到满足，行为即结束；另一方面，目标又表现为行为的诱因，构成目标内容的是能够满足需要的各种对象性事物，如职位、金钱、荣誉等，他们在行为过程中推动着动机的产生，引导和调节着行为的方式与方向，从而成为诱导行为的主动因素。在管理实践中利用目标对行为的诱导作用，通过合理选择和设置目标，可以有效地激励和改变员工的行为。

通过以上分析，需要、动机和行为三者之间具有密切的关系。当人产生需要而未得到满足时，会产生一种紧张不安的心理状态，在遇到能够满足需要的目标时，这种紧张的心理状态就会转化为动机，推动人们去从事某种活动，去实现目标。目标得以实现就获得生理或心理的满足，紧张的心理状态就会消除。这时又会产生新的需要，引起新的动机，指向新的目标。这是一个循环往复、连续不断的过程。由此，需要是动机和行为的基础，人们产生某种需要后，只有当这种需要具有某种特定的目标时，需要才会产生动机，从而成为引起人们行为的直接原因。每个动机都可以引起行为。但是，在多种动机下，只有起主导作用的动机才会引起人的行为。

三、激励的过程

激励的过程，就是激发人的动机的心理过程，也就是人的需要、动机、行为和目标相互联系、相互作用、彼此制约的过程，如图 8-1 所示。

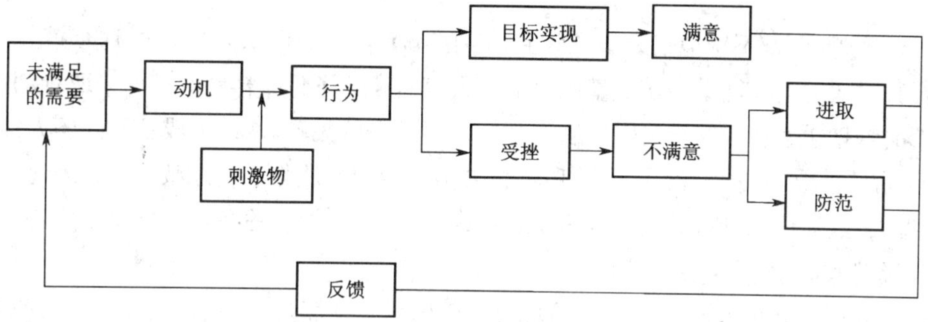

图 8-1 激励过程

如图所示：人的一切行为都是由动机支配的，动机是由需要引起的，行为的方向是寻求目标、满足需要。当人产生需要而未得到满足时，会产生一种紧张不安的心理状态，当有能够满足需要的目标时，这种紧张不安的心理就转化为动机，并在动机的驱动下采取行为向目标努力。目标达到后，需要得到满足，紧张不安的心理状态就会消除。随后又会产生新的需要，引起新的动机和行为。人们在满足需要时，并非每次都能实现目标，在需要没有得到满足，目标没有实现的情况下，人会产生挫折感，此时，有人可能会积极进取，动机更强；有人可能动机更弱，消极防范。

由此可见，激励的实质是以未满足的需要为基础，利用各种目标、诱因激发动机，驱动和诱导行为，促进实现目标，提高需要满足程度的连续的心理和行为的过程。一个人可能同时有许多需要和动机，但是人的行为却是由最强烈的动机引发和决定的。因此，要使员工产生组织所期望的行为，应根据员工的需要设置某些目标，并通过目标导向使员工出现有利于组织目标的优势动机，并按组织所需要的方式形成动力，对组织管理尤为重要。一方面，目标是行为的结果。目标达到，需要得到满足，行为即结束。另一方面，目标又表现为行为的诱因。构成目标内容的是能够满足需要的各种对象性事物，如职位、金钱、荣誉等。它们在行为过程中推动着动机的产生，引导和调节着行为的方式与方向，从而成为诱导行为的主动因素。在管理实践中，为达到激励的目的，选择和设置目标时需要考虑以下几方面。

①设置目标的目的不仅是为了满足组织成员个人需要，最终还是为了有利于完成组织目标。因此在设置目标时，必须将组织目标纳入其中或将组织所希望出现的行为列为目标导向行动，使成员只能在完成目标后才能达到个人的目标。

②目标的设置必须是受激励者所迫切需要的。已经满足了的需要不可能激发动机或激发出来的动机强度不高。

③目标的设置要适当，既不能俯拾即是，又不能高不可攀，应是通过努力可以达到，而不努力则达不到。

④设置目标最好让大家参与讨论，这样不仅可以使目标变得合理，还有助于对目标导向行动的深刻理解，同时满足了员工参与感，使员工工作更努力，激励效果更强。

四、激励理论对人的认识

每一个管理者，不管他们是否意识到，心中都有一个关于人性的模式，这个模式一般是建立在其对人的基本性质的认识基础上的。人究竟是为了什么样的利益而采取行动呢？不同时期的管理学者和组织行为研究者们都提出了各自的见解，从而形成了不同的人性假设，而在不同的“人性”假设指导下，管理者会采用不同的方法与手段来激励人。因此，洞悉人性、把握人性，通过激励每个组织成员实现组织目标，是管理者的必备素质和技能。

1. 经济人假设

经济人假设认为人的一切行为都是为了最大限度地满足自己的利益，工作的动机是为获得经济报酬。所以组织就以权力与控制体系来维护组织本身及引导员工，以经济报酬来使人们服从和做出绩效。激励的主要手段就是“胡萝卜加大棒”，即运用奖励和惩罚，来激励员工产生管理者和组织所要求的行为。泰勒制是经济人观点的典型代表。

2. 社会人假设

社会人假设认为社会性需求的满足往往比经济上的报酬更能激励人们，所以组织应更加注意从事工作的人们的要求，重视员工之间的关系，培养和形成员工的归属感，提倡集体奖励制度。

3. 自我实现人假设

自我实现人假设认为人们除了物质和社会需求之外，还有充分运用自己的各种能力，发挥自身潜力，实现自我价值的欲望。因此，组织应创造条件，提供富有挑战性的工作，在让人们的这种成就感得到满足的同时，也让组织的目标得以实现。

4. 复杂人假设

复杂人假设认为现实组织中存在着各种各样的人，不能把所有的人都简单化、一般化地归类为前述某一种假设之中。人是复杂的，人的需求随着各种变化而变化，因此要求管理者根据不同的人，因人因事而异，灵活采取不同的管理措施，即用“权变理论”做指导，来达到激励人的目的。

事实上，实际生活中的人是千差万别、千变万化的，绝不是用几种类型就能简单归纳的。实践证明偏信某种“人性”假设都可能会陷入误区。然而也应该看到，这些“人性”假设对管理工作还是有一定的启示和帮助作用的，至少每种假设都给管理者提供了一种识别人们需要的重要标准。综合这些假设，可以把以下两点认识作为激励工作的依据：

第一，人的需求是复杂的，有经济的、社会的等，不能单纯地将某人当作经济人、社会人或是自我实现的人来对待，人在不同程度或不同时期，这些特性可能都具备，所以如何全面综合地识别人的需求，成了激励工作中的重要问题。

第二，人的需求是变化的，可因人而异、因时而异、因事而异，是处在变化中的，这就使得在激励过程中对人的需求引导和改变成为可能。

第二节　激励理论

激励理论是关于激励的基本规律、机制及方法的概括和总结。是激励在管理活动中赖以发挥功能的理论基础。自20世纪20年代以来，西方许多管理学者和心理学家分别从不同角度进行研究、探索，提出了许多激励理论。这些理论从不同的侧面研究了人的行为动因，但每一种理论都具有其局限性，不可能用一种理论去解释所有行为的激励问题。各种理论可以相互补充，使激励理论得以完善。组织的管理者，要想有效激励员工，必须较全面地了解各种激励理论。有关激励的理论很多，主要有：马斯洛的需要层次理论、赫茨伯格的双因素理论、麦克莱兰的成就需要理论、弗洛姆的期望理论、波特和劳勒的激励模型、亚当斯的公平理论、斯金纳的强化理论、海德的归因理论、亚当斯的挫折理论等。

一、需要层次理论

需要层次理论是由美国的心理学家马斯洛 (A.Maslow) 在1943年所著的《人的行为动机》一书中第一次提出，在世界得到广为流传，成为应用最普遍、最主要的激励理论之一。

马斯洛的需要层次理论有三个要点。

（一）人的多种需要分为五个层次

1. 生理需要

生理需要是人类为了维持其生命最基本的需要，也是需要层次的基础。包括衣、食、住、行、水、空气和阳光以及其他方面的生理需要。这是人类赖以生存和发展的基本条件，生理的需要是推动人类行为的强大动力。

2. 安全需要

当一个人的生理需要得到基本满足后，就希望在生理上和心理上获得安全、受到保护。安全的需要包括劳动安全、环境安全、就业保障、经济上的保障、心理安全感等。安全的需要是人类安居乐业的基本保证。

3. 归属需要

归属需要也称交往和社交需要。人在基本满足生理需要与安全需要后，便产生了归属的需要，希望从社交活动中得到别人的安慰和支持，达成人与人之间的相互信任和帮助，建立融洽的人际关系。同时，人们都希望归属于一个团体以得到关心、爱护、支持、友谊和忠诚，从而消除孤独感，在心理上产生一种满意的归属感。

4. 尊重的需要

当一个人满足社交需要后，他通常不止是满足做群体中的一员，而且要产生自尊的需要。即希望别人对自己的工作、人品、能力和才干给予较高的评价，希望自己在同事之间有一定的声誉和威望，从而得到别人的尊重并发挥一定影响力。

5. 自我实现的需要

自我实现的需要是人的最高层次的精神需要。它要求发挥自我内在的潜力，实现自己的理想和抱负。产生这种需要的人都决心发挥自己最大的能力完成难度较大的工作任务，成就一番事业，努力使自己成为理想的人。这种需要往往是通过胜任感和成就感来获得满足的。

（二）人的需要是分等分层，呈阶梯式逐级上升

马斯洛认为，人的五个层次的需要是由低向高排列的。如图 8-2 所示。人的最基本需要是生理需要。一般来说，只有在低层次的需要满足以后，人才会进一步追求较高层次的需要，而且低层次的需要满足的程度越高，对高层次需要的追求就越强烈。人在不同的发展阶段，其需求结构也不同。一般来说，人们的行为是由优势需要决定的，优势需要是指在人们的全部需要结构中最重要、最强烈的需要，它决定着人们的行为方向。马斯洛将五种需要划分为高、低两级。生理需要和安全需要属于低级需要，归属需要、尊重需要属于高级需要。低级需要主要从外部使人满足，高级需要主要从内部使人得到满足。

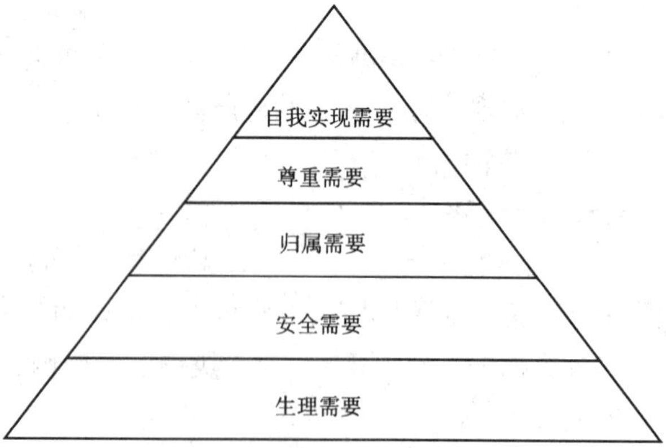

图 8-2　马斯洛的需要层次理论

（三）未被满足的需要才有激励作用

需要的存在是促使人产生某种动机的行为基础。当一个人一无所求时，也就没有什么动力与活力；反之，若一个人有所需求，就必然存在着激励的因素。五个层次的需要是人生来就有的，但每一个人的需求强度、显露程度可能不同。对大多数人的共同需要，可以采取共同的方法来激励，而对不同的需要则要采取不同的方法，切忌“一刀切”。另外，当某种需要得到满足以后，这种需要也就失去了对行为的唤起作用，下一层次的尚未满足的需求就会成为人们行为的动机。高层次的需要，不仅内容比低层次需要广泛，实现的难度也大。据马斯洛估计，80% 的生理需要和 70% 的安全需要一般会得到满足，但只有 50% 的社交需要、40% 的尊重需要和 10% 的自我实现需要能得到满足。

马斯洛的需要层次理论第一次系统地阐述了人的需要与行为之间的关系，对现代企业管理具有很大的应用价值。管理者可以根据五种需要对员工的多种需要加以归类和确认，然后在对未满足的或正在追求的需要提供诱因，进行激励，同时要更加注重高层次需要的激励作用。应用马斯洛的需要层次理论对员工进行激励的一个重要前提，就是要了解员工的需要到底是什么。在不同国家、不同时期以及不同组织中的员工，他们的需要不仅是不同的，而且是动态变化的。因此，管理者应该经常性地用各种方式进行调查，弄清员工哪些需要还没有得到满足，然后有针对性地采取措施进行激励，如表 8-1 所示。

对马斯洛的理论尽管存在不少争议，但由于他对人的需要进行了系统的研究，为以后各种激励理论的提出奠定了基础，因此，需要层次理论也就成为了最著名、最经典的激励理论。

表 8-1　需要层次与管理对策

需要的层次	激励（追求的目标）	管理对策
生理需要	工资 健康的工作环境 各种福利	待遇奖金 保健医疗设备 工作时间 住房福利设施
安全需要	职业保障 意外事故的防止	雇佣保证 退休金制度 意外保险制度
归属需要	友谊（良好的人际关系） 团体的接纳 与组织的认同感	协谈制度 利润分配制度 团体活动计划 互助金制度 教育培训制度
尊重需要	地位、名誉 权力、责任 与他人工资之相对高低	人事考核制度 晋升制度 表彰制度 选拔进修制度 委员会参与制度
自我实现的需要	能发展个体特长的组织环境 具有挑战性的工作	决策参与制度 提案制度 研究发展计划

二、双因素理论

20 世纪 50 年代末，美国心理学家赫茨伯格（Frederick Herzberg）对一些企业的工程师和会计师进行了工作满意感方面的调查，发现使受访人员不满意的因素多与他们的工作环境有关，而使他们感到满意的因素通常是由工作本身所产生的。根据调查结果，赫茨伯格提出了双因素理论，把组织中影响人的积极性的因素，分为激励因素和保健因素两大类。

激励因素，往往与工作内容或工作成果有关。这类因素有成就、赏识、工作本身具有挑战性、负有较大责任、在职业上得到发展等。这些因素能产生直接的激励作用，使员工对工作有一种满足感，这是影响人们工作的内在因素，能够促使人们积极进取，不断提高工作效率，因此将这类因素称为激励因素。

保健因素，在工作中使人们感到不满意的因素往往与工作环境或外在因素有关。如公司政策与行政管理、监督、工作条件、人际关系、地位、安全和生活条件、薪金等。这类因素改善了，只能消除员工的不满、怠工与对抗，但不能使员工变得满意，不能直接起激励作用，就像卫生保健对身体健康所起的作用一样，因而称之为保健因素。

这两类不同因素的具体内容，如表 8-2 所示。

赫茨伯格的双因素理论实际上是分析了人的各种需求对行为的影响程度，并根据程度大小把人的需求进行了归类研究，以便更好地指导管理实践。这种理论与马斯洛的需要层次理论实际上是异曲同工，只不过马斯洛是针对人的需要和动机去探讨激励问题，赫茨伯格是针对满足需要的目标和诱因去探讨激励问题，两者的研究角度不同。

表 8-2　赫茨伯格保健－激励双因素的具体内容

保健因素（外在因素）	激励因素（内在因素）
公司的政策和行政管理 监督系统 与上级主管之间的人事关系 与同级之间的人事关系 与下级之间的人事关系 工作环境或条件 薪金 个人的生活 职务、地位 工作的安全感	工作上的成就感 工作中得到认可和赞赏 工作本身的挑战性和兴趣 工作职务上的责任感 工作的发展前途 个人成长、晋升的机会

同时赫茨伯格认为，“满意”的对立面是“没有满意”，“ 不满意”的对立面则是“没有不满意”。 赫茨伯格修正了传统的认为满意的对立面就是不满意的观点，认为满意与不满意是质的差别，如图 8-3 所示。

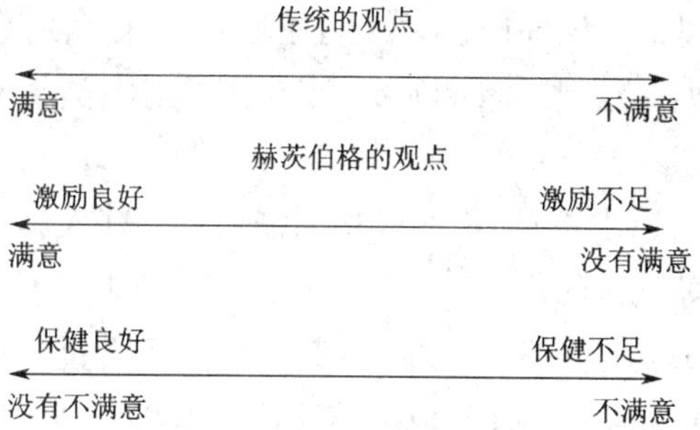

图 8-3 赫茨伯格的双因素理论

按照其观点，激励要以满足需要为前提，但并不是满足需要就一定能产生激励作用。给予赞赏、责任和发展机会（有激励因素），员工会感到满意；不表扬、不授权（无激励因素），员工也不会感到不满意，而只是没有满意感。工作有报酬（有保健因素），员工不会感到满意，而只是没有不满意感，但光让干活却无报酬（不具备保健因素），员工就会不满意。由此可见，改善保健因素只能消除人们的不满，起到安抚作用，即“没有不满意”，而不一定能起到激励作用。要想真正激励员工努力工作，就必须改善那些激励因素，这样才会增加员工对工作的满意感。

双因素理论关于满足员工需要的两类因素具有不同的激励作用，可以给管理人员以启示，即单纯依靠增加薪金，改善工作条件等外在诱因，不能直接激励员工，即使有作用也只能暂时使人们感到满意，其效果是微弱的。为使员工积极性得到充分发挥，应主要从激励因素，即从内部，从工作本身入手，为员工创造做出贡献与成就的工作条件和机会，丰富工作内容，增加工作趣味并赋予必要的责任，使员工从工作中获得成就感和组织及他人的承认，就会产生更大、更持久的激励作用。

需要注意的是，双因素理论值得我们借鉴，但必须结合我国的国情，对于哪些是保健因素哪些是激励因素，赫茨伯格是根据当时工程师和会计师的调查得出的，并不一定符合各国的实际。对于每一个人来说，激励因素和保健因素是各不相同的，对一个人来说是激励因素，对另一个人可能属于保健因素。因此实际运用时，应区别对待不同人的保健因素和激励因素，才能提高激励效果。

赫兹伯格的双因素理论和马斯洛的需要层次理论既有联系，又有区别，需要层次理论针对的是人类的需要和动机；而双因素理论则是针对满足这些需要的目标和诱因。双因素理论中的保健因素相当于需要层次论中的低层次需要，这些需要的满足仅能消除不满，但不能导致满足。就是说，他们只能维持工作激励在零状态，是防止产生不满的前提，只能看作激励的起点。相应地，激励因素相当于需要层次理论中的高层次需要。这一类需要的满足才能真正导致满意，充分持续地激励员工。

三、成就需要论

美国心理学家麦克莱兰（David McClelland）经过对成就动机的几十年研究，于 20 世纪

50年代提出了成就需要理论。该理论认为人们在工作中有三种主要的动机或需要，即成就需要、权力需要和社交需要。通过大量的研究，麦克莱兰对三类基本需要做了具体的描述。

1. 成就需要

成就需要即达到标准、追求卓越、争取成功的需要。一些人具有强烈的内在驱动力要将事情做得更加完善以获得更大的成功，他们追求的是在争取成功过程中克服困难、解决难题、努力奋斗的乐趣以及成功之后的个人成就感，他们并不看重成功之后所得到的奖励。这就是麦克莱兰所提出的成就需要。有高成就需要的人有以下主要特征：渴望把事情做得更完美；寻求那种能发挥其独立处理问题能力的工作环境；有承担责任、解决问题、寻求答案的欲望；寻求适度挑战性的目标，即不喜欢接受特别容易或特别困难的工作任务；希望得到有关工作绩效的明确具体的及时反馈；对工作热忱，执著于所完成的任务。这种需要是该理论的核心内容。

2. 权力需要

权力需要是指影响或控制他人且不受他人控制的欲望。具有高权力需要者对发挥影响力和控制他人都特别重视。这类人的主要行为特征是：喜欢竞争性强和存在地位取向的工作环境；性格坚定，喜欢承担责任；喜欢在公开场合发表自己的见解，爱教训别人等。权力需要是管理者取得成功的最重要因素。因此一般而言，优秀管理者权力需要高，而社交需要低。

3. 社交需要

社交需要是指建立友好亲密的人际关系的愿望。具有高度社交需要的人具有如下的特征：建立并保持与他人的友好关系；乐于参加各种社交活动，结交知己朋友；乐于关心和帮助有困难的人；喜欢合作，希望彼此沟通和理解等。

在现实生活中，人们在不同程度上都有以上三种需要，但不同的人对这三种基本需要的先后次序和重视程度是不同的。如追求事业的人，一般更重视追求成就需要和权力需要，而对社交需要的追求则相对弱些。

综合分析上述三种需要后，麦克莱兰将之用于管理人员的分析中。麦克莱兰发现，小公司和大公司各类主管人员对需要有区别。小公司的总裁普遍表现出非常高的成就需要，而大公司的总裁只有一般性的成就需要，这可能与小公司以追求公司的成长为目标，而大公司的成长可能性比较小的缘故。大公司的中上层主管人员在成就需要上要强与他们的总裁，这或许因为总裁已达到事业的顶峰，而主管人员还有向上追求的动力。但就一个组织而言，主管人员不一定都要具有较高的成就需要，因为组织的管理活动复杂，它需要具有各种需要的主管人员，如果主管人员都具有较高的成就需要，只注重个人奋斗，而忽视与员工们和睦相处，则公司可能因为员工得不到主管人员的关心而缺乏凝聚力，影响员工潜能的发挥。

成就需要理论把重点放在鉴别和培养成就需要上，丰富了马斯洛对自我实现需要的描述，它对于管理者发现高成就需要的人及培养下属的成就需要是非常有用的。但成就需要理论对于管理者如何激励占绝大多数的低成就需要者的问题没有进行深入研究，有关这方面的理论是由赫茨伯格提出的。

四、期望理论

期望理论是由美国著名心理学家和行为科学家弗洛姆（Victor Vroom）于 1964 年在《工作与激励》一书中提出来的。该理论的基本观点是：

第一，人是理性的，一个人决定采取何种行为与这种行为能够带来什么结果，以及这种结果对他来说是否重要紧密相关。个人从事某项工作的动机强度是由其对完成该项工作的可能性、获取相应的外在报酬的可能性（期望值）的估计和对这种报酬的重要程度（效价）来决定的，即人们的努力与其期待的最终奖酬有关。

第二，激励效应取决于个人通过努力达成组织期望的工作绩效（组织目标）与由此而得到的满足个人需要的奖酬（个人目标）相一致、相关联的程度。一致程度或关联性大，则激励效应就大，否则就小。

第三，激励是一个动态的过程，如图 8-4 所示，当一个人对期望值、效价的估计发生变化时，其积极性也将随之变化。

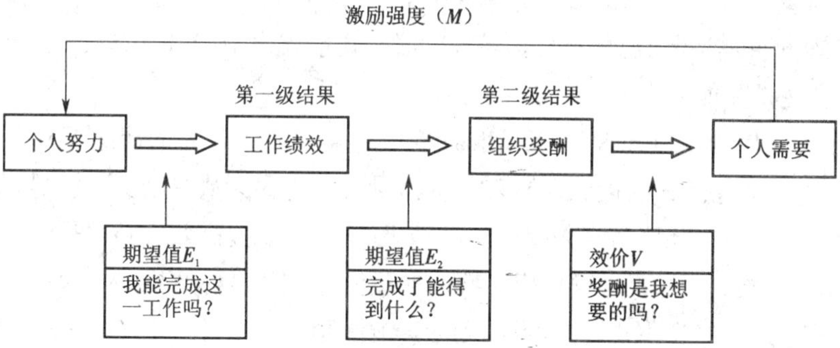

图 8-4　弗洛姆的激励—期望理论模型

弗洛姆的激励—期望理论模型可表示为：

$$M = EV$$

M（Movie force）表示激励程度，反映一个人的工作积极性高低和持久程度，它表明人们为达到设置目标而努力的程度。

E（Expectancy）表示期望值，是指人们对想要实现某一目标的主观概率，即主观估计达到目标的可能性的大小 ($0 \leqslant E \leqslant 1$)。包括两个方面：一是个人经过努力后能达到组织目标的概率；二是组织能实现个人目标的概率。

V（Value）表示效价，又叫做目标价值，是指人们对某一目标的重视程度与评价高低，即人们在主观认为实现目标后获得报酬的价值大小。效价反映了一个人对某一结果的偏好程度。某人对某种结果越是向往，此结果对该人而言效价就越接近于 +1；当他对实现某一目标认为是无足轻重时，效价为零；而当他认为目标实现反而对自己不利时效价为负。后两种结果都不会对人产生激励。($-1 \leqslant V \leqslant 1$)

从图和公式中可以看到，只有当期望值和效价都比较高时，才会产生较大的激励力量。只有当事人认为自己的努力可以取得较好的业绩、好的业绩又会带来某种特定的奖励，且这种奖励对本人具有很大的吸引力时，激励作用最大。

我们以一个简单例子来说明效价、期望值与激励的程度之间的关系。

一位公司销售经理对他的一位销售员说：如果你今年完成 1 000 万元的销售额，公司将奖你一套住房。这时组织的目标是 1 000 万元销售额，个人的目标是一套住房，效价和期望值可能会这样影响对此人的激励程度。

效价——销售人员的可能反应是：

A."一套住房，这正是我梦寐以求的，我一定努力去争取"；

B."住房？我现在住得已经够好了，况且我一个人拿了住房，同事们会不满的，这对我没什么吸引力"。

期望值——他可能的反应是：

A."1 000 万元的销售额，照今年的行情，如果我比去年再卖力一点，是能做到的"；

B."1 000 万元简直是天方夜谭，我才不会白花力气呢"

A."经理向来说到做到，只要销售到 1 000 万元就能得到一套住房，我一定好好努力"。

B."经理向来说话不算数，我打赌经理到时一定能找出 10 条理由说：'我也不想说话不算数，但我实在是无能为力。'"

在例子中可以很明显地看到，效价和期望值越高（在所有 A 的情况下），对人的激励程度越强；反之（在所有 B 的情况下），对人的激励程度越弱。从中至少可以得到以下两点启示：一是要有效地进行激励就必须提高活动结果的效价，要提高效价必须是活动结果能满足个人最迫切的需要；二是要注意目标实现的期望值，即组织目标实现的概率不宜过低，以免让个人失去信心；当然也不宜过高，过高则会影响激励工作本身的意义。

弗洛姆模型提供了一个关于激励过程的具有较大综合性和应用价值的理论框架。管理者为有效地激励员工，应当一方面提高员工对某一成果的偏好程度，另一方面帮助员工实现期望值。这个公式实际上提出了在进行激励时要处理好三方面的关系。

1. 努力与绩效的关系

人们总是希望通过一定的努力能够达到预期的目标。如果个人主观认为通过自己的努力达到预期目标的概率高，就会有信心，就可能激发出很强的工作动机；反之，就会失去内在的动机，导致工作不积极。

2. 绩效与奖励的关系

人们总是希望获得成绩后能够得到奖励。这种奖励是广义的，即包括提高工资、多发奖金等物质奖励，也包括表扬、自我成就感、被赏识等精神奖励。如果他认为取得成绩后能获得合理的奖励，就有可能产生工作热情。

3. 奖励与满足个人需要的关系

人们总是希望自己所获得的奖励能满足自己某方面的需要，然而由于人们在年龄、性别、资历、社会地位和经济条件等方面都存在差异，他们对各种需要、要求得到满足的程度就不同。因而对于不同的人，采用同一种方法给予奖励能满足需要的程度不同，能激发出来的工作积极性也就不同。

期望理论的核心在于运用效价和期望值概念揭示了个人选择目标及目标影响行为的过程。以该理论为基础，管理者可以找到增强动机水平和激励强度的方法，具体有：①具体描绘出每个员工的行动成果的效价；②具体规定实现预期目标所要求的行动表现的标准和要求；③说明所需要的行动的表现标准和要求是可以达到的；④要使员工的行动表现与期望目标的实现紧密地结合起来；⑤认真分析妨碍员工实现目标的各种相关影响因素，并为其创造各种有利条件；⑥确定优厚的报酬。

由于期望理论为管理者提供了解释员工行为、了解员工决策的框架，阐释了如何按照员工的价值判断和期望来合理地提供激励的方式，因此得到了广泛认同与支持。但此理论也存在争议：要准确了解和预测员工的期望和价值，不是一件容易的事情，同时迅速变化的环境也会使预测的准确性下降；另外，期望理论强调报酬或奖赏，认为每一个员工都在寻求获得最大的满足感，但是事实未必如此。

五、公平理论

公平理论又称为社会比较理论，它是由美国心理学家斯亚当斯（Stacey Adams）在其1965年发表的《社会交换中的不公平》一书中提出的。该理论侧重于研究利益分配的合理性、公平性对人们工作积极性和工作态度的影响。公平理论的基本观点是，当一个人做出了成绩并取得了报酬以后，它不仅关心自己所得报酬的绝对量（实际收入），而且关心自己所得报酬的相对量（即所得与付出之比）。因此他要进行种种比较来确定自己所获报酬是否合理，比较的结果将直接影响今后工作的态度和积极性。

所谓“公平”就是员工把自己的工作绩效和所得报酬，拿来与他人的工作绩效及所得报酬进行主观比较时，由此产生的一种积极心理平衡状态；相反，“不公平”是指比较时产生的一种消极的、不平衡心理状态。因此，公平实质上是一种主观价值判断，在不同的社会文化背景和社会意识形态下，其标准也会有很大差别。公平理论主要从社会比较角度研究激励的心理过程。它认为，在职业流动性很高的社会中，一个组织者要吸引现有员工继续留在本组织中，或者吸引更多的人加入本组织，至少必须做到贡献（个人付出的努力或投入）与诱因（个人所得的报酬或奖励）相平衡。但人们在缺乏评价其得到的报酬和付出的努力是否相当的客观标准情况下，常常是将其付出和所得的比率与他人的付出和所得的比率做比较以此衡量其得到的报酬是否公平。

这里所谓的付出与所得都是个人的主观感觉和判断。付出指的是一个人自己觉得劳动量的多少、效率高低和质量好坏，还包括年龄、性别、所受教育与训练、经验、技能、职务、社会地位、对组织的忠诚及努力程度等。所得是指一个人所得到的劳动回报，包括工资、奖金、地位、权力、待遇、赞赏、表扬、对工作成绩的认可、提升等。若比值相等，就产生公平感，若不等则产生不公平感。

员工评价自己是否得到了公正的评价，在一般情况下常选择 4 种参照物：同事、同行、亲友和自己以前的情况作为参考依据，这就分成了横向比较和纵向比较。

横向比较，即将自己的所得和付出的比值与他人所得和付出的比值进行比较，只有相等时，认为是公平的。用公式表示：

$$O_P/I_P = O_C/I_C$$

式中 O_P——自己对所获报酬的感觉；

O_C——自己对他人所获报酬的感觉；

I_P——自己对个人所作投入的感觉；

I_C——自己对他人所作投入的感觉。

当上式不相等时，会出现两种情况：

$O_P/I_P < O_C/I_C$，他可能要求增加报酬或减少自己的投入，达到心理上的平衡。

$O_P/I_P > O_C/I_C$，他可能要求减少报酬或自动多做工作，达到心理上的平衡。

另一种比较是纵向比较，即把自己目前的投入与目前获得的报酬比值，同自己过去的投入与过去所获得的报酬的比值进行比较，只有相等时，他才认为公平。用公式表示：

$$O_{PP}/I_{PP} = O_{PL}/I_{PL}$$

式中 O_{PP}——自己对现在所获报酬的感觉

O_{PL}——自己对过去所获报酬的感觉

I_{PP}——自己对现在投入的感觉

I_{PL}——自己对过去投入的感觉

当上式不相等时，也会出现两种情况：

$O_{PP}/I_{PP} < O_{PL}/I_{PL}$，人会有不公平的感觉，这可能导致工作积极性的下降；

$O_{PP}/I_{PP} > O_{PL}/I_{PL}$，人不会因此产生不公平的感觉，但也不会觉得自己多拿了报偿，从而主动多做些工作。

归纳起来，当人们面临不公平时，通常会采取如下措施，以减少不公平感：改变自己的投入（不再那么努力）；改变自己的产出（降低质量）；改变自我认知（我不是与别人一样，而是比其他人更努力）；选择另一个不同的参照对象（我起码比清洁工小李挣钱多）；对比较对象施加影响，以改变其实际的付出或所得；无法改变不公平现象时，可能采取发牢骚、制造人际矛盾、甚至放弃工作等行为。

公平理论告诉我们，人们看待公平的标准各不相同，一个人对自己所得到的报酬是否满意，既取决于报酬的绝对值，还取决于社会和历史的比较，以及自己和他人在工作和报酬上的相对关系。公平理论在管理实践中具有重要现实意义。实践证明，该理论所描述的关于公平的感受是一种普遍的心理现象。广泛存在于组织环境中，并直接作用于员工的行为过程，影响员工的工作积极性。为实现有效激励，管理者必须深入了解员工对其劳动报酬是否感到公平；并通过合理分配奖酬金，调节奖励形式，纠正认知偏差，破除平均主义、大锅饭的旧思想、旧观念；努力推动民主管理制度，创造公平、民主的组织气氛；适当减少比较机会等方式消除不公平感，力求使每个员工都得到公平合理的报酬和待遇，进而增加其满足感，激发员工的积极性。

另外，在激励过程中应注意对被激励者的心理疏导，引导其树立正确的公平观：第一，使大家认识到绝对的公平是没有的；第二，不要盲目攀比，盲目性起源于纯主观的比较；第三，不要按酬付劳，按酬付劳是在公平问题上造成恶性循环的主要杀手。

公平理论的不足之处，在于员工本身对公平的判断是极其主观的，这种行为对管理者施加了比较大的压力。因为人们总是倾向于过高估计自我的付出，而过低估计自己所得的报酬，而对他人的估计则刚好相反。因此管理者在应用该理论时，应当注意实际工作绩效与报酬之间的合理性，并注意留心对组织的知识吸收和积累有特别贡献的个别员工的心理平衡。

六、强化理论

强化理论，又成为行为矫正理论，是由美国哈佛大学的心理学家B.F.斯金纳(B.F.Skinner)提出的。着重研究如何引导人的行为，使它朝着组织所希望的方向进行，强调人的行为结果对其行为的反作用。心理学家认为，人具有学习能力，通过改变其所处的环境，可以保持和加强积极的行为，减少或消除消极行为，把消极行为转化为积极行为。因此，有意识地对某种行为进行肯定强化时，可以促进这种行为重复出现。反之则会消退和终止。这种状况心理学中称为“强化”。凡能增强反应强度的刺激物，即称为强化物。人们可以通过控制强化物来控制行为，求得行为的改造。根据这一原理，采用不同的强化方式和手段，可以达到有效激励员工积极行为的目的。

在管理中运用强化激励理论时，一般有三种强化方式，即：正强化、负强化、自然消退，这三种方式可以单独使用，也可以结合使用。

1. 正强化

正强化又称为积极强化，即利用强化物刺激行为主体，来保持和加强某种积极行为重复出现的频率。属于正强化的有表扬、奖励、提薪、提升、给予培训机会、安排担任挑战性的工作、改善工作条件和人际关系等等，在正强化下，员工因原有行为受到鼓励和肯定而自觉加强该行为。

2. 负强化

负强化又称为消极强化，即利用强化物抑制不良行为重复出现的可能性。负强化包括批评、惩罚、降职、降薪等。通过负强化可以使员工感受到物质利益的损失和精神的痛苦，从而自动放弃不良行为。

3. 自然消退

自然消退即对行为不施以任何刺激，任其反应频率逐渐降低，以致慢慢消失。实践证明，某种行为长期得不到肯定或否定反应，行为者就会轻视该行为的意义，以致丧失继续行为的兴趣。虽然自然消退可以有效地减少员工的消极行为，但不能保证使组织希望的目标行为取代不合宜的行为，因此应结合强化策略，以使希望的行为替代要求消除的行为。

在管理中应用强化理论时，应以正强化为主，管理者影响和改变员工的行为应将重点放在积极的强化而不是简单的惩罚；注意表扬和批评的目的性，实事求是的运用奖惩，惩罚虽然在表面上会产生较快的效果，但其作用通常仅是暂时的，而且对员工的心理易产生不良的副作用；强化措施还要因人而异，形式多样。

强化理论指出，正强化虽然是一种较为有效的行为激励方式，但应该注意与其他方式配合使用。正强化尽管有刺激及时、立竿见影的效果，但若过于频繁地使用正强化，一个后果是导致人们会形成越来越高的期望，这样在强化力度不变的情况下会出现行为刺激减弱的现象（如一定数额奖金的"边际效用"发生递减）；另一种后果则是，当人们认为这种正强化是理所当然的，提供时不会起很大的正面刺激作用，不提供时反被人们视为是对该行为的一种冷处理，从而出现不应有的行为弱化倾向（有人认为我国不少单位中发放的工资和津贴化了的奖金这类的刺激已成为"保健因素"，没有起到激励因素的作用）。由此，强化理论强调，管理者在激励下属行为时，应该根据组织的需要和个人特定行为表现，不定期、不定量地实施强化，使得每一次强化都能起到较大的行为刺激作用。

多年来，研究工作者已经形成了一些有助于行为强化思想的规则，如塑造组织行为的汉默尔规则。

规则 1：不要对所有的个体给予同样的奖励。为了使行为强化有效果，奖励应基于工作绩效对每个人都给予同样的奖励，实际上是强化了不好或中等表现。忽视了突出表现。

规则 2：注意忽视强化对于员工行为产生的影响。管理者做出反应或者不做出反应都会影响下属行为。没表扬一个理应受到表扬的下属，会导致他下一次工作时不那么努力。

规则 3：一定要让人们清楚如何做才会得到奖励。组织应建立一个行为标准，让每个人都知道怎么做才能得到奖励；下属也可以相应调整他们的工作方式。

规则 4：务必告诉下属他们错在哪里。如果管理人员收回对下属的奖励，却不对其说明这样做的理由，下属会迷惑不解。他也许会感到自己被愚弄了。

规则 5：不要当众惩罚一个员工。训斥下属也许是制止不当行为的一种有用方式。但是，当众指责会使下属感到屈辱，并且可能引起工作团队内全体成员对管理者的不满。

规则 6：要公正。一种行为应得到与其结果相对应的奖励。没有奖励应得到奖励的人，或是过度奖励不值得奖励的下属，都会削弱奖励的强化效果。

七、归因理论

归因理论是由美国心理学家海德（F.Heider）首先提出的，后来由美国斯坦福大学的罗斯等人加以发展。归因理论是说明和推论人们活动的因果关系的理论。归因理论认为人们获得成功还是遭受失败可以归为四种因素：努力程度；能力大小；任务难度；运气和机遇。这四种因素的表现是：①努力程度——相对不稳定的内因，是可控因素；②能力大小——相对稳定的内因，能力大小在短期内是不可控因素，但随着时间的推移，人们可以提高自己的能力，这种能力又变为可控因素了；③任务难度——相对稳定的外因，是不可控因素；④运气和机会——相对不稳定的外因，是不可控因素。

人们的不同归因会直接影响和决定以后的行为。如把工作和学习的失败归结为内因，即自己能力低或努力不够时，就会激发人们的积极性而加倍努力地工作；若归结为外因时就会降低积极性，放松努力；若把失败归结为稳定因素，就会降低自信心和行为的坚持性；若把失败归结为不稳定因素，就会增强信心，坚持努力的行为；若把失败归结为可控因素，自己就会充满信心努力实现目标；若把失败归为不可控因素，自己就会放弃努力。

归因理论在管理中有重要的应用价值，管理者可以利用归因理论来改变人的认识，达到改变人的行为的激励效果。当下属在工作、学习和生活中遭受失败时，管理者要及时帮助他们分析失败的原因（归因），引导其继续保持努力行为，促使行为合理化。

八、挫折理论

挫折理论是美国心理学家亚当斯提出来的。挫折理论是专门研究人们在日常工作学习生活中为什么会遭受挫折，遭受挫折后人们又会产生什么反应，管理者如何帮助人们有效地战胜挫折，克服挫折所带来的消极影响。

挫折理论认为，挫折是普遍存在的一种社会心理现象，几乎所有的人都有发生挫折的可能性。产生挫折的原因很多，但总的归纳起来主要有主客观两方面的原因。主观原因主要表现在：①个人的目标往往定得过高，超出了自身能力的限制，结果事与愿违；②个人同时追求的目标过多，由于精力和能力有限，不可能同时实现多个目标，结果一事无成；③凭“想当然”的态度办事，往往因脱离实际导致失败。客观原因主要表现在：①自然环境因素，如自然灾害给人们工作、学习、生活带来了困难，使预期目标无法实现；②物资环境因素，如由于物质缺乏或突变故障使人们正常活动受到影响，不能如愿以偿；③社会环境因素，如随着社会的发展和外来文化的影响，形成一些新的行为规范和价值观念，新旧的冲突往往会使人们遭受挫折。

挫折理论认为人们产生挫折后必然有所反应。一是表现在情绪方面，如出现愤怒、焦虑、沮丧。其次是表现在行为方面，如出现攻击性行为或防卫性行为。

为了避免挫折可能导致的严重后果，在管理工作中一方面应尽量消除引起挫折的环境，避免使员工受到不应有的挫折；另一方面，当员工受到挫折时，应尽量减轻挫折引起的不良影响，提高员工对挫折的容忍力，引导其行为向积极的方向发展。挫折理论也提出了战胜挫折的多种有效方法。如帮助受挫者建立正确的“失败”观；对受挫折者采取宽容的态度；为受挫者改变环境；采取心理咨询等方法，以便使受挫者走出逆境，勇敢地面对未来。总之，挫折理论有助于管理者做好人的工作，调动人的积极性。

第三节　激励实践

一、有效激励的原则

（一）坚持物质利益原则

给劳动者以物质利益，是社会主义基本经济规律所决定的。人们进行社会活动，都是直接或间接地和物质利益联系在一起，这是马克思主义关于历史唯物主义的一个观点。在管理工作中要充分考虑物质利益原则，既可以满足人们的物质利益需要，促使人们关心自己的工作，以推动组织的发展进而推动整个社会的发展。坚持物质利益原则也应注意：当个人利益和局部利益与集体利益和国家利益发生冲突时，个人利益和局部利益应该服从集体利益和国家利益；眼前利益应该服从长远利益，在提高劳动生产率的前提下，保证员工的生活水平不断提高。只有这样，才能调动广大员工的个人积极性。

（二）按劳分配原则

要激发员工的利益动机，就必须贯彻好按劳分配的原则，这是社会主义初级阶段所必须坚持的主体性分配原则。按劳分配原则不是平均主义的大锅饭，它承认在机会均等原则面前由于个人条件和能力所造成的事实上的不平等，这是现阶段不可避免的，并通过社会福利、社会保障体系努力达到最大限度的补偿性公正。按劳分配可以鼓励员工、管理人员努力学习，改进技术，提高技能和水平，并根据工作绩效评价标准，形成员工在工资、奖金、福利方面的差别。

在社会主义初级阶段，在按劳分配为主的前提下，在一定程度上存在着一些“按资分配”作为现阶段按劳分配原则的辅助和补充，应该说按资分配在现阶段是一些新形式，如按股分红取息等有助于使员工从诸多利益上关心企业经营状况和成果，调动员工关心企业、以厂为家的积极性，使他们在关心个人利益的同时关心集体利益，在实行一定的按资分配，鼓励一部分人先富起来的同时，当然也必须预防不公正的两极分化。

（三）差异化和多样化原则

在组织中，激励的对象是若干相互独立的员工个体。个体之间在需要结构、个性特征、能力本质等方面都存在着不同程度的差异，例如，有的员工对交往、归属等情感需要十分强烈；有的则高度重视个人价值的实现；有的员工希望从事高难度、高创造性的工作；有的则宁愿做常规型、程序化的工作；有的员工要求随时得到工作成果的反馈；有的则满足于工作过程的趣味性。因此就要针对不同的人采用不同的激励方式。而人的需要又是多种多样、不断发展变化的，因而激励方式也就必须多种多样、彼此差异的。事实证明，在激励工作中只有坚持差异化和多样化原则，根据不同人的不同要求采取相应的激励方法和手段，从而达到最佳的激励效果，才能保证激励的有效性。

（四）以身作则，发挥榜样作用

领导者本身应言传身教，自己起到带头和表率作用。实践证明领导者的表率作用对下属起着很大的激励作用，领导者在以身作则的同时，还应善于树立典型，发挥榜样的作用。榜样的力量是无穷的。大多数人都不甘落后，但往往不知应该怎样干或在困难面前缺乏勇气，通过树立先进典型和领导者的宣传示范，可以使员工找到一面镜子，使员工增添克服困难争取成功的决心和信心，无形中起到很好的激励效果。

二、激励方式

在研究了激励理论之后，管理者往往急于寻求最有效的激励方法，然而员工积极性的调动不是简单的单向的策略所能奏效的。人的需求是多种多样，动机也是纷繁复杂，调动人的积极性的方法很多，而且各种方法都有它的有效性，也都有它的运用范围和局限性。因此在采用适当的激励方法时，首先要注意三点：一是决不能离开人的最基本需要，否则，一切激励措施和手段都可能变成不切实际的“空中楼阁”；二是决不要忽视人的高层次的精神需求、心理满足，管理者应该在员工现在水平上，激发出他们的更高层次的心理动机，引导他们积极进取、奋发向上，使他们树立其健康的、进步的、高尚的工作态度；三是要综合运用各种动机激励手段，使全体员工的综合积极性、创造性，即组织的综合活力达到最佳状态，为组织发展开辟良好的内部环境。

激励方法按照作用方式不同可以将其分为内在激励和外在激励两类：内在激励是指通过工作本身的趣味性、价值、挑战性以及完成工作的成就感等激发员工的积极性；外在激励是借助环境以外的物质诱因，如奖励、表扬、晋升等引发员工的积极行为。两类激励的具体方法有多种。其中内在激励方法有工作丰富化、参与管理、目标管理等。外在激励方法有奖酬制度、提供发展机会、改善工作环境、构造组织文化和团体精神、加强信息反馈等。

（一）内在激励

1. 员工参与管理

现代管理实践突出了员工参与对于员工绩效的激励意义，员工参与计划已经成为组织的普遍形式。管理者鼓励员工的参与是基于这样的理念：通过员工参与组织的管理工作可以增加员工自主性、提高员工责任感、加强员工之间和员工与管理者之间的联系，从而使得他们的成就需要、归属需要和权利的需要得到满足，员工的积极性会更高、对组织更忠诚、工作更满意，

所谓员工参与管理是指在不同程度上让员工和下级参加组织决策和各级管理工作的研究和讨论。处于平等的地位来商讨组织中的重大问题，可使下级和员工感到上级主管的信任，从而体现出自己的利益同组织的利益、组织的发展密切相关而产生强烈的责任感。同时主管人员与下属们在商讨组织问题时，对双方来说都是一个取得别人重视的机会，从而充分调动员工的个人潜能，发挥其聪明才智，同时提高员工对自身地位及存在价值的认识，获得成就感及自我实现需要的满足。

员工参与管理的形式有多种，如成立由若干员工按比例参加的工厂委员会，保证员工直接参与组织的重大决策；设立员工提案建议制度，鼓励员工就组织经营管理问题积极发表意

见，提出合理化建议；建立员工代表大会制度，为员工全面行使民主权利、参与决策、实施监督和保障员工权益，提供组织和制度保证；吸收员工参股入股，通过员工与股东双重身份的兼容，促进员工个人利益与组织利益的高度融合，形成兴衰与共的命运共同体。

成功的参与管理应当建立在民主管理的基础上，组织内的成员相互了解、相互支持，团体决策，并且有一个为全体成员认可的高标准的目标。作为领导者必须注意，让员工参加管理并不意味着领导者可以放弃自己的职责。应该在民主管理的基础上，努力完成自己的职责，尽职尽责是领导者的最基本原则。

2. 工作方式激励

根据激励理论，一个人的投入产出率取决于其所从事的工作是否与其所拥有的能力、动机相适应。通过合理的设计和分配工作，能极大地激发员工内在的工作热情，提高其工作业绩。

1）对工作进行再设计

工作活动本身所包含的激励因素有很多：它的趣味性；工作活动的挑战性；工作活动所具有的培养性，它使员工感到在职业上能够得到发展和成长，增强了自信与自尊；工作活动中提供的交往机会，也会增加工作的吸引力；工作任务完成的激励性，只有在工作任务完成时员工才会感到满足，当事者对自己的抱负与价值得到实现时产生轻松感与自尊感。管理者应该了解哪些方面可以为员工带来激励，对于那些从事枯燥的重复性工作、内心几乎不会有满意度的员工而言，工作的再设计可以使组织成员提高工作兴趣、激发工作热情、增强工作责任感和改善人际关系。工作再设计的主要方法通常包括工作轮换、工作扩大化以及工作丰富化。

①工作轮换。是指通过员工定期地承担不同的任务来增加工作的多样性。这种方法是改进工作简单化的有效方法，它通过增加工作所涉及任务的数量和多样性来扩大工作的范围。工作轮换有两种具体形式：受训者到不同部门考察工作但不会介入所考察部门的工作；受训者介入不同部门的工作。工作轮换有利于促进雇员对组织不同部门的了解，从而对整个组织的运作形成一个完整的概念；有利于提高雇员的解决问题能力和决策能力，帮助他们选择更合适的工作；有利于部门之间的了解和合作。

②工作扩大化。是指工作范围的扩大或工作多样性，从而给员工增加了工作种类和工作强度。工作扩大化使员工有更多的工作可做，如果说原来员工只需要完成一道工序，那现在他就要完成多道工序。工作扩大化可以提高效率，是因为它可以节省产品从一个人的手中传递到另一个人手中的时间。此外，由于员工完成的是一整件产品，相比于单件的零碎工作，他会更有成就感。总之，这个方法就是通过增加某一项工作的工作内容，从而增加员工的工作内容，这不但可以让员工掌握更多的知识和技能，还能提高员工的工作兴趣。

③工作丰富化。是指员工通过改进工作设计，丰富工作内容，赋予更多的尝试机会，来增加工作本身的刺激性和挑战性，使员工获得发挥聪明才智和取得个人成就的机会。从而增进员工的满足感，同时提高工作效率。工作丰富化立足于满足成就感、创造欲、自我实现

等高层次的心理需要，力求使员工从工作本身获得激励，而无须过多地依赖外在奖励的刺激。实践证明，实行丰富化可以比较稳定、持久地维持员工的工作积极性，因而具有良好的激励效果。工作丰富化不同于工作内容的扩大，在企业环境中可以采用下列措施使工作丰富起来：在决定工作方法、工作程序和速度等方面给员工以较大的自由；鼓励下属参与管理和鼓励人们之间的相互交往；使员工对自己的工作有个人责任感；采取措施以确保员工能看到自己的工作对组织或部门所做出的贡献；把工作的完成情况及时反馈给下属，而且最好是在他们所在基层主管得到反馈之前；在分析和改变工作环境的物质条件方面，让员工也参加，提出自己的意见或建议。

值得注意的是工作丰富化的激励作用是有限定条件的，其效果大小往往因人而异。首先，并非所有员工都有丰富工作内容的心理需要。研究表明，技术水平较低的员工更加注重职业安定、增加工资、良好的人际关系、与领导的关系等外部因素的满足。只有那些具有较高成就欲和自我实现需要的员工，才渴望通过丰富的工作内容来施展才华，展示个人价值。其次并非所有的工作都适宜丰富化。某些技术性、专业性较强的工种，流水线作业，严格受机器运转制约的劳动以及频繁变换人员会严重影响效率的工作，都难以实现工作丰富化。因此运用工作丰富化实施激励时必须充分考虑员工的需求差异和工作性质，切忌简单划一。

2）多样化的安排工作时间

随着社会的发展和互联网技术的快速发展，人们发现在工作安排上出现了许多新的方法，这些方法能够兼顾工作和生活的需要而越来越多地被大家青睐，主要包括压缩每周工作日、弹性工作时间、远程办公等。

①压缩工作时间。是指采取一种比每天工作 8 小时、每周工作 5 天这样的工作安排更少的时间来完成全职工作。这种方法的最普通的形式是“4-40”，也就是说，以 4 个 10 小时的工作日来完成 40 个小时的工作。此制度的优点是可以使员工每周有三个连续的休息日，对组织来说可以降低缺勤率，组织绩效得到提高，但是此制度也增加了消费者的抱怨以及工作日程安排等问题。

②弹性工作时间。即可以给员工更多的权利去选择自己每天工作的时间。在保证每天工作时间的情况下，员工可以随意支配自己的时间，比如早来早走或晚来晚走。在两段工作时间之间，员工可以有机会处理自己的个人事务。这一优点对于老员工特别重要，如有创造力并酷爱自由的员工、双职工家庭和要赡养老人的员工。这种工作方式使他们有选择工作时间的权力，从而能够处理更多的事情。弹性工作时间带来的满意度可以更多地增加员工对组织的好感和忠诚。

③远程办公。指通过远程控制技术，或远程控制软件，对远程电脑进行操作办公，实现非本地办公：在家办公、异地办公、移动办公等远程办公模式。远程办公有许多优点，如节省了时间和交通费用，区域的限制，目前在市场营销、金融分析、行政服务、计算机编程等行业中这种工作方式比较流行。

（二）外在激励

1. 奖励

奖励是外在激励的主要方法之一，它是通过评价鉴定员工的工作表现及其成果，并给予相应的报酬和奖励，来达到激励员工积极性的目的。

对人们取得的工作成就给予奖励，会给人们的动机起到强化作用。这是因为通过奖励会产生“后果定律”效应，即获得奖励的行为倾向于重复出现，否则就倾向于不再重复。同时，奖励使人看到了自己的成就，得到了尊重或取得了信任和社会地位。

奖励包括物质的和精神的。物质奖励包括奖金、晋升工资、奖励实物、提供生活条件等。这可以激发人们的利益动机。精神奖励包括对于成效的认可、表彰、授予称号、提级、升职等。它可激发人们的精神动机。奖励的方式多种多样，可根据人们取得的成绩和人们对不同需要的追求程度而定。奖励的效果大小取决于运用方式的正确与否。在奖酬中应坚持公平合理的原则将奖酬的多寡与员工的工作表现和贡献大小紧密地结合起来，避免员工之间奖酬的不合理、不平衡，而影响部分员工的满意程度；要将物质奖励与精神奖励紧密地结合起来，以便从不同角度满足员工的多方面需要；奖励方式要不断地创新，新颖的刺激和变化的刺激比重复的、相同的刺激所产生的激励效果要好；注意将本组织的奖酬制度与其他组织的奖酬制度进行比较，避免本组织的奖酬水平过低于其他组织。在奖励的同时，还要注意采用各种惩罚手段作为辅助，以教育那些不采纳组织目标或阻碍实现组织目标的个别人员。近年来国外提出一种自助式奖励制度，即由组织提供一套多种形式的奖酬办法，员工可以根据个人需要任意选择最渴望得到的某种报酬，例如提薪、奖金、休假旅游、退休待遇、或当众表扬、授予荣誉等。这种奖酬方式较为复杂，但可以在不增加费用支出的情况下提高奖酬的效价，因而有助于增强激励效果。

2. 股权激励

股权激励是目前企业激励机制的重要组成部分和重要的激励方式之一。所谓股票期权，是指企业资产所有者对企业经营者实行的一种长期激励的报酬制度。具体是指经营者享有在与企业资产所有者约定的期限内（如 3 ～ 5 年内）以某一预先确定的价格购买一定数量本企业股票的权利。行权（行使股票期权）的经营者在约定期限内，按照预先约定的价格购买本公司股票，如该公司经营业绩优良，股票价格届时上涨，则经营者在他认为合适的价位上抛出股票，就获得差价利润。由于股票期权通常是授予公司的经理层，因此也通称为经理股票期权。经理股票期权作为长期激励机制，有助于解决股东与经营者之间的委托与代理之间的利益冲突，从而鼓励经理人员克服短期行为，更多地关注公司的长期持续发展，以此达到激励的目的。目前，在国际上通行的股权激励方式主要有：股票期权、模拟股票、股票增值权、长期业绩奖励、员工持股计划、管理层股票购买计划和限制性股票等。

在发达国家中股权激励已经成为奖励企业高级管理人员的重要手段，据对美国最大的前 10 家公司的 CEO 的调查表明，以股票期权为主的长期收益激励占其报酬结构的 96% 以上。当今股票期权之所以能够成为重要的激励手段，首先是因为股票期权激励最大限度的降低了获得人的风险，如果企业的股票没有上涨，股票期权的获得人并不会因此有所损失；其次，股票期权能够减少资方的风险，避免经理人的短期行为和“内部人控制”所带来的风险；最后股票期权可以充分挖掘经理人员和员工的潜力，因为只有企业高增长，才能给经理人员和员工带来高回报。

3. 提供培训

职业培训的目的在于为员工的成长提供机会，从而满足员工个人的成长发展需要。员工的工作热情和工作积极性通常与他们的自身素质有极大的关系。一般而言，自身素质好的人，自信心和进取心就强，比较注重高层次的追求，因此，相对来说比较容易自我激励，表现出高昂的士气和工作热情。所以，通过教育和培训，增强员工的工作能力，提高员工的思想觉悟，从而增强其自我激励的能力，是管理者激励和引导下属行为的一种重要手段。

教育培训的内容主要包括思想教育和业务知识与能力培训。

1）通过教育培训，树立崇高的理想和职业道德

通过思想教育提高员工的工作积极性，是我国组织管理的优秀传统。通过对员工进行科学的世界观教育，可以帮助员工正确地认识自身的价值，树立正确的职业道德观，形成崇高的理想和抱负，从而促进在工作中认真负责、勇于进取、积极肯干。思想教育的内容主要包括爱国主义、集体主义教育，国内外形势分析，党和政府的方针政策，厂纪、厂规教育，职业道德教育，先进模范人物事迹介绍，针对员工的思想情况而进行的个别教育等。

2）通过专业技能培训，提高员工的工作能力

进取心和个人的业务素质是相互促进的，强烈的进取心会促使员工努力地掌握新的工作技能，而良好的素质使一个人有较多的成功机会，成功及由此带来的心理满足又会使其在事业上攀登新的高峰。专业技能培训，应根据本组织和员工的特点，有计划、有组织、有重点地进行。例如，对管理人员，既要注意通过理论学习，使他们掌握现代化管理的新知识和新方法，又要注意在实践中培养，以提高他们解决实际问题的能力；对于一般员工，既要进行基础教育，提高他们的文化水平，又要结合本员工作，进行相关作业的基本技能训练；对于技术人员，则既要使他们能够通过各种方式及时了解本学科的发展动态，又要让他们有更多的运用新知识的机会。只有从业务理论和实际操作技能这两方面，根据员工的工作特点去组织培训工作，才能收到较好的效果。

4. 建立和健全规章制度

组织中良好的规章制度都与一定的物质利益相联系，因此对员工的消极行为是个约束。同时，规章制度为员工提供行为规范，提供社会评价标准，员工遵守规章制度的情况还与自我肯定的社会舆论等精神需要相联系。因此其激励作用是综合的。例如组织用工制度规定可以辞退表现不好或技能过低的人员，这无疑对员工的工作造成一种强制性压力。组织制度中对员工激励作用较大的规章制度，包括员工守则——员工行为的基本规范；用工制度——与员工的职业保障相联系的制度；用人制度——涉及个人前途、地位的制度；责任制度——与员工的工作评价有关的制度等。

5. 精神激励

精神激励是指通过使员工在精神上和心理上得到满足而对员工进行的激励。可以采用信任激励、价值观激励、榜样激励、文化激励等方式达到激励的目的。

（1）信任激励。指管理者对员工给予足够的关注和信任，把重大任务授予下属，从而提高了对员工完成任务的激励水平。上下级之间的相互理解和信任是一种强大的精神力量，它有助于组织人与人之间的和谐，有助于组织团队精神和凝聚力的形成，对员工的信任主要体现在平等待人、尊重下属的劳动、职权和意见上，这种信任体现在“用人不疑，疑人不用”上。授权是充分信任员工的一种好的方法。人人都想实现自我价值。充分授权对员工是信赖和尊重。刘备“三顾茅庐”力请诸葛亮，显出一个“诚”字；魏征从谏如流，得益于唐太宗的一个“信”字。这都体现了对人才的充分信任。信任可以缩短员工与管理者之间的距离，使员工充分发挥主观能动性，使企业发展获得强大的原动力。

（2）价值观激励。尽管组织的价值观的发展呈多元化和个性化的趋势，但杰出企业的共同价值取向是树立崇高目标、建立共识和追求卓越，因此，价值观能增强组织的凝聚力，培养奋发向上的精神，并对每个成员的目标和行为具有导向和激励作用。

（3）榜样激励。榜样的力量是无穷的，树立组织典型人物对组织中的其他人员会具有很强的激励作用。

（4）文化激励。组织文化是一个组织在长期的经营过程中提炼和培养出来的一种适合组织特点的经营管理的方式，是组织群体所共同认可的特有的价值观念、行为规范及奖惩制度等的综合。组织文化是企业的灵魂，一个组织没有文化就像一个人没有了灵魂一样可怕。优秀的组织文化是一双潜在的手，无时不在，无处不在，能调动组织成员的积极性、主动性和创造性，不断激励着员工为企业发展竭尽全力、不懈奋斗。

在实践过程中，管理者运用激励理论创造出了一系列激励技术和有效的实施方案，既丰富了激励理论，又给管理学中的激励问题带来了新的发展动力。

本章小结

激励是决定个体绩效的因素之一，它是一个短缺资源，管理者要利用各种手段和方法持续不断地激励员工，这样他们才能获得连续的动力，才会使得他们持续性地创造更高的工作绩效，展现其优良品质。

激励主要是研究人动机激发的因素、机制与途径等问题。激励的过程，就是激发人的动机的心理过程，也就是人的需要、动机、行为和目标相互联系、相互作用、彼此制约的过程。管理学中，激励则是指管理者促进、诱导下级形成动机，并引导行为指向目标的活动过程。对人性的不同认识，产生了不同的激励理论，进而管理者采用的激励方式和手段也有所不同。本章主要研究了八个激励理论，分别是需要层次理论、双因素理论、成就需要理论、期望理论、公平理论、强化理论、归因理论、挫折理论。相关激励理论为管理者提供了不同类型的理论指导，并且在实践过程中，管理者运用激励理论创造出一系列激励技术和有效的实施方案，丰富了管理理论的内容，为管理学的发展做出了贡献。

复习思考题

1. 简述激励的含义。激励的作用有哪些？

2. 阐述需要、动机、行为三者之间的关系。

3. 动机在人的行为中发挥什么作用？

4. 激励的过程是怎样的？

5. 有人说X理论是臭豆腐，闻起来臭，吃起来香，你是如何看待的？为什么"人性假设"对激励工作具有重要的意义？

6. 简述马斯洛的需求层次理论以及对组织管理的实际意义。

7. 简述赫茨伯格的双因素理论。其对改进管理工作有什么价值？

8. 为什么说一个组织的成败，与其具有高成就需要的人数有关？

9. 什么是期望理论？从此理论观点出发，如何使激励作用达到最大？

10. 什么是公平理论？不公平感产生的原因有哪些？此时员工会有什么样的行为表现？消除员工不公平感有哪些措施？

11. 什么是强化理论？强化有几种基本方式？如何应用该理论使员工的行为朝组织希望的方向发展？

12. 归因理论和挫折理论对我们正确理解成败有何启示？

13. 在进行激励时，遵循哪些原则会使激励收到好的效果？

14. 激励的方法有几种？各自有何特点？

管理故事

用洋葱代替胡萝卜的尴尬

一家制药业的巨无霸刚刚获得了一项评审极其严格的产品质量奖。广大的员工废寝忘食，牺牲了个人的正常生活，通过半年多的努力，最终赢得了这个奖项。公司领导很快召集了全体员工开庆祝会。在之前他们先召开了会议，会议并没有宣布嘉奖事宜。庆祝会时，由总裁表达对每位员工的感谢，他总结性的说道："为了庆祝这次巨大的成功，大家都会得到一份很有意义的礼物。"

此时，从后面传来一句："现在就发吧！"大家都笑了，那一刻，大家的心情就跟过节一样。然后，公关部经理揭开了罩在神秘礼物上的帷幕，礼物竟是由无数个塑料杯子搭建起来的金字塔造型。会场上显示死一般的寂静，然后爆发出震耳欲聋的喊声。员工们几乎被这个场面震晕。

后来，大家陆续领走了自己的杯子。在员工摇着头，苦笑着领走奖品时，可怜的CEO好像只剩下最后一点呼吸了。随后几个星期里,杯子就成了公司里新的质量的象征品了。

拉绳实验

法国工程师林格曼曾经设计了一个引人深思的拉绳试验:把被试验者分成一人组、二人组、三人组和八人组,要求各组用尽全力拉绳,同时用灵敏度很高的测力器分别测量其拉力。结果,二人组的拉力只是单独拉绳时二人拉力总和的95%;三人组的拉力只是单独拉绳时八人拉力总和的49%。这个结果对于如何挖掘人的潜力,搞好人力资源管理,很有研究价值。

"拉绳试验"中出现"1+1 < 2"的情况,明摆着是有人没有竭尽全力。这说明人有与生俱来的惰性,单枪匹马地独立操作,就竭尽全力;到了一个集体,则把责任悄然分解到其他人的身上。社会心理学研究认为,这是集体工作时存在的一个普遍特征,并概括为"社会浪费"。

人的潜力极限需要刺激,而最长效、最管用的刺激手段,莫过于建立人尽其才、人尽其力的激励机制。责任越具体,人的潜力发挥得越充分,耍滑头的人越少,用真劲的人发展的空间越大。这样,既能在人力资源管理上挖潜节能,又可让"南郭先生"无法滥竽充数混日子,最大限度地减少"社会浪费"。

案例应用

案例 8-1　布拉德利服装公司的人员激励

艾丽斯·约翰逊是布拉德利服装公司(女子服装和衣着用品的生产者)的人事经理,她刚从一个管理开发研究班回来,在那里对激励特别是马斯洛和赫茨伯格的理论相当注意。她为马斯洛的清晰的需要层次和赫茨伯格的激励因素和保健因素理论所感动,认为这个公司可以立即实际运用它们。她欣赏这两种激励方法简单易用,并且觉得公司的工资和薪水水平在本行业中已是最好的了。她相信,公司应该集中在赫茨伯格的激励因素上。

结果她说服了公司的执行委员会,去着手制订了关于强调表彰、提升、更大的个人责任、成就并使工作更有挑战性等各种计划。计划运转了几个月之后,她迷惑了,发现结果并不如她所期望的那样。

服装设计人员对计划的反应好像并没有引起热情。有些人觉得他们已经有了一个挑战性工作了,给他们的成就感已由他们超过销售定额实现了,给他们的佣金支票就是对他们的表彰。并且对他们来说,所有这些计划都是浪费时间。裁剪员、缝纫工、熨衣工和包装工的感受是各式各样的。有些人随着新计划的实行而受到表扬,反应良好;但是另外一些人则认为是管理人员的诡计,要让他们更拼命工作而不增加任何工资。他们工会的企业代表同后面那些人的意见一致,公开批评这些计划。

反应如此悬殊,约翰逊女士受到公司最高层主管人员的不少批评,他们以为被一个过度热心的人事经理欺骗了。在同该公司的管理顾问讨论这个问题时，顾问对约翰逊女士的意见是：她对人的激励观念想象得过于简单了。

思考题

（1）你认为这个计划为什么会引起这么多的争议？

（2）为什么管理顾问说，约翰逊女士对人的激励观念想象得过于简单了？请详细分析之。

（3）如果你是约翰逊女士，你会做些什么？

案例 8-2 联想集团的多跑道、多层次激励机制

联想集团的激励模式可以给我们很多启示，其中多层次激励机制的实施是联想创造奇迹的一个秘方。联想集团始终认为，激励机制是一个永远开放的系统，要随着时代、环境、市场形式的变化而不断变化。这首先表现在联想在不同时期有不同的激励机制。对于 20 世纪 80 年代第一代联想人，公司要注重培养他们的集体主义精神，以及满足其基本的物质生活需要；而进入 20 世纪 90 年代以后，新一代的联想人对物质要求更为强烈，并有很强的自我意识。从这些特点出发，联想制定了新的、合理的、有效的激励方案，那就是多一点空间、多一点办法。联想集团根据高科技企业发展的特点提出多跑道激励，比如，让有突出业绩的业务人员和销售人员的工资奖金比他们的上司还高许多，这样就使他们能安心现有工作，而不是煞费苦心往领导岗位上发展。这些员工也不再认为只有做官才能体现价值，因为做一名成功的设计员或销售员一样可以体现出自己的价值。这样他们就会把所有的精力和才华都投入到最适合自己的工作中去，从而创造最大的工作效益和业绩。联想集团始终认为仅一条跑道激励一定会拥挤不堪，一定要多跑道激励，这样才能使员工真正能安心在适合他的岗位上工作。还要想办法了解员工需要的是什么？分清哪些是合理的，哪些是不合理的；哪些是主要的，哪些是次要的；哪些是现在可以满足的，哪些是今后努力才能做到的。总之联想集团的激励机制主要是把激励的手段、方法与激励的目的相结合，从而使激励手段与效果一致。而他们所采取的激励手段是灵活多样的，根据不同的工作、不同的人、不同的情况制定出不同的制度，而绝不是一种制度从一而终。

联想集团采用的激励模式是国际上的一种经典期权模式。其内容要点是：公司经股东大会同意，将预留已发行未公开上市的普通股股票认股权作为“一揽子”报酬中的一部分，以事先确定的某一期权价格有条件地无偿授予或奖励给公司高层管理人员和技术骨干。股票期权的享有者可在规定的时期内作出行权、兑现等选择。设计和实施股票期权模式，要求公司必须是公众上市公司，有合理合法的，可证实股票期权的股票来源，并要求具有一个股价能反映股票内在价值、运作比较规范、秩序良好的资本市场载体。已成功在香港上市的联想集团、方正科技等，目前实行的就是股票期权激励模式。

联想集团建立起了一切以创造价值为核心的人力资源管理理念,人在工作中创造价值构成了企业人力资源管理的核心内容。在人力资源管理中紧紧围绕权力创造价值、科学评价价值、合理分配价值,构建起闭合循环的价值链,人力资源管理中有明确的对企业价值创造过程中的价值贡献度,不同部门与职位对企业的价值贡献度是不同的,对此作出明确的界定;建立了一套适应自身特点的职位描述和职位评价体系,以制度的方式确定不同职位的职责及价值贡献度。同时,为充分发挥和挖掘员工的能力与潜力,使员工持续地提高工作效率,坚持以人为本的原则吸引人、留住人、培养人、用好人,为员工创造发展空间,提升员工价值。在人力资源管理中还建立了一套规范的绩效考核体系,包括绩效计划的制订、组织氛围的改善、员工素质的提高、任职资格体系的形成、管理风格的改善以及沟通、培训教育体系的建设。绩效考核体系的建立,一方面是对员工前一段工作及其贡献的承认,另一方面为价值分配提供客观依据,使员工的绩效与回报建立有机的联系。

思考题

(1)根据以上材料,请分析联想集团激励机制的特点。

(2)联想集团使用了何种激励理论来激励员工的工作积极性?

(3)你认为这种激励机制可能会给管理层带来什么问题?

第九章　控制

本章学习目标

- 控制的含义及其重要性
- 控制系统的构成要素
- 控制的不同类型
- 控制的原则
- 控制的基本过程
- 控制技术和方法

组织的一切活动都是为了实现组织的目标,目标确定后,就层层分解落实到组织的各个部门直至各成员。主管人员怎样才能知道这些部门和成员的工作是否有助于实现目标呢?这就需要控制工作。控制是管理工作的四项基本职能之一,它是保证组织计划和实际作业动态相适应的管理职能。管理实践证明,有效控制是实现组织目标和提高管理工作效率的重要环节,对组织进行适时适度的控制,可以促进组织快速、高效地达成目标。

第一节　控制概述

一、控制的含义及其重要性

控制是组织在动态环境中为保证既定目标的实现而采取的监督、检查和纠偏活动或过程,是为确保活动能产生期望的结果而进行的工作。控制既可以理解为一系列的检查、调整活动,即控制活动,也可以理解为检查和纠偏的过程,即控制过程。从控制的概念可以看出,控制具有以下特点:①控制具有很强的目的性,控制的目的是保证各项活动按照既定的计划进行;②控制职能的实现,是通过"监督"和"纠正偏差"这两种手段来实现的;③控制是一个过程,通过这个过程实现活动按计划进行的目的。

控制的根本目的,在于保证组织活动的过程和实现绩效与计划目标及计划内容相一致,以保证组织目标的最终实现。因此,控制与计划的关系是密不可分、互为依存的,具体表现在如下四个方面：

第一，计划起着指导性作用，管理者在计划的指导下，领导各方面工作以便实现组织目标，而控制则是为了保证组织的实际生产、经营活动与计划一致而产生的一种管理职能；

第二，计划预先指出所期望的行为和结果，而控制则是按计划指导实施的行为和结果；

第三，只有管理者获取了关于每个部门、每条生产线以及整个组织过去和现在状况的信息才能制定出有效的计划，而这些信息大多是通过控制过程得到的；

第四，如果没有计划来表明控制的目标，管理者就不可能进行有效的控制，而如果没有有效的控制，计划所规定的目标再好也是难以实现的。

控制贯穿于其他管理职能之中，控制工作通过纠偏的行动与其他管理职能紧密地结合在一起，使管理过程形成一个相对封闭的系统。在这个系统中，计划职能选择和确定组织的目标、战略、政策和方案以及实现它们的程序。然后，通过组织工作、人员配备、领导等职能去实现这些计划。为了保证计划的顺利实现，就必须在计划实施的不同阶段，根据由计划产生的控制标准，检查计划的执行情况。因此，控制工作必须贯穿其中。同时，要进行有效的控制，还必须制订计划，有组织保证配备合适的人员，给予正确的领导。所以，控制存在于管理的全过程中，它不仅可以维持其他职能的正常活动，而且在必要时，还可以采取纠偏行动来改变其他管理职能的活动。

控制与其他管理职能之间存在着密切的关系，不能过分强调其独立作用。计划、组织、领导职能是控制的基础，控制是在这三者的基础上对具体组织活动进行检查和调整的过程，离开一定的计划、组织、领导，控制就无法正常进行，控制要以计划为依据，有计划、有组织地进行；反之，控制是计划、组织、领导得以有效进行的必要保证，离开了适当的控制，计划、组织、领导都可能流于形式，没有实效。控制职能无疑是十分重要的，但控制本身不是目的，而是实现目标的一个手段，必须把其置于整个管理工作过程之中，才能发挥其应有的作用。

在现代组织管理中，控制的重要性可从以下几个方面来理解。

（一）组织环境的不确定性

组织的目标和计划，是组织对未来一定时期内的奋斗方向和行动步骤的描述，任何组织的目标和计划都是在特定的时间、环境下制定的，但是由于现代组织所面临的环境大都是复杂多变和不确定的，组织内部的相关因素也有可能发生变化。另外，受管理人员自身素质、知识、经验、技能的限制，计划在执行过程中可能会出现偏差，也会发生未曾预料到的情况。这时，控制工作就起了执行和完成计划的保障作用，于是在管理控制中产生新的计划、新的目标和新的控制标准。通过控制工作，能够为主管人员提供有用的信息，使之了解计划的执行情况以及执行中出现的偏差及偏差的大小，并分析偏差产生的原因，从而采取有效的调整和修正行动。

（二）组织活动的复杂性

随着社会生产力的不断发展，现代各种组织的规模和内部结构也日趋庞大和复杂。每一个组织要实现自身的目标，都必须从事一系列极其艰巨的活动或工作，而每一项活动又都可能涉及到组织的各个部门。因此组织不仅要制定明确的目标，并把总目标分解，而且在实施过程中要进行大量的组织协调工作。为了避免本位主义，使各部门的活动紧紧围绕着组织目标，保证每一项具体活动或工作的顺利进行，组织必须进行大量的控制工作。

（三）管理失误的不可避免性

任何组织在其发展过程中，都不可避免地会犯一些错误，出现一些失误，认识并纠正错误是管理水平提高的重要标志，也是组织发展的必要前提，而控制是任何组织发现错误、纠正错误的有效手段。通过对实际活动的反馈，管理者可以及时发现失误，通过对产生偏差的原因分析，可以使管理者明确问题之所在，从而采取一定的措施，纠正偏差。因此，控制是改进工作、推动工作不断前进的有效手段。

（四）提升组织竞争力的需要

一个组织要在竞争中脱颖而出，就必须在运营效率、产品和服务质量、对顾客的响应、创新等方面有出色的表现。而管理者要提升组织效率，就必须掌握其利用资源的现状，准确地评估组织已有的生产或服务效率。也正因为通过控制系统获得了信息反馈，一个组织才能不断改进产品和质量，从而在竞争中获得优势。通过对员工的绩效评估，管理者可有针对性地指导员工更好地为顾客服务，并取得自身的不断成长。最后，当一个组织拥有一个有效的控制系统时，组织就可加大对员工的创新授权，从而有利于推动组织内部的创新。

控制有助于组织适应内外部环境的变化、应对组织活动的复杂性、及时发现和解决组织运转过程中出现的失误、提升组织的竞争力。管理者要了解组织内外部环境的变化、监控组织中各部门和各岗位工作的进展情况、及时发现和解决问题、获得出色的业绩，就必须建立一个完整的控制系统以监控环境的变化和各项活动的进展情况。

二、控制系统的构成

是否能设计出一个完善的控制系统是进行控制工作的一个基本问题。控制系统主要由以下几个要素组成，如图 9-1 所示。

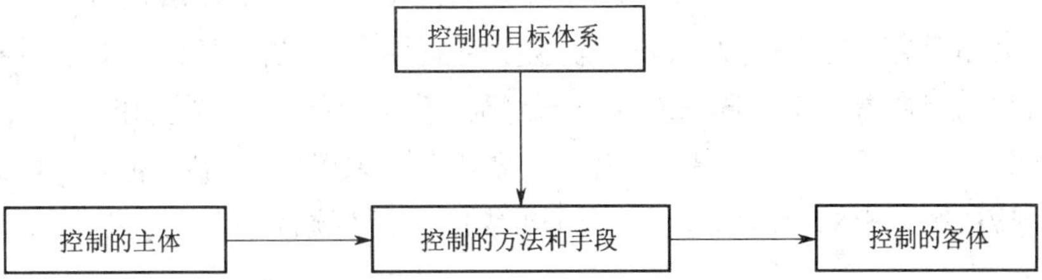

图 9-1　组织控制系统的构成

（一）控制的主体

控制系统必须明确各项工作的控制主体，即谁来履行控制的职责。组织中的控制活动是由人来执行和操纵的，组织控制系统的主体是各级管理者及其所属职能部门，控制系统以各层次的管理者为主体，根据变化了的环境条件有意识地调节自己的活动。

控制工作是组织各级管理人员的主要职能。在控制主体中，由于管理者所处的地位不同，其各自的控制任务也不同。一般而言，中下层管理者执行的主要是例行的、程序性的控制，高层管理者执行的主要是非例行的、非程序性的控制。控制主体控制水平的高低是控制系统发挥作用大小的决定性因素。

（二）控制的客体（控制的对象）

控制的客体也就是控制的对象。要建立控制体系，必须明确控制的对象，即明确要控制什么，这是确定控制标准的前提。在组织中，控制系统的控制对象是整个组织的活动。从横向看，组织内的人、财、物、时间、信息等资源都是控制的对象；从纵向看，组织中的各个层次，如企业中的部门、车间、班组都是控制对象；从组织活动的阶段看，组织内不同的业务阶段和业务内容也是控制对象，如企业中的供、产、销三个阶段都需要控制；此外，能力、行为、态度、业绩等都可以成为被控制的对象。因此，组织的控制应是全面的控制，组织控制系统的控制对象原则上应是整个组织的各个方面。

不仅如此，组织的控制还应是统一的控制，即在控制活动中要把组织的各个方面当作一个整体来控制。只有统一控制才能使整体协调一致，达到整体优化，从而有效地实现组织目标，否则就会顾此失彼。如在企业组织控制中，若仅仅着眼于对物的控制而忽视对人的行为控制，就不可能收到良好的控制效果。

（三）控制的目标体系

任何控制活动都有一定的目标取向，无目的的控制是不存在的。要建立控制系统，必须明确控制的目标体系，即要求控制在怎样的范围之内。

在一个组织中，控制的目标体系常常以各种形式的控制标准体现出来，如时间标准、质量标准、行为准则等。控制工作服从于组织发展的总体目标，在这个前提下，总目标所派生出来的分目标及各项计划指标，都是控制的依据之一。也就是说，控制的目标体系是与组织的目标体系和计划相辅相成的。

（四）控制的方法和手段

怎样确定实际达到控制目标的程度，还需要明确衡量控制对象实际状况与控制目标之间差距的方法和手段。控制的方法和手段主要包括控制的机构、控制的方法、控制的手段等。控制机构从纵向看包括不同管理层次；从横向看包括不同性质的职能专业部门。控制的方法和手段是多种多样的，关键是有效。只要控制对象确定、控制目标要求明确，就一定可以找到相应的衡量指标和衡量方法。各个组织应视其不同的情况选用相应的控制方法和手段。

三、控制的类型

在组织中，由于控制的性质、内容、范围不同，控制可分成许多不同的类型。了解控制的各种类型，根据实际情况选择合适的控制类型，对于进行有效的控制是十分重要的。

（一）按控制点的位置划分

控制工作按控制活动的位置，即侧重于控制整个过程的哪一个阶段，可划分为前馈控制、现场控制和反馈控制。如图 9-2 所示。

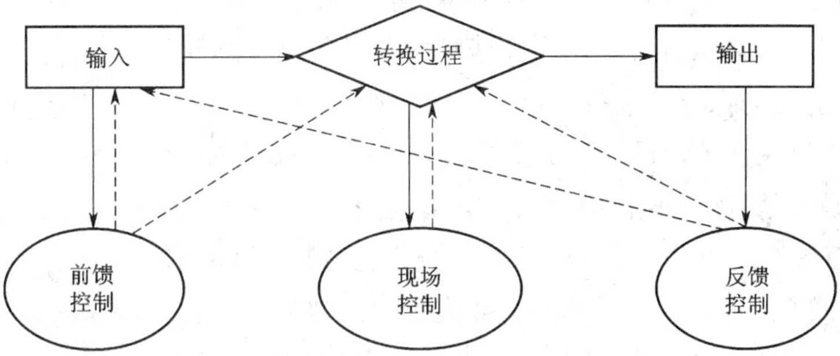

图 9-2　不同控制点的控制类型

1. 前馈控制

前馈控制又称事前控制，就是管理者观察那些作用于系统的各种可以测量的输入量和主要扰动量，利用所能得到的最新信息，包括上一个控制循环中所产生的经验教训，分析它们对系统输出的影响关系，在它们还没有产生不利影响以前，采取预防措施。反复认真地对可能出现的结果进行预测，然后同计划要求进行比较，从而在必要时调整计划或控制的影响因素，以确保目标的实现。比如当一个企业的销售预测表明：下个月的销售量同原计划比较低很多时，企业就可采取新的广告措施和推销方法以增加实际销量。前馈控制的纠正措施是预防式的，其作用体现在计划执行过程的输入环节上，工作重点是防止所使用的多种资源在质和量上产生的偏差而不是控制行动的结果。通过对系统运行输入阶段的控制，防止所使用的各种资源在质和量上产生偏差，把偏差消灭在萌芽状态，以保证获得所期望的产出。

要实行有效的前馈控制，一般应该满足以下几个条件：①必须对计划和控制系统作出透彻地、仔细地分析，确定需要的输入变量；②建立前馈控制系统的模式；③要注意该模式的动态性，也就是要经常检查模式，以了解所确定的输入变量及其相互关系是否仍然反映实际情况；④必须定期收集输入变量的数据，并把它们输入控制系统；⑤必须定期估计实际输入的数据与计划输入的数量之间的偏差，并评价其对预期最终成果的影响；⑥必须有保证措施，前馈控制的作用同其他的计划和控制方法一样，不只是向人们指出问题，而且还要案采取措施来解决这些问题。

前馈控制是先于计划执行的控制，是一种面向未来的控制，即“先发制人”，事事想在前面，强调“防患于未然”，把握将来的发展事态，力求损失最小，控制效率最高，是最科学最经济的控制方法，但也是最难以掌握的方法。前馈控制的中心是使管理者正确地理解计划、执行计划，围绕如何执行计划、制定政策以及规章制度，提出执行计划和完成任务的各项要求，它需要充分准确的信息，准确的分析预测，准确的决策，使组织系统的各种资源输入要素在未执行计划之前得到合理配置，使它们达到标准状态，从而保证计划目标的实现。

2. 现场控制

现场控制又称事中控制，其控制点是计划正在执行过程中，即主管人员通过深入现场亲自监督、检查、指导和控制下属人员的活动，将作业结果与计划相比较，找出偏差和纠正偏差的过程，也叫过程控制或实时控制。这类控制是一种主要为基层主管人员所采用的控制工作方法。管理者对计划执行过程给予直线检查和监督，以保证活动按规定的程序和方法进行，这是一种面对面的指导。包括的内容有：①向下级指示恰当的工作方法和工作程序；②监督下级的工作以保证计划目标的实现；③发现不符合标准的偏差时，立即采取纠正措施。

在计划实施过程中，大量的管理控制工作尤其是基层管理控制工作都属于这种类型。因此它是控制工作的基础。在现场控制中，控制活动的标准来自计划工作所确定的目标和政策、规范和制度；控制工作的重点是正在进行的计划实施过程；控制的有效性取决于主管人员的个人素质、工作作风和领导方式。在进行现场控制时，要注意避免单凭主观意志进行工作，要亲临工作第一线进行认真仔细地观察和监督，以计划为控制依据，服从组织原则，遵循统一指挥原则，逐级实施控制。

现场控制的目的是及时处理例外情况，纠正工作中发现的偏差，立竿见影，解决问题的针对性较强，使损失控制在较低程度，也是一种经济有效的方法，但对控制人员的素质要求较高，需要有敏锐的判断能力、快速的反应能力和灵活多变的控制手段。

3. 反馈控制

反馈控制又称事后控制，是发生在行动或任务终了之后的控制。这是历史最悠久的控制类型。反馈控制是以系统输出的变化信息作为输入信息，通过分析工作的执行结果，将它与控制标准相比较，发现已经发生或即将发生的偏差，分析其原因和对未来的可能影响，及时拟定纠正措施并予以实施，以防止已经发生或将出现的偏差继续发展或今后再度发生。事后控制的最终目的是把好最后一道关，并根据对实际工作绩效的评价，为未来的事前控制和事中控制打下基础。传统的控制方法几乎都属于此类。在组织中应用最广泛的反馈控制方法有：财务报告分析、标准成本分析、质量控制方法、工作人员成绩评定等。通过反馈控制，最终目的是根据对实际工作绩效的评价，为未来的前馈控制和现场控制打下基础。

反馈控制尽管得到广泛应用，但简单的反馈控制并不能有效地解决一切控制问题。反馈控制有一个致命的弱点即滞后性，从衡量结果、发现偏差到纠正偏差之间存在着时间延迟现象，很容易贻误时机，增加控制的难度。尽管现代科技的发展能利用计算机进行信息传递，有的能在极短的时间内把实际测量的结果同标准进行比较并找出差异。但从分析偏差产生的原因，到定出正确的纠偏措施并实施纠偏时总要花费一段时间，这就会导致在进行纠偏时，实际状况已发生了很大的变化，而且损失往往已经发生了。由于反馈控制是通过信息反馈及行动调节来保证系统的稳定性，因此它要求反馈的速度必须大于控制对象变化的速度，否则，系统将产生震荡，处于不稳定状态，控制难以发挥作用，甚至起反作用。

反馈控制虽然有一些不足，但常常是只能采用的唯一的控制方法，因为很多事件只有在发生后才可能看清结果。反馈控制纠正偏差的侧重点在于计划执行的结果中，它既体现了前馈控制的效果，也体现了现场控制的作用，因为许多事物的发展是循环往复，呈螺旋状推进的，反馈控制能给后面的工作提供信息和借鉴，以便改进工作，亡羊补牢，为时不晚。如果计划执行的结果与计划规定的目标发生了偏差，在采取纠正措施时应综合考虑纠正由于系统输入和系统运转所造成的计划偏差，因此，反馈控制是一种综合性控制。

（二）按控制方式划分

按控制方式不同，可划分为集中控制、分散控制和分层控制。

1. 集中控制

集中控制就是在组织中建立一个控制中心，由它对所有的信息进行统一的加工处理，并由这一控制中心发出指令，操纵所有的管理活动。如果组织规模和信息量不大，且控制中心对信息的取得、贮存、加工效率及可靠性都很高时，采用集中控制的方式，有利于实现整体的最优控制，企业中的生产指挥部、中央调度室都是集中控制的例子。但当组织规模庞大，信息量大，就难以在一个控制中心进行信息存贮和处理，在这种情况下，集中控制会拉长信息传递时间，造成反馈时滞，使组织反应迟缓，延误决策时机，同时一旦中央控制系统发生故障或失误，由于无其他替代系统，风险很大，在这种情况下，宜采用分散控制方式。

2. 分散控制

分散控制是与集中控制相对的一种控制形式，采用分散的方式，由组织各部分分别实施控制。这种控制方式对信息贮存和处理能力的要求相对较低，易于实现，由于反馈环节少因而时滞短，反应快，控制效率高。在控制时，即使个别控制环节出现了失误或故障，也不会引起整个系统的瘫痪。但采用分散控制也有缺陷，即难以使各分散系统相互协调，难以保证各分散系统的目标与总体目标一致，从而难以使整体优化，严重的甚至会导致失控。

3. 分层控制

分层控制是一种把集中控制和分散控制结合起来的控制方式。具有两个特点：一是各子系统都具有各自独立的控制能力和控制条件，从而能以子系统的管理实施独自的处理；二是整个管理系统分为若干层次，上一层次的控制机构对下一层次各子系统的活动，进行指导性的间接的控制。在分层控制中，要注意防止滥用直接接触式控制并多层次地向下重叠地实施间接的控制。

（三）按控制的原因或结果划分

按控制的原因或结果不同，可划分为间接控制和直接控制。

1. 间接控制

间接控制是控制计划执行的结果，即根据计划和标准对比和考核实际结果，追查出现偏差的原因和责任，然后才去进行纠正。

间接控制的方法建立在以下五个假设基础上：①工作成效可以计量；②人们对工作成效有个人责任感；③追查偏差所需时间有保证；④出现的偏差可以预料并能及时发现；⑤有关部门或人员将会采取纠正措施。而这些假设有时是不能成立的。第一，有许多管理工作中的成绩很难计划，主管人员的决策能力、预见性和领导水平难以计量；第二，其责任感的高低也难以衡量，有的工作成效的高低并不一定与个人责任感有直接关系；第三，有时主管人员可能不愿花费时间和费用去进行调查分析造成偏差的事实真相，这往往难以查明偏差的真正原因；第四，有许多偏离计划的误差不能事先预计或及早发现，因此难以及时采取有效纠正措施；第五，有时虽能发现偏差并找到原因，却没人愿意采取纠正措施，互相推卸责任。因此，间接控制并不是十分有效的控制方法，还存在着许多不完善的地方。尤其它是在出现了偏差造成损失之后才采取措施，控制费用的支出较大，破坏了控制经济性原则。

2. 直接控制

直接控制是相对间接控制而言的，它是通过提高主管人员的素质来进行控制工作的。其控制的原则是，主管人员及其下属的素质越高，就越不需要进行间接控制，因为他们能觉察到正在形成的问题，并能及时采取纠正措施。这种控制方法的合理性是以下列四个较为可靠的假设为依据的：①合格的主管人员所犯的错误最少；②管理工作的成效是可以计量的；③在计量管理人员的工作成效时，判断标准往往是概念化的；④管理的基本原理的应用情况是可以评价的。

直接控制相对于间接控制优点突出，表现在：第一，在对个人委派任务时能有较大的准确性，同时，为使主管人员合格，对他们经常不断地进行评价，也会揭露出工作中存在的缺点，并为克服这些缺点而进行专门训练提供依据；第二，它鼓励用自我控制的方法进行控制，可以加速采取纠正措施并使其更加有效；第三，由于提高了组织成员的素质，减少了偏差的发生，也就有可能减轻间接控制造成的负担，节省经费开支；第四，直接控制的心理效果也较明显，主管人员的素质提高后，他们的威信也提高了，下属对他们的信任和支持也增加了，这样有利于整个计划目标的实现。但是采用直接控制方法要注意的是，必须对管理的原理、职能、方法以及管理哲学有充分的理解，才能有效地发挥直接控制的作用。

第二节　控制工作过程

一、控制的原则

控制是管理的一项基本职能，也是比较复杂的一项工作。在许多情况下，管理者制定了良好的计划，建立了适当的组织，但由于没有把握住控制这一环节，最后还是不能达到预期的目的，无效的控制会引起计划和组织的无效。为了保证对组织活动进行有效的控制，必须遵循以下的基本原则。

（一）控制关键点原则

控制不仅要注意偏差，而且要注意偏差的项目。任何控制不可能面面俱到、事无巨细同等对待。受客观条件和人的精力的限制，管理者不可能控制工作中所有的项目，而应该针对关键的项目。当这些项目的偏差超过了一定限度足以影响目标的实现时才予以控制纠正，这样才能取得事半功倍的效果。事实证明，有效的控制应着重于整个过程中的关键而进行局部的和重点的控制。由于组织和部门职能的多样性，被控制对象的多样性，以及政策和计划的变化等，因此，几乎不存在普遍的准则用于选择关键点。选择关键点是一种管理艺术，管理者要有丰富的经验和敏锐的洞察力及决策能力。当然，有些技术和规则是可以遵循和借助的，例如，在有着众多作业项目的大型工程中控制整个工期的时间进度，就用计划评审技术来确定关键线路和关键作业；又如，结合“例外管理原则”，管理者把更多的注意力集中在关键点例外情况的控制上。重要的是，管理人员应根据不同的实际情况，综合考虑各种影响条件，确定关键控制点，从而实施有效的控制。

（二）及时性原则

高效率的控制系统能迅速发现问题并及时采取控制措施。一方面要求及时准确地提供控制所需信息，避免信息的迟滞，使控制失去应有的效果；另一方面要估计可能发生的变化，使采取的措施与已变化了的情况相适应。要尽量减少发现偏差与纠正偏差之间的时间差，要做到及时，较好的办法是采用前馈控制。采取预防性控制措施，一旦出现偏差，就对以后的工作实施情况进行修正，使控制措施针对将来，避免时滞问题。

（三）灵活应变原则

控制工作，即使在面临计划发生变动、出现未预见的情况或计划出现失常的情况下，也应该能够发挥作用。有效的控制必须是灵活性很强的控制。在组织活动中，出现意外的情况有时是不可避免的，这就要求在制订计划时，必须考虑各种可能的情况，拟定各种抉择方案并留有一定的后备力量，要有弹性和替代方案。一般说来，灵活的计划最有利于灵活的控制。同时控制应当从实际目标出发，采用多种灵活的控制方式和方法，如弹性预算、跟踪控制等；而不能过分依赖正规的控制方式，如预算、监督、检查、报告等。虽然这些方法也都是比较有效的工具，但也有其缺陷，如数据、报告、预算有时会同实际情况差别很大，过分依赖会导致指挥失误、控制失灵。因此，随机应变地采用一些控制方式方法，能有效地达到控制的目的。

（四）客观准确原则

控制应该客观准确，控制所提供的信息应该准确无误，以避免由于错误信息的出现导致管理人员采取错误的行动，这是控制工作的基本要求。在整个控制过程中最易引起主观因素介入的是绩效衡量阶段，尤其是对人的绩效进行评价更是如此。这主要来自两方面的心理作用：一是晕轮效应，这是一种以点代面的效应，人们往往习惯于把人的行为中的其一点覆盖于人的全部行为上，这种效应容易引起判断上的主观性，造成评价上的偏差；另一种是优先效应，这是指人们往往把第一印象看得更加重要，以致影响今后对人的评价，但是一个人某段时期工作的好坏不能完全代替他今后的工作绩效。管理者要特别注意自己的评价工作，防止上述两种心理效应在评价工作中出现，因为如果没有对绩效客观准确的评价或衡量，就不能有正确的控制。要客观地控制，第一要尽量建立客观的计量方法，即尽量把绩效用定量的方法记录并评价；第二管理者要从组织的角度来观察问题，避免个人偏见和成见。

(五)经济性原则

控制是一项需要投入大量人力、物力和财力的活动,因此要考虑控制的经济性,要把控制所需费用与控制所产生的效果进行经济上的比较,只有当有利可图时才实施控制。经济性差的控制,尽管控制的手段先进,控制的效果明显,它也不应是令人满意的控制。遵循控制的经济性原则,也决定了管理者只能选择重点方面的一些关键问题来实施控制;在控制时要努力降低控制的各种耗费,提高控制效果;改进控制方法和手段,以最少成本查出偏离计划的现有或潜在的原因。

(六)例外原则

有效的控制不仅要对关键点进行控制,还要对超出一般情况的特殊点给予足够的关注。控制关键点原则与例外原则的区别在于前者强调选择控制点,而后者则强调观察在这些点上的异常变化。仅仅关注例外情况是不够的,控制关键点原则和例外原则应结合起来运用,管理者应把更多的注意力集中在关键点的例外情况的控制上。

(七)控制趋势原则

有些时候,控制现状比较容易,但控制现状所预示的变化趋势则比较困难。要使控制有效,控制变化趋势则是非常重要的。一般来说,趋势是多种复杂因素综合作用的结果,是在一段时间内逐渐形成的,并对管理工作成效起着长期的影响。趋势往往容易被现象所掩盖,它不易被察觉,也不易控制和扭转,而且当趋势已经明朗时再进行控制就晚了。所以,有效的控制系统应有预警功能,能在出现某种趋势苗头时迅速采取措施,跟上趋势或将其消灭在萌芽状态。

二、控制的基本过程

管理控制是一个由一系列活动所组成的工作过程。在任何情况下,控制过程都是按以下四个基本步骤进行的,即确定控制标准、衡量实际业绩、进行差异分析、采取纠偏措施。如图 9-3 所示,下面分别阐述各个步骤的主要内容及关系。

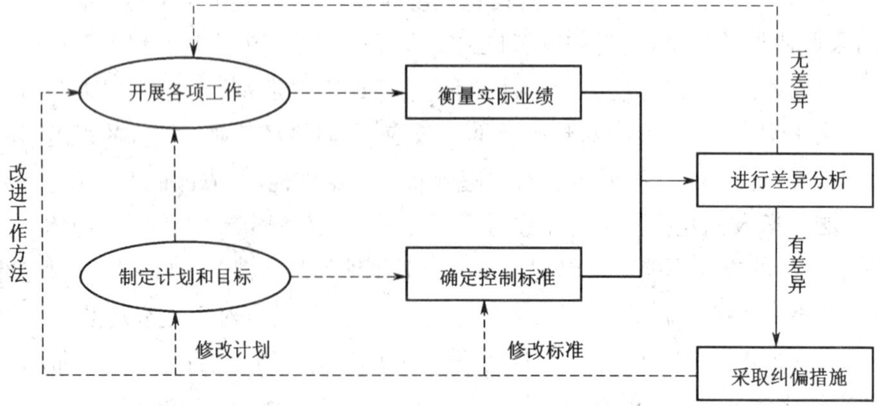

图 9-3 控制的基本过程

(一)确定控制标准

控制是依据一定的标准去衡量和掌握实际工作的过程,标准是评定工作绩效的尺度,因此,任何控制的实施都要有可衡量、可比较标准。进行控制工作必须先要确定某些标准,作为共同遵守的衡量尺度和比较的基础,制定控制标准是实施控制的必要条件,是控制能否有效实施的关键。没有切实可行的控制标准,就无法进行对工作的客观检查和对实际业绩的客观评价,当然也就无法明确是否需要采取纠偏措施;控制标准的错误,则往往会导致组织误入歧途,如公立医院以创收多少来衡量医生的工作业绩,就可能会导致医生乱开药;标准的不清和不客观,则往往会导致组织内部的纷争、员工的不满和上下级的挫折感,控制就只能流于形式。

确定控制标准首先应该明确控制的对象是什么,没有对象的控制是盲目的控制。控制对象就是体现目标特性、影响目标实现的要素。只有明确了对象,才能有的放矢地制定标准。控制的目的是为了保证计划的顺利进行和组织目标的实现,因此,组织目标和计划是控制的最基本标准。但是,由于各种计划的详尽程度和复杂程度各不相同,还需建立专门的标准。这种标准是从一个完整的计划中选出来的,包括对于工作成果的计量有重要意义的关键点,或者是生产经营活动中的一些限定因素,或者是使计划能更好地发挥作用的一些因素等。有了这样的标准,主管人员不必考虑计划执行中的每一个步骤就能够了解有关工作的进行情况。

在实际工作中,按照不同的依据可把标准分成不同的类型。不管采用哪类标准,都需要按控制的对象来决定。

1. 实物标准

实物标准是一类非货币形式的标准,普遍适用于使用原材料、提供产品和劳务等操作的基层单位。这些标准反映了定量的工作成果,如单位产量定时、单位台时产量、劳动定额等。此标准也可反映质量,如轴承面的硬度、公差的精密度、纺织品的耐久性等。从某种意义上说,实物标准是计划工作的基石,也是控制的基本标准。

2. 费用标准

费用标准是一类货币形式的标准,同实物标准一样,普遍适用于操作层。这种标准是把货币价值加到各种经营费用之中,如单位产品的直接费用和间接费用、单位产品或工时的人工费用、单位产品的材料费用、机时费用等。

3. 资本标准

资本标准是费用标准的变种,是由以货币计量的实物项目引起的,它与经营费用无关,而只与投入到一个企业组织的资金有关,主要是与企业的资产负债表有关,如投资回收率等。对于一笔新的投资和总体控制而言,资本标准是使用最为广泛的标准。

4. 收入标准

收入标准是把货币价值与销售额相联系而产生的,是以货币衡量的销售额,如单位产品的销售收入,某一地域里的每一顾客的平均消费额等。

5. 定性标准

定性标准指有关下属的工作能力、组织的服务质量、组织形象等方面。这些方面一般难以定量化。但是，为了使定性标准便于掌握，有时也应尽可能地采用一些可度量的方法，如著名的麦当劳公司为体现其“质量、服务、清洁、价值”的宗旨，制定严格工作标准：95% 以上的顾客进入餐馆后 3 分钟内，服务员必须迎上去接待服务，事先准备好的汉堡包须在五分钟内热好供应顾客；服务员必须在就餐者离开 2 分钟内把餐桌打扫干净。

任何一项具体工作的衡量标准都应有利于组织目标的实现，对每一次具体工作都应有明确的时间、内容、要求等方面的规定。管理控制标准要求简单明了，尽可能定量和详尽描述，使之容易测定。

（二）衡量实际业绩

标准是衡量实际绩效的依据，有了标准，就可以把实际工作情况与标准做比较，找出实际业绩与控制标准间的差异，据此对实际工作做出评估，为进一步采取控制措施提供全面准确的信息。

如果标准的确立已经比较适应，那么衡量绩效结果的好坏则取决于管理者是否掌握了关于实际工作成果的真实信息。在实际管理工作中，管理者获得信息的途径基本有两条：一是大多数组织都已制度化的各种财务报表制度和内部报告制度，即将要求能够反映活动成果的重要指标自下而上地定期报告的一种制度；二是通过管理人员的直接观察、检查或听下属口头汇报而获得的信息。这步工作，实际上可以把它看作控制过程的一个“反馈”。通过衡量工作中的成效，获得大量的信息，这样，一方面可以反映出计划的执行过程，使主管人员了解到哪些人员或哪些组织部门的工作成效显著，以便对他们进行奖励；另一方面，可使主管人员及时发现那些已经发生或预期发生的偏差。对这步要十分重视，首先，要进行系统调查，通过调查、汇报、统计、分析等方法比较全面确切地了解实际的工作进展情况并作为一项经常性的工作，定期而持续地进行；其次，要建立一定的检查制度、汇报制度，检查重点工作环节，以便控制更有针对性。

实际业绩的确定直接关系到控制措施的实施。如果管理者不能及时准确地了解到一线实际发生的情况，就很难对全局作出正确的判断，从而作出正确的决策。因此，实际业绩的衡量应该尽可能精确。没有精确的衡量，就不可能实现有效的控制。为防止被控制者歪曲或隐瞒实际情况，企业可建立专门的部门来从事这项工作，如统计部门、审计部门、政策研究部门等。不要把实际绩效简单地理解为某项工作或某个项目的最后结果，有时它可能是中间过程或状态，有时也可能是由中间过程或状态推测出来的结果。控制的目的不是为了衡量绩效，而是为了达到预定的业绩，所以按照标准来衡量实际成效应当建立在向前看的基础上，所以在控制过程中也要预测可能出现的差异，以控制未来的工作绩效。

（三）进行差异分析

通过实际业绩与控制标准间的比较，就可确定两者之间有无差异。若无差异，可按原计划继续进行。若有差异，首先要了解偏差是否在标准允许的范围内，若在允许的范围内，则工作继续进行，但也要分析偏差产生的原因，以便改进工作，防患于未然；若差异超出允许范围，则应及时地分析差异产生的原因，搞清楚偏差产生的原因是采取相应措施的基础。差异分析，首先要确定偏差的性质。一般造成偏差的原因有三类：一是组织外部环境发生重大变化，影响到组织计划规定的目标难以实现；第二类原因是在执行任务过程中工作人员由于工作失误而造成的偏差，如工作不认真、没有责任心、能力不够等；第三类原因是原有计划不合理及不完善所导致的偏差，如计划目标过低或过高、计划内容不全面等。必须对这三类不同性质的偏差做出准确的判断。其次要分析偏差的类型。偏差可分为正偏差和负偏差。正偏差是指实际业绩超过了计划要求，而负偏差是指实际业绩未达到计划要求。两种偏差都要进行原因分析。如果是由于环境变化导致的有益正偏差，则要修改原计划以适应变化了的环境。

值得注意的是，当实际工作结果与控制标准不一致时，就出现了管理问题，但并非所有管理问题都是控制对象，即管理者并不是对所有出现的偏差都采取纠正措施，而是在这些出现偏差的问题中进行分析和筛选，将重要的偏差挑选出来，作为管理控制的对象。在这里，管理者要运用科学管理理论的创始人泰罗的"例外管理原则"。事实上，管理者不可能有时间和精力将所有的问题都仔细研究，有些偏差即使出现，也不会对组织目标的实现有多么重大的影响，管理者可以不去理会这一类偏差。如果管理者面面俱到地控制，则会造成重点控制的问题没有得到深入的研究和解决，而将时间和精力浪费在那些无关紧要的事情上。

（四）采取纠偏措施

进行差异分析的目的是为了采取正确的纠偏措施，以保证计划的顺利进行和组织目标的实现。采取纠偏措施实质上是一个解决问题的过程，管理者要在深入分析产生差异原因的基础上，根据不同的偏差、不同的原因，采取不同的措施。应该采取哪些纠偏措施在很大程度上依赖于管理者的分析判断能力。纠正偏差的具体方法因问题的不同及形成偏差的原因不同而异，但最基本的原则应是"对症下药"。一般来说，控制措施可从以下几方面考虑。

1. 改进工作方法

达不到原定的控制标准，工作方法不当是主要原因之一。要加强对员工的培训，不断提高组织成员的技术水平和管理素质。还要重申规章制度，明确责任和激励措施，从而改进工作方法，以满足实现组织目标的需要。

2. 改进组织和领导工作

控制与组织、领导职能是相互影响的。组织方面的问题主要有两种：一是计划制订好之后，组织实施方面的工作没有做好；二是控制工作本身的组织体系不完善，不能对已产生的偏差及时加以跟踪与分析。在这两种情况下，都应改进组织工作，如调整组织机构，调整责、权、利关系等。另外，偏差也可能是由于执行人员能力不足或积极性不高而导致的，那么就需要通过改进领导方式和提高领导艺术来纠正偏差。

3. 调整或修正原有计划或标准

偏差较大，有可能是由于原有计划安排不当，也可能是由于内外环境的变化。不论是哪一种情况，都要对原有计划加以适当地调整。但是，这种调整不能偏离组织总的发展目标，因为调整的目的归根结底是为了实现组织目标。

第三节　控制技术与方法

控制渗透到为实现组织目标所进行的一切活动中，在组织控制系统的构建过程中，由于控制的对象、内容和条件不同，决定了控制的类型亦不同，而对于不同种类问题的控制所使用的技术和方法相应地也不同。控制技术和方法的有效使用，是一个组织走向良性循环的重要方面。应用于控制的技术和方法有很多，就一般意义的管理控制，大类来划分包括预算控制和非预算控制。下面介绍几种常用的控制技术和方法。

一、预算控制

预算是一种计划技术，是未来某一个时期具体的、数字化的计划，它把计划分解成以货币或其他数量单位的预算指标，用数字来表示预算的结果，要求各个部门的运作和开支在预算范围内。预算也是一种控制技术，它把预算指标作为控制标准，用来衡量其计划的执行情况。管理控制中运用最广泛的方法就是预算，人们根据预算的使用情况来评价工作效果。预算的类型一般有以下几种。

（一）收支预算

收支预算是以货币单位表示的收入和支出预算。收入预算主要是在某个计划期的有关收益及其来源，如企业有销售收入、租金、专利收入及其他投资收益等，可根据具体情况作相应预算。一般来说，企业的最基本收入是销售收入，可单独编制预算；支出预算即计划期内各种经营费用支出的预算，例如，企业生产经营中有许多费用发生，包括材料费、人工费、管理费、销售费等，企业可根据会计科目中的某些费用编制单独或综合的预算。一般影响成本的主要费用应编制详细的预算，如材料费、人工费等，而有些费用则只编制较长时间内的预算，如办公用品费用等。由于组织的收支预算是组织支出预算和盈利预算的基础，所以应尽可能地预计各项收支的量和时间。

（二）实物预算

实物预算是一种以实物为计量单位的预算。由于以货币量来表示的收支预算会受到商品价格波动的影响，从而造成收支预算和实物量投入产出之间的不一致，因此在计划和控制的某个阶段，要有实物数量单位加以补充和印证。实物预算范围很广，如产量预算、人工预算、机时及工时预算、原材料消耗预算、燃料消耗预算、库存预算等。

（三）投资预算

投资预算是一个企业在特定的时间内固定资金运用的情况。投资预算包括投资于厂房、机器设备等各项设施以及增加固定资产的各项支出。由于投资支出的数额一般比较大，且短期内难以收回，因此一定要慎重地进行预算，应用预定的时间做调查和论证工作，并列出专项预算，尽量与长期计划工作紧密地结合起来。

（四）现金预算

现金是指现实的，可立即使用的资金。现金预算就是对现金收支进行预测，并据此衡量实际现金的使用情况。根据收支预算确定在计划期内的现金的收支平衡情况，让管理者清楚有多少现金，够不够一些设想的开支，从中也可以发现是否有多余的现金库存或不合适的开支，从而为管理人员制定盈利性投资计划提供所需的信息。拥有一定的现金以偿付到期的债务是组织生存的首要条件。由于任何组织的运营都需要一定的现金，如企业需要给员工发工资、购买原材料、缴纳各种税费及临时性开支，所以一般都比较重视现金预算。

（五）总预算

总预算是对组织中各种计划的准确而又相当全面地描述，是考虑各种因素后的多项内容的预算，由组织中各种预算综合而成。如预计的资产负债表预算和资产损益表预算。资产负债表预测一定时期的资产、债务和权益，表示了企业财产的具体情况；资产损益表预测一定时期收入、支出及利润情况，企业的经营状况和成果。总预算中还附有编制预算所必需的有关收据和资料以及可能出现的情况分析。

（六）零基预算

最早提出零基预算思想的是美国得州仪器公司的彼得·菲尔。这是一种编制预算时以零为基数的预算方法，从而克服传统预算的不灵活的缺陷。其基本原理是：对任何一个预算期，任何一种项目费用的开支都不是从原有的基数出发，即根本不考虑各项目基期的费用开支情况，而是一切都以零为基础，从零开始重新考虑各项费用开支的必要性及预算的规模，以目前的需要和发展趋势作为预算基准。这一原理在美国的一些州政府部门的设立得到了推广应用，称之为“日落法”，即每年年终，现有的各个部门就像太阳落山一样宣告结束，当新的一年开始时，各个部门必须向专门的审议机构证明自己确有存在的必要，才能向旭日东升那样重新开始。

具体做法是：首先由组织的高层管理者要求下属各部门根据计划期内的战略目标和具体任务，详细讨论各自所需的项目费用，并要求对每一项目编写具体方案，提出项目费用开支的目的及需要开支的数额，然后由高层管理者对每一费用项目方案进行成果——效益分析，对每一项目所需的费用和可能的收益进行比较，在此基础上进行费用项目的分析、评价并根据各费用开支项目的轻重缓急分成若干层次与顺序，结合计划期内可用资金来源分配资金，落实预算。

零基预算法的优点可以概括为：①准确全面地计算出各种数据，为计划的决策和控制标准的确定提供精确的资料，减少了盲目性；②它使计划和控制富有弹性，增强了组织的应变能力；③当管理决策出现失误时，便于及时纠正。

在实施零基预算法时应注意以下几个方面的问题：①负责最后审批预算的主要领导人员必须亲自参加对活动和项目的评价过程，使他真正清楚地了解该项预算的由来，以及判断它是否合理；②在对各项管理活动和具体项目进行评价和编制预算的过程中，要求所涉及的重要管理人员必须对组织有透彻地了解和理解，只有这样，他才能对哪些活动是必要的，哪些活动虽属必要，但在目前是可有可无的以及哪些活动是完全不必要的进行正确的判断和取舍；③在编制预算时，资金按重新排出的优先次序进行分配，应尽可能地满足排在前面的活动的需要，如果资金有限，在分配到最后时，对于那些可进行但不是必须进行的活动和项目，最好暂时放弃。

由此可见，零基预算法的精髓在于把管理控制的重点从传统的现场控制和反馈控制转向了预先控制。它强调“做正确的事”，而不是“正确地做事”。突出了组织目标对全部管理活动的指导作用以及计划职能与控制职能间的联系，以求更集中和更有效地使用资源，使组织的目标与实现收到事半功倍的效果。

由于零基预算并不受现行的和传统预算的限制，所以能充分调动各级管理人员的积极性和创造性，并促使企业精打细算，合理使用资金，从而提高资金的使用效率。但由于其编制工作量很大，成本比较高，这种方法一般应用于一些辅助性生产和服务性企业，而不适用于实际生产性企业。

预算使管理控制目标明确，让人们清楚地了解所拥有的资源和开支范围，使工作更加有效，但过分依赖预算，也会在一定程度上带来危害。危害主要表现在以下几个方面：①让预算目标取代组织目标，有些管理者过于热衷使各项工作符合预算的要求，结果忽略了其首要职能是保证组织目标的实现；②预算过于详细，预算太详细容易抑制人们的创造力，甚至使人们产生不满或放弃积极的努力，还会提供逃避责任的借口；③预算保护既得利益者，因为预算往往是根据基期的预算数据加以调整，这样一来，不合理的惯例或以前合理现在已不合理的惯例会给一些人带来既得利益，不严格的预算及不合理的预算可能成为某些无效工作的保护伞；④预算缺乏灵活性，在计划执行过程中，有时一些因素发生的变化出乎预测，会使一个刚刚制定的预算很快过时，如果在这种情况下还受预算的约束，可能造成重大的损失。

二、非预算控制

除了预算控制方法以外，管理控制工作中还采用了许多不同种类的控制手段和方法，统称为非预算控制，这里主要介绍几种方法。

（一）审计法

审计是对反映组织资金运动过程及结果的会计记录及财务报表进行审核、鉴定，以判断其真实性和可靠性，从而为开展控制工作和管理决策提供依据。根据审查主体和内容的不同，可以将审计分为外部审计、内部审计和管理审计。

1. 外部审计

外部审计是指由独立的外部机构选派的审计人员对组织的财务、会计报表及其所反映的财务状况进行独立的评估。其目的是检查该组织的财政财务收支及有关的经营活动是否合法、是否真实，有无偷税、漏税、会计账目作假等问题。实际上是对企业内部虚假、欺骗行为的一个重要而系统的检查，被审计企业往往会掩盖那些可能会被发现的不光彩的事情，因此外部审计起着鼓励诚实的作用。外部审计的内容包括：检查组织的基本财务程序，以确定其是否与实际相符；分析组织的会计记录是否符合公认的会计制度和记账程序。这是国家对各级经营组织的控制手段。

外部审计的优点是可以保证审计的独立性和公正性。但是，由于外来的审计人员不了解内部的组织结构、生产流程和经营特点，在对具体业务的审计过程中可能产生困难。此外，处于被审计地位的内部组织成员可能产生抵触情绪，不愿积极配合，这也可能增加审计工作的难度。

2. 内部审计

内部审计是由企业内部组织人员进行审核，其目的是通过审计，评审各财务程序是否符合规定，组织的有关规定是否贯彻执行，管理工作是否有效等，找出存在的问题并提出有关改进措施。内部审计是一种积极有效的控制手段，使管理人员能够了解整个组织的真实运行情况，避免盲目乐观或妄自菲薄。

内部审计是由组织机构或财务部门的专职人员独立进行的、对组织财务控制系统进行的全面评估。内部审计人员的主要职责为：①评定财务和经营控制，并在合理代价的基础上促进有效控制；②检查是否符合公司的政策和程序；③保护固定资产，防止或探查一切欺骗和偷盗行为；④评价在组织范围内产生的管理数据的准确程度、可靠程度和完整程度；⑤评价管理工作和报告的质量，包括在利用资源时的管理工作和工作效率，以及达到目标的效果；⑥通过对现有的控制系统幼小的检查，内部审计人员可以提出改进工作的建议，以促使企业政策符合实际，工作程序更加合理，作业方法被正确掌握，从而实现组织的自我修正。

内部审计是组织控制的重要手段之一，其主要作用表现在：①通过内部审计可以检查现有控制程序和方法能否有效地保证达到既定目标和执行既定政策；②通过内部审计，根据对现有控制系统有效性的检查，可以提出改进组织政策、工作程序和方法的对策建议，更有效地实现组织目标；③通过内部审计制度可以为组织的分权化提供保证，因为管理者相信，许多重要的权力下放后，自己可以依靠内部审计系统和手段检查下属的权利运用状况，从而可以及时发现下属工作中的问题，并采取相应措施。

3. 管理审计

管理审计是以管理学基本原理为评价准则，对组织的管理水平和管理绩效进行系统的评价和鉴定，进而采取改进措施的方法。管理审计可以由组织内部的有关部门进行，也可聘请组织外部的专家进行。

管理审计的目的不是评价某个部门或管理者的成效或工作质量，而是从系统的观点出发评价一个组织整个管理系统的管理质量，促使被审计单位提高管理水平以提高经营活动的经济性，效率性和效果性。

(二)甘特图

甘特图是在20世纪初由亨利·劳伦斯·甘特开发的，是基于作业排序的目的，将活动与时间联系起来的最早尝试之一。在甘特图中，横轴方向表示时间，纵轴方向并列机器设备名称、操作人员和编号等，线条表示在整个期间内的计划和实际活动的完成情况。甘特图直观地表明任务计划在什么时候进行、实际进展情况以及计划要求的对比等。图9-4是一个图书出版的例子，以此来说明甘特图的制作与应用。

纵轴表示完成工作所需要的工序，横轴表示每一道工序所各自需要的时间，结合横轴和纵轴就可以清楚不同工序之间的相互关系。在本例中，除了打印长条校样以外，其他活动都是按计划完成的。时间以月为单位表示在图的下方，主要活动从上到下列在图的左边。计划需要确定出版包括哪些活动，这些活动的顺序，以及每项活动持续的时间。

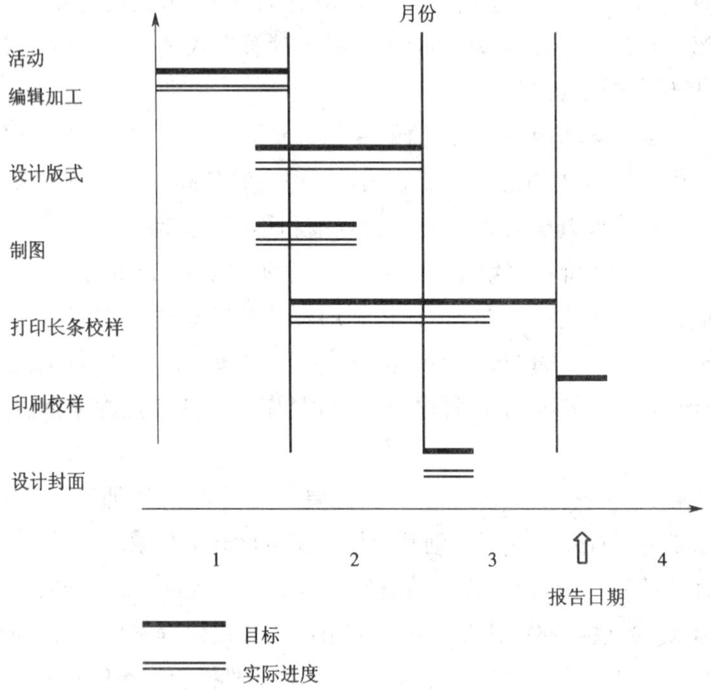

图9-4 甘特图

甘特图的应用范围很广，不单单是生产管理领域，随着生产管理的发展、项目管理的扩展，它被应用到了各个领域，如：建筑、IT软件、汽车等等。其优点是形象、直观、简明、易懂，有专业软件支持，无须担心复杂计算和分析，对控制计划进度、改进管理工作有很大帮助。但甘特图也有其局限性，它仅仅反映了各个部分的状况，而无法表明各项活动之间的相互影响和逻辑关系。因此，甘特图难以给管理者提供全面的情况，一般只适用于在组织规模小、生产工艺、生产流程简单的情况下，工序少，工序之间的相互关系比较清晰，也容易理解的小型活动。

（三）网络计划技术

网络计划技术即计划评审技术（PERT）和关键路线法（CPM），也称统筹法。它是20世纪50年代后期发展起来的一种计划和控制方法，其应用范围很广，工业各行各业都可采用，尤其对油田开发、建筑工程、导弹发射、造船、产品试制、设备大修等一次性大规模工程项目的计划和控制更适合、更有效，可发挥很大作用。

网络技术的主要功能是，帮助管理人员在众多的有着时间顺序联系的单个活动中，找到对整个计划的按期完成或在最短时间内完成有重大影响的关键活动，并提供各活动运行的时间区间和机动时间，将杂乱无序的繁多活动安排得井井有条，各项活动只需在规定的时间内完成，管理控制人员对整个项目的完成时间可以做到心中有数，并知道应对哪些关键活动重点控制。它是一种计划方法，也是控制方法，而且是预先控制方法，系统越复杂，越能显示出它的效率。

1. 基本原理

网络图是网络技术的基础。运用网络图形式表达一项计划的各种工作（任务、活动过程、工序等）之间的先后次序和相互关系，并形成时间的流程图；在此基础上进行网络分析，计算网络时间，确定关键工序和关键路线；接着利用时差，不断地改善网络计划，求得工期、资源与成本的优化方案，付诸实施。在计划的执行过程中通过信息反馈进行监督和控制，以保证预定计划目标的实现。

2. 网络图的组成

网络图是由箭线、结点、虚箭线和路线组成，如图9-5所示。

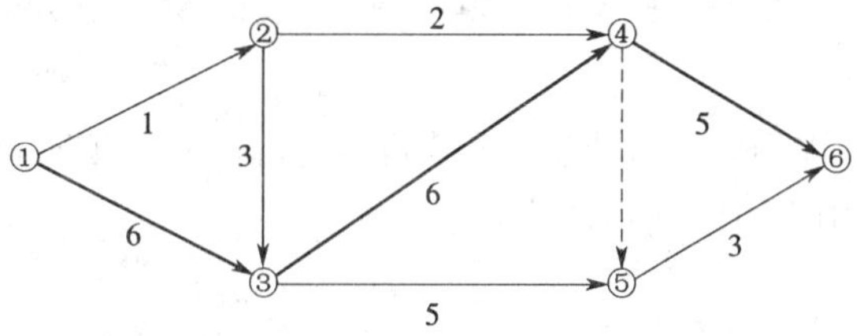

图9-5 网络图

(1) 箭线

箭线代表一种活动、作业、工序等，是一项需要消耗人力、物力和时间的具体活动过程。箭线有箭头和箭尾，箭头表示作业的结束，箭尾表示作业的开始，作业的名字除用文字或代号表示外，还可用箭线的起始点的编号（i）与结束点的编号（j）来表示，一般写在箭线的上面，完成作业所需要的时间写在箭线下面。作业不一定都消耗资源，有些活动如水泥晾干，只需时间，对于这样的活动也称为作业。在网络图中箭线把各个结点连接起来，以表明各项作业或各道工序之间先后顺序和相互关系。

2）结点

结点用圆圈表示，代表某项作业的开始或结束的瞬时阶段点。结点既不占用时间，也不消耗资源，只是表示某项作业应当开始或结束的符号，在网络图中是前后箭线的连接点。网络图中的第一个结点称为始点，即没有箭头进入的结点，表示一项计划最初作业的开始；最后一个结点称为终点，即没有箭尾出去的结点，表示整个作业计划的结束；介于始点和终点之间的结点称为中间结点，表示中间各项作业的结束和开始。

3）虚箭线

用带箭头的虚线表示，表示一种作业时间为零，并且也不消耗资源的实际并不存在的作业或工序，它的作用是把两个结点之间的各条作业分开，以明确表示各项作业或各道工序之间的逻辑关系，并便于计算机识别。

4）路线

路线是网络图中从始点开始，沿着箭头所指方向连续不断地到达网络图终点为止，中间由一系列首尾相连的结点、箭线所组成的一条通道。路有路长，每条路长为组成路线的各项作业时间的总和。从图中可以看出，始点沿箭头方向到终点之间有许多条路线，通过计算可以找出路长最长的路线（如图中①→③→④→⑥的路线），这条路线称为关键路线；位于关键路线上的作业称为关键作业（如图中①→③，③→④，④→⑥作业），这些作业完成得快慢直接影响着整个计划的工期，为整个计划的关键所在。关键路线在网络图中通常用黑粗线或双线箭线表示。有时在一个网络图上可能出现几条关键路线，而且随着计划不断调整，关键路线也在改变，在一定条件下，关键路线和非关键路线可以相互转化，如当采取一定的技术组织措施，缩短了关键路线上作业的持续时间，就有可能使关键路线发生转移，即原来的关键路线变成非关键路线，而原来的非关键路线却变成关键路线。

3. 网络时间的确定

网络图包含着时间进度的严密安排。编制网络计划要计算下列时间参数。

1）作业时间的确定

作业时间是完成一项作业（活动）所需的持续时间。若有工时定额，就按定额确定；若无工时定额，则通常采用三点时间估计法确定。

计算公式为

$$T=(a+4m+b)/6$$

式中 T——作业时间；

a——乐观时间，指在顺利情况下完成作业所需的最少时间；

b——悲观时间，指在不利情况下完成该项作业可能所需要的最长时间；

m——正常时间，即在正常条件下完成该项作业所需的最有可能时间。

作业时间概率分布的离散程度，用标准偏差 $\sigma=(b-a)/6$ 表示，σ 的取值愈小，表明离散程度愈小，T 的代表性愈大；反之则相反。

2）作业开始时间和结束时间的计算

最早开始和结束时间：作业最早可能开始时间称为作业的最早开始时间；作业最早可能结束的时间称为作业的最早结束时间。最早结束时间等于最早开始时间加上作业时间，即

$$EF(ij)=ES(ij)+T(ij)$$

式中　$EF(ij)$——作业 $i \to j$ 的最早结束时间；

$T(ij)$——作业 $i \to j$ 的作业时间；

$ES(ij)$——作业 $i \to j$ 的最早开始时间。

计算各结点的最早开始时间从始点开始自左到右，逐个顺序推算，直到终点。始点的最早开始时间为零，终点的最早开始时间和最早结束时间相同。

最迟开始和结束时间：在网络中，每一项作业为保证下一项作业的按时开工，都有一个最迟必须在什么时候开始和最迟必须在什么时候结束的问题。这就要求计算出各项作业的最迟开始时间和最迟结束时间。某项作业的最迟开始时间等于其最迟结束时间减去作业时间，即

$$LS(ij)=LF(ij)-T(ij)$$

式中　$LS(ij)$——作业 $i \to j$ 的最迟开始时间；

$LF(ij)$——作业 $i \to j$ 的最迟结束时间。

在简单的情况下，后项作业的最迟开始时间等于前项作业的最迟结束时间。但当若干项作业从同一个结点出发时，则应分别计算从该结点出发的每一项作业的最迟开始时间，然后择其最小值，作为前项作业的最迟结束时间，即

$$LF(j)=\min\{LS(j \cdot j+k)\}=\min\{LF(j+k)-T(j \cdot j+k)\}$$

式中　min——最小值；

$j+k$——从结点 j 开始的各项作业箭头结点的编号。

计算各结点的最迟结束时间的方法、程序与计算最早开始时间相反，它是从终点开始，自右到左逐个用减法进行逆运算直至始点。终点的最迟结束时间等于最迟开始时间，等于整个计划的总工期。

3）总时差的计算

总时差是指在不影响紧后作业最迟开始时间的条件下，完成某项作业可供机动的总时间。其计算公式为

某作业的总时差 = 该作业的最迟开始时间 - 该作业的最早开始时间

= 该作业的最迟结束时间 - 该作业的最早结束时间

即

$$TF(ij)=LS(ij)-ES(ij)=LF(ij)-EF(ij)$$

式中　$TF(ij)$——作业 $i \to j$ 的总时差。

时差大小具有重要意义，因为它使生产管理者有可能在时差范围内改变作业的开始和结束时间以达到均衡生产的目的，或者通过适当增加非关键作业持续时间，而把部分工人和设备转移到关键作业上去，加快关键作业进程，达到提前完成计划的目的。

4）关键路线的确定

确定关键路线的方法有两种：方法一，将每条路线的作业累计时间计算出来，其中作业路线累计时间最长的路线为关键路线；方法二，总时差为零的作业为关键作业，由关键作业

连接而成的即为关键路线。

以上参数的计算是采用人工计算方法中的图上计算法。手算，只限于规模不大、调整次数不多的网络计划。复杂的网络计划，时间参数的计算和网络计划的优化，则必须利用电子计算机。

4. 网络计划技术的优点

第一，编制网络的过程就是深入调查研究的过程，有利于克服单凭经验，主观编制计划的弊端，把计划建立在可靠的基础之上。

第二，网络图能直观形象地反映出各项工作之间的制约、依赖关系，在生产之前就能掌握关键所在，便于合理调配资源，确保重点，便于预测计划进度，易于控制和调度。

第三，可以把一个复杂的生产管理问题，分解为若干分系统，分别进行控制，由局部最优达到整体最优。

第四，可利用电子计算机计算，大大推进管理现代化。

（四）排队论

排队论又称随机服务系统理论或公用事业理论中的数学方法。它主要研究随机服务系统应如何合理地设计与控制，以达到既能满足顾客需要，又能使费用最少的目的。服务网点太多，要增加投资，也会产生空闲时间的浪费；服务网点太少，顾客要排队等候，得不到及时服务，对双方都会产生不利影响。问题的关键是在这两者之间寻找平衡。排队论即为寻找顾客排队等候和服务网点设立之间平衡关系的理论。

排队论不仅应用于商业网点分布问题，还应用于社会交通的疏导、水库水位的调节、电话占线的处理、故障机器的维修等问题。

（五）管理信息系统

进行控制工作不论采用哪种控制方法和技术都必须拥有一个管理信息系统作为保障。在信息时代背景下，信息在管理控制中发挥的作用越来越大。能否建立有效的管理信息系统，及时有效地收集、处理、传递和使用信息，是衡量管理控制系统的标志之一。

管理信息是反映企业生产经营活动情况的、经过加工处理的、对经营管理活动有影响的一系列资料和数据。现代管理信息系统是依据系统观点建立，利用现代技术方法和计算机网络，提供各种作业、管理和决策信息的集成化的人—机系统，它能准确、迅速地提供各级管理部门所需的信息。管理信息系统已成为企业发展、人类社会进步不可缺少的重要资源。信息作为资源，除了一般的可利用、有价值等特性外，还具有共享性、历史积累性、时效性和多次再生性等特性，强调信息是资源并有其特性，是建立管理信息系统的重要前提。

现代管理信息系统是计算机技术和管理技术的集成，是根据组织的业务流程和信息需要综合构成的，它以解决组织中面临的问题为目的，使基层办公人员提高工作效率，并能向各级管理部门提供所需的信息，据此作出决策，增强管理人员的决策水平和快速反应能力。高效率的管理信息系统能大量收集、存储相关信息，并根据要求长时间保存；能迅速对信息进行加工处理，使信息更加精炼、准确、集中；能快速传递信息。同时由于计算机网络技术的发展，信息的传递如虎添翼，无所不能，使在线服务、遥控指挥成为事实。

现代管理信息系统不仅具有很多优势，也使管理者的工作发生了较大变化。首先，信息的获取渠道有了变化，管理人员可以在信息系统上直接获取大量的、第一手资料，

根据这些信息能够快速作出决策或改变计划，使应变能力增强，控制反馈速度提高；其次，组织的结构可以向扁平化发展，使管理层次减少，管理幅度加大，同时控制力度却不会削弱；另外，管理者和下属的信息交流也多了通道，他们不必事事面对面地交流，汇报和指令都可以通过该系统双向传送，从而节省了大量时间和资金。

此外，在经营全球化时代，距离的增加导致了行为控制的难度加大，而太多的外部控制则可能导致相反的结果。事实上，管理者并不能仅仅依靠外部的控制来保持员工的工作协调有序。随着员工越来越多地得到管理者的授权，在复杂多变的环境中，基于责任感的控制方法得到了越来越多的重视。

基于责任感的控制方法通过员工的责任感和自我控制来保持对事务的控制。它强调的是自我控制，前提假设是员工自己想要正确地工作。管理者通常是通过使用激励方法、倡导正确的信仰和价值观、建立员工责任感来培养自我控制。受到高度激励的员工通常会更自觉地做好他们的工作；而当员工树立了“每件事情都要做到最好”的价值观时，他在工作中也一定会尽力往“做得最好”的方向努力；当员工确实感受到公司的使命就是自己的使命，或拥有一个团结协作的团队时，员工也会自觉地努力工作。

第四节　企业风险控制

风险控制是现代企业经营管理的一个重要理念，如何加强内部控制应对风险是每个企业都必须面对的问题。风险控制水平的提高，有赖于审计人员水平的提高，同时还有赖于审计制度的完善与企业信息的公开和经营评价体系科学化建设的进一步加强。企业风险控制整体框架的构建和发展需要董事会、管理当局和全体员工的共同努力。企业风险控制整体框架的构建也不会再一夜之间完成，需要长期持续探索并不断完善。

按照风险的来源不同，企业风险控制可以分为组织内部控制和外部控制。

一、组织内部控制

内部控制（internal control）是指一个单位为了实现其经营目标，保护资产的安全完整，保证会计信息资料的正确可靠，确保经营方针的贯彻执行，保证经营活动的经济性、效率性和效果性而在单位内部采取的自我调整、约束、规划、评价和控制的一系列方法、手续与措施的总称。

内部控制主要是指内部管理控制和内部会计控制，内部控制系统有助于企业达到自身规定的经营目标。

（一）内部控制的内容

综合目前企业的管理经验，内部控制制度主要有以下几方面的内容。

1. 授权控制

授权控制是指企业各级工作人员，必须经过授权和批准，才能对有关的经济业务进行处理，未经授权和批准，这些人员就不允许接触这些业务，这一控制方式使每一个过程、环节责任、权利明确，使某些事件在发生时就得到了控制。受权控制要求规定各级管理人员的职责范围和业务处理权限，同时也要求明确各级管理人员所承担的责任，使他们对自己的业务处理行为负责。

2. 分工控制

分工控制是指对于相关的职务，必须进行分工负责，不能由一个人同时包办兼任。这一控制制度使经济业务在处理时，有关人员能够互相制约、相互监督。

3. 业务记录控制

业务记录控制是指在对经济业务进行会计记录时，必须采取一系列措施和方法，以保证会计记录的真实、及时和正确。

4. 财产安全控制制度

财产安全控制制度，是为了确保企业财产物资安全完整，所采用的各种方法和措施。

5. 书面文件控制

书面文件控制是指在业务处理过程中，把企业对于经营管理的要求，有关注意事项等制成书面文件、规章制度，下发给各级工作人员，或悬挂在办公室、仓库等公众场合。

6. 人员素质控制

人员素质控制是采用一定的方法和手段，保证企业各级人员具有与他们所负责的工作相适应的素质，从而保证业务工作的质量。

（二）内部控制的作用

随着社会主义市场经济体制的建立，内部控制的作用会不断扩展。目前，它在经济管理和监督中主要有以下作用：

1. 提高会计信息资料的正确性和可靠性

企业决策层要想在瞬息万变的市场竞争中有效地管理经营企业，就必须及时掌握各种信息，以确保决策的正确性，并可以通过控制手段尽量提高所获信息的准确性和真实性。因此，建立内部控制系统可以提高会计信息的正确性和可靠性。

2. 保证生产和经营管理活动顺利进行，圆满实现企业的经营管理目标

内部控制系统通过确定职责分工，严格制定各种手续、制度、工艺流程、审批程序、检查监督手段等．可以有效地控制本单位生产和经营活动顺利进行、防止出现偏差，确保实现单位的经营目标。

3. 保护企业财产的安全完整

财产物资是企业从事生产经营活动的物质基础。内部控制可以通过适当的方法对货币

资金的收入、支出、结余以及各项财产物资的采购、验收、保管、领用、销售等活动进行控制,防止贪污、盗窃、滥用、毁坏等不法行为,保证财产物资的安全完整。

4. 保证企业既定方针的贯彻执行

企业决策层不但要制定管理经营方针、政策、制度,而且要狠抓贯彻执行。内部控制则可以通过制定办法,审核批准,监督检查等手段促使全体职工贯彻和执行既定的方针、政策和制度。同时,可以促使企业领导和有关人员执行国家的方针、政策,在遵守国家法规纪律的前提下认真贯彻企业的既定方针。

5. 为审计工作提供基础

审计监督必须以真实可靠的会计信息为依据,检查错误,揭露弊端,评价经济效益,而只有完备的内部控制制度,才能保证信息的准确,资料的真实,并为审计工作提供良好的基础。

总之,良好的内部控制系统可以有效地防止各项资源的浪费,提高生产、经营和管理效率,降低企业成本费用,提高企业经济效益。

二、外部控制

外部控制(external control)是指企业外部形成的激励监督约束机制。主要由市场机制、法律制度、政府部门、中介机构、新闻媒体、公众舆论和社会道德等构成。

(一)外部控制的内容

1. 来自经济监管部门的控制

这是外部控制的主要部分。在我国,这些部门主要有证监会、银监会、保监会、中国人民银行、国资委、财政部门、税务部门等。

2. 来自中介组织、职业管理组织的控制

这些外部控制的主体不是严格的国家经济管理部门,是行业组织和其他的专业管理部门。但是,其控制职能和国家经济管理部门基本相同,也是为了维护某个领域、宏观经济系统的正常运行。

3. 来自债权人的控制

与前面几种外部控制不同,债权人的控制是出于自我利益的保护而对企业进行的一种控制。在正常情况下,债权人作为“局外人”是独立于企业的经营管理活动的,也就是说不能干预也没有权力干预企业的经营活动。但是,如果企业出现反常情况而可能危及债权人的利益时,那么债权人就可以依据国家的有关法规介入企业的管理,实施对企业经营决策和管理过程的控制。

4. 来自股东的外部控制

首先需要说明,股东的控制不能属于内部控制的范围而是属于外部控制的范围,因为股东不属于企业组织中的任何职能部门和人员,而是独立于企业组织之外的人员。股东对于企业实施控制,目的也是为了保护自己的利益以免受到委托人的侵害。按理说,股东是企业的所有者,对于企业应该具有完全的控制权,可以随时随地地对企业进行监督和控制。但

是，现实生活中，在公司制这种经济组织形式下，股东事实上已经直接或间接地将自己拥有的绝大部分控制权委托给了企业的管理者，自己很少行使控制权，也很少关心企业的经营情况，尤其在“用脚投票”的时代，这种状况日益明显。但是，也不排除在股权相对集中的情况下，大股东适时行使自己的控制权。

（二）外部控制和内部控制的衔接

为了更好地控制风险，可以采取下述方式将组织内部控制和外部控制进行衔接。

1. 违法风险防范与税务稽查的结合

把内部控制的自我检查和外部控制结合起来，首先，自己主动地进行税务风险的审查和防范工作，积累必要的数据和资料；其次，当税务部门稽查时进行主动的配合，提供数据和帮助，解释企业所做的工作。这样做的好处，一方面可以事先发现和规避一些风险；另一方面，即使自己对于税务法规的掌握有所偏差，也可以做出很好的解释，以示企业在税务法规方面的积极负责的态度。

2. 资产流失风险防范与国资部门检查的结合

从外部控制和内部控制相互结合的角度，可以将其分成两类：一类是由企业高层如董事长、总经理等所导致的资产流失；一类是具体业务部门和经管人员所带来的资产流失，比如保管员监守自盗等。在资产流失风险的防范上，对于由业务部门而导致的风险可以主要依靠内部控制系统来监管，而对于因企业高层所导致的资产流失应该主要依靠外部控制来监管。也就是说，外部控制和内部控制应该有所侧重。

3. 信息披露风险防范与证券监管控制的结合

在信息披露风险的防范上，最根本的措施还是企业内部控制，外部控制只是补充。首先，企业要具有信息披露风险的防范意识，不能有利用虚假信息牟利的动机。无论是出于纳税考虑，还是市场股价考虑和兼并收购考虑，都不能存有利用虚假信息操纵交易的打算。其次，认真学习领会新会计准则，避免技术性信息失真。

本章小结

在管理工作中，控制是组织在动态环境中为保证既定目标的实现而采取的监督、检查和纠偏活动或过程，是为确保活动能产生期望的结果而进行的工作。控制的根本目的，在于保证组织活动的过程和实现绩效与计划目标及计划内容相一致，以保证组织目标的最终实现。各级主管人员根据事先确定的标准或因发展的需要而重新拟定的标准，对下级的工作进行衡量、测定和评价，并在出现偏差时进行纠正，以防止偏差继续发展或今后再度发生；或者，根据组织内外环境的变化和组织的发展需要，在计划的执行过程中，对原计划进行修订或制定新的计划，并调整整个管理工作过程。控制系统的构成包括控制主体、控制客体、控制目标体系和控制方法。按照不同的标准，控制可以划分为不同的类型，其中前馈控制、现场控制、反馈控制三种不同位置的控制，在管理控制中所发挥的作用是不同的，它们对组织实施有效控制都十分重要。

为了保证对组织活动进行有效的控制，必须遵循一定的控制原则。管理控制的基本过程可划分为四个步骤：确定控制标准、衡量实际业绩、进行差异分析、采取纠偏措施。

应用于控制的技术和方法有很多，就一般意义的管理控制，从大类上来划分包括预算控制和非预算控制。预算控制是通过编制预算来进行控制的一种控制方法。非预算控制主要有审计法、甘特图、网络计划技术、排队论、管理信息系统等。企业风险控制主要有组织内部控制和外部控制，要注重外部控制和内部控制的衔接。

复习思考题

1. 什么是控制？组织中控制职能的重要性是什么？
2. 控制系统的构成要素包括哪些？
3. 不同控制位置的三种类型控制有哪些？它们之间什么联系和区别？
4. 在现代管理活动中，前馈控制为什么显得更为重要？
5. 控制的基本原则是什么？
6. 控制过程包括哪几个步骤？
7. 控制标准的确定要注意什么？
8. 预算有哪些类型？什么是零基预算？
9. 预算作为重要的控制方法在控制中起到哪些重要的作用？
10. 使用预算控制时需要防止哪些危害？
11. 常用的非预算控制有哪几种？
12. 现代管理信息系统会给管理者的工作带来哪些变化？
13. 企业的风险类型有哪些？

管理故事

比尔的烦恼

在某大型电子零件批发公司的一家连锁商店里，刚出任经理的比尔正为一些事搞得心烦意乱。店里有两位售货员，每天上午轮流去隔壁的自助餐厅喝咖啡，吃甜馅饼。因为少了一个售货员，顾客们在店里等候服务已经司空见惯。更令人头痛的是．这家零售商店的营业额一直达不到公司的平均水平。当比尔对售货员们谈及这两件事时，他们不屑一顾地答道：“你看看公司付给我们多少工资！你还能要求什么？”

比尔对他们回应道：“在我们讨论工资的事并且谈出点眉目来之前，有一件要紧的事，就是要你们明确知道我对你们的工作有什么要求。让我们来确定三件事：第一，在安排好的上班时间内，谁也不可以离开商店。当然，在你们的午餐时间里，你们干什么都行。第二，如果这家商店还要营业，不搬到别处去的话，我们每天的平均销售额应该是 1 000 美元。总公司的记录表明，每位顾客大约购买 5 美元的货，这就是说，一天要接待 200 位顾客。我们是两位售货员当班，平均一下，我要求你们每人每天接待 100 位顾客。第三，就是你们怎样来接待顾客。我希望你们做到一丝不苟，礼貌周到，他们想了解什么，你们要有问必答。这三件事你们清楚了吗？如果是这样的话，让我们来瞧一瞧你们的工资袋，看看出了什么毛病，你们考虑考虑。”

这则例子中，顾客服务和营业收入都未达到预期水平，而员工却在抱怨公司付给他们的工资太少了。到底哪一方面出了问题？有效的控制需要预先订立并让当事人明确所要求他们的绩效标准是什么，可是这件电子零售批发商店的前任经理却一直没有做到这一点。比尔接任后对员工说的三件事，使员工认识到了自己行为的差距，从而为其工作绩效的改善奠定了基础。没有标准，控制工作就很难取得理想的效果。

曲突徙薪

古时候有一个客人去拜访友人，他见那家人的厨房里，烟囱做得很直，一烧饭就直冒火焰，而灶门旁边还堆了许多柴草。这个客人看到这种情况，就劝主人把烟囱改成弯曲（曲突），把柴草搬得离灶台远一些（徙薪），不然容易引起火灾。但主人就是不听。

不久，这家果然失火了，幸亏邻居们赶来把火扑灭。事后，主人设宴酬谢，而那个劝他改修烟囱和搬走柴草的人却没有被邀请。于是有人提醒：如果你早听那个客人的话，就不用备办酒席，更不会发生这场火灾。今天你按功劳大小来请客酬谢大家，而那个劝你改造烟囱、搬走柴草的人却没有得到你的什么好处，光把烧得焦头烂额的人当上等客人，这是什么缘故呢？主人听后恍然大悟，赶紧把那个人请来。

故事载于司马光的《资治通鉴》。此故事揭示了一个非常直白的道理：凡事要防患于未然，否则就要酿成“曲突徙薪无恩泽，焦头烂额为上客”的结果，悔已晚矣。

一般人认为，足以摆平或解决企业经营过程中的各种棘手问题的人，就是优秀的管理者，其实这是有待商榷的，俗话说：预防重于治疗，能防患于未然之前，更胜于治乱于已成之后，由此观之，企业问题的预防者，其实是优于企业问题的解决者。

案例应用

案例 9–1 西湖公司的管理控制

西湖公司是由李先生靠 3 000 元创建起来的一家化妆品公司。开始只是经营指甲油，后来逐步发展成为具有一定规模的化妆品公司，资产已达 6 000 万元。李先生于 1984 年发现自己身患绝症后对公司的发展采取了 2 个重要的措施，一是制定公司要向科学医疗卫生方面发展的目标；二是高薪聘请雷先生接替自己的职位，担任董事长。

雷先生上任后，采取一系列措施，推行李先生为公司制定的进入医疗卫生行业的计划，在特殊医疗卫生业方面开辟了一个新行业，同时开设一个凭处方配药的药店，并开辟上述两个新部门所需产品的货源、运输渠道。与此同时,他在全公司内建立了一个严格的控制措施,要求各个部门制定出每月的预算报告,要求每个部门在每月初都要对本部门的问题提出切实的解决方案,每月定期举行依次由各个部门经理和顾客代表参加的管理会议,要求各部门经理在会上提出自己本部门在当月的主要工作目标和经济来往数目。同时他特别注意资产回收率、销售边际及生产成本等经济动向,他也注意人事、财务收入和降低成本费用方面的工作。

由于实行了上述措施,该公司获得了巨大的成功。到20世纪80年代末期,年销售量提高24%,到1990年达到20亿元。然而,进入90年代以来,该公司逐渐出现了问题,1992年出现公司有史以来第一次收入下滑、产品滞销、价格下跌。主要问题表现在几个方面:①化妆品市场的销售量已达到饱和状态。②该公司制造的高级香水一直未打开市场,销售情况没有预期的那样乐观。③国外公司挤占了本国市场。④公司在国际市场上出现了不少问题,推销员的冒进,得罪经销商,公司形象没有很好的树立等。

雷先生也意识到公司存在的问题,准备采取有力措施,以改变公司目前的处境。他计划要对国际市场方面进行总结和调整,公司开始研制新产品。他相信用了大量资金研制的医疗卫生工业品不久也可进入市场。

思考题

(1)雷先生在西湖公司里采取了哪些控制方法?

(2)假如西湖公司原来没有严格的控制系统,雷先生在短期内推行这么多控制措施,其他管理人员会有什么反应?

(3)就西湖公司的目前状况而言,怎样健全控制系统?

案例9-2 查克停车公司

如果你在好莱坞或贝弗利山举办一个晚会,肯定会有这样一些名人来参加:杰克·尼科尔森、麦当娜、汤姆·克鲁斯、切尔、查克·皮克。"查克·皮克?""当然!"没有停车服务员你不可能开一个晚会,而南加州停车行业内响当当的名字就是查克·皮克。查克停车公司中的雇员有100多人,其中大部分是兼职的,每周他至少为几十个晚会办理停车业务。在一个最忙的周六晚上,可能要同时为6、7个晚会提供停车服务,每一个晚会可能需要3—15位服务员。

查克停车公司是一家小企业,但每年的营业额差不多有100万美元。其业务包含两项内容,一项是为晚会停车;另一项是不断地在一个乡村俱乐部办理停车经营特许权合同。这个乡村俱乐部要求有2、3个服务员,每周七天都是这样。但是查克的主要业务来自私人晚会。他每天的工作就是拜访那些富人或名人的家,评价道路和停车设施,并告诉他们需要多少个服务员来处理停车的问题。一个小型的晚会可能只要3、4个服务员,花费大约400美元。然而一个特别大型的晚会的停车费用可能高达 2 000 美元。

尽管私人晚会和乡村俱乐部的合同都涉及停车业务，但它们为查克提供的收费方式却很不相同。私人晚会是以当时出价的方式进行的。查克首先估计大约需要多少服务员为晚会服务，然后按每人每小时多少钱给出一个总价格。如果顾客愿意"买"他的服务，查克就会在晚会结束后寄出一份账单。在乡村俱乐部，查克根据合同规定，每月要付给俱乐部一定数量的租金来换取停车场的经营权。他收入的唯一来源是服务员为顾客服务所获得的小费。因此，在私人晚会服务时，他绝对禁止服务员收取小费，而在俱乐部服务时小费是他唯一的收入来源。

思考题

（1）你是否认为查克的控制方式在两种场合下是不同的？如果确实如此，为什么？

（2）在前馈、现场和反馈控制三种类型中，查克应采取哪一种手段对乡村俱乐部业务进行控制？对私人晚会停车业务，又适宜采取何种控制手段？

第十章　创新

本章学习目标

- 创新的内涵及其特征
- 创新的主要类型
- 创新的基本过程
- 管理创新的基本条件
- 管理创新的主要内容
- 管理创新的方法

环境在变，管理的手段也要随之变化。计划、组织、领导、控制是保证组织目标实现所必需的，但从某种意义上说，这些传统的管理职能所起的主要作用在于保证组织按预定的方向和规则运行。而要在动态的环境中有效地实现目标，还需要根据环境的变化，致力于创造新的与环境相适应的管理理论与方法，或根据已有的管理理论与方法进行创造性地运用。创新必将成为21世纪管理的主旋律。

第一节　创新概述

一、创新的基本内涵及特征

（一）创新的含义

“创新”一词在经济学、管理学当中有其特定的含义。目前大多数专家学者都接受美籍奥地利经济学家熊彼特在1912年出版的《经济发展理论》一书中关于创新的定义：创新是指新产品的开发、新市场的开拓、新生产要素的发现、新生产经营管理方式的引进和新企业组织形式的实施。

在现代市场经济条件下，创新往往就是一种新的组合，如新技术与新产品的组合、新技术与新生产过程的组合、新技术与新原料的组合、新技术与新市场的组合以及新技术与新产业组织的组合等。

熊彼特所说的“创新”或“新组合”，包括下列五种形式。

（1）采用一种新的产品。也就是消费者还不熟悉的产品，或一种产品的新的特性。

（2）采用一种新的生产方法。也就是使用在有关的制造部门中尚未采用过的方法，这种新的方法并不需要建立在科学上新的发现的基础上。

（3）开辟一个新的市场。也就是使产品进入以前不曾进入的市场，不管这个市场以前是否存在过。

（4）采用新的原材料或控制原材料的供应来源。

（5）实行一种新的组织形式，如建立一种垄断地位或打破一种垄断地位。

可见，熊彼特所说的“创新”是一个经济概念，而不是一个技术概念。它主要是指经济上引入某种“新”的东西，有别于与技术上的新发明，发明创造只是一种新概念、新设想，或者至多表现为试验品，发明只有被应用到经济活动时，才成为“创新”。因此创新是一种生产要素的重新组合，其目的是获得潜在的利润，创新是企业家利用的一种特殊资源，推动创新的是企业家，而不是发明家。

总之，创新在经济学、管理学上的意义就是新的组合，而这个组合的最初起因可能是知识的创新和技术的创新。漫长的管理实践，又逐步扩充了创新的内容，包括管理创新、制度创新、组织创新、市场创新、产品创新、观念创新、管理方法创新、文化创新、品质创新等。

（二）创新的特征

作为人类特有的一种活动，创新具有以下几方面的特性。

1. 创造性

创新是创造性的思想观念及其实践活动，照抄照搬不是创新。创新活动及其成果是创造性的劳动及其结晶，它是前人没有能够认识和做到的，没有加以更好利用的，即使是同类活动及其成果，创新也意味着有质的改进和提高或得到了更好利用。创新者应解放思想，勇于开拓进取，勇于变革和革新，勇于从事创造性的思维及其实践活动。

2. 高风险性

创新活动的创造性，也就决定其风险性。实践证明，创新是否成功以及在多大程度上获得成功，存在着高度的不确定性，因而具有高风险性。从总体上讲，创新获得成功并收到预期的效果，往往不是多数而是少数，有些创新活动的成功甚至是极少数。创新一旦失败，不仅创新过程的大量投入无法收回，而且会错过发展机会，损害企业的市场竞争能力。在企业，创新的风险主要有市场风险和技术风险。市场风险是难以把握市场需要的基本特征以及将这些特征融入创新过程，因而创新的决策和最终结果很难说是否为用户所接受、为市场所欢迎，是否能超越竞争对手。技术风险是能否克服研究开发、商品化过程技术难题和高成本问题，因而有技术上成功与否的不确定性。同时，创新也存在管理上的风险。当然，创新充满风险并不是说它比守旧的风险还大，因循守旧、故步自封存在着使组织萎缩甚至被淘汰的风险，因此，只有创新，组织才有希望、才有生机和活力。认识创新的高风险性，充分考虑到创新成功的不确定性，其目的是要采取多方面的措施减少风险，增大创新的成功率，这是管理的创新职能所在。

3. 高效益性

创新一旦成功，能获得极高的甚至是意料不到的效益。创新的风险高，但效益更高，创新的高效益性和高风险性呈正相关关系。从总体上讲，创新获得的效率和效益（经济效益、社会效益、生态效益）要大于创新的投入和风险造成的损失。企业的创新不仅使企业在市场具有竞争优势，而且使它有可能在一定范围、一定时间、一定程度上处于垄断地位，获得超额利润。当然这种地位会随技术的扩散或更高水平的创新而丧失。具有远见卓识的管理者，总是追求不断创新。

4. 动态性

事物是发展变化的，不仅组织的外部环境和内部条件在不断发生变化．而且组织的创新能力也要不断积累、不断提高，决定创新能力的创新要素也都要进行动态调整。从企业间的竞争来看，随着企业创新的扩散，企业竞争优势终会消失，这就要不断推动新的一轮又一轮的创新，不断确立企业的竞争优势。因此，创新绝不是静止的，而是动态的。不同时期组织的创新内容、方式、水平是不同的。从组织发展的总趋势看，前一个时期低水平的创新，总是要被后一个时期高水平的创新所替代。创新活动的不断开展和创新水平的不断提高，正是推动组织发展的动力。

5. 适宜性

不同的组织由于历史背景、所处环境、基础条件、发展战略等存在着差异，需要解决的问题和现实可能是不同的，因此作为实践活动的创新具有适宜性。在创新程度和方式上，有局部性的创新和整体性的创新；有渐进性的创新和根本性的创新；有模仿性创新、自主型创新、合作型创新等。组织应根据实际情况做出相应的创新选择。

二、创新的主要类型

组织系统在运行中的创新涉及许多方面，为了便于分析，我们以社会经济生活中大量存在的企业系统为例来介绍创新的内容。

（一）目标创新

企业是在一定的经济环境中从事经营活动的，特定的环境要求企业按照特定的方式提供特定的产品。一旦环境发生变化，要求企业的生产方向、经营目标以及企业在生产过程中同其他社会经济组织的关系进行相应的调整。在新的经济背景中，企业的目标必须调整为："通过满足社会需求来获得利润。"至于企业在各个时期的具体经营目标，则更需要适时地根据市场环境和消费需求的特点及变化趋势加以整合，每一次调整都是一种创新。

（二）技术创新

技术创新是企业创新的主要内容，企业中出现的大量创新活动是有关技术方面的，因此，有人甚至把技术创新视为企业创新的同义词。

技术水平是反映企业经营实力的一个重要标志，企业要在激烈的市场竞争中处于主动地位，就必须不断地进行技术创新。由于一定的技术都是通过一定的物质载体和利用这些载体的方法来体现的，因此企业的技术创新主要表现在要素创新、要素组合方法的创新以及产品的创新上。

1. 要素创新与要素组合创新

要素创新包括材料创新、设备创新。要素组合方法创新包括生产工艺和生产过程的时空组织两个方面。

2. 产品创新

生产过程中各种要素组合的结果是形成企业向社会贡献的产品。企业是通过生产和提供产品来求得社会的承认、证明其存在的价值，也是通过销售产品来补充生产消耗、取得盈余，实现其社会存在的。产品创新包括许多内容，这里主要分析物质产品本身的创新，物质产品的创新主要包括品种和结构的创新。

（1）品种创新要求企业根据市场需求的变化，根据消费者偏好的转移，及时调整企业的生产方向和生产结构，不断开发出用户欢迎的适销对路的产品。

（2）产品结构的创新，在于不断改变原有品种的基本性能，对现在生产的各种产品进行改进和改造，找出更加合理的产品结构，使其生产成本更低、性能更完善、使用更安全，从而更具市场竞争力。

产品创新是企业创新的核心内容，它既受制于技术创新的其他方面，又影响其他技术创新效果的发挥。新的产品、产品的新的结构，往往要求企业利用新的机器设备和新的工艺方法；而新设备、新工艺的运用又为产品的创新提供了更优越的物质条件。

（三）制度创新

企业制度创新，就是指随着生产力的发展，要不断对企业制度进行变革，因而通常可以称之为企业制度再造。企业制度创新对企业来讲是极其重要的，因为企业本身就是一种生产要素的组合体，企业对各生产要素的组合，实际上就是依靠企业制度而组合起来的。正因为如此，所以很多人在谈到企业的定义的时候，往往都认为企业就是一个将各种生产要素按一定制度而组合起来的经营主体。由此可见，企业制度对于企业来说是极其重要的。

现代企业制度创新是为了实现管理目的，将企业的生产方式、经营方式、分配方式、营销观念等规范化设计与安排的创新活动。制度创新是把思维创新、技术创新和组织创新活动制度化、规范化，同时又具有引导思维创新、技术创新和组织创新的功效。它是管理创新的最高层次，是管理创新实现的根本保证。

企业制度创新的目的是建立一种更优的制度安排，调整企业中所有者、经营者、劳动者的权力和利益关系，使企业具有更高的活动效率。

要素组合的创新主要是从技术角度分析人、机、料等各种结合方式的改进和更新，而制度创新则需要从社会经济角度来分析企业系统中各成员的正式关系的调整和变革。制度是组织运行方式的原则规定。

产权制度是决定企业其他制度的根本性制度，它规定着企业最重要的生产要素的所有者对企业的权力、利益和责任。不同的时期，企业各种生产要素的相对重要性是不一样的。

在主流经济学的分析中，生产资料是企业生产的首要因素，因此，产权制度主要指企业生产资料的所有制。目前存在两大生产资料所有制：私有制和公有制（或更准确地说是社会成员共同所有的“共有制”），这两种所有制在实践中都不是纯粹的。企业产权制度的创新也许应朝向寻求生产资料的社会成员“个人所有”与“共同所有”的最适度的方向发展。

经营制度是有关经营权的归属及其行使条件、范围、限制等方面的原则规定。它表明企业的经营方式，确定谁是经营者，谁来组织企业生产资料的占有权、使用权和处置权的行使，谁来确定企业的生产方向、生产内容、生产形式，谁来保证企业生产资料的完整性及其增值，谁来向企业生产资料所有者负责以及负何种责任。经营制度的创新应是不断寻求企业生产资料最有效利用的方式。

管理制度是行使经营权、组织企业日常经营的各种具体规则的总称，包括对材料、设备、人员及资金等各种要素的取得和使用的规定。在管理制度的众多内容中，分配制度是最重要的内容之一。分配制度涉及如何正确地衡量成员对组织的贡献并在此基础上如何提供足以维持这种贡献的报酬。由于劳动者是企业诸要素的利用效率的决定性因素，因此，提供合理报酬以激发劳动者的工作热情对企业的经营就有非常重要的意义。分配制度的创新在于不断地追求和实现报酬与贡献的更高层次上的平衡。

产权制度、经营制度和管理制度这三者之间的关系是错综复杂的（实践中相邻的两种制度之间的划分甚至很难界定）。一般来说，一定的产权制度决定相应的经营制度。但是，在产权制度不变的情况下，企业具体的经营方式可以不断进行调整；同样，在经营制度不变时，具体的管理规则和方法也可以不断改进。而管理制度的改进一旦发展到一定程度，则会要求经营制度作相应的调整；经营制度的不断调整，则必然会引起产权制度的革命。因此，反过来，管理制度的变化会反作用于经营制度，经营制度的变化会反作用于产权制度。

企业制度创新的方向是不断调整和优化企业所有者、经营者、劳动者三者之间的关系，使各个方面的权力和利益得到充分的体现，使组织的各种成员的作用得到充分的发挥。

企业制度的重要性，主要表现在以下几个方面。

1. 企业制度是企业赖以存在的体制基础

正如我们上面所讲的，企业作为各种生产要素的组合体，实际上就是通过制度安排来组织各种生产要素的，因而企业制度是对各种生产要素进行组合的核心纽带和基础。有人讲，企业就是出资人之间的合约，也就是出资人以契约方式规定出企业制度，然后按照所规定的企业制度来组建企业。因此，没有企业制度，就根本谈不到企业的存在，当然更谈不到企业的发展，因而企业存在和发展的体制基础，就是企业制度。

2. 企业制度是企业及其构成机构的行为准则

因为企业本身的运行行为以及企业内部的各种组织机构的活动行为，都要受到企业制度的约束，所以企业制度决定了企业本身以及企业的构成机构的行为规则和行为规范。企业及企业中的各种组织机构，都必须遵守企业制度的安排，不能违反企业制度的任何一种安排。正是基于此，人们通常说，企业制度实际上是企业本身以及企业的构成机构的行为准则。

3. 企业制度是企业员工的行为规范

企业员工作为企业的组成人员，无论是CEO还是一般的普通员工，其行为都必须遵守体现企业制度要求的各种规则，也就是要按照企业制度的要求对员工的行为进行规范，而规范员工行为的准则，就是企业制度。正是基于此，人们通常把企业制度又称之为员工的行为规范。

4. 企业制度是企业高效发展的活力源泉

企业活力虽然来自于许多方面，但主要来自企业的制度安排。如果企业制度的安排非常有利于调动企业中的各种生产要素的积极性，那么这个时候企业就是最有活力的。反之，如果企业制度的安排非常不利于调动企业中的各个生产要素的积极性，那么这个时候企业就是最没有活力的。就像中国原来的国有企业之所以没有活力，一个极其重要的原因，就是因为它们的企业制度安排有问题，它们的企业制度安排无法充分调动各种生产要素的积极性。因此，企业制度是企业活力的最重要的保证，没有良好的企业制度，就根本不可能有企业的活力。

5. 企业制度是企业有序化运行的体制框架

企业要有序化运行，就必须按照一定的程序运行，而要按照一定的程序运行，就必须有一个运行的程序，程序要对企业运行有约束，那么约束企业运行的程序就是企业制度。因此，企业制度实际上就是约束企业各种生产要素的行为以及企业本身行为的一种准则。

正是因为如此，企业的有序化发展，就必须有良好的企业制度。没有良好的企业制度，就没有企业的有序化运行。例如，我们有的民营企业之所以无法有序化地运行，就是因为缺乏一个良好的企业制度，有的民营企业虽然在一定时期内活力是很充足的，但是没过几年就消亡了，原因就在于它的企业制度设计不合理，企业制度设计也可能确实调动了各种生产要素的积极性及企业的活力，但是却没有形成一个良好的有效约束，因而很快就消亡了，成为短命的企业。由此可见，企业制度是企业有序化运行的一个极其重要的保障。

6. 企业制度是企业经营活动的体制保证

企业的所有经营活动，无论是生产经营活动，还是资本经营活动，都必须在一定的体制框架中进行，这种体制框架，就是企业制度。因此，可以说，没有一种合理的企业制度安排，就不可能有企业的高效经营活动；没有企业良好的企业制度，企业经营的活动就没有体制保障，从而企业的经营活动就根本无法高效开展。所以人们通常说，高效的企业经营活动实际上是有赖于良好企业制度的。正因为企业制度有着上述这六个方面的重要性，所以讨论企业问题，首先要讨论的是企业制度创新问题。也就是说，所有要研究企业问题的人以及经营企业的人，都首先要考虑企业制度的创新问题。就经营企业的人来说，如果企业制度问题解决不好，就谈不到企业充满活力的问题，也就谈不到企业的有序化发展的问题，当然更谈不到企业高效益经营的问题；就研究企业问题的人来说，如果搞不清楚企业制度创新问题，就根本不可能深入地把握企业的实质性问题，从而就不可能正确地研究企业问题。由此可见，讨论企业问题，往往首先需要研究的，就是企业的制度创新问题。

（四）组织创新

企业系统的正常运行，既要求具有符合企业及其环境特点的运行制度，又要求具有与之相应的运行载体，即合理的组织形式。因此，企业制度创新必须要求组织形式的变革和发展。

从组织理论的角度来考虑，企业系统是由不同的成员担任的不同职务和岗位的结合体，这个结合体可以从结构和机构这两个不同层次去考察。所谓机构是指企业在构建组织时，根据一定的标准，将那些类似的或为实现同一目标有密切关系的职务或岗位归并到一起，形成不同的管理部门。它主要涉及管理劳动的横向分工问题，即把对企业生产经营业务的管理活动分成不同部门的任务；而结构则与各管理部门之间，特别是与不同层次的管理部门之间的关系有关，它主要涉及管理劳动的纵向分工问题，即所谓的集权和分权问题。不同的机构设置，要求不同的结构形式；组织机构完全相同，但机构之间的关系不一样，也会形成不同的结构形式。

由于机构设置和结构的形成要受到企业的活动内容、特点、规模、环境等因素的影响，因此，不同的企业有不同的组织形式。同一企业，在不同的时期，随着企业经营的变化，也要求组织的机构和结构不断调整。组织创新的目的在于更合理地发挥管理人员的才智，提高管理劳动的效率。

（五）环境创新

环境是企业经营的土壤，同时也制约企业的经营。企业与环境的关系，不是单纯地去适应，而是在适应的同时去改造、去引导、甚至去创造。环境创新不是指企业为适应外界变化而调整内部机构或活动，而是指通过企业积极的创新活动去改造环境，去引导环境朝着有利于企业经营的方向变化。例如，通过企业的公关活动，影响社区政府政策的制定；通过企业的技术创新，影响社会技术进步的方向等。就企业来说，环境创新的主要内容是市场创新。

市场创新主要是指通过企业的活动去引导消费，创造需求。成功的企业经营不仅要适应消费者已经意识到的市场需求，而且要去开发和满足消费者自己可能还没有意识到的市场需求。新产品的开发往往被认为是企业创造市场需求的主要途径。其实，市场创新的更多内容是通过企业的营销活动来进行的，即在产品的材料、结构、性能不变的前提下，或通过市场的物理转移，或通过揭示产品新的使用价值，来寻找新客户，再或通过广告宣传等促销工作，来赋予产品以一定的心理使用价值，影响人们对某种消费行为的社会评价，从而诱发和强化消费者的购买动机，增加产品的销售。

三、创新的基本过程

创新是对旧事物的否定，是对新事物的探索。对旧事物的否定，就是突破原先的制度，破坏原先的秩序；对新事物的探索，就是在不断尝试中寻找新的程序、新的方法，在最终成果取得之前，可能要经历无数次反复，无数次的失败。相对于个别创新而言，并无一定的创新规律，但就创新的总体来说，它们必然遵循一定的步骤、程序和规律。

创新的过程分为六个阶段：知识创造、技术开发、匹配、生产开发、市场开发和评估反馈。创新过程强调创新的选择能力、匹配能力、执行能力和评估能力，以及在知识创造和市场匹配阶段中思想发散和收敛的重要性。如图 10-1 所示。

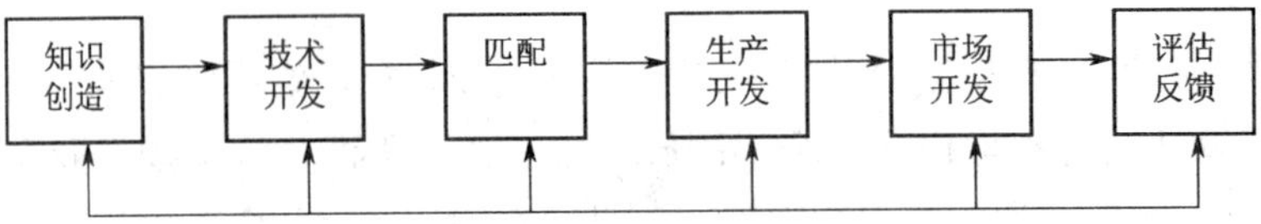

图 10-1 创新的过程

（一）知识创造阶段

这个阶段不是一个孤立的阶段，而是与整个创新过程相关，伴随整个创新过程始终的阶段。这个阶段可以分为两部分来看。

第一，创新的初始阶段。企业在这个阶段广泛收集来自外部和内部的信息，对其进行加工处理，并结合知识共享和知识交流，使企业不断产生新的知识。在此过程中企业会意识到创新的存在，并发现组织或企业中的机会，最终将其显性化。

第二，创新各个阶段所伴随的知识创造过程。由于创新是一个很复杂的过程，无论是在技术开发、生产开发还是在市场开发阶段，都会遇到各种难以预料的困难，因此企业对各个阶段需要认真评估，及时反馈和分析，通过知识创造解决难题，使创新能够顺利进行，才可能因此引发出新的系列产品。在这个阶段要特别强调的是知识创造是需要从思想发散走到思维收敛。因为组织中不同的员工往往会对问题有不同的看法，通过交流和不同观点的摩擦，新思想将不断增加，从而出现知识膨胀现象。但这种膨胀现象不是无止境的，因为企业在同一段时间，不能采用多种创新，只能选择最适合企业发展的一种或几种。所以在发散思维之后需要有收敛的过程，来整合不同

的思想观点和创新方案。这一般是由企业的决策层通过一定的决策方式，在多个新机遇中选择最有效可行的方案。

具体而言，思维发散和收敛过程可描述如下。

（1）发散过程。发散过程有以下三个步骤：①从企业内部（如员工、部门）和企业外部（如合作者、供应商、顾客、竞争者及一些信息中介）收集相关的数据、事实、信息和建议；②对数据和信息进行处理加工，产生有价值的信息和知识，并将其共享，让企业员工理解和吸收；③激发每个员工的隐性知识，产生新知识，并对新知识进行收集和共享。同时新知识又会指导员工去收集新的数据、信息和知识。这三个步骤不断循环，使企业的新知识逐渐增多。这个过程中企业必须把握发散的度，既不能储蓄太多的信息和知识，也不能过少，因为过少可能使得信息存在偏差，造成错误决策；太多会使收敛的效率低，难以聚焦到重要的新机会上。

（2）收敛过程。收敛过程有以下三个步骤：①整合信息和新知识，减少冗余，去除无效

的信息和知识；②分析企业背景、资源和潜能，把握企业的商业战略，制定选择新机会的统一标准；③在统一标准的衡量下，识别最有价值的新知识和机遇。相应地，在创新过程中评估和反馈信息也会不断传递到组织中，被组织成员内化、理解和吸收。针对各阶段存在的困难和问题，组织成员通过群化，激发新知识，形成认同型的解决方法。再通过进一步交流，将其外化、概念化为具体解决方案，传递给相关负责人将解决方案与产品融合，具体化到产品中。

（二）技术开发阶段

技术开发阶段是指企业把新思想、新构思转变为新的产品原型或样品的过程。具体而言，它是企业为开发新产品组织技术研究人员所进行的构思创意，研制产品原型或样品，对产品原型或样品进行测试、评价及筛选等工作的总称。但是对于很多企业来说，创新产品的产生并不是基于自主开发，而是将其他地方（如研究机构等）已经研制出的新技术结合自己的产品创造出来的。因此技术开发阶段可以简化为新技术与企业产品设计的结合。企业需要在众多的新技术中，选择

并采用最适合自身发展的技术，因此需要进人第三个阶段匹配阶段。

（三）匹配阶段

随着信息技术的发展、新产品生命周期的缩减和市场需求的不断变化，创新的风险也不断增加。为了提升创新的成功率，除了正确的选择机遇外，还需要使企业的创新技术与市场需求、商业战略相匹配。如果创新产品缺少市场需求或与企业整个发展方向不一致，必然会导致创新的失败或使企业进人误区。

在这个阶段，企业需要对所有的技术创新和各种原型产品进行汇集，并将专家、技术人员及其他员工对各种创新的可行性分析进行汇总。在此基础上，企业的决策层才可能根据企业现阶段发展状况，根据匹配原理，制定合理的评价标准，对可行性技术创新方案或原型产品进行选择。但这个阶段与知识创造中的选择阶段不同，表现在以下几个方面。

第一，它的选择范围比选择阶段要小得多，仅包括通过选择阶段之后研制出的原型产品和方案及它们的相关信息。

第二，在这个阶段决策者的冲突会比选择阶段小，因为选择的范围较小，而且决策者对产品的认识和市场的认识更加深入，因此收缩的速度比选择阶段快。

第三，参与匹配阶段的人员相比于参与选择阶段的人员要少得多，在选择阶段几乎所有员工都参与知识创造过程，即发散过程；但匹配阶段只有企业的高层、技术开发人员及部分市场开发人员。

第四，选择中采用的评价标准不同，选择阶段只能根据企业高层或专家对未来的预测制定标准，选择较好的机会；而匹配阶段是在对近期市场发展变化的跟踪、调查下，结合近期预测制定标准。

这个阶段是创新过程中最容易忽视却最为重要的阶段，它也同样经历了一个胀缩过程，即从发散到收敛的过程，发散过程包括：①从顾客或内部的产品试用人员那里收集有关原型产品的反馈信息，发现问题，寻找解决方案，不断改进；②根据原型生产和反馈情况，制定每

种产品的可行性方案；③通过市场调查、跟踪分析近期消费者的需求变化。收敛过程包括：①整合市场调研信息和企业现状信息，制定评价产品方案的标准；②选择可行性方案。在匹配过程中，企业通过收集市场和产品相关信息，评价出每种产品方案的优势和劣势，撰写可行性方案；决策层可通过决策排除市场与技术不匹配的产品方案，并从可选方案中选择最优方案，迅速投入生产，进行市场开发。在每个收敛过程中，群体决策方法，如：认知图、专家投票法、德尔菲法以及一些群决策工具可以帮助企业做出有效选择。

（四）生产开发阶段

生产开发是指企业把新的产品原型或样品转变为新产品的过程。它是企业在确定将要投放市场的产品原型或样品之后，即技术开发和匹配过程结束之后，到新产品正式投入批量生产之前而进行的调试、工艺流程设计、产品标准制定、工装及模具设计和制造、工作方法与劳动定额确定等一系列工作的总称。

（五）市场开发阶段

市场开发是指企业把新产品转变为市场上所需要的新产品的过程。实际上，从构思开始，企业就得考虑市场开发问题，它应该包括企业从构思开始，到新产品正式投放市场之前所做的市场调查与研究、市场测试与评价、制订市场营销计划以及最终的销售等各项工作。

（六）评估反馈阶段

评估能够帮助企业更好地认识顾客对自己产品的认可程度及产品给顾客带去的价值，从而帮助企业更好地做出预测和改进。由于创造顾客价值的能力取决于企业的知识创造能力、选择能力、匹配能力和执行能力，而每一个阶段的能力又取决于前一个阶段的能力表现，因此，企业不仅需要在一个创新过程的末期通过顾客进行反馈，还要在创新过程的每一个阶段进行反馈，必要时，重新执行上一个阶段，确保每一个阶段的有效性。

以上六个过程中，从第一阶段到第二阶段，体现了组织的选择能力；从第二到第四阶段体现了组织的匹配能力；第四和第五阶段体现组织的执行能力；第六阶段体现了组织的评估能力。在整个创新过程中，知识创造和市场匹配是促发企业创新并实现成功创新的关键。

第二节　管理创新

管理创新是为了更有效地运用资源以实现目标而进行的创新活动和过程。管理创新着眼于更加有效地运用资源以实现目标。管理的四大职能是保证组织活动顺利进行的基本手段，但仅靠四大职能来维持组织按照预定的方向和规则运行是不够的。组织的环境是不断变化的，这些变化必然会对管理的活动内容、活动形式、各活动之间的关系和各种资源的利用产生不同的影响，若不及时的调整和创新，有可能就会被环境所淘汰。因此，根据内外部环境的变化适时地进行局部或全局性创新，对于组织的生存发展是十分重要的。卓越的管理应该是实现维持与创新相结合的管理。

一、管理创新的必要条件

为使管理创新能有效地进行，还必须创造以下的基本条件。

（一）创新主体（企业家，管理者和企业员工）应具有良好的心智模式

这是实现管理创新的关键。心智模式是指由于过去的经历、习惯、知识素养、价值观等形成的基本固定的思维认识方式和行为习惯。创新主体应具有的心智模式：一是远见卓识；二是具有较好的文化素质和价值观。

（二）创新主体应具有较强的能力结构

管理创新主体必须具备一定的能力才可能完成管理创新，创新管理主体应具有核心能力、必要能力和增效能力。核心能力突出地表现为创新能力；必要能力包括将创新转化为实际操作方案的能力，从事日常管理工作的各项能力；增效能力则是控制协调、加快进展的各项能力。

（三）企业应具备较好的基础管理条件

现代企业中的基础管理主要指一般的最基本的管理工作，如基础数据、技术档案、统计记录、信息收集归档、工作规则、岗位职责标准等。管理创新往往是在基础管理较好的基础上才有可能产生，因为基础管理好可提供许多必要的准确的信息、资料、规则，这本身有助于管理创新的顺利进行。

（四）企业应营造一个良好的管理创新氛围

创新主体能有创新意识，能有效发挥其创新能力，与拥有一个良好的创新氛围有关。在良好的工作氛围下，人们思想活跃，新点子产生得多而快，而不好的氛围则可能导致人们思想僵化，思路堵塞，头脑空白。

（五）管理创新应结合本企业的特点

现代企业之所以要进行管理上的创新，是为了更有效地整合本企业的资源，以完成企业的目标和任务。因此，这样的创新就不可能脱离本企业和本国的特点。在当前的国际市场中，短期内中国大部分企业的实力比西方企业弱，如果以刚对刚则会失败，若以太极拳的方式以柔克刚，则可能是中国企业走向世界的最佳方略。中国企业应充分发挥以“情，理，法”为一体的中国式管理制度的优势和特长。

（六）管理创新应有创新目标

管理创新目标比一般目标更难确定，因为创新活动及创新目标具有更大的不确定性。尽管确定创新目标是一件困难的事情，但是如果没有一个恰当的目标则会浪费企业资源，这本身又与管理的宗旨不符。

二、管理创新的主要内容

管理创新是一项复杂的系统工程。从系统的观点来看，管理创新是指管理者不断根据市场和社会变化，利用新思维、新技术、新方法、新机制，创造一种新的更有效的资源组合范式，以适应和创造市场，促进企业管理系统综合效益的不断提高，达到以尽可能少的投入获得尽可能多的综合效益的目的的具有动态反馈机制的全过程管理。人类已进人信息时代。信息处理和传递技术的发展正在或仍将继续使企业生产经营活动及其组织产生重大变革。信息时代的具有信息化、网络化、知识化、全球化的特征，使得管理创新正在朝着如下几个方面进行。

(一)管理思想创新

管理思想创新，是企业进行创新的指导思想，是各种创新的灵魂。首先是进行管理观念的变革，因为“观念是行为的先导，它驱动、支配并制约着行为”。观念不创新，其他任何创新都是不可能实现的。因此，管理思想创新是各种创新的灵魂。

传统的企业管理是以资源稀缺性原理和投资收益递减规律为理论基础的。现代的企业管理将以知识的无限性和投资收益递增规律为指导思想。在新的时代，知识和掌握知识的员工将比资本和土地等自然资源更为重要，将成为创造财富最重要的资本。人本思想将真正成为企业管理的指导思想。

企业原有的劳资关系和雇佣关系将受到挑战。掌握知识的员工将获得企业剩余索取权，并将更多地参与管理。由于在企业经营各要素中的相对重要性增强，企业在资本运行中将更重视知识产权和无形资产的运用，如品牌、专利、专有技术等的运用。管理理念的创新重在用新的策划、新的技巧、新的形式打破陈旧平衡，敢于标新立异，贵在围绕社会效益、眼前利益和长远利益，形成管理特色。

(二)管理目标创新

管理创新的目的是为了有效地实现组织的目标。目标创新在管理创新中占有头等重要的地位。在新的经济背景下必须根据组织内外环境的状况及其变化进行有效的目标创新，主要表现在以下两个方面。

1. 以可持续发展代替利润最大化

长期以来都以利润最大化作为企业的经营目标，以盈利能力作为评价企业好坏与成败的唯一标准。新的时代，企业将可持续发展作为企业最主要的战略目标。由于战略目标的改变，企业将更注重对员工、对社会、对用户及其他利益者相关的责任。美国《幸福》杂志评选世界最优秀企业的9项指标可以作为企业经营目标导向的一个例证。这9项目标是：创新精神、总体管理质量、长期投资价值、对社区和环境的责任、吸引和保留有才华人员的能力、产品和服务的质量、财务的合理性程序、巧妙使用公司财产的效率、公司做全球业务的效率。

2. 以公司市场价值代替市场份额

传统的经营项目都集中力量扩大公司的市场份额，争做本行业的老大或老二。似乎其他问题均可迎刃解决，而忽视争取最大的市场价值份额。

因此，企业必须通过满足社会需要来获取利润。企业目标的制定和调整，都是根据市场环境和消费者需求的特点及变化趋势进行的，这就是目标创新。

（三）管理组织创新

管理组织创新包括组织机构创新和管理制度创新。企业内部组织结构正在向扁平化方向发展。通过企业再造，减少管理层次，实行“零管理层”建立学习型组织。彼得.圣吉在《第五次修炼》中指出，企业应成为一个学习型组织，并提出了建立学习型组织的 4 条标准：①人们能不能不断检验自己的经验；②人们有没有生产知识；③大家能否分享组织中的知识；④组织中的学习是否和组织的目标息息相关。合资企业中的合作双方更应成为学习型组织，这是双方长期合作的保证。

规模经济的传统观点正在改变。人们在信息时代经营中逐渐认识到，企业规模不是越大越好。企业组织向两极分化，联合兼并发展的企业集团，成为本行业的领头羊；小企业迅速崛起。虚拟公司正代替传统的实体型企业，建立虚拟公司首先要有核心技术，能够抓住市场机遇，经过工业信息网络或国际互联网，寻找合适的合作伙伴，合作成员之间保持竞争与合作的企业文化。各成员都在利益驱动下加盟，通过协作达到互助的目的。随着市场机遇和项目的结束，虚拟公司也随之解体（也称为动态联盟）。

管理制度创新通过分工协作对组织资源进行有效整合，制定若干规则和程序，使组织内形成一定的秩序。

（四）管理过程创新

企业是一个复杂的非线性的大系统，在企业内流动着劳务流、资金流、物流、信息流、能量流等资源。要提高竞争能力，必须使所有资源处于一种科学、合理并且先进的管理模式下运行，这种模式实质就是以市场需求为导向、以系统观念工程为指导、以现代管理技术和方法为支撑的综合的、系统集成的、整体优化的管理系统。现代科学技术的发展，为加强企业管理提供了全新的条件。要重视和广泛采用现代管理技术、方法和手段来加强管理，把企业的长期实践中创造的行之有效的管理方法与国外企业的先进管理方法结合起来，逐渐扬弃并改变以前的管理方法，从市场预测、成本分析、产品设计、生产准备、库存物流、加工制造、产品销售到售后服务全过程探索新的管理方式方法。

信息产业的兴起和市场的国际化发展，从根本上动摇了 20 世纪的管理技术，有关生产的新概念、新方法层出不穷。工业发达国家已经进入了以广泛应用计算机辅助管理和精益生产为代表的现代管理阶段，而我国大多数国有企业尚处于经验管理阶段，所以当务之急是应用计算机技术进行管理，实现企业管理的信息化。改变传统企业的“橄榄球型”的企业管理系统，建立所谓的“哑铃型”企业，即企业产品开发和市场营销，中间的生产环节尽可能简化，灵活地组织其他企业进行协作。计算机集成制造系统（CIMS）的核心是集成，它把成熟的管理方法与先进的制造技术，用数字化的信息技术连成一体，形成四大系统：计算机管理信息系统、计算机设计与开发信息系统、生产自动化信息系统和质量控制系统，从而大大提高了工作效率，从根本上改变了管理工作的面貌。

（五）管理模式创新

管理模式是管理内容、管理方法、管理手段和形式的有机统一。在市场经济下，企业管理创新的模式有两种，一是以改进产品和服务为主的市场适应模式，一种是以创造产品和服务为主的市场创造模式。发达国家常采用市场创造模式，而我国的企业应采用市场适应模式。这主要是因为，我国的企业仍处在一个经济转轨变型的时期，企业的经营仍在向市场经营型转变，企业的技术开发和创新能力还较差。所以，我国企业的管理模式创新应围绕如何适应市场来调整管理内容、管理方法、管理手段和形式，并使它们有机地结合起来。

现代企业面临社会经济、科学技术、市场等复杂的环境及其变化，为了适应这种状况，许多企业在长期的实践基础上，进行了成功的管理模式创新，这其中影响较大且具有代表性的新模式有集成管理、企业再造、知识管理、网络管理、柔性管理等。我国企业创新中取得了不少积极的成果，如果善于学习和借鉴国外先进的管理模式及创新经验，一定会创立出更多更好的新管理模式。

（六）管理环境创新

环境是企业经营的土壤，同时也是企业经营的重要制约因素。企业对环境的管理，一方面要去适应经济和社会的宏观环境，另一方面要严管与经营密切相关的任务环境，还必须放进内部环境。不管是哪一方面的环境管理都需要创新。特别重要的是要遵循客观规律，改造客观环境，使之朝着有利于企业经营的方向变化，例如，通过企业的公关活动，影响政府政策的制定；通过技术创新，影响技术进步等。企业的管理环境创新主要是市场创新。

1. 市场创新的概念

广义的市场概念不仅包括进行商品交换的场所，还应包括对某种商品或劳务具有需求、支付能力和希望进行某种交易的人或组织，即商品交换关系的总和。构成市场的三要素是客户、购买能力和购买欲望。

从广义的市场概念出发，市场创新是建立新型的商品交换关系的活动。从市场组成出发，市场创新就是影响和改变市场各个要素的活动。

2. 市场创新组合

市场创新是一项关系企业发展全局的系统工程，包括市场创新元素、市场创新机制和市场创新策略 3 个部分。

（1）市场创新元素。市场创新的着眼点是激活市场的购买欲望。市场创新元素，如技术、产品、顾客、渠道、服务等都可能引发市场的创新。技术创新是市场创新中的首要元素，要根据前沿技术动向，捕捉新技术带来的市场商机，拖动自主创新，是企业的市场创新必须加强的工作。产品创新是市场创新中最活跃的元素，产品包括物质形态和服务两种。产品性能和功能的改进，产品定位、产品品牌和产品形象的改变，质量的改进都是产品的创新点。顾客创新是一种顾客主导型的市场创新活动，是指对已有的顾客群进行产品上的创新，以不同的产品培育不同的顾客群。渠道创新是指产品从生产、流通到向消费者转移途径的创新，有直接渠道的无中间商，有中间商的为间接渠道。创新和建立何种渠道视企业的具体条件和发展状况而定。服务创新已成为不可或缺的元素，客户在选择和购买商品时已更加注重服务。不少企业已经开展全天候服务、零距离服务、套餐式服务、一站式服务、主动服务、自助服务等多种服务创新，带来了市场创新的新景象。对市场要素的任何改变都会引起市场的改变，企业通过技术创新、产品创新、机制创新、营销策略创新等与市场相关的创新活动，使市场充满活力，免于消亡。

市场创新对企业的发展具有决定性影响。其一，市场创新能改变企业的利润曲线。企业的产品利润曲线和产品的生命周期一样有一个周期变化，通过市场创新，不断推出新产品和新的服务，企业可以避免利润曲线随单一产品寿命周期演变而下降，如我国的彩电行业就是如此。其二，重塑企业价值。从企业到客户的价值链在市场创新中被重塑，可防止老化和工断。价值链的主节点，如产品设计、生产、分销、服务等的创新都会提升企业价值。其三，延长企业生命周期。企业的市场创新通过对原有的市场要素进行重新组合和补充，使区域衰退的市场重新焕发活力；通过对企业原有的资源进行重新组合，使其重新获得盈利。

（2）市场创新机制。市场创新机制是依据市场发展变化的规律进行的市场健康发展的制度创新，它是企业创新中的核心。

（3）市场创新策略。这里介绍几种市场营销策略的创新。事件营销是指利用社会上发生的某件有影响力的事情开展产品营销活动。文化营销是指客户对文化产品的需求越来越广泛，因此文化营销的价值越来越大。互动营销是指客户参与，提升客户满意度。网络营销是指撤除挡在企业与客户之间的墙，提高影响效率，降低营销成本。之所示进行关系营销是因为良好的关系是营销成功的基本条件。绿色营销是指从环境保护出发，实现客户价值，企业价值和社会价值的均衡。整合营销是指综合企业所有营销手段，统筹运作企业的所有营销渠道，统一调配企业营销资源，使企业内部形成一致的目标，一致的企业形象和顺畅的企业营销流程。

三、管理创新的方法

管理创新方法是为人们提供进行管理创新的有效工具，帮助人们提高管理过程中的创造性地解决问题的能力。随着创新实践的发展，针对创新的方法的研究也不断深入。自从1939年美国A.F. 奥斯本第一种创新方法——头脑风暴法提出以来，经过各国创造工程学家的共同努力，目前已经有上百种创新技术应用于世界各国。其中，具有代表性的方法有识别问题方法、头脑风暴法、形态方格法和综摄法。

（一）识别问题方法

正确的界定问题是进行有效管理创新的基础。界定问题，把问题简单化、明确化，那么问题相当于解决了一半。明确问题的性质有助于创新性地解决问题，而不是头痛医头，脚痛医脚。

“为什么”法是识别问题的最为简单的方法，通过不断变化对原始问题的定义，获得新的问题视角，而问题的新视角又可以产生解决问题的可行办法，直到获得最高层次的问题抽象。这种方法的具体步骤如下：

第一步，把问题作为最初定义陈述出来。

第二步，提出问题：我们为什么要做问题中所述的工作？

第三步，回答第二步中所提出的问题。

第四步，作为一个新提出的问题对答案再定义。

第五步，重复第二、三两步，直到获得最高层次的问题抽象。

“为什么”法对扩大问题范围以及探索其各种各样的边界十分有用。这种方法有助于管理者评定基本目标。

另一种常用的界定问题的方法是“五大问技术”：

一问目的。问做什么？为什么做？其他还可以做什么？应当做些什么？从而确定最适合的工作。

二问地点。问在哪里做？为什么在那里做？还可以在哪里做？应当在哪里做？从而确定最适合的工作场所。

三问时间。问什么时间做？为什么在这个时间做？还可以在什么时间做？应当在什么时间做？从而选取最恰当的工作时机。

四问人员。问由谁来做？为什么要他来做？其他什么人也可以做？应当由谁做？从而选择最合适的作业者。

五问方法。问怎么做？为什么要这样做？还有什么更好的方法？应当怎么做？从而确定最佳的工作路线和工作方法。

（二）头脑风暴法

头脑风暴法又称智力激励法、BS法、自由思考法，是目前最常用的一种集体式创新性解决问题的方法，是由美国创造学家奥斯本于1939年首次提出1953年正式发表的一种激发思维的方法。头脑风暴法又可分为直接头脑风暴法（通常简称为头脑风暴法）和质疑头脑风暴法（也称反头脑风暴法）。前者是利用专家群体决策尽可能激发创造性，产生尽可能多的设想的方法，后者则是对前者提出的设想、方案逐一质疑，分析其现实可行性的方法。

奥斯本为实施头脑风暴法提出了四条原则：①对别人的意见不允许反驳，也不要做出结论；②鼓励每个人独立思考，广开思路，不重复别人的意见；③意见或建议越多越好，允许相互之间的矛盾；④可以对已发表的意见加以补充，使其更具说服力。头脑风暴法的目的在于创造一种利于自由思考的环境，诱发创造性思维的共振和连锁反应，产生更多的创造性思维。

（三）形态方格法

形态方格法又称形态综合法或棋盘格法。它是美籍瑞士人、加州理工学院天体物理学家F.茨维基教授提出的一种具有系列组合特征的思考方法，他发现，很多创新成果并非都是全新的东西，而只是旧有因素的新组合。进而想到，如能将旧有事物加以系统地分解组合，定能大大提高创新的可能性。其核心思想是“旧因素的新组合”。

形态方格法的实施步骤为：①搞清所要解决的问题；②确定影响给定问题的创新的重要独立要素（也称变数），列出上述各要素的所有可能形态；③将独立要素及其可能形态排列成矩阵形式;④从每一要素中各取出任意可能状态做任意组合,从而产生出解决问题的可能构想:⑤对众多的可能构想加以比较和评价，从中选择出符合评价标准的相对最优构想。

(四)综摄法

综摄法又称类比思考法、类比创新法等,是由美国麻省理工学院教授威廉·戈登于 1944 年提出的一种利用外部事物启发思考、开发创造潜力的方法，它是以外部事物或已有的发明成果为媒介,并将它们分成若干要素,对其中的元素进行讨论研究,综合利用激发出来的灵感,来发明新事物或解决问题。

戈登主张:为了打开思路、探索新的构想,要在一段时间内暂时抛开原问题,通过类比探索得到启发。为此,将综摄法的思考原则分为两个步骤:①异质同化,即把问题分为若干小题,以便深入理解问题的实质,然后再分析出哪些小问题才是创新的关键所在;②同质异化,即通过各种类比方法的运用,暂时离开问题,从陌生角度进行探讨,得到启发后回到原问题上来,通过强制联想把类比得到的结果应用于解决原问题,这一步也是综摄法的核心。

本章小结

熊彼特认为创新是指新产品的开发、新市场的开拓、新生产要素的发现、新生产经营管理方式的引进和新企业组织形式的实施。创新是一种生产要素的重新组合,其目的是获得潜在的利润,创新是企业家利用的一种特殊资源。创新的主要类型包括:目标创新、技术创新、制度创新、组织创新、环境创新。创新过程分为六个阶段:知识创造、技术开发、匹配、生产开发、市场开发和评估反馈。

管理创新是为了更有效地运用资源以实现目标而进行的创新活动和过程。管理的四大职能是保证组织活动顺利进行的基本手段,根据内外部环境的变化适时地进行局部或全局性创新,卓越的管理应该是实现维持与创新相结合的管理。

管理创新是一项复杂的系统工程。从系统的观点来看,管理创新是指管理者不断根据市场和社会变化,利用新思维、新技术、新方法、新机制,创造一种新的更有效的资源组合范式,以适应和创造市场,促进企业管理系统综合效益的不断提高,达到以尽可能少的投入获得尽可能多的综合效益的目的的具有动态反馈机制的全过程管理。

管理创新的主要内容体系包括:管理思想创新、管理目标创新、管理组织创新、管理过程创新、管理模式创新、管理环境创新等方面。管理创新方法有识别问题方法、头脑风暴法、形态方格法和综摄法等。

复习思考题

1. 简述创新的基本概念。创新的特征有哪些?
2. 结合实际,谈谈企业创新主要包括哪几个方面?
3. 创新的过程分为哪几个阶段?

4. 管理创新的必备条件是什么？

5. 简述管理创新的主要内容。

6. 结合实际，谈谈管理创新方法的运用。

7. 创新对企业成长会产生什么样的影响？

管理故事

一滴智慧

有一位青年在美国某石油公司工作，他所做的工作连小孩都能胜任，就是巡视并确认石油罐盖有没有自动焊接好。

石油罐在输送带上移动至旋转台上，焊接剂便自动滴下，沿着盖子回转一周，作业就算结束。他每天如此，反复好几百次地注视着这种作业，枯燥无味，厌烦极了。他想创业，可又没有其他本事。他发现罐子旋转一次，焊接剂滴落39滴，焊接工作便结束了。他想，在这一连串的工作中，有没有什么可以改善的地方呢？一天，他突然想到：如果能将焊接剂减少一两滴，是不是能节省点成本？

于是，他经过一番研究，终于研制出37滴型焊接机。但是，利用这种机器焊接出来的石油罐，偶尔会漏油，并不理想。但他不灰心，又研制出“38滴型”焊接机。这次的发明非常完美，公司对他的评价很高。不久便生产出这种机器，改用新的焊接方式。虽然节省的只是一滴焊接剂，但“一滴”却给公司带来了每年5亿美元的新利润。

这位青年，就是后来掌握全美制油业95%实权的石油大王——约翰·D.洛克菲勒。人生的改变总是从小的方面开始的，“改良焊接机”改变了洛克菲勒的人生。他成功的关键在于：他特别注意普通人往往会忽略的平凡小事；能见别人所未见，才能做别人所不能做。美国新闻记者罗伯特.怀尔特说：“任何人都能在商店里看时装，在博物馆里看历史。但具有创造性的开拓者在五金店里看历史，在飞机场上看时装。有了这种基础，企业必定能够做到“人无我有，人有我新，人新我变”。

脚后跟

古希腊神话中有一位伟大的英雄阿吉里斯，他有着超乎普通人的神力和刀枪不入的身体，在激烈的特洛伊之战中无往不胜，取得了赫赫战功。但就在阿吉里斯攻占特洛伊城奋勇作战之际，站在对手一边的太阳神阿波罗却悄悄一箭射中了伟大的阿吉里斯，在一声悲凉的哀叹中，强大的阿吉里斯竟然倒下去了。

原来这支箭射中了阿吉里斯的脚后跟，这是他全身唯一的弱点，只有他的父母和天上的神才知道这个秘密。在他还是婴儿的时候，他的母亲、海洋女神特提斯，就曾捏着他的右脚后跟，把他浸在神奇的斯蒂克斯河中，被河水浸过的身体变得刀枪不入，近乎于神。可那个被母亲捏着的脚后跟由于没有浸到水，成了阿吉里斯全身唯一的弱点。母亲造成的这唯一弱点要了儿子的命！

由于局部细微的弱点而导致全局的崩溃，比如一个零部件装配的失误，就有可能给整个企业带来巨大甚至致命的损失。“零缺陷”管理是对质量控制与保证的管理创新。

案例应用

案例 10-1　创新先锋 3M 公司

美国明尼苏达矿业制造公司，因英文名称头三个单词以 M 开头，所以简称为 3M 公司。3M 公司以其为员工提供创新的环境而著称，视革新为其成长的方式，视新产品为生命。公司的目标是：每年销售量的 30%从前 4 年研制的产品中取得。每年，3M 公司都要开发 200 多种新产品。它那传奇般的注重创新的精神已使 3M 公司连续多年成为美国最受人羡慕的企业之一。在过去 15 年中，著名的《财富》杂志每年都出版一份美国企业排行榜，其中有 10 年 3M 公司均名列前 10 名。面对知识经济的挑战，3M 公司的创新实践，为企业提供了不可多得的范例。

3M 公司文化突出表现为鼓励创新的企业精神。3M 公司的核心的价值观：坚持不懈，从失败中学习，好奇心，耐心，事必躬亲的管理风格，个人主观能动性，合作小组，发挥好主意的威力。

创新的机制。通过正确的人员安置、定位和发展提高员工的个人能力。公司发展既是员工的责任，也是各级主管的责任。提供公平的个人发展的机会，对表现优秀的员工给予公平合理的奖励。个人表现按照客观标准进行衡量，并给予适当的承认与补偿。3M 公司鼓励每一个人开发新产品，公司有名的“15%规则”允许每个技术人员至多可用 15%的时间来“干私活”，即搞个人感兴趣的工作方案，不管这些方案是否直接有利于公司。当产生一个有希望的构思时，3M 公司会组织一个由该构思的开发者以及来自生产、销售、营销和法律部门的志愿者组成的风险小组。该小组培育产品，并保护它免受公司苛刻的调查。小组成员始终和产品待在一起直到它成功或失败，然后回到各自原先的岗位上。有些风险小组在使一个构思成功之前尝试了 3 次或 4 次。每年，3M 公司都会把“进步奖”授予那些新产品开发后 3 年内在美国销售额达 200 多万美元，或者在全世界销售 400 万美元的风险小组。

组织结构上采取不断分化出新分部的分散经营形式，而不沿用一般的矩阵型组织结构。组织新事业开拓小组或项目工作组，人员来自各个专业，且全是自愿。建立奖酬创新体系，只要谁有新主意，他可以在公司任何一个分部求助资金。新产品搞出来了，不仅是薪金，还包括晋升。比如开始创新时是一位基础工程师，当他创造的产品进入市场，他就变成了一位产品工程师，当产品销售额达到 100 万美元，他的职称、薪金都变了。当销售额达到 2 000 万美元时，他已成了“产品系列工程经理”。在达到 5 000 万美元时，就成立一个独立产品部门，他也成了部门的开发经理。

提倡员工勇于革新。只要是发明新产品，不会受到上级任何干预。同时，允许有失败，鼓励员工坚持到底。公司宗旨中明确提出：决不可扼杀任何有关新产品的设想。在公司上下努力养成以自主、革新、个人主动性和创造性为核心的价值观。这是因为，3M 公司知道为了获得最大的成功，它必须尝试成千上万种新产品构思。把错误和失败当作创造和革新的正常组成部分。事实上，它的哲学似乎成了“如果你不犯错，你可能不在做任何事情。”但正如后来的事实所表明的，许多“大错误”都成为 3M 公司最成功的一些产品。3M 公司的老职员很爱讲一个化学家的故事——她偶尔把一种新化学混合物溅到网球鞋上，几天之后，她注意到溅有化学混合物的鞋面部分不会变脏，该化学混合物后来成为斯可佳牌织物保护剂。

创新的管理。在 3M 公司，人们时刻都可以听到谈论创新问题的正式宣言，就是要成为“世界上最具有创新力的公司”，3M 公司对创新的基本解释是既醒目又简单。创新就是：新思想 + 能够带来改进或利润的行动。在他们看来，创新不仅仅是一种新的思想，而是一种得到实行并产生实际效果的思想。创新不是刻意得来的，3M 公司证明了一件事，那就是当公司愈是刻意要创新时反而愈是不如其他公司。利贴便条是在一连串意外中诞生，并不是依循精密的计划而来，每次意外的发生都是因为某个人可以完全独立从事非公司指定的工作，但同时也履行了对公司的正式义务。发明者往往比管理者有更多的空间，可以表达自我。

3M 公司极有威望的研究带头人科因称，公司的管理哲学是一种“逆向战略计划法”。3M 公司并没有先将重点放在一个特定的工业部门、市场或产品应用上，然后再开发已经成熟的相关技术，而是先从一个核心技术的分支开始，然后再为这种技术寻找可以应用的市场，从而开创出一种新的产业。是一种“先有解决问题的办法后有问题”的创新模式。研究人员通常都是先解决技术问题，然后再考虑这种技术可以用在什么地方。3M 公司的首席执行官德西蒙说：创新给我们指示方向，而不是我们给创新指示方向。3M 公司试图通过一种类似温室一样的、允许分支技术自己发展的公司文化来支持研究活动。3M 公司有时在自然创新方面非常有耐心，明白一种新技术要想结出果实，可能会需要许多年的时间，因为过去公司研制最成功的技术也曾经走进过死胡同。

思考题

（1）3M 公司充满生机和活力，取得巨大成功的主要原因是什么？

（2）3M 公司的主要经营战略是什么？

（3）结合本案例，谈谈如何发挥员工的技术创新精神？

案例 10–2 不断创新的佳能

从 1937 年至今，佳能已走过了 70 多个春秋。现在的佳能已成为一个在《幸福》杂志所排列的全球 5 家最大公司中增长最快的公司。目前的佳能已由 6 个强大而均衡的核心商业集团组成：影像办公设备、外围设备、气泡喷墨产品、照相机、化学制品和光学产品。科技在佳能过去60年的发展中扮演着最重要的角色,从照相机到办公设备再到教学设备,佳能公司不断强调革新,总在不断努力向市场引进新的意念,并提供更高质量和更为方便的产品。

回顾佳能成立以来的70多年时,佳能公司的社长御手洗先生将之分成两个30年。成立于1937年8月的佳能公司在开始时,从事高质量照相机的制造。最初的30年是技术突破与加强全球化发展的阶段,但这已经带来全世界对佳能公司的注目,并使佳能得到产品质量和技术革新的美好赞誉。

佳能的第二个30年开始于1967年,当时的御手洗博士宣布佳能将成为一家"两手抓"的公司,"右手抓照相机,左手抓办公设备。"带着这句宣言,后任的社长们成功地引入了佳能的第二个基本战略:多样化。在随后的30年里,随着佳能多样化的经营方式,对办公设备、电子、磁记录、电子仪器和原料等领域进行了新技术的开发。而随着产品范围的不断扩展,佳能公司遍布全球的业务网络已使客户基础扩展至办公室、工业甚至消费者身上。此外,自从佳能公司于1955年在美国成立了它的第一家海外办事处以来,佳能还加快了它的全球化战略。在70年代,佳能扩展了其在全球的销售网,之后又于80年代完成了公司生产区域的全球化,并于90年代在欧洲、美洲和澳大利亚建立了研究与开发机构。人们不禁要问,佳能的第二个60年,或者第三个30年,会发生什么呢?

"GO",这是佳能公司为庆祝其60周年而设计的一个纪念标志,事实上,也是对此问题的绝妙回答。"GO"不仅仅代表过去的60年,又代表"Go for it"(自强不息),这句口号也正是佳能在下一个60年所要做的。佳能未来的全球目标,是在《幸福》杂志所排列的全球最大工业公司中名列前10位。"作为第三个时代的开始",御手洗说,"佳能正努力成为多媒体领域的领先者。在这个时期,我们将在半导体工业中使我们的活动多样化,并开拓新的环境与医疗设备业务。这意味着将与世界上那些最大的、最优秀的公司相竞争。如果我们牢牢把握住这个目标,并向着多样化与全球化战略不断迈进,我相信我们的目标将在30年内由理想变为现实。"

众所周知,日本在战后时代惊人的经济成功,不是由于获得了土地,而是由于获得并应用了现代技术。在最近数十年中,最重要的技术,是信息技术。佳能公司成为世界上第六个收入最高的计算机和办公室设备公司。这一成绩的取得,进一步说明佳能在信息技术方面的领先地位。据悉,佳能总是将总部年销售额的10%拨为开发独创技术的费用。1991年至1995年,美国专利注册件数前十位公司,佳能入围前五名,而且与IBM不分伯仲。科技也许在佳能过去60年的发展中扮演着最重要的角色。从照相机到办公设备再到数字设备,佳能总是不断创新。

传真机的销售额在80年代中期的欧洲是每年翻一番,至如今,这一行业已完全被日本公司所垄断。日本公司在传真机市场大获全胜,首先是因为它们本来就拥有和它们所属的产业有关的高超技术,这其中佳能的摄影机产业和办公设备产业起到了一定的作用。佳能是世界上首家推出数字全彩色普通纸复印机的公司。由于采用大直径感光鼓及微细激光点,这些复印机所提供的彩色复印水平与印刷的原件难以区分;其数字式复印机采用电子原理扫描文件，并用激光光束把图像显示到鼓上，从而具备了非常先进的图像处理功能。

佳能对信息技术的领先地位还集中在其喷墨／激光打印机技术方面。自 1987 年佳能率先发明气泡式喷墨打印机并取得成功后，始终走在喷墨打印机技术的前列。其“高速、安静、高质、全彩色”的产品在世界和中国市场都深受欢迎。至今，佳能在 BJ 系列喷墨打印机已累计生产超过 1 000 万台。佳能的喷墨技术最有代表性的是“photo 打印”。这种打印技术主要强调打印机对照片处理的特殊能力。佳能的“photo 打印”实现了多层色彩之间的渐次显示，使得打印效果十分细腻，极具照片的品质，而且 photo 打印还继承了佳能多介质打印功能。

近年来，由于电子、计算机等技术的快速发展，照相技术也酝酿着数字化革命。为此，作为图像技术领域先驱的佳能不失时机地推出了自己的数码相机。数码相机的推出，使佳能的摄影和喷墨打印的两个技术强项珠联璧合，为用户提供了一个快乐、完美的解决方案。佳能 R&D 实行的是产品部管理体制。项目梯队不仅在新产品开发中使用，而且该方法用于解决整个佳能公司许多管理领域的问题。由项目梯队的经营活动和管理活动组成紧密的结合，实现企业的经营效率和创新的有效性同时并举，职能部门和各分部密切合作，对提高佳能的创新能力起着重要的作用。

公司创立以来，一直强调尊重个人的传统，竭尽各种努力承认和奖励个人的功绩。为了培养个人的热情、凝聚力和创造力，在企业的每一个层次，公司都尽力创造一种激励的工作环境。佳能对研究人员的政策可归纳为以下三点：自我激励、自我意识、自我信赖。强调研究人员要意识到对企业基本目标的责任。佳能人坚信的自我意识、富于热情的心态、负责的行为是取得良好效果的关键。在佳能研究中心的主要入口都悬挂着六个醒目的汉字：“自强、自信、自立”。

在佳能公司的目标中有这样一段话：“我们将以领先的技术创造出最优秀的产品，我们有这种责任和义务。为了达到这个目标，我们将在 R&D、(研究和开发)、产品计划和市场营销领域以一种进取的态度团结努力。”这种思想渗透至公司各部门，R&D、贯穿于佳能的总体战略思想中，并成为佳能行为和管理模式的中心。其每个产品分部的中期管理计划，都由公司产品部的开发中心制定，然后这个为期三年的产品开发计划提交到每年秋季举办的产品战略国际研讨会。佳能 R&D 人员相信他们的工作对佳能的发展是至关重要的。

思考题

(1)佳能产品为什么能保证不断创新？

(2)对于佳能的第二个 60 年或第三个 30 年的创新，你有什么建议？